刑法规范中的
程序性要素研究

简筱昊 著

法律出版社
LAW PRESS·CHINA
北京

图书在版编目（CIP）数据

刑法规范中的程序性要素研究 / 简筱昊著. -- 北京：法律出版社，2025. -- ISBN 978 -7 -5244 -0010 -3

Ⅰ. D924.04

中国国家版本馆 CIP 数据核字第 2025UC8659 号

刑法规范中的程序性要素研究
XINGFA GUIFAN ZHONG DE CHENGXUXING YAOSU YANJIU

简筱昊 著

策划编辑 孙 慧 余群化
责任编辑 孙 慧 余群化
装帧设计 李 瞻

出版发行 法律出版社
编辑统筹 司法实务出版分社
责任校对 裴 黎
责任印制 胡晓雅
经　　销 新华书店

开本 710 毫米×1000 毫米 1/16
印张 27 **字数** 409 千
版本 2025 年 6 月第 1 版
印次 2025 年 6 月第 1 次印刷
印刷 唐山玺诚印务有限公司

地址：北京市丰台区莲花池西里 7 号(100073)
网址：www.lawpress.com.cn
投稿邮箱：info@lawpress.com.cn
举报盗版邮箱：jbwq@lawpress.com.cn

销售电话：010 -83938349
客服电话：010 -83938350
咨询电话：010 -63939796

书号：ISBN 978 -7 -5244 -0010 -3　　**定价**：98.00 元

凡购买本社图书，如有印装错误，我社负责退换。电话：010 -83938349

本书由2024年度教育部人文社会科学研究一般项目“刑法规范中的程序性要素研究”（项目批准号：24YJC820017）和无锡学院引进人才科研启动专项经费（经费批准号：2024r066）资助。

序

“刑法规范中的程序性要素研究”这一选题是我推荐给简筱昊博士的。而彼时的他已经确定了另一选题，并已“着手”部分内容的写作（疫情封控在家期间提前选题、提前写作）。不过，我认为他当时的选题较为“老旧”，虽也引入了新的理论，但研究价值有限。其实，刑法中的程序性要素问题是我当时正在思考的一个问题，在查阅资料时，我发现学界尚缺乏对该问题的系统研究。考虑到研究的难度，我试探性地向简筱昊推荐了这一选题。如果他能够“驾驭”这个选题，其研究成果将会在一定程度上填补学术研究的空白。当然，也正因为学界对这一选题鲜有关注，所以，展开研究最直接的困难就是作为研究基础的相关文献资料极为有限。他如果接受我的建议，就意味着从研究内容到研究方法都需要开拓与创新，这对他来说将是一个极大的挑战和考验。令人欣慰的是，他毅然决定接受这一挑战，但后续论文写作的艰辛是可以想象的。其实，更换选题的建议我是充分考虑了简筱昊博士的专业基础与研究能力后才向他提出的。他给我的印象是，潜心向学，稳健扎实，而且抗压能力极强。之后，从论文大纲的拟定到论文的写作都未曾让我过多费心，已充分验证了我对他学术能力、学术品德的判断。他也从中真实体验了何谓“不经一番寒彻骨，哪得梅花扑鼻香”！最后，如愿荣获校级优秀博士论文，他用“实力”回应了我对他的信任与期待。更令人欣喜的是，在其同名博士论文基础上修订而成的《刑法规范中的程序性要素研究》一书获得了教育部人文社会科学研究项目资助，即将由法律出版社出版。这将是简筱昊博士学术生涯的第一部著作，是对其潜心学术的阶段性回馈与肯定，值得祝贺！一路走来，作为他本科阶段的刑法学授课教师以及硕士研究生、博士研究生阶段的导师，我与有荣焉。在接到其作序邀请时，便欣然应允。

程序性要素是指刑法当中行为人以外主体实施的影响犯罪成立或者刑罚发动的要素，以《刑法》第276条之一规定的“经政府有关部门责令支付”为代表。程序性要素这个课题是个亟待开发的富矿，存在众多“未解之谜”。例如，程序性要素的指称对象为何？是仅指行为人以外主体实施的行为，还是包括行为人的后续行为，学界对此尚不明确。又如，程序性要素在犯罪论体系中的定位为何？学界当前关于程序性要素的研究就集中在此处，并形成了量刑情节说、客观处罚条件说、犯罪构成要件要素说、违法要素说、责任要素说、标识功能说等争议。再如，程序性要素的生效要件为何？尽管不少学者在具体个罪中已经研究了相关要素的生效要件，但是作为一般理论的“程序性要素”的生效要件尚不明确，程序性要素的很多问题都被淹没在具体个罪的研究中而致无法获得体系上的协调。

简筱昊博士对“程序性要素”这个课题进行了全面且深入的研究。研究内容覆盖程序性要素的概念内涵、功能价值、体系定位、生效要件、司法适用、立法完善等，可谓面面俱到、应有尽有。当然，研究的深度也并未因为涉及内容较多而有所降低，他对每个部分都进行了深入探讨并形成独到见解。例如，对于最基础的程序性要素的概念内涵，他先是对世界主要国家刑法典中的程序性要素进行了实证考察，然后提出作为类现象的程序性要素的存在，紧接着详细梳理程序性要素的内涵和外延，并明确程序性要素与相关要素之间的关联和区别，层层递进：由表及里，让读者能够直观且深刻地理解程序性要素到底是什么。

关于程序性要素具体问题的研究，简筱昊博士至少形成了如下创新观点：(1) 程序性要素的观念形象。本书梳理了“程序性要素与程序性要素＋行为人后续行为”的混用局面，明确提出程序性要素作为研究对象的独立价值。(2) 程序性要素的体系定位。本书创新性地根据程序性要素的不同类型界定了程序性要素在刑法规范中的体系地位。(3) 程序性要素的生效要件。本书区分平等主体间的程序性要素的和非平等主体间的程序性要素，总结提炼出了程序性要素的一般生效规则。(4) 程序性要素的司法适用。针对程序性要素司法适用中与相关理论的冲突问题，本书分别提出了可供参考的立场选择和解决方案。(5) 程序性要素的立法完善。本书具体设计了赋予被害人程序性要素启动主体地位的制度路径，并区分自然犯和法定犯分别提出了具有可操作性的增删建议。

当然，本书中还有些内容值得进一步推敲，例如，显性的程序性要素与隐性的程序性要素的区分，不成文的程序性要素以及司法解释中的程序性要素究竟属于哪类，还可以进一步研究。又如，还有些内容值得进一步探讨，事后的程序性要素的客观处罚条件定位，这个定位本身没有问题，但是此时的定位是否要凸显在概念内涵界定部分区分“程序性要素与程序性要素＋行为人后续行为”的意义？简单来说，就是似乎有必要再进一步明确程序性要素在客观处罚条件中的作用，否则程序性要素被独立出来的意义可能就降低了。当然，这个因为涉及对客观处罚条件的深入研究，有些前沿性的思考或许超出本课题的研究范围，但是未来可以朝着这个方向继续思考。

简筱昊博士是中南财经政法大学刑法专业第一位硕博连读的研究生，在2018年升博期间即单独署名在C刊上发表论文，硕博研究生学习期间两度获得国家奖学金。其在学业上的出类拔萃可见一斑。生活里的他温暖而又坚毅。即使压力接踵而至，也能看到他“云淡风轻”的笑容，那时我脑海里常常会浮现出“千磨万击还坚劲，任尔东西南北风”的诗句。愿简筱昊博士依然能够带着这份执着与洒脱，微笑面对生活。

《刑法规范中的程序性要素研究》是一部具有较高学术价值的论著。作为简筱昊博士学术成长的参与人，我竭力向学界同仁推荐他这部倾心之作。也希望简筱昊博士以此作为新的起点，在学术研究的道路上行稳致远，一路精彩！

是为序。

程　红

2024 年 11 月 18 日

本书常用规范性文件全称简称对照表

序号	全称	简称
1	最高人民法院、最高人民检察院《关于办理妨害预防、控制突发传染病疫情等灾害的刑事案件具体应用法律若干问题的解释》（法释〔2003〕8号）	《涉疫犯罪解释》
2	最高人民法院《关于审理危害军事通信刑事案件具体应用法律若干问题的解释》（法释〔2007〕13号）	《军事通信解释》
3	最高人民检察院、公安部《关于公安机关管辖的刑事案件立案追诉标准的规定（一）》（公通字〔2008〕36号）	《立案追诉标准（一）》
4	最高人民法院《关于审理非法制造、买卖、运输枪支、弹药、爆炸物等刑事案件具体应用法律若干问题的解释》（法释〔2009〕18号）	《枪支弹药爆炸物解释》
5	最高人民法院、最高人民检察院《关于办理利用互联网、移动通讯终端、声讯台制作、复制、出版、贩卖、传播淫秽电子信息刑事案件具体应用法律若干问题的解释（二）》（法释〔2010〕3号）	《网络淫秽信息解释（二）》
6	最高人民法院《关于审理拒不支付劳动报酬刑事案件适用法律若干问题的解释》（法释〔2013〕3号）	《拒不支付劳动报酬解释》
7	最高人民法院、最高人民检察院《关于办理寻衅滋事刑事案件适用法律若干问题的解释》（法释〔2013〕18号）	《寻衅滋事解释》
8	最高人民法院、最高人民检察院《关于办理妨害文物管理等刑事案件适用法律若干问题的解释》（法释〔2015〕23号）	《文物犯罪解释》
9	最高人民法院、最高人民检察院《关于办理组织、利用邪教组织破坏法律实施等刑事案件适用法律若干问题的解释》（法释〔2017〕3号）	《邪教犯罪解释》

续表

序号	全称	简称
10	最高人民法院、最高人民检察院、公安部、司法部《关于办理恐怖活动和极端主义犯罪案件适用法律若干问题的意见》高检会〔2018〕1号	《恐怖活动犯罪意见》
11	最高人民法院、最高人民检察院《关于办理妨害信用卡管理刑事案件具体应用法律若干问题的解释》（法释〔2018〕19号）	《信用卡犯罪解释》
12	最高人民法院、最高人民检察院、公安部《关于依法惩治妨害公共交通工具安全驾驶违法犯罪行为的指导意见》（公通字〔2019〕1号）	《惩治妨害安全驾驶意见》
13	最高人民法院、最高人民检察院《关于办理操纵证券、期货市场刑事案件适用法律若干问题的解释》（法释〔2019〕9号）	《操纵证券期货解释》
14	国务院《行政执法机关移送涉嫌犯罪案件的规定》（国务院令第730号）	《移送规定》
15	最高人民法院《关于审理拒不执行判决、裁定刑事案件适用法律若干问题的解释》（法释〔2020〕21号）	《拒执罪司法解释》
16	最高人民法院《关于审理非法集资刑事案件具体应用法律若干问题的解释》（法释〔2022〕5号）	《非法集资解释》

目　录 / Contents

导　　论

一、研究背景

我国刑法规范中存在大量的以行政处置（包括行政处罚、行政命令等）、民事处置作为处罚前置要件或者以一定的程序性行为作为免罪减罚事由的规定。例如，我国《刑法》第276条之一关于拒不支付劳动报酬罪的规定："以转移财产、逃匿等方法逃避支付劳动者的劳动报酬或者有能力支付而不支付劳动者的劳动报酬，数额较大，经政府有关部门责令支付仍不支付的……"根据该条的规定，行为人不支付劳动者劳动报酬的行为要被认定为构成犯罪，必须首先具备"经政府有关部门责令支付仍不支付的"要件，其中"经政府有关部门责令支付"的要件就是相对于逃避支付劳动报酬行为的具有独立性的程序性要素。又如，《刑法》第201条第4款关于逃税罪初犯免责条款的规定："有第一款行为，经税务机关依法下达追缴通知后，补缴应纳税款，缴纳滞纳金，已受行政处罚的，不予追究刑事责任……"在根据初犯免责条款免予追究逃税行为人刑事责任时，"经税务机关依法下达追缴通知"是相对于该条第1款规定的逃税行为的程序性要素。

我国刑法学界对影响犯罪成立和刑罚裁量的实体性要素的研究已经较为充分，并且形成了较为精密的犯罪论体系；对刑罚论问题的研究虽然相对薄弱，但因为获得了不少学者的青睐和瞩目，相关论著亦如雨后春笋般产出。至于刑法规范中所涉及的刑事追诉程序内容，虽然以实体法为主要研究对象的刑法学界对其关注相对欠缺，但是由于存在诉讼法学界智识的贡献，刑事追诉程序内容的研究和运用不可谓不成熟。然而，对刑法规范中的程序性要素的研究，无论是刑法学界还是诉讼法学界都十分有限。特别是“程序性要素”这一命题本身都尚未获得学界的一致认可，导致作为类现象的程序性要素的研究始终处于被遗忘状态和割裂状态，学界也始终未能就此建立起统一的对话语境。

虽然程序性要素的核心内容表现为具体行政行为或者民事行为，似乎可以借鉴行政法和民法的相关研究成果，但是也仅限于“借鉴”，程序性要素自进入刑事实体法中，就注定其自身意蕴和承担的使命会发生变化，漠视其在刑法规范中的存在将产生一系列的问题。概括来说，程序性要素从行政法和民法等前置法进入刑法至少会引起我们产生如下两个方面的思考：一是诸如行政处罚、行政责令之类的行政法律行为以及催告、催收之类的民事法律行为何以获得刑法上的效力？换句话说，行政法律行为在具备行政法所规定的效力要件之外，民事法律行为在具备民法所规定的效力要件之外，是否还存在刑法上的特殊效力要件要求。二是程序性要素发生效力的前提是程序性要素已经事实上存在，那么程序性要素与犯罪成立和刑罚裁量的其他实体性要素之间的关系为何？这实际上涉及的是程序性要素在犯罪论体系中的定位问题。在这两个宏观的问题之下，程序性要素的研究还可能衍生出一些具体的问题。例如，从效力要件问题可能衍生的具体问题是，程序性要素启动主体消极作为或者相对人消极作为会对程序性要素的效力产生什么影响。毕竟在程序性要素的启动主体和相对人相分离的场合中，任何一方消极作为都可能会对被害人权益的保护以及犯罪人人权的保障产生负面影响，继而需要确定不当后果的归属。又如，从程序性要素与其他实体性要素关系问题可能衍生的具体问题是，程序性要素与“双重违法性”理论和“一事不再罚”原则的冲突与协调，以及程序性要素情节竞合和共犯身份认定等问题。

在刑法学界对程序性要素的研究处于相对空白的背景之下，选择“刑法规范中的程序要素研究”作为选题，是开拓学术研究荒地的初步尝试和有益探索。研究该问题：

一方面，希望加强刑法学界对程序性要素的重视，继而对程序性要素的刑法学地位作出具有理论自洽性的界定。“程序性要素”作为一个类现象被提出是在2016年。彼时学界虽然有关于程序性要素内容的研究，但大多是在具体个罪中展开，缺乏体系性和系统性。2016 年，卢勤忠教授敏锐地发觉刑法规范中存在作为类现象的程序性要素，并就程序性要素在犯罪论体系中的地位提出了自己的看法。但卢勤忠教授的文章并未引起学界的足够重视，程序性要素的提法亦未获得学界的一致认可，此后虽然存在部分研究，但还是以 2016 年以前的分散式研究为主。通过对该问题的研究，希望能够明确程序性要素与相关概念的区别，让学界理解和接受作为类现象的程序性要素，并在此基础上能够像行为、结果、因果关系、时间、地点等一样确定程序性要素的体系地位。

另一方面，希望打破刑法学与其他部门法学之间的壁垒，加强刑法学与其他部门法学之间的沟通与交流。刑法学尤其是规范刑法学的研究一直存在自我封闭的倾向，与其他部门法学之间的交流不足。在自然科学发达的时代，概念法学占据主导地位，法学被认为是能够实现自我供给的学科，刑法学的研究只需要借助纯粹的、思辨的逻辑推演即可完成。至后工业时代，人们日渐认识到人的价值在刑法规范中的体现，刑法应当服务于人的自由的实现，刑法学的发展需要规范条文之外的价值补充方可实现。而到了现代风险社会、科技（人工智能）时代、法定犯时代，人类社会日益面临系统性风险，刑法应当成为社会治理体系的有机组成部分，在与其他治理手段的沟通中不断实现自我的升级与完善。刑法学的发展也遵循着同样的规律，即需要吸收其他法学学科乃至社会学科和人文学科的有益成果，不断提升其适应社会发展需求的能力。而程序性要素与诉讼时效、告诉才处理等诉讼程序内容不同，虽然是具有相对独立性的程序性内容，但是由于与犯罪的成立和刑罚的裁量发生关联，也具有实体性的一面。因而，程序性要素也可以扮演刑法学与其他部门法学乃至社会科学沟通的桥梁。

二、研究意义

（一）理论意义

程序性要素的研究可以统一程序性要素的观念形象，构建程序性要素的一般理论，丰富犯罪论体系乃至刑罚论体系的相关内容。但是，其最直接的理论意义是廓清程序性要素的概念内涵，明确程序性要素的理论根基，纠偏程序性要素的功能价值和理清程序性要素的体系定位。

首先，有助于统一程序性要素的概念内涵。学界对程序性要素的称谓至少存在“程序性构成要件要素”“前置性程序要件”“责令改正”“行政规范”“行政程序性条件”等。“程序性构成要件要素”立足于四要件的犯罪构成体系，认为程序性要素不可能像在德日的三阶层或者二阶层犯罪构成体系中获得客观处罚条件的体系定位，所以其只能是成立犯罪所必须具备的构成要件要素。但是，问题在于传统的四要件犯罪构成体系也并非不可撼动的绝对真理，犯罪构成体系相对于刑法规定来说，终究只是一种理论归结，不具有法定性和强制性。在犯罪构成体系的选择上不应该介入过多的政治因素，应当仅限于理论范围内的优劣角逐。因而，从学理的角度来说，探讨程序性要素犯罪构成要件要素外的体系定位仍然是有可能的。“前置性程序要件”则是就程序性要素与核心犯罪行为（核心评价对象）之间的关系来说的，但是并不是所有的程序性要素都发生在核心犯罪行为之前，不少程序性要素存在于核心犯罪行为之后。“责令改正”指称具体的程序性要素是不存在问题的，并且能够指明部分程序性要素的实质内容。但是，一方面，刑法规范中的程序性要素除具有其他法律所规定的实质内容“责令改正”外，还应当具有一些刑法规范上的特征，以便与纯正的行政行为相区分；另一方面，刑法规范中的程序性要素，并非都以“责令改正”作为实体内容，还具有“责令支付”“行政处罚”等内容。同样地，以“责令支付”等称谓代替也是不合适的。“行政规范”失之宽泛且无法体现刑法规范的特色。“行政程序性条件”则落入过于狭隘的窠臼，并不是所有的程序性要素都是行政行为，还有很多是民事行为，“行政程序性条件”有以偏概全的嫌疑。当然，该概念也注意到了程序性要素在刑法规范中的特殊性，并以“要件”（实际上是犯罪成立要件）的称谓冠之。

称谓的混乱及其不足，直接导致学界无法清晰地定义作为类现象的“程序性要素”的概念内涵，所以学界在进行学术对话时无法准确指称所要表达的对象。一方面，“责令改正”“行政规范”等称呼是以前置规范的称呼指代刑法规范的内容，但是两者之间显然不可等量齐观。如果刑法规范中出现大量民事、行政法律规范中的术语，可能会对刑法话语体系产生一定的冲击，不利于对刑法内容的准确把握（强调刑事与民事、行政加强对话，并不意味着彼此之间的话语体系要进行融合，这是不可能也是不应当的）。另一方面，称谓混乱的背后是对指称对象的误解，因为程序性要素始终与行为人的后续行为紧密联系，如《刑法》第276条之一拒不支付劳动报酬罪程序性要素部分的表述是“数额较大，经政府有关部门责令支付仍不支付的”，这导致不同学者在各自的称谓下可能会指称不同的内容，即有的学者在自己的称谓下指称的仅是“经政府有关部门责令支付”，有的学者则在自己的称谓下指称“经政府有关部门责令支付仍不支付”。欲研究程序性要素的相关内容，率先要解决程序性要素称谓混乱和指称对象不明的问题。相应地，研究程序性要素的理论意义之一就是建立程序性要素相关问题的统一语境，把握程序性要素的基础范畴。

其次，有利于明确程序性要素的功能价值。程序性要素与刑法基本理念和基本原则之间是冲突关系还是协调关系，学界目前还没有进行系统梳理。对程序性要素持肯定态度的学者多认为程序性要素的设置贯彻了宽严相济的刑事政策，坚持了形式法治国的基本原则以及限制了刑法处罚范围。第一，刑法规范中明确规定的程序性要素主要在两个向度发挥作用：一是影响犯罪的成立与处罚，二是作为免予追究刑事责任的依据。前者增加了犯罪成立条件，后者畅通了犯罪行为的出罪（免罚）渠道。因为程序性要素主要分布在轻罪或者法定犯中，这些犯罪的社会危害性和处罚必要性本身相对较小，所以增加成立条件或者出罪（免罚）条款是在贯彻宽严相济的刑事政策。第二，显性的程序性要素在对程序性要素的要求上，由于缺乏其他实体要件的实体内容的支撑，与形式法治国之间的关系更为接近。在经受封建刑法的荼毒之后，启蒙主义运动后期酝酿发展的罪刑法定主义及其法治国思想特别强调对公权力的限制。立法机关行使立法权，司法机关行使司法权，行政机关行使执法权。司法机关和执法机关适用法律的过程就是机械的三段论推理的过程，不允许对法律进行解释，解释是立法机关的职权。通过这样的权力分配以达到限制具有扩张属性的行政权力和司法权力的目的。程序性要素的设置在某种程度上也贯彻着对形式法治国理念的追寻。第三，无论是积极的程序性要素还是消极的程序性要素，从本质上来说都是给予行为人在实施犯罪行为后的一次悔罪机会，是对刑法介入范围和空间的限制。一方面，积极的程序性要素通过增加犯罪成立要件或者客观处罚条件的方式，提高入罪门槛或者追诉条件，使刑罚权的发动要求更高，从而达到限制刑罚权发动的目的；另一方面，消极的程序性要素通过增加犯罪行为的出罪渠道，允许行为人在实施犯罪行为后，通过自己的积极作为控制刑罚权的发动，反方向限制刑法处罚范围的扩张。

然而，尽管程序性要素的设置初衷是好的，但是在实际运行中也可能出现功能偏离的问题。这些问题主要表现为有触犯罪刑法定原则的嫌疑、有滥用刑法谦抑主义的风险以及落空法益保护目的的可能。其一，如前文所述，程序性要素在坚持形式法治国方面走得比较远，但是罪刑法定原则发展到今天，除了具备形式侧面，也具备实质侧面，尤其是在风险社会的背景之下，人们越来越关注法律本身是否具备良好的效果。具体来说，在形式法治国时代，相比于司法恣意带来的恶果，“恶法”本身的危害是有限的，所以“恶法亦法”，恶法也应当被遵守。但是现代社会人们越来越关注法律条文背后的价值，关注法律能否实现治理社会的目的，能否发挥保护法益和保障人权的机能。因此，程序性要素对形式法治国的坚持也会引起人们对其实质法治国价值追求与发挥的担忧。一方面，隐性的程序性要素往往通过司法解释或者学理解释的形式设立，这种设立程序本身是否正当是值得怀疑的。为犯罪的成立设立要件属于立法机关的事务，司法机关只能就法律的适用问题作出解释。所以，通过司法解释的方式为某些犯罪设立程序性要素本身是存在问题的。另一方面，为犯罪行为增设程序性要素是否经过充分的论证，也并非没有疑问。实际上，已经有学者开始质疑部分程序性要素的存在价值。其二，刑法谦抑主义只能就立法而言，从立法上强调刑法是最后的制裁手段。以拒不支付劳动报酬行为的治理为例，谦抑主义是指应当先制定民法、行政法等前置性法律，在民法、行政法等法律不能有效治理时才能制定刑法，而不是说在司法上先进行民法、行政法等法律的制裁，然后才能用刑法进行调整。但是，拒不支付劳动报酬罪的程序性要素使得司法机关对该罪的认定附属于行政机关作出的行政决定，显然是把刑法谦抑主义运用于司法领域，突破了谦抑主义的功能界限。其三，程序性要素不仅割裂了某些犯罪与其他犯罪之间的关联，而且增加了司法机关介入犯罪行为的难度。一方面，以拒不支付劳动报酬罪为例，不支付劳动报酬行为本身可以充足侵占罪的构成要件，但是刑法在侵占罪之外设置拒不支付劳动报酬罪，就阻断了行为被评价为侵占罪的可能。尽管从学理上来看，通过竞合理论处理相关犯罪的认定并不存在障碍，但是司法实践往往特别关注社会关系的区分，行为在其所属社会关系领域内没有被评价为犯罪的，司法工作者通常不会根据其他社会关系领域的罪名规制此行为。另一方面，程序性要素的启动通常由公权力机关进行，往往缺乏被害人的参与，导致犯罪认定中对被害人意愿的关注不足。实际上，不少情况下，尤其是当政府部门之间的职权范围存在交叉时，程序性要素的启动是很困难的，这种情况下如果不允许被害人作为程序性要素的启动主体，将会导致社会关系处于不稳定的状态，被害人的合法权益得不到及时的保护。所以，展开对程序性要素的系统研究，可以对程序性要素的功能价值进行全面梳理，积极发挥程序性要素的正面价值，克服程序性要素的消极价值。

最后，有助于厘清程序性要素的体系定位。程序性要素的体系定位在理论上存在较大的争议，但是大致上可以分为诉讼证明要素说、量刑情节说、客观处罚条件说、犯罪构成要件要素说、违法要素说、责任要素说以及标识功能说。诉讼证明要素说认为程序性要素最核心的价值是证明行为人的主观要件，即通过启动主体实施一定行为后相对人的行为表现来确定行为人是否具有犯罪故意。量刑情节说的主要观点是，程序性要素无法与违法性发生关联，也无法体现行为人与违法性相关的有责性，那么只能在犯罪构成体系之外寻找程序性要素的定位，即量刑情节。客观处罚条件说以违法和有责的犯罪构成体系作为论证语境，也承认程序性要素与不法和有责之间不存在关联，但是其认为程序性要素仍然是犯罪构成体系内的、影响犯罪追诉的客观处罚条件。犯罪构成要件要素说则是在四要件的犯罪构成体系内对程序性要素所作的体系定位。虽然程序性要素与德日刑法理论中的客观处罚条件极为相似，但是我国犯罪构成反映的是作为整体评价要素的社会危害性的程度，而广义的社会危害性的内容不仅包括客观危害、主观罪恶，还包括人身危险性。三阶层的犯罪构成体系中并不存在定罪层面的人身危险性，而我国的犯罪构成体系可以包括人身危险性的内容。如此一来，程序性要素就是四要件犯罪构成体系下的构成要件要素。违法要素说主要从不作为犯的角度展开程序性要素体系定位的分析，程序性要素与先前的违法行为实际上是两个相对独立的行为，先前的违法行为以及行政机关的责令等行为实际上是在为行为人创设作为义务，行为人有能力履行义务却不履行，因而构成犯罪。所以，程序性要素是行为人不作为犯罪中违法事实的重要组成部分，是违法要素。责任要素说则从刑事责任的角度展开程序性要素的分析，认为违法评价的对象还是程序性要素之前的事实。程序性要素的设立实际上是用来反映行为人的规范意识的。当行政机关作出相应的行政行为，如果相对人积极配合和履行，说明行为人回归规范的意识强烈，愿意回归规范生活，责任较轻；如果相对人不配合甚至逃避履行责任，说明行为人对抗规范的意识强烈，责任较重。标识功能说认为程序性要素本身不是违法要素或者责任要素，而是标识违法要素和责任要素的要素。程序性要素的实体内容是公权力机关的行为或者权利人的行为，与不法要素和责任要素不发生直接关联，但是程序性要素后的行为人后续行为，与不法要素和责任要素存在直接关联，所以程序性要素具有标识功能。研究程序性要素，可以解决程序性要素体系定位混乱的局面，为它的司法适用提供理论上的支撑。

（二）现实意义

程序性要素使相关犯罪保持相对较低的适用率。一方面，程序性要素的启动主体以行政机关为主，表现为行政机关要求相对人履行一定的职责。在这种场合下，相对人迫于国家公权力机关的权威，往往会履行义务，以彰显自己朝法律规范回归的姿态。如此一来，相关犯罪的适用率就会降低。另一方面，国家机关之间经常存在职权范围交叉的情况，使程序性要素的启动相对困难。此外，启动主体本身也具有一定的消极性，同样制约着相关犯罪的适用率。以拒不履行信息网络安全管理义务罪为例，截至2024年7月20日，[①] 笔者以“拒不履行信息网络安全管理义务罪”为关键词检索中国裁判文书网的

① 修改书稿的过程中，笔者重新检索中国裁判文书网相关数据，发现与笔者2020年12月25日检索的数据一致。

判例，仅有七例明确认定行为人构成该罪，并与诈骗罪等构成竞合关系，最终都以诈骗罪等定罪量刑。这一现象导致的后果是可能无法及时有效地保护被害人的合法权益，行政责令或者行政处罚替代刑事处罚，相关的责令行为或者处罚行为成为行为人违法犯罪行为的必要对价，不利于有效制止行为人的违法犯罪行为、实现良好的犯罪治理和预防效果。

综上所述，程序性要素适用率低下以及功能价值偏离的主要原因在于程序性要素体系定位混乱、效力认定不明以及与之相关的司法适用不清。首先，关于程序性要素在犯罪论乃至刑罚论中的体系地位，学界至少存在诉讼证明要素说、量刑情节说、客观处罚条件说、犯罪构成要件要素说、违法要素说、责任要素说以及标识功能说的争论。但是，这些学说都或多或少地存在研究对象狭隘和研究结论不彻底的缺陷，并不能实现程序性要素体系地位的妥当安置。以犯罪构成要件要素说为例，在四要件的犯罪构成体系中，只要是影响犯罪成立的要素就是犯罪构成要素，但是对该要素究竟是违法要素还是责任要素，究竟是主观要素还是客观要素，究竟是客观要素中的行为要素还是结果要素，并未进行详细展开。实际上，即便详细展开，也会面临着传统的犯罪构成要件要素都是以行为人为中心展开的，而程序性要素是以行为人以外的主体（行政机关或者其他单位）为中心展开的，其他主体的行为何以影响行为人行为的犯罪性的问题，而该问题的回答并不容易。其次，关于程序性要素的生效要件如何确定，相关主体消极作为时不利后果应当如何归属，学界并未给予太多的关注。虽然行政法和民法的相关研究可以给予我们一些参考，但是毕竟刑法直接关涉行为人的财产、自由乃至生命，程序性要素在刑法中的生效要件应当予以明确，而不是动辄寻找刑法外的理论支撑。而且，程序性要素的启动往往涉及启动主体（以行政机关和银行等为代表）、行为人和（某些案件中存在的）被害人三方利益主体，如果启动主体消极作为或者行为人消极作为，都将对被害人的利益产生负面影响，尤其是在当前程序性要素的启动中，刑法通常不会赋予被害人启动主体地位。而当相关主体消极作为时，势必会导致包括时效利益损失在内的不利后果的产生，此时需要确定承担不利后果的主体。最后，程序性要素的核心内容是行政行为和民事行为，与体系定位的混乱相勾连，就会导致程序性要素与“一事不再罚”原则、“双重违法性”理论产生冲突，影响程序性要素情节竞合时的选择和具体语境下共犯的认定。例如，客观处罚条件说认为程序性要素不需要行为人有现实的认识，违法要素说则要求行为人对程序性要素具有现实的认识；又如，犯罪构成要件要素说面临对造成法益侵害结果的行为不当延迟犯罪既遂成立时间的指摘，客观处罚条件说面临着程序性要素无法独立于前行为、不具备客观处罚条件立论基础的批判；再如，客观处罚条件说对行为人仅参与程序性要素以后的行为是否构成共同犯罪存在争议，构成要件要素说则认为程序性要素后的行为更接近法益侵害结果，更具有实质的可罚性。

为了解决程序性要素的上述问题，有必要先对程序性要素进行类型化的体系定位，并根据程序性要素与违法要素、责任要素之间的关系进行区别适用。而且，由于程序性要素作为与犯罪行为具有关联又相对独立的要素，它的适用必须以其客观存在作为前提，所以其效力认定又构成程序性要素司法适用的前置问题。在借鉴其他学科知识成果的基础上，程序性要素应当同时具备程序要件和实质要件方能生效，在行政主体消极作为以及相对人变动的场合，应当对程序性要素的效力进行区别认定。程序性要素的司法适用虽然可能会与“一事不再罚”原则、“双重违法性”理论发生冲突，造成程序性要素的情节竞合以及共犯认定的混乱，但是采取妥当的立场依旧可以有效应对。所以，概括来说，研究程序性要素的现实意义之一在于帮助程序性要素寻找到符合规范逻辑和理论体系的科学定位，以帮助司法者树立正确的适用观念和掌握科学的适用方法，避免目前司法实践中存在的程序性要素适用不规范的问题。

此外，据不完全统计，截至 2024 年 7 月 20 日，我国刑法规范中关于程序性要素的规定有 29 处，其中《刑法》规定的程序性要素有 11 处，司法解释、指导意见、立案标准等其他规范性文件规定的程序性要素有 18 处。这些要素大约分布在《刑法》分则第二章、第三章、第五章、第六章、第八章和第九章共 29 个罪名中，其中部分犯罪将程序性要素规定为必备要件，部分犯罪将其规定为选择要件，自然犯与法定犯均有所规定。从自然犯与法定犯相区分的角度来看，程序性要素可能发挥的功效并不相同。在自然犯的场合，程序性要素虽然给予了行为人回归法秩序的机会，但是对于被害人的救济显得十分薄弱，尤其是在像拒不支付劳动报酬的情形下，一方面，未能赋予被欠薪者启动程序性要素的主体地位；另一方面，只有在“经政府有关部门责令支付仍不支付”的场合下欠薪者的行为才有可能构成犯罪，对于作为弱势群体的劳动者的保护显然是不足的，实践中经常出现的因为欠薪进行的信访甚至衍生的违法犯罪行为，意味着部分自然犯中程序性要素设置的欠缺，亟待进行立法上的修正与完善。在法定犯的场合，法定犯因为存在违法性认识复杂、法益性欠缺、我国语境下的罪刑设置不科学等特征或问题，其在实践中的扩张处罚趋势一直为学界所诟病，并被学界主张要限制适用。程序性要素的设置，相当于为解决法定犯的合法性危机提供了一套制度保障。在行为人实施违法犯罪行为以后，不是立即对行为人启动刑事追诉程序，而是由相关主体先采取程序性要素内容，即进行行政处罚、行政责令等，要求行为人实施一定的行为进行补救，行为人仍然拒绝实施特定行为的，再处罚行为人。这至少可以避免法定犯违法性认识阙如的诘难，为法定犯的设置提供部分实质合理性。所以，如果存在为学界一直批判的法定犯，如非法经营罪的兜底性适用为学界批判已久，是否可以考虑在其中增加程序性要素的内容，从而缓解乃至避免此类法定犯的合法性危机。因而，研究程序性要素的现实意义之二在于明确程序性要素的基础理论以后，为我国刑法规范中程序性要素的设置提供完善建议。

当然，值得特别提及的是，因为我国刑法中的程序性要素类似于德日刑法中的客观处罚条件，所以有人认为可以直接使用客观处罚条件的既有研究成果丰富程序性要素的基础理论。但是，能否将客观处罚条件的理论定位直接搬到我国刑法理论中使用还需要进行充分的论证，更遑论以客观处罚条件的其他研究成果替代对程序性要素的研究。此外，我国也有个别学者尝试在中国语境内寻找程序性要素的恰当定位，将其作为程序性构成要件要素，并以此初步建立程序性要素的一般理论。但是因为前期梳理的缺失，这些研究还是存在诸多缺憾。不过值得欣慰的是，既有研究尽管在具体论证路径上还有待商榷和反思，但是这些都是对程序性要素体系定位中国化的有益尝试，这也是本书努力的方向。程序性要素的研究目前在我国刑法理论界还是一个较为新颖的话题，学者对相关问题的研究尚不充分，是一块亟待开采的“富矿”。所以，研究程序性要素的相关问题，一方面，最终还是要解决司法实践中存在的适用效率低下、适用混乱等问题，为程序性要素的司法适用提供理论上的支撑；另一方面，要妥善解决程序性要素立法设置不规范、不合理的问题，为程序性要素的立法完善尤其是解决法定犯的合法性危机提供制度建议。

三、研究现状

（一）国内研究现状

刑法规范中的“程序性要素”命题最早由我国卢勤忠教授于2016年在载于《法律科学》的《程序性构成要件要素概念的提倡》一文中提出。彼时虽然已经存在关于程序性要素相关内容的研究，但大多是在具体个罪中展开的，缺乏体系性和系统性。2016年，卢勤忠教授敏锐地发觉作为类现象的“程序性要素”，将其归纳出来，并对其体系地位提出了自己的初步看法。2016年以来，学界对程序性要素的研究热度有所上升，但是依旧十分不足，研究范式仍然以2016年以前的分散式研究为主。所以，可以说，学界目前对程序性要素的研究仍然处于相对空白的状态。

从数量上看，系统研究作为类现象的“程序性要素”的研究成果十分欠缺，既有研究主要散见于各种对具体罪名的论述中。目前系统研究刑法规范中的程序性要素的专著尚不存在。以刑法规范中的程序性要素作为选题的学位论文，仅有中南财经政法大学硕士研究生陈恺同学的《刑法中的程序性要素研究》。以显著的“程序性要素”、“程序性条件”或者“程序性构成要件要素”标注题目的论文主要有杜宇教授的《程序性犯罪构成要素的性质》（载《中国法学》2022年第5期），赵运锋教授的《论刑法条文中的“程序性要素”》（载《法学》2021年第7期），卢勤忠教授的《程序性附加条件与客观处罚条件之比较》（载《法学评论》2021年第1期）、《程序性构成要件要素概念的提倡》（载《法律科学》2016年第6期）和高磊博士的《论犯罪成立的行政程序性条件》（载《东方法学》2020年第3期）。其他关于程序性要素的论述散见于各种对具体罪名的讨论中，如齐文远教授和杨柳教授的《网络平台提供者的刑法规制》（载《法律科学》2017年第3期）、邱陵的《拒不履行信息网络安全管理义务罪探析》（载《法学杂志》2020年第4期）、熊波副教授的《网络服务提供者刑事责任“行政程序前置化”的消极性及其克服》（载《政治与法律》2019 年第 5 期）、李梁副教授的《拒不支付劳动报酬罪的行政附属性规定研究》（载《政法论坛》2017 年第 5 期）、董璞玉博士和陈琦的《网络犯罪中“责令改正”规定之合理性探析》（载《南开法律评论》编辑部编:《南开法律评论》第 13 辑，中国检察出版社 2018 年版）。

有学者对涉及程序性要素内容的具体罪名进行过初步梳理，认为这些罪名及其程序性要素主要包括:（1）危险作业罪中的“被依法责令停产停业、停止施工、停止使用有关设备、设施、场所或者立即采取排除危险的整改措施”。根据《刑法》第 134 条之一的规定，如果想要根据该项对行为人定罪量刑，只有行为人先前的危险作业行为被有关部门依法责令停产停业、停止施工、停止使用有关设备、设施、场所或者立即采取排除危险的整改措施，然后行为人拒不执行的，才有可能构成犯罪。（2）消防责任事故罪中的“经消防监督机构通知采取改正措施”。根据《刑法》第 139 条的规定，虽然行为人的行为违反了消防管理法规的规定，但是如果消防监督机构没有责令行为人采取改正措施，那么行为就不可能构成该罪。（3）信用卡诈骗罪中的“经发卡银行催收”。根据《刑法》第 196 条第 2 款的规定，行为人恶意透支数额较大的款项的行为，只有经发卡银行催收后，才可能构成该罪。如果发卡银行怠于催收或者不当催收的，行为就不会构成该罪。（4）逃税罪初犯免责条款中的“经税务机关依法下达追缴通知”。根据《刑法》第 201 条第 4 款的规定，如果要根据该规定不追究行为人的刑事责任，那么一定要具备税务监管部门的追缴通知和行政处罚决定等程序性要素。（5）侵占罪中的要求退还和要求交出。根据《刑法》第 270 条的规定，成立侵占罪以权利人要求行为人返还财物为前提，如果不存在要求返还财物的程序性要素，即便行为人非法占有了被害人的财物，也不构成侵占罪。（6）拒不支付劳动报酬罪中的“经政府有关部门责令支付”。根据《刑法》第 276 条之一的规定，行为人拒不支付数额较大的劳动报酬的行为，只有经过政府有关部门责令支付，并且行为人仍然不支付的，才能构成该罪。如果不存在政府部门的责令行为，则不可能构成该罪。（7）拒不履行信息网络安全管理义务罪中的“经监管部门责令采取改正措施”。根据《刑法》第 286 条之一的规定，网络服务提供者不履行信息网络安全管理义务的行为只有经监管部门责令采取改正措施，行为人拒不改正的，才有可能成立该罪。（8）扰乱国家机关工作秩序罪中的“经行政处罚”。根据《刑法》第290条第3款的规定，行为人多次扰乱国家机关工作秩序的，只有被行政处罚后仍不改正的，才可能成立该罪。（9）非法集会、游行、示威罪中的“解散命令”。根据《刑法》第296条的规定，行为人非法集会、游行、示威的，只有经有关部门提出解散命令仍不解散的，才可能成立该罪。（10）妨害传染病防治罪中的疾病预防控制机构提出的卫生要求，疾病预防控制机构提出的预防、控制措施。根据《刑法》第330条第1款的规定，行为人实施第1款第2项和第4项所规定之妨害传染病防治之行为，必须存在疾病预防控制机构的卫生要求或者采取预防、控制措施的要求，行为人拒绝实施的，才可能成立该罪。（11）巨额财产来源不明罪中的责令国家工作人员说明巨大差额财产的来源。根据《刑法》第395条的规定，国家工作人员数额巨大的收入差额，只有经有关部门责令行为人说明来源，并且行为人不能说明来源的，才可能成立该罪。

从内容上看，学界目前对程序性要素的研究主要涉及程序性要素的概念内涵、体系定位和司法适用等内容，并且在每一方面均或多或少地存在争议，当然以程序性要素的体系定位的争议为甚。

第一，关于程序性要素的称谓，学界至少存在“程序性犯罪构成要素”（杜宇，2022）、“程序性要素”（赵运锋，2021）、“程序性附加条件”（卢勤忠，2021）、“行政程序性条件”（高磊，2020）、“行政前置要件”（熊波，2019）、“程序性构成要件要素”（卢勤忠，2016）等的分歧。当然，说“分歧”或许并不准确，因为学界在该问题上并未形成“争论”，这些称谓虽然彼此之间存在事实上的交锋，但是学者们并未就此展开详细地批驳和证成，大家都是在各自的语境下使用各自的称谓，然后开始进行程序性要素的体系定位、司法适用等问题的研究。不过，由于称谓的差异本身反映着体系定位上的差异，如“程序性犯罪构成要素”包含着程序性要素是犯罪构成要件要素的定位，“程序性附加条件”包含着程序性要素是客观处罚条件的定位，称谓的不同已经隐藏着体系定位的争锋，但是这毕竟是体系定位的争论，仍然不属于称谓的“分歧”。

第二，关于程序性要素的体系定位，目前学界关于程序性要素的体系定位主要存在量刑情节说、客观处罚条件说、犯罪构成要件要素说、违法要素说、责任要素说、诉讼证明要素说以及标识功能说，是学界关于程序性要素争论最为激烈的内容。量刑情节说认为程序性要素反映了行为人的人身危险性，因而是量刑时需要考量的情节（李梁，2017）；客观处罚条件说认为程序性要素不影响行为的不法和行为人的罪责，但具有预防犯罪和平衡利益的政策意义（张明楷，2019）；犯罪构成要件要素说认为程序性要素影响行为是否构成犯罪，但是根据作用方向不同，有观点认为程序性要素影响行为的不法（杜宇，2022），也有观点认为程序性要素影响行为人的主观恶性（杨俊，2016）；诉讼证明要素说认为程序性要素仅具有证明主观要素的指示价值（赵运锋，2021）；标识功能说认为程序性要素自身不影响不法与罪责，但是标识了违法要素与罪责要素（高磊，2020）。

学界目前关于程序性要素研究争议最为激烈的就是其体系定位问题，因而有必要对其相关学说进行初步展开。

量刑情节说认为程序性要素是对行为人人身危险的描述，而非对法益侵害性的表述。李梁副教授在《拒不支付劳动报酬罪的行政附属性规定研究》中（载《政法论坛》2017 年第 5 期）从拒不支付劳动报酬罪展开，认为程序性要素是“对人身危险性的描述，而对非（此处存在笔误，应为‘非对’。——笔者注）法益侵害性的描述”。因为一方面，立法者在设置程序性要素时并没有将劳动者的支付成本纳入考量范围，他们重视的是用人单位的行为无价值，而非因为拖欠工资以及后续追偿工资产生的结果无价值。程序性要素的启动包括两种情形，一种情形是劳动者在追偿无果的情况下向有关部门反映，然后有关部门责令用人单位支付劳动报酬，另一种情形是有关部门自己发现用人单位拖欠工资的事实，然后责令用人单位支付劳动报酬。第一种情形下，劳动者追偿劳动报酬的过程事实上增加了生活成本，即追偿劳动报酬增加了额外支出。第二种情形下，劳动者的生活成本没有增加。立法者将这两种情形不加区分地置于同一程序性要素规定之中，显然重视的不是行为对法益的侵害。另一方面，在程序性要素之前，行为人“不支付”数额较大的劳动报酬的行为已经具备可罚的违法性，程序性要素之后的“不支付”行为没有造成进一步的法益侵害结果，只是表明行为人与法规范的对抗态度。换句话说，程序性要素之后的仍不支付报酬的行为并没有加重违法性，但是体现了行为人具有较重的人身危险性。而反映人身危险性的要素，除了故意与过失被置于有责性阶层，均在量刑阶段发挥作用，构成影响量刑的情节，并且是影响预防刑的量刑情节。

客观处罚条件说认为程序性要素与违法性与有责性之间不发生关联，无法征表行为的社会危害性和行为人的人身危险性，它是刑法（罚）发动的前提条件。邱陵在《拒不履行信息网络安全管理义务罪探析》（载《法学杂志》2020 年第 4 期）中证明拒不履行信息网络安全管理义务罪程序性要素的体系地位时，基本赞同客观处罚条件说，并给出了以下两点理由：一是如果行为人在经过有关部门的责令改正后，积极履行了网络安全管理义务，并且承担相应的行政责任，说明行为人已经回归法秩序，被破坏的一般人的规范信赖也因为行为人的积极履行义务行为而修复，就没有对行为人科处刑罚的实质理由。因为刑罚的目的在于特殊预防与一般预防，行为人履行义务后，特殊预防与一般预防的必要性均归于消散。二是不作为犯形式的不履行网络安全管理义务行为的规范意识偏离情况并不容易被证明，将监管部门的责令行为界定为客观处罚条件，可以根据责令后的行为人的表现来确定行为人的规范意识是否有必要予以重塑——如果行为人拒绝改正，规范意识就有被重新塑造的必要，相反则没有，有利于明确处罚范围。前者即客观处罚条件设置的刑事政策理由，后者即客观处罚条件设置的明确处罚范围的理由。

犯罪构成要件要素说认为程序性要素虽然类似于德日刑法理论中的客观处罚条件，但是在我国四要件犯罪构成体系之下不存在犯罪成立条件之外的刑罚发动事由，因而程序性要素只能在犯罪构成内部寻求体系定位，即犯罪构成要件要素。卢勤忠教授在《程序性构成要件要素概念的提倡》（载《法律科学》2016 年第 6 期）中指出，犯罪构成实际上是行为是否构成犯罪的评价标准，构成要件要素就是组成犯罪构成要件的要素。判断一个要素是否是构成要件要素，就看其是否影响犯罪的成立。而影响犯罪成立的要素不仅包括行为、结果等实体性要素，也包括政府责令行为等程序性要素。所以程序性要素就是犯罪构成要件要素。但是卢勤忠教授又进一步指出，程序性要素类似于德日犯罪论体系中的客观处罚条件，都不要求行为人具有与之对应的主观心理，不以行为人的意志为转移。只是由于我国的犯罪构成体系与德日并不相同，客观处罚条件的体系定位在我国没有存在的空间，规定在《刑法》分则的罪状只能在犯罪构成体系内部寻求定位。因此，犯罪构成要件要素的体系定位是契合我国四要件犯罪构成体系的理论选择。

违法要素说与犯罪构成要件要素说不同，前者是在承认犯罪的实体是违法与责任的基础上对程序性要素的体系地位作出的界定，后者则是在四要件犯罪构成体系内对客观处罚条件的地位安排。违法要素说认为，程序性要素征表着行为的违法性程度。在规定程序性要素的场合，行为人往往被赋予双重作为义务，行为人不履行程序性要素所包含的作为义务，即意味着行为人两次违法。谢望原教授在《论拒不履行信息网络安全管理义务罪》（载《中国法学》2017 年第 2 期）中论证拒不履行信息网络安全管理义务罪的行为构造时也对监管部门的责令行为作出了作为义务来源的界定。谢望原教授认为该罪是一个典型的纯正不作为犯罪，只能以不作为的形式构成。但是它又与一般的不作为犯罪不同，因为它的“义务”具有双层次的特点：第一层次是由《网络安全法》等非刑事法律规定的义务，即《刑法》第 286 条之一规定的“法律、行政法规规定的信息网络安全管理义务”；第二层次是刑法规定的义务，即该条规定的“经监管部门责令采取改正措施”。换句话说，该罪的作为义务来源不仅包括非刑事法律规定的义务，也包括刑法规定义务。立法者之所以如此设置，是因为，一方面，网络服务提供者在网络违法犯罪中扮演着技术服务者的角色，对“服务”范围内的网络违法犯罪行为具有一定的支配性；另一方面，也正是其“服务者”的角色，使国家不能强求其担任网络警察的角色，只有在其违反第一层次义务后进一步违反第二层次义务，才能追究其刑事责任。

责任要素说在阶层论犯罪构成体系中几乎没有存在的余地，因为责任要素的内容都十分具体。而在整体性判断的四要件犯罪构成体系中，尤其是以实质的社会危害性作为指导时，程序性要素的实现往往表明行为人的道义违反性或者规范违反性严重，说明行为人的有责性较强。杨俊副教授在《论恶意欠薪行为的刑法规制——对拒不支付劳动报酬罪犯罪构成的思考》（载

《江苏社会科学》2016 年第 4 期）中对拒不支付劳动报酬罪程序性要素的设置表达了积极支持的态度。杨俊副教授认为，程序性要素在行政违法与刑事犯罪之间架起了一道屏障，使欠薪行为经过行政部门的处理才能纳入刑法的调整范围，符合刑法的保障法地位要求。而且在经过有关部门的处理后，如果行为人积极支付了劳动报酬，说明行为人的主观恶性小，行为的社会危害性弱，没有对行为人科处刑罚的必要。但是如果行为人拒绝履行支付劳动报酬的义务，说明行为人的主观恶性大，就有科处刑罚的必要。所以，“前置程序正是行为人主观恶性的重要体现”。

诉讼证明要素说不在犯罪构成体系中寻求程序性要素的定位，而是在诉讼程序（证明活动）中发现程序性要素的作用，认为程序性要素最核心的价值就是证明主观要件。赵运锋教授在《论刑法条文中的“程序性要素”》（载《法学》2021 年第 7 期）中另辟蹊径地提出了诉讼证明要素说的观点。赵运锋教授认为，既往的研究都将视野局限在犯罪构成体系内部，忽视了程序性要素的诉讼证明价值。他以恶意透支型信用卡诈骗罪的“经发卡银行催收仍不归还”为例，如果没有该程序性要素就会导致无法准确认定此类信用卡诈骗犯罪中行为人的“非法占有目的”，“经发卡银行催收仍不归还”就是对“非法占有目的”的重申和证明。在与客观处罚条件说的对比中，他认为诉讼证明要素说更能体现司法适用上的便利性和价值性。因为，程序性要素实际上是在行为人实施违法行为之后再给予一次行为人表明主观意图的机会，如果行为人在事后仍然不实施适法行为，行为人的主观意图就能够被明确，犯罪是否成立也就变得十分清楚。

标识功能说认为程序性要素既不是违法要素和责任要素，也不是作为刑罚发动事由的客观处罚条件，而是犯罪构成体系之外的标识违法行为与责任身份的要素。也就是说，程序性要素实际上并不在犯罪构成体系之内发挥作用，也区别于客观处罚条件，而是类似于英语语法中的介词或者连词，用以承接犯罪实体要素。高磊博士在《论犯罪成立的行政程序性条件》（载《东方法学》2020 年第 3 期）中从正反两个方面论证了标识功能说。一方面，构成要件具有违法推定和故意规制机能，但是如果将程序性要素界定为违法要素显然无法发挥上述机能。因为程序性要素本身不能反映行为对法益的侵害程度，相反，程序性要素是要求行为人积极修复被侵害法益的行为，具有反向限制违法性的作用。而且程序性要素无法完全成为行为人的认识要素。另一方面，程序性要素之后的行为才是违法评价的核心。程序性要素之前的行为是一般违法行为，程序性要素之后的行为才是犯罪行为，程序性要素起到的作用是标识之后的犯罪行为。所以，行为人尚未实施程序性要素之后的行为的，就不构成犯罪；帮助程序性要素之前的行为的，也不构成共犯。而且，程序性要素之后的行为人表现表征着行为人的责任身份。在共同犯罪的场合，即便行为人之间构成违法形态上的共同犯罪，但是如果行为人不具备责任身份，仍然不能追究行为人的刑事责任。

第三，关于程序性要素的司法适用，分歧在于体系定位的差异是否会造成程序性要素适用时，与责任主义产生冲突以及对既未遂和共犯认定产生障碍。例如，客观处罚条件说认为程序性要素不需要行为人有现实的认识（王钰，2016），违法要素说则要求行为人对程序性要素具有现实的认识（刘宪权等，2011）；又如，构成要件要素说面临着对造成法益侵害结果的行为不当延迟犯罪既遂成立时间的指摘（张明楷，2019），客观处罚条件说面临着程序性要素无法独立于前行为、不具备客观处罚条件立论基础的批判（杜宇，2022）；再如，客观处罚条件说对行为人仅参与程序性要素以后的行为是否构成共同犯罪存在争议，构成要件要素说则认为程序性要素后的行为更接近法益侵害结果，更具有实质的可罚性（杜宇，2022）。

学界对该问题的研究深度有限，尤其是程序性要素与刑法的其他基础理论之间存在哪些需要协调处理的地方尚不明确。从程序性要素的体系定位衍生的对司法适用产生的影响，实际上是体系定位分歧的自然延伸，并不具有程序性要素对刑法基础理论产生冲击的特殊性。换句话说，学界已经发现的或者正在研究的程序性要素的司法适用问题，只需要根据程序性要素的体系地位的准确界定即可解决。例如，关于行为人是否需要认识到程序性要素，继而是否可能与责任主义产生冲突的问题，对主张程序性要素系客观处罚条件的学者来说，行为人就没有必要认识到程序性要素，因为客观处罚条件在域外的理论框架下本来就不是要求行为人必须具有现实认识的内容，而且客观处罚条件蕴含了“认识可能性”的内容，也不会与责任主义产生冲突。相反，对主张程序性要素是违法要素的学者来说，对程序性要素具有现实的认识是责任主义的应有之义。在此意义上，学界当前关于程序性要素司法适用的研究及其所依托的问题可能还存有疑问。

当然，除了程序性要素的体系定位、司法适用等问题，学界对程序性要素的效力认定、与刑法其他基础理论的关系以及规范设置问题也偶有涉及。

效力认定的问题主要是程序性要素相对于实体性违法犯罪行为具有相对独立性，其存在与否及有效与否应当是独立于其他犯罪成立条件的、需要优先解决的问题。一方面，程序性要素的生效要件中有些内容学界仍然存在不同的认识。例如，通知行为人履行特定的义务是否应当告知拒绝履行义务的不利后果？有学者认为应当告知不利法律后果，甚至应当告知刑罚处罚后果（赖早兴，2017），有学者则认为没有必要告知刑事法律后果，但是行政法律后果仍属于行政机关的通知内容（王海军，2013）。另一方面，学界对程序性要素双方主体中一方主体的地位或者行为存在瑕疵和变动时程序性要素效力的认定问题，要么没有研究，要么轻描淡写、一笔带过。例如，权力（利）人消极作为或者不作为时，程序性要素是否具有效力，相对人变动（变更、隐匿、替代）时，程序性要素的效力又如何？这些问题都还没有统一的认识。

与刑法其他基础理论的关系问题，主要是对特殊类型的程序性要素与法律的基本理论或者原则的冲突与协调问题，学界也没有引起足够的重视。例如，惩罚型程序性要素与“一事不再罚”原则的整合问题，尽管在多数场合，当行为人被行政机关科处行政处罚后，就可以阻却刑事程序的启动或者可以作为免责条款（逃税罪初犯免责条款），但是也存在一些场合以事后的惩罚内容作为积极的入罪（处罚）条款，这些场合就面临如何协调惩罚型程序性要素与“一事不再罚”原则的关系。又如，积极的程序性要素与“双重违法性”理论之间也需要作出一些交代与澄清，因为程序性要素主要以行政机关的处罚、命令、催告为主要内容，而且程序性要素的相当部分分布于法定犯中，当行政上的违法行为作为违法要素发挥作用时，就面临如何判断和取舍程序性要素导致的行政违法与刑事违法之间的关系。再如，程序性要素的情节竞合问题以及共犯的认定问题也淹没在其他问题的研究之中，未能获得自己的独立地位。程序性要素的情节竞合问题，是在一个犯罪同时存在程序性要素情节和其他情节时，应当如何处理两者的关系，虽然可以考虑套用复数定罪情节或者复数量刑情节的处理方法，但是其是否合适、结论是否可靠并未获得理论的检验和实践的支撑。共犯的认定问题，主要是在部分行为人具备程序性要素而部分行为人不具备的场合中，各行为人能否认定构成共犯。对于程序性要素，是否能够像对身份犯一样，仅对实行犯做特别要求？还有待进一步探讨。

至于程序性要素的立法完善问题，程序性要素的启动往往由行政机关或者企业事业单位进行，所以首先涉及是否应当以及如何赋予被害人程序性要素启动主体地位，以防止程序性要素关联犯罪无法及时适用。例如，有学者认识到程序性要素的启动往往缺乏被害人的参与，也就是说程序性要素的双方主体主要是行政机关和行为人，被害人在这一过程中缺乏话语权，应当在立法中赋予被害人参与权。此外，在自然犯与法定犯区分的时代背景下，如何根据犯罪特性适当取消或者增设程序性要素成为学界关注的议题。例如，有学者主张程序性要素是恰当地实现轻罪立法的有效路径，并且程序性要素主要针对的是法定犯。因为在触犯法定犯的场合，行为人的违法意愿本来就不强，对行为违法性的认识也不清晰，可以考虑通过设置程序性要素给予行为人回归法秩序的机会（王良顺等，2023）。也有学者认为，程序性要素为违法者架起了回归法秩序的桥梁，但也可能为被害者架起了一道维权屏障，使司法机关的追诉成本转移为被害者的维权成本，增加被害人的维权负担（李梁，2017）。

从整体上看，目前学界对程序性要素相关问题的研究开始呈现一些新的动向：（1）视野转变：以往学界关于程序性要素的研究主要局限于个罪成立要件，现在学界开始在犯罪论体系中寻求程序性要素的定位，并尝试构建程序性要素适用的具体规则。（2）观念更新：程序性要素的内涵和外延从开始的不被关注乃至不被认可逐渐为学界所关注，虽然程序性要素的称谓和指称对象依旧没有获得共识，甚至连“分歧”都未形成，但程序性要素的存在已经为越来越多的学者所关注，并开始将其作为独立的对象进行研究，而不是淹没于“行政处罚”“行政责令”等具体要素的研究中。（3）深度增加：程序性要素的研究从概念界定到体系定位，再到现在开始细化适用规则，并结合犯罪的停止形态、共犯形态等特殊问题展开具体论述，部分学者甚至已经从立法论的层面关注程序性要素的价值，深度不断增加。（4）民行刑衔接：程序性要素的主体内容是行政机关或者企业事业单位的具体行为，在纳入刑法规制范围以前，需要符合民法和行政法等前置法的规定，程序性要素适用的民行刑衔接问题开始被关注。

当然，这些研究都还处于起步阶段，也呈现明显的不足：（1）从研究整体看，研究成果较少，对相关问题的关注尚显缺乏。对程序性要素的既有研究主要散见于对相关个罪构成要件的研究，缺乏系统性和整体性。（2）从研究广度和研究深度看，学界对程序性要素的研究还存在不少“盲区”。一方面，尚有不少领域未有涉及，如程序性要素的理论根基、程序性要素的历史发展等，学界均未着笔墨；另一方面，既有研究中的不少观点亦是“浅尝辄止”，对程序性要素的指称对象、司法适用、立法完善、如何协调与相关基础理论的关系均阐释不够，对相关问题的“深水区”尚未涉及，让读者常怀意犹未尽之感。（3）从研究方法看，既有研究以规范分析为主，缺乏实证分析和交叉研究，尤其缺乏对程序性要素的系统梳理，导致程序性要素相关问题的研究均存在狭隘的缺陷。因而，有必要弥合程序性要素既有研究的不足，在对程序性要素进行实证分析的基础上推进程序性要素的系统研究。

（二）国外研究现状

需要交代的前提是：（1）“程序性要素”命题是由我国卢勤忠教授于2016年提出的，所以程序性要素相关问题的研究是一个极具中国特色的课题。但是，这并不意味着域外刑法理论中没有可供参考的内容。如前所述，在程序性要素命题被提出以前，学界主要是在具体个罪构成要件中研究程序性要素的相关问题的，域外刑法学界亦是如此。所以，域外刑法学界对具体个罪中程序性要素相关问题的研究成果可以成为本书研究的有益参考。（2）受限于笔者的外文水平和资料收集能力，本书所能参考和运用的直接关涉程序性要素的外文资料较为匮乏。部分外文原文文献的获取得益于在域外留学的同门和相关外文数据库。整体上来看，以下两类文献在当前条件下可以获取：第一，外国的刑法典类规范性文件。目前国内已经翻译引介不少国家的刑法典，如德国、日本、俄罗斯等国的刑法典。当然，与我国刑事立法相似，域外在刑法典以外的其他法律或者相关的解释中也会存在刑事立法的内容，但是这些规范十分分散，在对国外立法状态了解不是十分清晰的情况下，无法周延获取，对此只能做出取舍；第二，研究特定罪名的文献资料。在梳理出程序性要素的分布罪名以后，搜寻研究这些罪名的文献资料也是可能的。一方面，域外的一些关于刑法分论的研究著作已经翻译引介到国内，这些著作中均会有相关罪名的论述；另一方面，以罪名为关键词检索域内外的外文数据库，获取的文献资料也更加集中，在实际操作上也更加可行。

目前域外学界并未以“程序性要素”的称谓指代程序性要素内容的研究，而是直接在具体个罪中根据刑法典的规范表述对相关内容展开论述。换句话说，正如学界对我国刑法规范中是否存在客观处罚条件的不同认知，由于对程序性要素的认知现状的差异，域外是否承认程序性要素的存在同样存在分歧。但是，根据本书对程序性要素的界定，德日刑法中的某些规定契合着程序性要素的二次性特征，并且对犯罪的成立或者刑罚的发动产生影响，属于“程序性要素”。对这些内容的研究，事实上就是对程序性要素的研究。在这种非标准化的研究之下，我们仍然可以归纳出域外研究程序性要素的大致动向，即域外对程序性要素的研究主要在不作为犯作为义务理论和客观处罚条件的研究中展开，所以大体上也可以认为是对程序性要素的体系定位的研究。

为了更好地理解域外对程序性要素的研究，尤其是域外刑法规范中有哪些内容与我国刑法规范中的程序性要素相似，有必要首先对域外刑法典中的程序性要素进行梳理。当然，因为我国法系整体上属于大陆法系，且刑法相关理论不少均学习继受自德日理论界，所以，本书主要梳理德日刑法典中的程序性要素。《德国刑法典》第 123 条第 1 款规定：“非法侵入他人住宅、经营场所或土地，或用于公共事务或交通的封闭的场所，或未经允许在该处停留，经主人要求仍不离去的……”在行为人未经允许停留在此条所规定的场合，只有经过主人要求离去仍不离去的场合下，行为人的行为才构成犯罪。换句话说，即便未经允许的停留行为已经侵犯了他人住宅的安宁，但是如果不存在主人要求离去的程序性要素，行为人的行为仍然难以构成犯罪（参见

《德国刑法典》，徐久生译，北京大学出版社 2019 年版）。《日本刑法典》第 107 条规定：“意图施强暴胁迫而聚众者，已受有权之公务员三次以上解散命令而不解散时……”行为人为了非法目的而聚众，不能据此直接对行为人定罪，只有经过“有权之公务员三次以上解散命令”行为人仍不解散的，才可以追究行为人的刑事责任。第 130 条规定：“无正当理由侵入他人住居、有人看守之宅邸、建筑物或船舶，或受要求而仍不从该等场所退去者……”行为人并不因为自己无理由侵入他人的住宅直接构成犯罪，只有经过权利人要求退去而行为人仍不退出的，才可以追究行为人的刑事责任（参见《日本刑法典》，陈子平、谢煜伟、黄士轩译，台北，元照出版有限公司 2018 年版）。整体上来看，德日刑法典中的程序性要素较少，且主要分布于轻罪当中，相关罪名的法定刑都相对较轻。

关于程序性要素的体系定位，域外学界主要存在不作为犯作为义务来源说和客观处罚条件说的争论。

在不作为犯中研究程序性要素相关内容的观点倾向于将程序性要素界定为不作为犯的作为义务来源。这种观点认为，无论是对作为义务来源进行形式的区分还是进行实质的区分，都不能否认行政机关的命令或者权利人的要求等行为具有促使义务主体实施一定行为的效果。如果行为人怠于履行特定义务，应当承担相应的不利法律后果。德国刑法学界对程序性要素的定位基本上采取作为义务来源说，亦即违法要素说。以非法侵入他人住宅罪为例，一般认为，非法侵入他人住宅罪的行为方式有两种，一种是“侵入”，另一种是“停留”。“侵入”是指违背权利人的意志非法进入受保护的空间；“停留”是指合法或者基于非可归责的事由进入受保护的空间后，“经主人要求”仍不离去的情形。前者是一种作为的方式，后者是一种不作为的方式。如果行为人以“侵入”的方式进入住宅，那么“停留”的行为方式不再单独评价。所以，“经主人要求”的要素仅存在于以不作为方式实施的非法侵入他人住宅罪中。该罪的成立是以违背权利人的意志为前提的，以作为方式实施的侵入住宅罪的违法性较为容易辨别，以不作为方式尤其是在合法进入他人住宅又被要求离去的场合，行为人作为义务的来源并不清晰，所以刑法明确规定以“主人要求”作为行为人承担离去义务的起点（参见王钢：《德国判例刑法（分则）》，北京大学出版社 2016 年版）。日本刑法学界对程序性要素的定位也倾向于采取作为义务来源说。例如，山口厚教授认为，聚众不解散罪（多众不解散罪）是不真正的不作为犯。他认为，考虑到国家对公民政治权利的保障，不宜轻易将公民的聚众行为认定为犯罪行为，只有有权限的公务员发出三次以上解散命令，行为人仍然不解散的，才可以追究行为人的刑事责任。所以，有权公务员的解散命令构成行为人的作为义务来源。他还认为不退出罪是真正的不作为犯，只有经过房屋主人等权利人要求退出，行为人在合理时间内仍然没有退去的，才可以追究行为人的刑事责任。在不退出罪中，行为人先前的进入行为是得到承诺的行为，不具有法益侵犯性。但是，当权利人撤销承诺要求行为人退出时，行为人就有退出的义务，如果不退出就构成不退出罪。所以权利人的退出要求是不退出罪作为义务的逻辑起点［参见山口厚：《刑法各论》（第 2 版），王昭武译，中国人民大学出版社 2011 年版］。西田典之教授关于多众不解散罪与不退出罪的程序性要素的解读与山口厚教授大致相同，都认为有权公务员的解散命令和权利人的退出要求是行为人的作为义务来源。但是西田典之教授认为多众不解散罪是真正的不作为犯，而非不真正的不作为犯［参见西田典之：《日本刑法各论》（第 6 版），王昭武、刘明祥译，法律出版社 2013 年版］。两者的区别在于是否承认先前的聚众行为的独立意义，如果认为多众不解散罪是不真正的不作为犯，先前的聚众行为就可以独立评价为多众不解散罪的实行行为；如果认为多众不解散罪是真正的不作为犯，先前的聚众行为就不具有刑法上的重要意义，只是犯罪行为的存在情形，不作为才是多众不解散罪的实行行为。

在客观处罚条件中研究程序性要素相关内容的观点倾向于认为程序性要素是客观处罚条件的组成内容。这种观点认为，程序性要素以及行为人的后续行为并不为违法性和有责性提供根据，程序性要素之前的行为人的先行行为已经具备可罚的违法性，可以追究行为人的刑事责任。程序性要素以及行为人的后续行为是立法者出于一定的政策考虑和利益衡量为犯罪作出的特别立法设计。但是，这种观点在德日刑法学界属于极少数的观点。一方面，《德国刑法典》中包含程序性要素的罪名只有非法侵入他人住宅罪，并且“经主人要求”的程序性要素仅限于以不作为方式实施的犯罪，而根据王钢副教授的归纳，不作为方式实施的非法侵入他人住宅罪的先前行为不具有客观可归责性甚至是合法的，所以主人的要求行为只能是为不作为犯提供作为义务的根据，而不可能是为先前违法犯罪行为提供处罚条件的客观处罚条件。另一方面，《日本刑法典》中包含程序性要素的罪名有聚众不解散罪和侵入住居等罪。但是根据日本学者的归结，侵入住居等罪中以不作为方式实施的犯罪实际上是不退出罪，而不退出罪的程序性要素与《德国刑法典》规定的不作为型非法侵入他人住宅罪的程序性要素的体系地位别无二致。所以，只有聚众不解散罪的程序性要素的体系地位还存在争议的空间。关于聚众不解散罪的程序性要素，日本刑法学界不少观点认为有权公务员的解散命令是行为人的作为义务来源。但是不作为犯的基本构成是行为人负担作为义务，在有作为能力的情况下不实施一定的行为，导致法益状态恶化的。在聚众不解散的情况下，对于行为人仍不解散的行为是否导致秩序安宁法益恶化，并非没有疑问。根据西田典之教授的观点，“要成立本罪，必须存在实际实施暴力、胁迫行为的急迫危险”，并且该罪是骚乱罪的预备犯。所以，行为人聚众的行为在已经造成法益侵害危险状态之后，后续的不解散行为不会导致法益侵害危险恶化为实害，否则有权公务员三次解散命令之后就应该以骚乱罪追究行为人的刑事责任。因而，程序性要素以及行为人的后续行为并不能为违法性提供实质根据，它只能作为对行为人科处刑罚的客观处罚条件。而程序性要素的客观处罚条件的体系地位之所以只有少数赞同观点，大抵是因为客观处罚条件概念本身存疑。例如，佐伯千仞教授就反对割裂犯罪与刑罚关系的客观处罚条件的存在，贝姆曼（Bemmann）教授也认为所谓的客观处罚条件要么是构成要件要素，要么是刑事诉讼条件。由于“受有权之公务员三次以上解散命令”不可能是刑事诉讼条件，所以只能在构成要件要素——不作为犯的作为义务来源中寻找程序性要素的恰当定位。但是作为义务来源应当能够为行为的违法性提供根据，而“受有权之公务员三次以上解散命令”无法为违法性提供根据，相反，它可以解决多众不解散行为的需罚性，解决国家“为保护法秩序而用刑罚干预的必要性”问题，所以将它界定为客观处罚条件更为合适（参见王钰：《德国刑罚教义学上的客观处罚条件》，法律出版社 2016 年版）。

从整体上看，目前域外学界对程序性要素相关问题的研究也有一些自己的特点：（1）对象界定精细化，与国内对程序性要素的界定相比，域外对程序性要素的界定较为集中和精细。具体来说，国内相关研究在自己的论述场域，有时认为“权力（利）人行为”是程序性要素，有时认为“权力（利）人行为+行为人行为”是程序性要素，这导致程序性要素的指代对象存在混乱。但是在域外的论述场域中，程序性要素的指代对象仅限于“权力（利）人行为”，比较明确。（2）研究方向集中化，域外对程序性要素的研究虽然偶尔也可能涉及程序性要素的立法问题，但核心内容仍然是程序性要素在犯罪论体系中的地位，并且集中体现为客观处罚条件说和违法要素说的争论。（3）研究成果分散化，域外对程序性要素的研究主要散见于对个罪成立要件的研究，即在非法侵入他人住宅罪、聚众不解散罪、侵入住居罪等罪中作为犯罪成立要件的一部分予以研究，并且由于样本数量较少，程序性要素未能成为一种独立的研究对象为理论界所重视，主要依附于不作为犯相关问题的研究。

四、研究思路与方法

（一）研究思路

本书首先对作为立法现象的程序性要素进行规范文本分析，梳理我国以及德国和日本两个与我国刑法存在密切渊源的大陆法系国家刑法典中的程序性要素，并对程序性要素产生的社会背景以及在我国刑法规范中的变迁进行历史性的观察。其次对程序性要素的功能价值及其存在的问题和原因进行初步探讨，然后围绕程序性要素功能价值偏离的原因进行理论、司法、立法的解释和修正。其中理论问题主要是对程序性要素的体系定位存在认识上的分歧，因而需要解决程序性要素的体系定位问题。司法问题包括三个部分：一是程序性要素的效力认定问题，二是程序性要素与法学基础理论的协调问题，三是程序性要素的司法适用问题。虽然从性质上来说，三者都是适用层面需要解决的问题，但是程序性要素的效力问题是程序性要素适用的前置性问题，需要单独对其进行界定。此外，程序性要素与法学基础理论的协调问题相比于情节竞合、停止形态、共犯形态认定问题更为宏观，也可以单独作为一章进行论述。立法问题则是现行刑法规范中存在的一些影响程序性要素功能发挥的缺陷，在通过解释无法修补的情况下要对立法进行最细微的修正。

本书基本遵循了提出问题、分析问题、解决问题的思路，逻辑前后衔接，结构较为完整。此外，本书还遵循着“总—分”的写作思路，前两章是对程序性要素基本内容的总体性概括，后五章是在程序性要素功能价值发挥的总体思路指导下的理论、司法和立法的展开，是对第二章问题的回应与解决。

（二）研究方法

1. 文献研究法。程序性要素不是凭空捏造的概念，而是对刑法规范文本规定分析的当然结论。刑法规范中的程序性要素研究首先需要借助文本研究方法，以对我国刑法规范以及域外刑法规范中的程序性要素进行梳理和提炼。此外，学术研究的开展总是需要“站在巨人的肩膀上”，前人的研究成果是本书研究的重要参考资料，所以有必要进行充分且妥当的文献研究。

2. 实证研究法。程序性要素的研究目前尚未充分展开，因而有必要对其分布状况进行系统性的梳理。换句话说，本书将对程序性要素的分布状况进行初步实证分析，以期可以发现程序性要素的分布状况，并为它的体系定位、司法适用和立法完善的研究作出铺垫。如前所述，程序性要素的既有研究都至少存在狭隘的缺陷，一个十分重要的原因就是未能对刑法规范中的程序性要素进行细致梳理，从而发现程序性要素的不同类型。所以，做好前期的实证研究对后续研究的开展具有十分重要的意义。

3. 案例研究法。程序性要素的司法适用中存在的问题需要结合具体案例进行分析，离开具体案例的讨论可能无法回应现实的需要。而且，在提出具体主张时，有必要将自己的观点放入案例当中进行检视，从而确保观点在具有逻辑自洽性的前提下更具实践可操作性。因而对案例的梳理和展开是本书的重要研究方法之一。

4. 跨学科研究法。程序性要素的主体以及内容多涉及其他学科的知识，如程序性要素的启动主体往往是行政机关或者民事主体，程序性要素的内容主要是行政命令、处罚或者催告等，这些内容要想在刑法上生效是否只需要满足前置法的要求，以行政处罚为主要内容的程序性要素与“一事不再罚”原则是否会产生冲突等。研究这些内容，出于借鉴已有成果或者保持部门法协调的考虑，均有必要进行跨学科的研究。

文献研究法、实证研究法、案例研究法、跨学科研究法是本书最核心的研究方法，除此之外，数量研究法、理论演绎法、功能分析法在本书研究过程中均会有所涉及。一方面，在对刑法规范中的程序性要素进行实证研究的基础上需要对归纳总结出的程序性要素进行数量分析，以明确程序性要素的分布特征；另一方面，文献研究法的背后蕴含着规范分析和理论演绎的内容，即在研究相关学术文献时总是需要对作者观点进行推演，直至归纳总结出能够逻辑自洽的观点。此外，程序性要素需要放到整个刑法乃至整个社会系统中来确定其功能价值以及可能进行的修正，所以也会用到功能分析法。

第一章

程序性要素的规范考察

一般认为，法律规则包括三要素，即假定条件、行为模式和法律后果。其中，假定条件规定规则适用的情形，行为模式规定面向行为人的命令行为或者禁止行为，两者共同构成触发法律后果的前提条件。具体到刑法规范中，刑法条文以明确的文字表述如果行为人实施特定的行为（包括作为或者不作为），将对行为人施以特定的刑罚——假定条件；行为人实施了刑法条文所规定之行为，满足刑法所规定之犯罪成立要件——行为模式；根据刑法条文的规定对行为人定罪量刑——法律后果。因为法律后果直接关系行为人的财产、自由乃至生命等利益，所以对法律后果触发条件的研究意义重大。根据刑法理论通说，犯罪构成是判断行为是否能够构成犯罪的唯一标准，因而在刑法中对犯罪成立条件的研究具有先决意义。目前，刑法学界对犯罪成立条件已经展开了较为充分的研究，并形成了以四要件（犯罪客体、犯罪客观方面、犯罪主体和犯罪主观方面）为主流、以三阶层（构成要件符合性、违法性和有责性）或者二阶层（不法性和有责性）为代表、以其他各种修正形式为补充的多元犯罪构成体系互相竞争的繁荣景象。在犯罪构成体系内部也形成了以积极的构成要件要素与消极的构成要件要素、记述的构成要件要素与规范的构成要件要素、主观的构成要件要素与客观的构成要件要素等为代表的犯罪构成要件要素的界定与分类，相关研究日趋深入与完善。

犯罪构成要素主要包括主体要素、行为要素、对象要素、结果要素、罪过要素、目的要素、动机要素、时间要素、地点要素、方法要素等。刑法规范，尤其是分则规范所规定之要素绝大多数可以在前述要素中找到归类。例如，《刑法》第 232 条“故意杀人的……”规定的要素即属于罪过要素、行为要素和对象要素；又如，《刑法》第 340 条“违反保护水产资源法规，在禁渔区、禁渔期或者使用禁用的工具、方法捕捞水产品，情节严重的……”规定的要素即属于地点要素、时间要素、方法要素、行为要素和对象要素。但是也有一些要素，如《刑法》第139条“违反消防管理法规，经消防监督机构通知采取改正措施而拒绝执行，造成严重后果的……”的规定中的“经消防监督机构通知采取改正措施”，无法归入前述常见类型的要素中。那么，这些要素在刑法规范中扮演何种角色，是一般现象还是个别现象？学界对此的认识和关注还不够充分。本书拟以“经消防监督机构通知采取改正措施”为代表的此类非典型要素为研究对象，并通过对刑法规范进行梳理的方式厘清其作为“程序性要素”的概念内涵、规范变迁和规范类型。

第一节　作为立法现象的程序性要素之检视

程序性要素作为一种立法现象不仅存在于我国刑法规范中，还存在于同为大陆法系的德日刑法中。因而对程序性要素的规范考察离不开对德日刑法的比较借鉴。但是，考虑到我国刑法与德日刑法立法模式的差异——我国采用的是单一法典立法模式，德日采取的是分散立法模式，以及笔者所掌握域内外文献体量的不同，本书所选取的作为考察对象的规范性文件存在范围上的区别。具体来说，我国待检视的规范性文件包括现行《刑法》（以下没有特别标注均指1997年《刑法》）以及对犯罪的成立或者刑罚的发动具有实质影响的司法解释、指导意见、立案标准等，而德国和日本待检视的规范性文件仅为《德国刑法典》① 和《日本刑法典》②。

一、我国刑法规范中的程序性要素

根据笔者的梳理，我国刑法规范中确实存在部分行为人以外主体的行为影响行为人刑事责任的规定。在这些规定下，如果行为人以外的主体没有实施刑法所要求的行为，行为人的行为就会因为缺乏这些要素无法充足犯罪的成立要件或者刑罚的发动要件（包括是否处罚以及处罚轻重），继而无法被

① ［德］《德国刑法典》，徐久生译，北京大学出版社2019年版。
② ［日］《日本刑法典》，陈子平等译，台北，元照出版有限公司2018年版。

追究或者无法被完整追究刑事责任。例如，在恶意透支型信用卡诈骗罪中，即便行为人以非法占有的目的透支了信用卡中的钱款，但是如果发卡银行没有实施催收行为，行为人没有“仍不归还”的后续行为，行为人的透支行为也不构成犯罪。换句话说，只有发卡银行履行催收手续后，行为人仍不归还的，行为人的行为才可以被刑事追诉。又如，在私藏枪支、弹药罪中，根据《枪支弹药爆炸物解释》第 8 条的规定，行为人在合法持有枪支、弹药的条件消除后，按照枪支管理法律、法规的规定，就有义务上交枪支、弹药，但是行为人仍然实施藏匿枪支、弹药行为的，如果没有有权机关的追缴行为和行为人的“拒不交出”行为，则不能够追究行为人藏匿枪支、弹药行为的刑事责任。同样，只有在有权机关追缴后，行为人仍然拒不交出的，才可以追究行为人的刑事责任。

当然，这些要素是由《刑法》规定还是由司法解释、指导意见、立案标准等其他规范性文件规定，对犯罪成立或者刑罚发动的影响程度不同。具体来说，《刑法》所规定的这些要素通常要求任何情形下犯罪的成立都必须充分满足这些要素的规定（《刑法》第 196 条第 2 款和第 330 条第 1 款第 2 项、第 4 项规定除外），而其他规范性文件规定的这些要素可能只要求某些情形下犯罪的成立满足这些要素的要求即可。因为其他规范性文件通常将这些要素规定在犯罪成立或者刑罚发动的某一种情形中，如《操纵证券期货解释》第 3 条规定的“操纵证券、期货市场，违法所得数额在五十万元以上，且行为人明知操纵证券、期货市场的行为被有关部门调查，仍继续实施的”，仅是操纵证券、期货市场罪“情节严重”的一种情形，也只有在这一情形中犯罪的成立需要满足这些要素的要求，而其他情形并不需要这些要素的存在。

据不完全统计，截至 2024 年 7 月 20 日，我国刑法规范中关于此类要素的规定共计 29 处，其中《刑法》规定的此类要素有 11 处，司法解释、指导意见、立案标准等其他规范性文件规定的此类要素有 18 处。[①] 这些要素大约

---

① 《刑法修正案（十一）》生效以前，《惩治妨害安全驾驶意见》第 1 条规定了抢夺行驶过程中的公共交通工具的方向盘、变速杆等的以危险方法危害公共安全罪的程序性要素——“经他人劝告、阻拦”，但是《刑法修正案（十一）》第 2 条将该类行为单独规定为妨害安全驾驶罪，并取消了程序性要素的规定。

分布在《刑法》分则第二章、第三章、第五章、第六章、第八章和第九章的29个罪名（其中1个罪名为类犯罪）中，分别为危险作业罪，消防责任事故罪，信用卡诈骗罪，逃税罪，侵占罪，拒不支付劳动报酬罪，拒不履行信息网络安全管理义务罪，扰乱国家机关工作秩序罪，非法集会、游行、示威罪，妨害传染病防治罪，巨额财产来源不明罪，宣扬恐怖主义、极端主义、煽动实施恐怖活动罪，非法持有、私藏枪支、弹药罪，非法携带枪支、弹药、管制刀具、危险物品危及公共安全罪，隐匿、故意销毁会计凭证、会计账簿、财务会计报告罪，操纵证券、期货市场罪，集资诈骗罪，扰乱无线电通讯管理秩序罪，寻衅滋事罪，非法拘禁罪，非法侵入住宅罪，组织、利用会道门、邪教组织、利用迷信破坏法律实施罪，拒不执行判决、裁定罪，故意损毁文物罪，故意损毁名胜古迹罪，污染环境罪，制作、复制、出版、贩卖、传播淫秽物品牟利罪，传染病防治失职罪，破坏森林资源犯罪。其中部分犯罪将此类要素规定为必备要件，部分犯罪将其规定为选择要件。（具体内容可见表1－1和表1－2）

表1－1　1997年《刑法》中的程序性要素

序号	法律条文	法律规定	程序性要素	罪名（犯罪）
1	《刑法》第134条之一第2项	因存在重大事故隐患被依法责令停产停业、停止施工、停止使用有关设备、设施、场所或者立即采取排除危险的整改措施，而拒不执行的	被依法责令停产停业、停止施工、停止使用有关设备、设施、场所或者立即采取排除危险的整改措施	危险作业罪
2	《刑法》第139条	违反消防管理法规，经消防监督机构通知采取改正措施而拒绝执行，造成严重后果的……	经消防监督机构通知采取改正措施	消防责任事故罪

续表

序号	法律条文	法律规定	程序性要素	罪名（犯罪）
3	《刑法》第196条第2款	前款所称恶意透支，是指持卡人以非法占有为目的，超过规定限额或者规定期限透支，并且经发卡银行催收后仍不归还的行为	经发卡银行催收	信用卡诈骗罪
4	《刑法》第201条第4款	有第一款行为，经税务机关依法下达追缴通知后，补缴应纳税款，缴纳滞纳金，已受行政处罚的，不予追究刑事责任……	经税务机关依法下达追缴通知	逃税罪
5	《刑法》第270条第1款、第2款	将代为保管的他人财物非法占为己有，数额较大，拒不退还的…… 将他人的遗忘物或者埋藏物非法占为己有，数额较大，拒不交出的……	要求退还，要求交出	侵占罪
6	《刑法》第276条之一第1款	以转移财产、逃匿等方法逃避支付劳动者的劳动报酬或者有能力支付而不支付劳动者的劳动报酬，数额较大，经政府有关部门责令支付仍不支付的……	经政府有关部门责令支付	拒不支付劳动报酬罪
7	《刑法》第286条之一第1款	网络服务提供者不履行法律、行政法规规定的信息网络安全管理义务，经监管部门责令采取改正措施而拒不改正……	经监管部门责令采取改正措施	拒不履行信息网络安全管理义务罪
8	《刑法》第290条第3款	多次扰乱国家机关工作秩序，经行政处罚后仍不改正，造成严重后果的……	经行政处罚	扰乱国家机关工作秩序罪
9	《刑法》第296条	举行集会、游行、示威，未依照法律规定申请或者申请未获许可，或者未按照主管机关许可的起止时间、地点、路线进行，又拒不服从解散命令，严重破坏社会秩序的……	解散命令	非法集会、游行、示威罪

续表

序号	法律条文	法律规定	程序性要素	罪名（犯罪）
10	《刑法》第330条第1款第2项、第5项	拒绝按照疾病预防控制机构提出的卫生要求，对传染病病原体污染的污水、污物、场所和物品进行消毒处理的； 拒绝执行县级以上人民政府、疾病预防控制机构依照《传染病防治法》提出的预防、控制措施的	疾病预防控制机构提出的卫生要求，县级以上人民政府、疾病预防控制机构提出的预防、控制措施	妨害传染病防治罪
11	《刑法》第395条第1款	国家工作人员的财产、支出明显超过合法收入，差额巨大，可以责令该国家工作人员说明来源，不能说明来源的，差额部分以非法所得论……	可以责令该国家工作人员说明来源	巨额财产来源不明罪

表1-2　司法解释、指导意见、立案标准等中的程序性要素

序号	法律条文	法律规定	程序性要素	罪名（犯罪）
1	《恐怖活动犯罪意见》第1条第4款	网站、网页、论坛、博客、微博客、网盘、即时通信、通讯群组，聊天室等网络平台、网络应用服务的建立、开办、经营、管理者，明知他人利用网络平台、网络应用服务散布、宣扬恐怖主义、极端主义内容，经相关行政主管部门处罚后仍允许或者放任他人发布的，以宣扬恐怖主义、极端主义、煽动实施恐怖活动罪定罪处罚	经相关行政主管部门处罚	宣扬恐怖主义、极端主义、煽动实施恐怖活动罪
2	《枪支弹药爆炸物解释》第8条第3款	《刑法》第128条第1款规定的“私藏”，是指依法配备、配置枪支、弹药的人员，在配备、配置枪支、弹药的条件消除后，违反枪支管理法律、法规的规定，私自藏匿所配备、配置的枪支、弹药且拒不交出的行为	要求交出	非法持有、私藏枪支、弹药罪

续表

序号	法律条文	法律规定	程序性要素	罪名（犯罪）
3	《立案追诉标准（一）》第7条	非法携带枪支、弹药、管制刀具或者爆炸性、易燃性、放射性、毒害性、腐蚀性物品，进入公共场所或者公共交通工具，危机公关安全，携带炸药、发射药、黑火药五百克以上或者烟火药一千克以上、雷管二十枚以上、导火索、导爆索二十米以上或者管制刀具二十把以上，或者虽未达到上述数量标准，但拒不交出的，应予立案追诉	要求交出	非法携带枪支、弹药、管制刀具、危险物品危及公共安全罪
4	《立案追诉标准（二）》第8条	依法应当向司法机关、行政机关、有关主管部门等提供而隐匿、故意销毁或者拒不交出会计凭证、会计账簿、财务会计报告的，应予立案追诉	要求交出	隐匿、故意销毁会计凭证、会计账簿、财务会计报告罪
5	《操纵证券期货解释》第3条	操纵证券、期货市场，违法所得数额在五十万元以上，且行为人明知操纵证券、期货市场的行为被有关部门调查，仍继续实施的，属于《刑法》第182条第1款规定的“情节严重”	被有关部门调查	操纵证券、期货市场罪
6	《非法集资解释》第7条第2款	行为人使用诈骗方法非法集资，拒不交代资金去向，逃避返还资金的，可以认定为“以非法占有为目的”	要求交代资金去向	集资诈骗罪

续表

序号	法律条文	法律规定	程序性要素	罪名（犯罪）
7	《军事通信解释》第6条第4款	违反国家规定，擅自设置、使用无线电台、站，或者擅自占用频率，经责令停止使用后拒不停止使用，干扰无线电通讯正常进行，构成犯罪的，依照《刑法》第288条的规定定罪处罚……	经责令停止使用	扰乱无线电通讯管理秩序罪
8	《寻衅滋事解释》第1条第3款	行为人因婚恋、家庭、邻里、债务等纠纷，实施殴打、辱骂、恐吓他人或者损毁、占用他人财物等行为的，一般不认定为“寻衅滋事”，但经有关部门批评制止或者处理处罚后，继续实施前列行为，破坏社会秩序的除外	经有关部门批评制止或者处理处罚	寻衅滋事罪
9	最高人民法院、最高人民检察院、公安部、司法部《关于办理实施“软暴力”的刑事案件若干问题的意见》第11条第2款	因本人及近亲属合法债务、婚恋、家庭、邻里纠纷等民间矛盾而雇佣、指使，没有造成严重后果的，一般不作为犯罪处理，但经有关部门批评制止或者处理处罚后仍继续实施的除外	经有关部门批评制止或者处理处罚	非法拘禁罪/非法侵入住宅罪/寻衅滋事罪
10	《邪教犯罪解释》第8条	邪教组织被取缔后，或者被认定为邪教组织后，仍然聚集滋事，公开进行邪教活动的，从重处罚	邪教组织被取缔，或者被认定为邪教组织	组织、利用会道门、邪教组织、利用迷信破坏法律实施罪

续表

序号	法律条文	法律规定	程序性要素	罪名（犯罪）
11	《拒执罪司法解释》第2条	具有拒绝报告或者虚假报告财产情况、违反人民法院限制高消费及有关消费令等拒不执行行为，经采取罚款或者拘留等强制措施后仍拒不执行的，属于《刑法》第313条的解释中规定的“其他有能力执行而拒不执行，情节严重的情形”	经采取罚款或者拘留等强制措施	拒不执行判决、裁定罪
12	《文物犯罪解释》第3条、第4条	故意毁损国家保护的珍贵文物或者被确定为全国重点文物保护单位、省级文物保护单位的文物的，或者故意毁损国家保护的名胜古迹的，且拒不执行国家行政主管部门作出的停止侵害文物的行政决定或者命令的，酌情从重处罚	国家行政主管部门作出的停止侵害文物的行政决定或者命令	故意损毁文物罪/故意损毁名胜古迹罪
13	最高人民法院、最高人民检察院、公安部、司法部、生态环境部《关于办理环境污染刑事案件有关问题座谈会纪要》第3点	生态环境部门责令限制生产、停产整治或者予以行政处罚后，继续生产放任污染物排放的，犯罪嫌疑人、被告人不能做出合理解释的，可以认定其故意实施环境污染犯罪，但有证据证明确系不知情的除外	生态环境部门责令限制生产、停产整治或者予以行政处罚	污染环境罪
14	《网络淫秽信息解释（二）》第8条	行为人接到举报后不履行法定管理职责的，应当认定行为人“明知”，但是有证据证明确实不知道的除外	举报	制作、复制、出版、贩卖、传播淫秽物品牟利罪

续表

序号	法律条文	法律规定	程序性要素	罪名（犯罪）
15	《涉疫犯罪解释》第16条第2款	在国家对突发传染病疫情等灾害采取预防、控制措施后，拒不执行突发传染病疫情等灾害应急处理指挥机构的决定、命令，造成传染范围扩大或者疫情、灾情加重的，属于《刑法》第409条规定的“情节严重”	突发传染病疫情等灾害应急处理指挥机构的决定、命令	传染病防治失职罪
16	最高人民检察院《关于渎职侵权犯罪案件立案标准的规定》（高检发释字〔2006〕2号）第1点第20项	从事传染病防治的政府卫生行政部门的工作人员，在国家对突发传染病疫情等灾害采取预防、控制措施后，拒不执行突发传染病疫情等灾害应急处理指挥机构的决定、命令，造成传染范围扩大或者疫情、灾情加重的，应予立案	突发传染病疫情等灾害应急处理指挥机构的决定、命令	传染病防治失职罪
17	最高人民法院、最高人民检察院《关于办理危害税收征管刑事案件适用法律若干问题的解释》（法释〔2024〕4号）第1条第2款第2项	依法不需要在登记机关办理设立登记或者未依法办理设立登记的纳税人，发生应税行为，经税务机关依法通知其申报而不申报纳税的	经税务机关依法通知其申报	逃税罪
18	最高人民法院《关于审理破坏森林资源刑事案件适用法律若干问题的解释》（法释〔2023〕8号）第12条第1款	经行政主管部门责令停止违法行为后，继续实施相关行为的，从重处罚	经行政主管部门责令停止违法行为	破坏森林资源犯罪

二、德日刑法规范中的程序性要素

《德国刑法典》和《日本刑法典》与我国刑法相似，都存在行为人以外主体的行为影响行为人刑事责任内容的规定。只是这两部刑法典对此类要素的规定相对较少，分别为 1 处和 2 处。《德国刑法典》中规定此类要素的罪名为非法侵入他人住宅罪。根据《德国刑法典》第 123 条的规定，行为人实施非法侵入他人住宅的行为后，并不立即构成犯罪，只有在主人要求行为人离去而行为人仍不离去的要件充足之后，才可以追究行为人的刑事责任。《日本刑法典》中规定此类要素的罪名分别是聚众不解散罪和侵入住居等罪。根据《日本刑法典》第 107 条的规定，行为人实施“意图施强暴胁迫而聚众”的行为，只有在满足“受有权之公务员三次以上解散命令”后仍不解散的要件时，才构成犯罪；根据《日本刑法典》第 130 条的规定，行为人基于正当理由以外的事由侵入他人住居等场所，只有在权利人要求行为人离去行为人仍不离去的场合，才可以追究行为人侵入住居等的刑事责任。（具体内容见表 1－3）

表 1－3 德日刑法典中的程序性要素

序号	法律条文	法律规定	程序性要素	罪名（犯罪）
1	《德国刑法典》第 123 条	非法侵入他人住宅、经营场所或土地，或用于公共事务或交通的封闭的场所，或未经允许在该处停留，经主人要求仍不离去的……	经主人要求	非法侵入他人住宅罪
2	《日本刑法典》第 107 条	意图施强暴胁迫而聚众者，已受有权之公务员三次以上解散命令而不解散时……	受有权之公务员三次以上解散命令	聚众不解散罪
3	《日本刑法典》第 130 条	无正当理由侵入他人住居、有人看守之宅邸、建筑物、或船舶，或受要求而仍不从该等场所退去者……	受要求	侵入住居等罪

与《德国刑法典》和《日本刑法典》均在非法侵入他人住宅等罪中规定

此类要素不同，我国《刑法》第245条并未对行为人非法侵入他人住宅的行为作出此类要素的要求。但是，早在1989年11月30日，最高人民检察院曾发布过《人民检察院直接受理的侵犯公民民主权利、人身权利和渎职案件立案标准的规定》（已失效），该规定第6条在明确非法侵入住宅罪的立案标准时，增加了权利人要求行为人离去的内容——“非法强行侵入他人住宅，经要求或教育仍拒不退出，严重影响他人正常生活和居住安全的”，使我国非法侵入住宅罪的规定事实上与德日关于非法侵入他人住宅等罪的规定相似。然而，该规定由于擅自添加了情节要件和结果要件，与刑法仅规定行为要件相矛盾，已于2002年2月25日被废止。换句话说，我国《刑法》第245条规定的非法侵入住宅罪只能以作为的形式构成，刑法条文的规范表述已经表明立法决意将不纯正不作为犯形式的非法侵入他人住宅的行为排除在处罚范围之外。究其根源，这种规定与我国的经济发展水平和社会结构存在密切关联，因为我国正处于由熟人社会转向陌生人社会的半熟人社会，对于平和进入他人住宅的熟人的不退出行为，纳入刑法处罚范围有过度犯罪化的嫌疑。① 而德国和日本作为发达国家的典型，社会结构已经转向陌生人社会，以刑法应对不退出的侵入住宅等的行为有其社会基础。当然，为了彰显单纯的不退出行为的犯罪性，有必要对权利人实施要求退出的行为作出特别规定，从而不仅使犯罪者的决意得到体现，也使被害人的意愿得以清晰展示。

与《日本刑法典》的规定相同，我国《刑法》也在非法集会、游行、示威罪中为行为人行为的犯罪性增加了前置要素的要求。《德国刑法典》虽然没有规定非法聚集罪，但是《联邦集会法》对携带凶器或者隐藏身份的露天集会行为作出了禁止性规定，只是警察在处置非法集会行为时依旧需要履行前置手续和保持克制态度。② 这种对警察权的限制与在刑法中规定行为人以外主体的行为要素对犯罪成立或者刑罚发动的限制是一致的。究其原因，政府需要在保护公民基本权利与惩治违法犯罪行为之间达到平衡，尤其是集会、

① 参见王复春：《论非法侵入住宅罪客观构成要件符合性的判断》，载《河南财经政法大学学报》2016年第2期。

② 参见杨玉生：《德国警察管理和规制集会游行的法律依据》，载《现代世界警察》2019年第8期。

游行、示威等直接关涉公民的基本政治权利，应受到国家基本法的保护。所以，当公民在行使基本权利（如集会、游行、示威等）时，即便存在时间、地点、手段等的瑕疵，也不能不加劝诫（解散命令）而直接认定为犯罪。所以，对于非法集会、游行、示威等行为，只有在经过有权机关或者其公职人员多次劝诫或者发出解散命令仍然拒绝解散的，才有可能追究相关行为人的刑事责任。

仅就刑法典而言，德日刑法中的程序性要素要少于我国刑法，这或许与彼此的定罪模式存在关联。众所周知，德日采取的是“立法定性 + 司法定量的二元定罪”模式，而我国采用的是“立法定性 + 定量的一元定罪”模式。① 在二元定罪模式下，立法机关精细化地规定犯罪构成要件后，司法机关将根据（实质的、可罚的）违法性理论对行为进行出入罪化处理，司法机关发挥着出罪化的重要作用。但是，一元定罪模式则要求立法机关对行为的“质”和“量”都作出具体规定，司法机关不得随意出入罪。刑法中所规定的行为人以外主体的行为要素，在积极向度传达着行为违法性的“量”的要求，在消极向度限制着犯罪的成立范围，正好契合了一元定罪模式发挥“定量”功能和畅通出罪机制的需求。

三、程序性要素的概念界定

（一）称谓确证

学界对程序性要素的称谓至少存在“行政前置条件”“行政附属性规定”“行政程序性条件”“程序性构成要件要素”等。② 从认识论的角度来说，一个事物的称谓本身并不重要，只要其能够准确地指明所指称的事物，准确地

---

① 参见沈海平：《犯罪定量模式检讨》，载《法学家》2015 年第 1 期。

② 需要指出的是，不少学者在研究具体犯罪的程序性要素时并不提炼程序性要素的一般称谓，而是以刑法规定内容的缩略语指代。例如，研究拒不支付劳动报酬罪的程序性要素时，就简称为“责令支付”；研究拒不履行信息网络安全管理义务罪的程序性要素时，就简称为“责令改正”。这些称谓指称具体的程序性要素时不存在问题，甚至概括了部分程序性要素的实质内容。但是，一方面，“责令改正”等称谓无法满足称呼同类事物的需求，不足以支撑一般理论的构建；另一方面，刑法规范中程序性要素在具有其他法律所规定的实质内容之外，还应当具有一些刑法规范上的特征，以便与纯正的民事行为和行政行为作出区分。

界定事物的本质特征即可。例如，同样是馒头，有些地区称为“馒头”，有些地区则称为“馍”，但是它们所指称的对象都是同一面食。从此意义上来说，究竟是何称谓对程序性要素问题的研究并不重要。但是，从概念逻辑的角度来说，法律概念是理论认识和司法实践的智慧结晶，其本身已经融入了使用者的价值评价和对事物性质的判断。[①] 而且，“馒头”“馍”这种地方性知识往往只能适用于地方，要想实现跨地区交流，就必须打破地方性建立统一语境。

“行政前置要件”称谓的支持者认为，程序性要素是行为人承担刑事责任的前置程序。[②] 但是这种“前置程序”的内容并不明确。如果是从与核心犯罪行为的关系来界定程序性要素，那么并不是所有的程序性要素都发生在核心犯罪行为之前，不少程序性要素发生在核心犯罪行为之后。如果是从与犯罪成立的关系来界定程序性要素，那么所有与犯罪成立相关的要素都是在犯罪成立之前发生的，是否所有的要素都有必要加上“前置”二字？如果是从行政不法与刑事不法的关系来界定程序性要素，那么程序性要素对刑事不法的“独立性”影响将不复存在。也就是说，“行政前置”使要求程序性要素的犯罪的刑事不法判断具有很强的行政依附性。所以，“行政前置要件”的称谓并不可取。

“行政附属性规定”在否定“行政前置要件”的基础上，认为所有的程序性要素都在表达犯罪的成立对政府行政行为的依赖。也就是说，犯罪成立与否取决于政府是否向行为人作出具体的行政行为。如果没有，犯罪则不成立。基于这种依存关系，将程序性要素称为“行政附属性规定”。[③] 但是“附属性”的称呼与“行政前置”存在同样的风险，即忽视刑法规范对程序性要素的实体要求。具体来说，程序性要素的程序规则是判断程序性要素本身成立与否的规则，程序性要素的刑事法意义则取决于刑法的实体性规定，“不

---

① 参见［美］E. 博登海默：《法理学—法哲学及其方法》，邓正来、姬敬武译，华夏出版社1987年版，第11页。

② 参见熊波：《网络服务提供者刑事责任“行政程序前置化”的消极性及其克服》，载《政治与法律》2019年第5期。

③ 参见李梁：《拒不支付劳动报酬罪的行政附属性规定研究》，载《政法论坛》2017年第5期。

管是程序性要素还是实体性要素……刑事司法者应当独立判断程序性要件要素的法律效果”①。

“行政程序性条件”称谓的支持者认为，程序性要素“是指成立相关犯罪所必需的在刑事司法之前的行政执法”，具有“程序前置”的特性。② 但是该称谓落入过于狭隘的窠臼，有以偏概全的嫌疑。一方面，并不是所有的程序性要素都是“行政执法”，还有很多是刑事行为或者民事行为。将程序性要素限定为行政执法，是不完全归纳的后果。另一方面，程序性要素的体系定位或者功能效用可能并不局限于“成立犯罪”，某些情况下，程序性要素同样对刑罚发动（裁量）产生影响。此外，“行政程序性条件”将刑事司法之前的对犯罪成立有影响的行政执法均纳入研究范围，有混淆特别的个人处罚事由与程序性要素的可能，如前述支持者就将“行政处罚后又……”的个人处罚事由归入程序性要素的范畴。

“程序性构成要件要素”的称谓由卢勤忠教授首倡。卢勤忠教授立足于四要件的犯罪构成体系，认为程序性要素在我国不可能获得只能在三阶层或者二阶层犯罪构成体系中获得的客观处罚条件的体系定位，因而其只能是成立犯罪所必须具备的犯罪构成要件要素。③ 但是问题在于四要件犯罪构成体系并非不可撼动的绝对真理，犯罪构成体系相对于刑法规定来说终究只是一种理论归结，不具有法定性和强制性。在犯罪构成体系的选择上不应该让政治因素干预过多，应当仅限于理论范围内的优劣角逐。④ 因而，从学理的角度来说，研究程序性要素犯罪构成要件要素外的体系定位仍然是有可能的。实际上，在四要件犯罪构成体系之下，程序性要素的体系定位或许是画蛇添足。因为当所有与犯罪成立相关的要素要么是构成要件要素，要么是犯罪阻却事由时，程序性要素的体系定位有种不证自明的意味在其中。抛开构成要件要素的体系定位，“程序性要素”的称谓既契合了程序性要素与

---

① 熊波：《网络服务提供者刑事责任“行政程序前置化”的消极性及其克服》，载《政治与法律》2019 年第 5 期。

② 参见高磊：《论犯罪成立的行政程序性条件》，载《东方法学》2020 年第 3 期 。

③ 参见卢勤忠：《程序性构成要件要素概念的提倡》，载《法律科学》2016 年第 6 期。

④ 参见王充：《犯罪构成理论与犯罪事实认定关系考察》，载《法律科学》2020 年第 1 期。

实体性要素的区别，又保持了程序性要素体系定位的开放性，为笔者所赞同。

值得留意的是，卢勤忠教授在他的研究成果中还将程序性要素称为“程序性附加条件”。但是在笔者看来，“程序性附加条件”与程序性要素基本不存在区别，因为他仍然是在四要件犯罪构成体系之下以犯罪成立条件的体系定位研究程序性附加条件的，所以程序性附加条件仍然是犯罪构成要件要素。而之所以产生“程序性附加条件”的转变，是因为，一方面，需要与“客观处罚条件”形成区分，突出“条件”的构成要件要素地位；另一方面，与先前的研究成果相比，其更加明确地指出程序性要素的“附加”地位，即程序性要素客观上依附于行为要素，只能与行为要素相结合作体系上的整体性判断。[①] 强调程序性要素与行为要素的密切关联，笔者是可以认同的，但是认为两者是“依附”关系，并且不可以独立判断程序性要素，笔者持否定态度。因为卢勤忠教授仍然陷入了以实体性要素为核心的四要件的犯罪构成体系的窠臼，退一步说，刑法理论通说是承认犯罪特定的时间、地点和方法等作为独立要件要素的地位的，所以，强调“依附”关系的“程序性附加条件”与四要件体系承认非独立性要素的独立地位恰好是矛盾的。因此，笔者仍然选择采用“程序性要素”的称谓。

（二）内涵梳理

综上所述，程序性要素是相对于实体性要素而言的，因为它的实体内容相对于行为人的行为具有先后次序，如在拒不支付劳动报酬罪中，行为人不支付劳动报酬的行为发生在前，政府的责令支付行为发生在后，行为人拒不支付的行为发生在最后，因而将其称为“程序性”要素。它不同于刑事诉讼法规定的以及刑法部分规定的犯罪追诉程序，也有别于行为要素、结果要素等常见犯罪成立要素。就与诉讼程序的关系来说，诉讼程序是犯罪认定和刑罚裁量之外的保障犯罪追诉能够有效进行的司法步骤和方法，而程序性要素本质上仍然服务于犯罪的实体性认定和刑罚的实体性裁量。例如，《刑法》第 87 条关于追诉期限的规定，并不影响犯罪实体性要件的充足和刑罚裁量情

---

① 参见卢勤忠：《程序性附加条件与客观处罚条件之比较》，载《法学评论》2021 年第 1 期。

节的满足，它只影响司法机关是否开展以及何时开展刑事追诉活动。但是《刑法》第 276 条之一规定的“经政府有关部门责令支付”的程序性要素则直接制约着犯罪的成立，因为如果没有“经政府有关部门责令支付”的要素，行为就不符合《刑法》分则所规定的发动刑罚的假定条件，行为连犯罪都不足以构成。所以，程序性要素是影响犯罪成立或者刑罚发动的“要素”。就与常见的实体性要素的关系来说，实体性要素均是从行为人角度作出的犯罪成立要件的要求，而程序性要素则是从行为人以外的主体包括国家机关、非国家机关和个人的角度作出的犯罪成立要件的要求。简单来说，程序性要素是以行为人为中心的实体性要素之外的其他主体实施的影响犯罪成立或者刑罚发动的具有程序特征（非诉讼程序）的要素。

程序性要素指向的内容（对象）不是行为人以外主体的行为作出后行为人的后续行为，而是特指行为人以外主体的行为。有学者认为，程序性要素是指启动主体与行为人双向互动的，以行为人履行或违反启动主体指示义务为本质内容的要素，如拒不支付劳动报酬罪的程序性要素是“经政府有关部门责令支付仍不支付”。[①] 李梁副教授在论述拒不支付劳动报酬罪的程序性要素时持相同观点。不可否认，由于程序性要素本身具有一定的先后次序，位于程序性要素之后的行为人的行为当然也具有一定的程序性。但是主体要素、行为要素、对象要素、结果要素等实体性要素在具体案件中的发生也会具有时间先后性，然而我们并不会将它们称为程序性要素。所以，程序性要素之后的行为人的行为尽管具有时间先后性，但是依旧属于实体性要素的范畴。此外，在同一个概念中讨论两种性质不同的内容会导致研究重心在两者之间摇摆。也就是说，论者可能一会儿论述的是程序性要素，一会儿论述的又是程序性要素之后行为人的行为。而且，无论是体系定位还是成立条件，程序性要素与程序性要素之后的行为人的行为都是应当有所区分的。这与不作为犯中作为义务、作为可能性以及不作为事实等的区分是一脉相连的。正是因此，卢勤忠教授和高磊博士都是在行为人以外主体的行为的意义上把握程序性要素的。

---

① 参见陈恺：《刑法中的程序性要素研究》，中南财经政法大学 2020 年硕士学位论文，第 7 页。

程序性要素有以下几个特征：首先，程序性要素的概念指明了程序性是其核心特征之一。所谓程序性，不仅指上文提及的先后次序，更指程序性要素本身具有的过程性。这种过程性不同于行为与结果之间存在时间间隔的结果犯的过程，也不同于具有行为状态延续性的继续犯的过程，它是程序性要素本身的步骤或者方法要求。例如，在恶意透支型信用卡诈骗的场合，发卡银行实施催收行为时，必须满足一定的程序性要求。最高人民法院研究室《关于信用卡犯罪法律适用若干问题的复函》（法研〔2010〕105 号）关于发卡银行催收行为的形式要求是具体示例。① 其次，程序性要素还具有后置性的特征。后置性也就是二次性或者后续性，是指程序性要素往往处于行为人行为之后的位置。例如，扰乱国家机关工作秩序罪的程序性要素“经行政处罚”就处于“多次扰乱国家机关工作秩序”之后。所以，包含程序性要素的犯罪的行为构造可以概括为“行为人行为” + “程序性要素” + “行为人行为”。这种后置安排与仅以“行为人行为”为核心的犯罪的行为构造相比，提升了犯罪成立的门槛，增加了行为人回归法秩序的机会，确保了刑法作为保障法、后盾法的地位。再次，程序性要素还具有明显的外部性。传统的犯罪构成要件要素都是以行为人为中心的，受行为人的意志支配。但是程序性要素是由行为人以外的国家机关、非国家机关和个人实施的，不受行为人的意志支配。程序性要素的独特性在此被体现出来，因为一般情况下，行为人行为影响行为不法和罪责的判断，所以将以行为人为中心的要素规定为犯罪构成要件要素不存在理解上的障碍；但是程序性要素是以行为人以外主体的行为为核心内容，却对行为人的行为是否能够构成犯罪以及是否需要被追诉产生影响，存在解释的必要和空间。② 最后，法定性也是程序性要素的重要特征。尽管从罪刑法定原则的角度来看，所有影响犯罪成立和刑罚发动的实体性要素和程序性要素都应当具有“法定性”，但是程序性要素由于同时具有行政法规定性或者民法规定性，容易导致对刑法规定性的忽视。所以，为了突出刑法规范对程序性要素的独立性要求，有必要在其特征中强调法定性。

---

① 根据该复函的要求，发卡银行催收应有电话录音、持卡人或其家属签字等证据证明，两次催收一般应当分别采用电话、信函、上门等两种以上催收形式。

② 参见陈恺：《刑法中的程序性要素研究》，中南财经政法大学 2020 年硕士学位论文，第 10 页。

（三）对象明晰

尽管笔者在程序性要素的内涵梳理部分已经交代了程序性要素的指称对象，但是因为“程序性要素”概念本身对学界来说还是一个比较陌生的事物，学界对这个概念及其核心内容还没有达成共识，所以如果不弄清楚程序性要素的指称对象究竟为何，后续的研究要么无从开展，要么可能建立在错误之上，最终成为“无源之水、无本之木”。而且从笔者对既有研究成果的梳理情况来看，学界已经对程序性要素的指称对象产生混乱，所以有必要对此进行专门澄清。

或许是受程序性要素在犯罪构造中地位的影响，有些学者认为程序性要素特指行为人以外的主体的行为，而有的学者认为程序性要素的指称对象是“行为人以外主体的行为 + 行为人的后续行为”。① 前者如卢勤忠教授，卢勤忠教授在谈到拒不支付劳动报酬罪的成立必须具备“经政府有关部门责令支付仍不支付”的条件时，明确指出“其中的‘经政府有关部门责令支付’就属于程序性要件”②，所以在卢勤忠教授看来，程序性要素特指政府部门等行为人以外主体的行为。后者如杜宇教授，杜宇教授通过对现行刑法规范进行梳理后发现，我国刑法中存在不少表述为“经……，仍不……”“经……，拒不……”“经……，拒绝……”的程序性要素，并以信用卡诈骗罪的“经发卡银行催收后仍不归还”等作为示例，所以在杜宇教授的论述场域下，程序性要素指称的就是“另一主体的程序性处置行为 + 行为人的后续履行/不履行行为”。③ 当然，也有学者在同一论述场域出现混乱，一方面，他们认为“经政府有关部门责令”“经监管部门责令”“经行政处罚”等是犯罪成立的行政程序性条件（程序性要素）；另一方面，他们在进行具体论述时认为“经政府有关部门责令支付仍不支付”等程序性条件影响着行为的不法。这不排除是有学者将两者当成同一对象对待。但是诚如赵运锋教授在论述程序性要素的指称对象时所强调的，行为人以外主体实施的后续行为与行为人以

---

① 经过笔者梳理，学界目前关于程序性要素指称对象的分歧，“以行为人以外主体的行为 + 行为人的后续行为”为主流观点，“以行为人以外的主体的行为”为少数学说。

② 卢勤忠：《程序性构成要件要素概念的提倡》，载《法律科学》2016 年第 6 期。

③ 参见杜宇：《程序性犯罪构成要素的性质》，载《中国法学》2022 年第 5 期。

外主体的行为 + 行为人的后续行为存在本质上的不同。[①]

需要明确的是，这两者是否有区分的必要？如果两者的价值导向一致，实际上可以在同一性的层面把握两者，只有两者的价值导向不一致时才需要进行区别对待。根据赵运锋教授的观点，卢勤忠教授笔下的程序性要素——行为人以外主体的后续程序性行为仍然是在犯罪构成体系之下的内容，与实体性要素虽然概念有别，但是仍在实体意义上证成着犯罪的成立，而赵运锋教授自己笔下的程序性要素——“行为人以外主体行为 + 行为人后续行为”是独立于犯罪构成体系而言的，是具有诉讼证明价值的诉讼程序要素。换句话说，以行为人以外主体的后续行为为指称对象的程序性要素是在犯罪成立条件层面谈论的，而以“行为人以外主体的行为 + 行为人后续行为”为指称对象的程序性要素是在诉讼程序层面谈论的，两者的价值导向并不一致。[②]当然，这种区分仅是赵运锋教授的观点。对程序性要素的指称对象与赵运锋教授持同样观点的杜宇教授则存在其他看法。杜宇教授认为程序性要素指向诉讼证明要素（证明主观要素）的观点至少与程序性要素的实际作用（影响犯罪的成立和刑罚的发动）以及“行为与责任同时存在”原理存在冲突，并指出之所以认为程序性要素包含行为人以外主体行为和行为人后续行为，是因为，一方面行为人的后续行为与行为人以外主体的行为紧密联系在一起，另一方面行为人的后续行为和行为人以外主体的行为共同与行为人的先前行为形成违法性的二元构造。[③] 杜宇教授的观点不无道理，但是其论述的内容实际上属于程序性要素的体系地位，以这个内容来判断程序性要素指称对象的区分必要性可能存在疑问，但是其对程序性要素为什么要同时包含行为人以外主体行为和行为人后续行为进行了较为细致的说明。

总体来说，笔者认为两者具有区分的必要。第一，从形式上看，两者承载的内容不同。“行为人主体行为和行为人以外主体行为 + 行为人后续行为”两者之间毕竟存在“行为人后续行为”的差异。将这两种指称对象不同的程序性要素进行混同，实际上就是在抹杀“行为人后续行为”的独立作用。第

---

① 参见赵运锋：《论刑法条文中的“程序性要素”》，载《法学》2021 年第 7 期。
② 参见赵运锋：《论刑法条文中的“程序性要素”》，载《法学》2021 年第 7 期。
③ 参见杜宇：《程序性犯罪构成要素的性质》，载《中国法学》2022 年第 5 期。

二，从实质上看，两者的价值导向不同。以行为人以外主体行为为指称对象的程序性要素，关注的是行为人以外主体的行为何以能够影响犯罪的成立或者刑罚的发动；而以“行为人以外主体行为＋行为人后续行为”为指称对象的程序性要素通常会直接在犯罪构成体系内讨论“行为人以外主体行为＋行为人后续行为”究竟影响的是行为的不法还是行为人的罪责，似乎已经将其他的解释路径排除在外。换句话说，“行为人以外主体行为＋行为人后续行为”的理解存在明显的犯罪论体系定位的价值指向，而对行为人以外主体行为的理解存在更多的解释和质疑空间。所以，不能对“行为人以外主体行为和行为人以外主体行为＋行为人后续行为”作混同理解。

那么，程序性要素的指称对象究竟是行为人以外主体行为还是行为人以外主体行为＋行为人后续行为？笔者认为，将程序性要素的指称对象理解为行为人以外主体行为更为合适。理由如下：第一，传统的犯罪成立要件是以行为人为中心的，程序性要素的命题之所以被提出并值得关注，一个很重要的原因就是程序性要素具有一定的外部性，以行为人以外主体的行为为核心内容，如果将程序性要素的指称对象理解为“行为人以外主体的行为＋行为人的后续行为”，对程序性要素的研究，尤其是当行为人的后续行为能够成为行为的违法性根据或者有责性根据时，最终可能又回归到以行为人为中心的论述场域，而忽视了行为人以外主体的行为的价值。第二，如果将程序性要素的指称对象理解为“行为人以外主体行为＋行为人后续行为”，在研究程序性要素的具体内容时可能会发生指称对象的混乱。例如，杜宇教授认为，程序性要素“与前部行为一起形塑着实行行为的整体样态，还是将其作为客观方面的危害行为要素较为妥帖”，因而对法益侵害性产生影响。[①] 但是，很显然真正对违法性产生影响的是行为人的后续行为，而不是行为人以外主体的行为。这种合并指称的做法难免会导致论者为了完成自己的论证而有意无意地忽视部分内容，进而导致指称对象一会儿是行为人以外主体行为，一会儿是行为人后续行为，一会儿是“行为人以外主体行为＋行为人后续行为”。第三，程序性要素与行为人后续行为的密切关联以及违法二元构造不能成为

① 参见杜宇：《程序性犯罪构成要素的性质》，载《中国法学》2022年第5期。

证明程序性要素的指称对象为“行为人以外主体行为＋行为人后续行为”。一方面，包含程序性要素的犯罪的完整构造是，“行为人先前行为＋行为人以外主体行为＋行为人后续行为”，如果行为人以外主体行为与行为人后续行为存在密切关联，就要将程序性要素理解为“行为人以外主体行为＋行为人后续行为”，那么行为人先前行为与行为人以外主体行为＋行为人后续行为同样存在密切关联，程序性要素的指称对象是否需要进行扩容呢？答案显然是否定的。另一方面，违法二元构造属于还需要验证的结论，以尚不确定的结论来证成对象，在逻辑上也不妥当。所以，笔者认为，程序性要素仅指行为人以外主体的行为。

这里需要强调，有学者在称呼程序性要素的核心内容时会表述为“第三方后续的程序性行为”或者简单地概括为“第三方主体行为”。[①] 笔者认为，类似的“第三方”表述是不准确的。因为“第三方”一般是相对于“当事人”而言的，但是程序性要素并非都是当事人以外的第三方主体实施的行为，有时候也可以是被害人实施的行为。例如，恶意透支型信用卡诈骗罪规定的“经发卡银行催收后”，该要素显然是由作为被害人的“发卡银行”实施的。由此可见，将程序性要素表述为“第三方”主体行为较为狭隘。相反，“行为人以外主体行为”不仅可以指称当事人以外的第三方主体行为，也可以囊括被害人的行为，更为周延。

第二节　程序性要素的概念辨析

“程序性要素”作为一个新兴的学术概念，其观念形象在学界还没有固定下来，学界对程序性要素的认可度也还不高。在这样的背景下，刑法规范中还存在一些容易与程序性要素发生混淆的内容，如“曾受过……处罚”、程序性结果、事实程序性行为、许可型要素、诉讼条件等，这些内容往往也表现为行为人以外的第三方主体的行为，这导致部分学者在研究相关内容时

---

① 参见赵运锋：《论刑法条文中的“程序性要素”》，载《法学》2021 年第 7 期。

容易误将部分不是程序性要素的内容认定为程序性要素，或者相反。例如，有学者在梳理“行政处罚后又实施”入罪条件的规定时认为，我国《刑法》中存在3处相关规定，分别为第153条走私普通货物、物品罪的“一年内曾因走私被给予二次行政处罚后又走私的”、第290条扰乱国家机关工作秩序罪的“经行政处罚后仍不改正”和第351条非法种植毒品原植物罪的“公安机关处理后又种植的”，将属于程序性要素的内容与“曾受过……处罚”规定混同。[①] 所以，为了进一步明确程序性要素的观念形象，加强学界对程序性要素的理解，就不可避免要与其他概念进行比较研究。

一、程序性要素与“曾受过……处罚”

除了程序性要素，我国刑法还规定了与之相似的影响犯罪成立或者刑罚发动的非行为人中心要素，即“曾受过……处罚”。例如，《刑法》第153条第1款第1项规定，“走私货物、物品偷逃应缴税额较大或者一年内曾因走私被给予二次以上行政处罚后又走私的”，第351条第1款第2项规定，“经公安机关处理后又种植（毒品原植物）的”。在要求“曾受过……处罚”要素的场合，行为人的行为往往实施了两次以上，并且前次的行为曾受过有权机关的处罚。也就是说，“曾受过……处罚”要素也存在行为人以外主体对行为人的程序性行为，这导致了程序性要素与“曾受过……处罚”要素区分的困难。实际上，在梳理刑法规范性文件的初期，笔者曾将“曾受过……处罚”归入程序性要素的范畴，但是随着研究的深入和知识的积累，笔者认为两者之间存在众多区别，不宜简单地等而论之。

首先，在规范表述方面，程序性要素与行为人后续行为之间的连接词是“仍”，而“曾受过……处罚”的连接词是“又”。根据《现代汉语词典》，“仍”表示接续、连续之含义，“又”表示再一次的含义。语词含义的不同直接导致刑法评价对象的差异，在“仍”连接的场合，程序性要素前后的行为是同一个案件的待评价事实；在“又”连接的场合，“曾受过……处罚”前

---

① 参见郭旨龙、肖雅菁：《“行政处罚后又实施”入罪的限缩性司法适用》，载《江西社会科学》2020年第8期。

后的事实显然无法归属于同一个案件。换句话说，程序性要素是将同一个案件的事实分割为两部分并将其连接起来，“曾受过……处罚”则是将不同案件的两个事实连接起来。例如，在拒不支付劳动报酬的场合，行为人“经政府有关部门责令支付”后“仍不支付”的，在追究行为人的刑事责任时，需要评价的对象是“行为人不支付劳动报酬+仍不支付的行为”；而在非法种植毒品原植物的场合，行为人先前种植毒品原植物的行为被行政处罚（包括批评教育）或者毒品原植物被铲除后，行为人又种植的，如果需要追究行为人的刑事责任，评价的对象主要是行为人又种植的行为（在计算非法种植的毒品原植物的株数时以“又种植”的情况为限）。对于这点，专门研究过“曾受过……处罚”要素的学者曾敏锐地指出，“对于‘行政处罚后又实施’，受过的行政处罚是作为行为人‘罪前’表现征表人身危险性”[①]，其中“罪前”就清楚地表明曾经受过行政处罚的违法行为区别于本次待评价的“犯罪”行为。

其次，在诉讼证明方面，程序性要素更多的是“程序”并构成待决事实，而“曾受过……处罚”更多的是“状态”并属于已决事实。程序性要素是行为人以外主体的指令、命令、请求等行为，它往往期待行为人按照行为人以外主体的意愿继续实施或者不实施特定的行为，它在案件中的法律效力还有待司法机关的具体判断。也就是说，程序性要素作为一个独立的要素，是否符合法律的规定还需要司法机关结合具体情形进行具体判断。但是，“曾受过……处罚”是有权机关对行为人在其他场合作出的行为的惩罚性结论，其法律效力应当得到其他司法机关的尊重。一般情况下，除非依照法定程序对行政机关的行政处罚决定提出异议，否则行政机关作出的公文书所记载的事实具有法律效力。换句话说，在具体案件中，行政处罚效力的认定仅需要存在有效的公文书即可，不需要进行额外的审查。同样以拒不支付劳动报酬罪和非法种植毒品原植物罪为例，对于拒不支付劳动报酬罪的“经有关部门责令支付”，当案件进入司法程序时，不仅需要证明行为人拖欠劳动报酬的事实，还需要证明有关部门的责令支付行为（这个过程中涉及对“责令支付”要素的效力认定，尤其是当有关部门消极作为或者乱作为时，如何认

① 胡剑锋：《“行政处罚后又实施”入罪的反思及限缩》，载《政治与法律》2014年第8期。

定“责令支付”要素的存在属于司法机关证明的重要内容)。但是对于非法种植毒品原植物罪的“经公安机关处理后”,通常只需要公安机关的公文书等予以证明即可,不存在额外的证明负担。

最后,在实质内容方面,有学者指出,程序性要素是刑事可罚性的消极的客观要素。一方面,程序性要素整体上服务于不法的认定,并且以行为人的表现为核心内容,所以属于客观的违法要素;另一方面,程序性要素关涉的是对前行为法益侵害的修复或者固化,本身并不额外提供违法性的根据,因而是消极的客观要素。但是,“曾受过……处罚”之所以具有刑事可罚性,既不是因为该行为本身具有可罚的违法性,也不是因为数次违法行为的不法累积到可罚的程度,而是通过行为所展现出的行为人的主观状态填补着行为的不法,属于积极的主观见之客观的非纯粹的客观根据,所以两者存在根本的区别。[①] 尽管“曾受过……处罚”的体系定位可能还存在争议,如还有学者认为“曾受过……处罚”属于特别的个人处罚事由的范畴,[②] 不对犯罪的实体内容(违法与有责)产生影响,相反,具有在犯罪构成之外影响定罪的机能,符合客观处罚条件的实质特征。[③] 程序性要素的体系定位还有待进一步研究,但是不可否认程序性要素在不少情况下可以从客观不法的角度影响犯罪的成立,程序性要素与“曾受过……处罚”要素在犯罪论体系中的地位存在根本区别。

在笔者的论述场域下,可能会有读者提出这样的质疑,即后文提到的惩罚型程序性要素与“曾受过……处罚”要素几乎没有区别。惩罚型程序性要素的典型是扰乱国家机关工作秩序罪的“经行政处罚后”,该罪名及程序性要素的完整表述是“多次扰乱国家机关工作秩序,经行政处罚后仍不改正,造成严重后果的”。根据该规定,扰乱国家机关工作秩序罪似乎关注的是行政处罚后,行为人后续的扰乱行为及其造成的严重后果,先前的扰乱国家机关工作秩序的行为不在评价之列,所以“经行政处罚后”似乎更符合“曾受过……处罚”要素的特征。但是如前所述,“仍”和“又”的表述区别决定

---

① 参见杜宇:《程序性犯罪构成要素的性质》,载《中国法学》2022年第5期。

② 参见周光权:《论内在的客观处罚条件》,载《法学研究》2010年第6期。

③ 参见邓毅丞:《“曾因盗窃受过刑事处罚”的认定与评价》,载《法学》2014年第6期。

着程序性要素和“曾受过……处罚”要素链接的评价对象的差异。司法实务的做法或许可以更为直观地体现两者的区别。以两起案件为例：在王某某扰乱国家机关工作秩序案中，[①] 人民法院认定的案件事实是“2016 年以来，被告人王某某明知其信访事项属信访三级终结的信访事项，仍以征地补偿标准过低和要求安置宅基地为由，长期到政府相关部门××，并在国家举行重大活动时多次进京××”，而王某某最早一次被行政处罚是在 2017 年 3 月 1 日因扰乱单位秩序被资源县某局处以警告，由此可见，扰乱国家机关工作秩序罪待评价的案件事实是行政处罚前后的所有违法犯罪事实。而在谢某某非法种植毒品原植物案中，[②] 人民法院认定的案件事实是“2020 年 2 月，被告人谢某某在其位于庐江县金牛镇湖稍村自家菜地里种植罂粟苗，同年 4 月 16 日被金牛派出所民警巡查发现。经现场清点，所种罂粟共计 48 株”。谢某某曾因非法种植毒品原植物于 2017 年 5 月 18 日被庐江县公安局行政拘留 12 日的事实，作为定罪情节在判决书的个人情况部分予以认定，而不是作为本案的犯罪事实予以认定。所以，作为程序性要素的行政处罚和作为“曾受过……处罚”要素的行政处罚对案件事实的连接作用是不同的，对两者应当进行区别对待。

二、程序性要素与程序性结果

所谓程序性后果，是指行为人的违法犯罪行为招致的相关机关的处罚决定或者特定机构无法实施一定行为等的后果。例如，《刑法》第 203 条逃避追缴欠税罪中规定的“致使税务机关无法追缴欠缴的税款”，以及最高人民检察院、公安部《关于公安机关管辖的刑事案件立案追诉标准的规定（二）》第 6 条规定的违规披露、不披露重要信息罪“其他严重情节”之一——“致使公司、企业发行的股票……被终止上市交易的”。在逃避追缴欠税罪中，行为人的逃避行为导致税务机关无法实施追缴欠税的行为；在违规披露、不

① 参见王某某扰乱国家机关工作秩序案，广西壮族自治区资源县人民法院（2021）桂 0329 刑初 68 号刑事判决书。

② 参见谢某某非法种植毒品原植物案，安徽省庐江县人民法院（2020）皖 0124 刑初 320 号刑事判决书。

披露重要信息罪中，行为人的违法行为导致相关机关对行为人所属单位的股票、证券等作出终止交易的处理决定。在都涉及行为人以外主体的程序性行为这一点上，程序性结果与程序性要素之间有其共同之处。但是在其他方面，两者更多地表现出的是差异性。

第一，程序性要素与程序性结果在规范表述方面存在差异，程序性要素往往表述为“经……”，程序性后果则表述为“导致……”或者“致使……”。“经……”的表述表明程序性要素的过程性、经过性，“导致……”的表述则表明程序性结果的结果性。尽管“导致……”的对象并不局限于“客观存在的、能够为人的感官所感知的、具有一定的时空维度的物质改变”，但是刑法中的危害结果已经不再局限于物质性改变的理解，而是发展为能够表现法益侵害的某种状态的改变。① 在逃避追缴欠税的场合，行为人的行为只有导致“欠税无法追缴”的结果，犯罪（既遂）才告成立。② 换句话说，程序性要素尽管目前在犯罪论体系中的地位还不明确，但是至少可以肯定其不属于犯罪构成体系中的“危害结果”要素，而程序性结果尽管以行为人以外主体实施一定的行为为表现形式，但是其在犯罪构成体系中确定无疑地属于“危害结果”要素，所以两者在性质上存在根本区别。

第二，程序性要素与程序性结果在行为构造方面存在差异，程序性要素的过程性决定了行为人后续行为的存在，而程序性结果的结果性则决定了行为的终局。综上所述，包含程序性要素犯罪的行为构造主要表现为“行为” + “程序性要素” + “行为”，包含程序性结果犯罪的行为构造则表现为“行为” + “程序性结果”。当然，在某些情况下，程序性结果发生后，行为人的行为可能仍在继续，如行为人逃避追缴欠税已经导致“欠税无法追缴”的结果，但是行为人仍然实施其他转移财产的行为以巩固“欠税无法追缴”的结果。在这种场合，行为事实上的部分溢出并不具有规范评价上的重要性，换句话来说，不管行为人实施多少个具体的逃避追缴欠税的行为，刑法规范

① 参见简筱昊：《论组织、领导传销活动罪的行为构造》，载《安徽广播电视大学学报》2019年第2期。

② 参见张明楷：《刑法学》（第5版），法律出版社2016年版，第815页。

均对其进行规范的单一危害行为的评价。① 所以，行为人实施的仍然是程序性结果之前的危害行为。

第三，“程序性要素”是具有独立研究价值的命题，而“程序性结果”是为了凸显“程序性要素”才被创造出来的对照命题。具体来说，学界实际上并不存在也未认可“程序性结果”这一命题，这一命题是笔者在梳理程序性要素的过程中发现部分危害结果要素与程序性要素具有相似特征，继而临时提出的等待辩驳的参照命题。“致使税务机关无法追缴欠缴的税款”这类要素在学界通常被直接称为危害结果要素，几乎不会有学者称之为“程序性结果”要素。对这类要素的研究，也基本上从属于危害结果的研究，不需要创造新的命题以体现其独立价值。相反，“经政府有关部门责令支付”这些要素无法为既有的（犯罪论体系中的）命题所涵摄，既不是典型的主体、行为、对象、结果、因果关系、主观罪过，也不是非典型的时间、地点、方法、客观处罚条件等（当然不排除指引、标识和组成这些要素），所以有必要通过“程序性要素”的独立命题凸显这类要素的研究价值。

三、程序性要素与事实程序性行为

事实程序性行为，是指并非刑法明文规定的犯罪成立或者刑罚发动必须具备的要素，但是在具体案件中已经事实发生的程序性行为。例如，在已经知晓行为人的盗窃案件中，被害人可以基于民事上的财产返还请求权对行为人提出返还财产的请求。又如，在已经知晓行为人的故意杀人案件中，公安机关可以基于制止违法犯罪行为的职责对行为人提出终止犯罪的命令和要求。在这些场合，有关权利（力）主体可以事实上对行为人实施程序性行为，行为人也可以在事实上对事实程序性行为作出回应，如根据被害人的请求返还或者不返还窃取的财产和根据警察的要求终止或者不终止杀人犯罪等。如此一来，存在事实程序性行为的犯罪的行为构造就表现为“行为” + “事实程序性行为” + “行为”，与包含程序性要素的犯罪的行为构造几乎一致。但是事实程序性行为由于并未在刑法规范中被明确规定，所以只能被称为“事

① 参见陈洪兵：《应从法益视角规范性考量行为个数》，载《天府新论》2012 年第 2 期。

实程序性行为”。然而，尽管事实程序性行为与程序性要素存在行为构造上的相似之处，笔者依旧认为不能将两者等而视之。

程序性要素的法定性决定了其首先是法律的规范构建，而事实程序性行为是客观实在。客观实在的法律意义只有经过规范构建的框架（标准）评价后方可实现。但是事实程序性行为作为超越法律规定要素的事实，不存在与之对照的规范架构，也就无法在特别强调罪刑法定的刑法规范中发挥重要作用。当然，行为人的后续行为依旧有作为酌定量刑情节或者充足法定量刑情节的可能，[①] 如行为人在诈骗被害人财物后，被害人发现被骗要求行为人返还被骗财物且行为人积极返还的，法院可以根据具体情形从轻、减轻或者免除处罚。[②] 换句话说，程序性要素所链接的行为人的前后行为在“犯罪评价”中都具有重要意义，都是等待司法机关予以认定的事实，在对包含程序性要素的犯罪的认定中，如果具体案件中缺乏程序性要素及行为人的后续行为，就不能认定行为人行为的性质。相反，事实程序性行为及行为人的后续行为在“犯罪评价”中不存在重大意义，对案件性质的认定起关键作用的主要是事实程序性行为之前的行为人行为，如诈骗既遂的事实，在具体案件中，即便不存在事实程序性行为，也不影响行为性质的认定。当然，是否存在事实程序性行为及行为人的后续行为可以在量刑层面产生影响。

此外，程序性要素与事实程序性行为在行为指向上存在差异。程序性要素所指向的行为人的后续行为，往往是对法益可恢复性犯罪的救济。所谓法益可恢复性犯罪，是指犯罪行为完成后，行为人可以通过积极作为完全修复被侵害法益的犯罪类型。[③] 而事实程序性行为所指向的行为人的后续行为不仅包括对法益可恢复性犯罪的救济，也包括行为人的其他悔罪情节，即与法

---

① 用唯物辩证法分析，事实程序性行为是社会存在，程序性要素则是社会意识，两者分属于不同的哲学界域，并且两者之间不存在对应关系。当然，社会存在决定社会意识，作为社会存在的事实程序性行为必然会对社会意识产生影响，只是这种影响可能发生在犯罪论或者刑罚论的其他方面。

② 最高人民法院、最高人民检察院《关于办理诈骗刑事案件具体应用法律若干问题的解释》第3条规定：“诈骗公私财物虽已达到本解释第一条规定的‘数额较大’的标准，但具有下列情形之一，且行为人认罪、悔罪的，可以……不起诉或者免予刑事处罚：（一）具有法定从宽处罚情节的；（二）一审宣判前全部退赃、退赔的……”

③ 参见庄绪龙：《归纳与探索：“法益可恢复性犯罪”的刑法评价思考》，载《法律适用》2014年第1期。

益修复无关的表明行为人回归法秩序的行为。之所以会产生指向行为性质上的差异，还是与程序性要素的法定性与事实程序性行为的非法定性有关。一方面，立法机关将程序性要素规定为影响犯罪成立和刑罚发动的要素，就是为了在行为人实施违法犯罪行为之后，给予行为人一次回归法秩序的机会，并不再处罚行为人。而不处罚行为人（主要是否定行为的犯罪性）的合法性根据何在？大体上只能在修复法益或者降低罪责或者缺乏客观处罚条件上寻找突破口，而最好的理由还是直接在违法性上着手，即修复法益降低违法性，所以此类要素指向的行为往往是法益可恢复性犯罪。另一方面，事实程序性行为由于只要表现为特定主体要求行为人实施或者不实施一定的行为就可以认定，所以只要是犯罪中存在被害人或者有管辖权的特定机关，都有可能促成事实程序性行为的成立。如此一来，事实程序性行为所指向的违法犯罪的性质就不存在特定的要求和限制。

与事实程序性行为形成对照的是，通过解释明确的成立犯罪所必须具备的程序性要素有其规范效力。也就是说，在某些犯罪中，尽管《刑法》没有明文规定必须具备程序性要素，但是通过体系解释、目的解释等方法确定成立犯罪必须具备程序性要素。例如，《刑法》第 270 条并未明确规定程序性要素，但是根据“拒不交出”的概念可以解释出“被害人要求返还”的程序性要素的存在。因为当行为人采取处分被害人财产等行为时，被害人的财产法益就已经遭受现实侵害，但是刑法仍要求“被害人要求返还”且行为人拒不交出方才构成犯罪。这种程序性要素实际上就是不成文的构成要件要素，[①]尽管学界对不成文的构成要件要素与罪刑法定原则关系的界定尚存争论，但是承认并接受此类要素已经成为一种趋势。当然，事实程序性行为如果能够为立法或者有权解释所确认，也有可能成为笔者论述语境下的程序性要素。

---

① 所谓不成文的构成要件要素，就是“刑法表面上（文字上）没有明文规定，但根据刑法条文之间的相互关系、刑法条文对相关要素的描述所缺的，成立犯罪所必须具备的要素”。参见张明楷：《犯罪构成体系与构成要件要素》，北京大学出版社 2010 年版，第 120～121 页。

四、程序性要素与许可型要素

根据我国《刑法》的规定，某些犯罪的成立以行为人尚未获得特定主体的批准为前提，如果行为人获得特定主体的批准，行为人的行为就不构成犯罪，未经特定主体的批准就是这些犯罪的许可型要素。例如，《刑法》第179条规定，“未经国家有关主管部门批准，擅自发行股票或者公司、企业债券”，“未经国家有关主管部门批准”就是擅自发行股票、公司、企业债券罪的许可型要素。许可型要素与程序性要素存在一些相似之处。一方面，许可型要素确实需要行为人提出申请，并由有权主体作出相应的行为；另一方面，许可型要素的权力（利）主体也包括国家机关、非国家机关和个人，如侵犯著作权罪以未经著作权人许可为前提。

但是两者之间依旧具有本质上的不同。首先，许可型要素的启动是由行为人主动申请的，而程序性要素的发动取决于权力（利）主体的积极作为，行为人在程序性要素中往往表现为消极不作为。具体来说，国家通过立法（主要是行政管理类法规）一般性地规定行为人要想实施特定的行为必须获得相关国家机关的批准或者许可，行为人为了实施这些行为就必须向相关国家机关提出申请。如果行为人不向相关国家机关提出申请就实施相关行为，就符合了许可型要素的规定。所以，许可型要素能否充足是由行为人决定的。但是，程序性要素的主要内容是行为人以外的主体实施的行为，程序性要素能否充足由行为人以外主体决定，行为人在此过程中不存在决定性的影响。其次，包含许可型要素的犯罪的行为构造通常为“许可型要素” + “行为”，而包含程序性要素的犯罪的行为构造表现为“行为” + “程序性要素” + “行为”。行为构造的差异表明刑法设置这两种要素的初衷并不相同，设置前者希望行为人积极履行审批手续，避免实施违法犯罪行为，如果行为人未履行审批手续，行为即违法；设置后者则是希望行为人积极补救已经实施的违法行为，给予行为人回归法秩序的机会。所以整体上可以认为，许可型要素属于刑事可罚性的积极根据，而程序性要素属于刑事可罚性的消极根据。在与违法性相关联的意义上，许可型要素是行为违法的前置性要素，在包含许可型要素的犯罪中，行为的违法性建立在行为人未获得相关国家许可的基础上；而程序性要素是行为违法的嗣后性要素，在具备程序性要素之前，行为人的行为就已经抵触了法秩序。[①] 最后，两者的行为性质不同。许可型要素从本质上属于具体行政行为中的行政许可，而程序性要素属于其中的行政处罚或者行政命令等。[②] 对于具有（行政）处罚后果的责令行为（责令改正、责令解散、责令支付等），宜将其认定为行政命令。[③]

此外，我国刑法中部分罪名对犯罪时空要素作出了特殊要求，当行为发生的时空要素不符合法律规定时，行为就不成立犯罪。例如，妨害公务罪必须发生在国家机关工作人员“依法执行职务”时，特定行业单位人员犯包庇罪必须发生在“公安机关查处卖淫、嫖娼活动”时。此类时空要素也包含着行为人以外主体的行为，因而具有一定的迷惑性。但是，与包含许可型要素的犯罪一样，时空要素前置或者同时存在于行为发生之时，而程序性要素处于行为的中段。具体来说，这类包含行为人以外主体行为的时空要素存在于行为人实施违法犯罪行为的同时或者之前，表现的是行为人实施违法犯罪行为时的外部状态，它不直接指向行为人的行为，核心内容也不是要求行为人实施或者不实施特定的行为；而程序性要素所指向的行为人以外主体行为，通常发生于行为人已经实施部分违法犯罪行为以后，并以要求行为人实施或者不实施特定的行为为主要内容。而且学界目前对时空要素的体系地位基本达成一致看法，即属于犯罪成立的选择性构成要件要素，属于实体性要素的范畴，[④] 与程序性要素具有本质上的差异。

五、程序性要素与诉讼条件

我国《刑法》中还存在一些关于刑事诉讼条件或者程序的规定，如《刑法》第87～89条关于诉讼时效的规定，第257条第3款（暴力干涉婚姻自由罪）关于“告诉才处理”的规定等。这些规定同样影响着犯罪的成立或者刑罚的发动，并且以行为人以外主体的行为为表现形式。但是程序性要素与诉

① 参见杜宇：《程序性犯罪构成要素的性质》，载《中国法学》2022年第5期。
② 参见皮纯协、吴德星：《行政行为分类的研究》，载《政治与法律》1991年第6期。
③ 参见夏雨：《责令改正之行为性质研究》，载《行政法学研究》2013年第3期。
④ 参见齐文远主编：《刑法学》（第3版），北京大学出版社2016年版，第94页。

讼条件依旧具有本质上的不同。

首先，在法律规定的性质上，程序性要素的内容属于实体法范畴，而诉讼条件属于程序法范畴。具体来说，尽管程序性要素在犯罪论体系中的地位为何还不确定，但是可以肯定程序性要素是在影响行为犯罪性的层面上发挥作用。因为最终无论是被定位为不法要素、责任要素，还是客观处罚条件，程序性要素影响的都是行为是否构成犯罪。如果缺乏程序性要素，行为应当被直接宣告为无罪。然而，诉讼条件并不在实体上影响行为的犯罪性，它只影响行为的诉讼进程，如果缺乏诉讼条件，行为的性质不受影响，但是诉讼进程会被中止或者终止。以暴力干涉婚姻自由罪的“告诉才处理”为例，行为人暴力干涉他人婚姻自由，行为的不法性和有责性已经具备，但是立法机关考虑到暴力干涉婚姻自由的当事人之间往往具有特殊关系，所以将刑事追诉程序的启动权部分地赋予了被害人，如果被害人没有告诉，就不追究行为人的责任，如果被害人告诉，就可以追究行为人的责任（告诉行为前后暴力干涉婚姻自由的事实未发生变化）。“如果被害人没有告诉或者撤回告诉的，国家追诉机关即便认为该行为已经构成犯罪，也不得继续进行追诉。”① 如此一来，行为因为不具备程序性要素而形成的无罪判决，就是案件的最终处理结论。而行为因为不具备诉讼条件被中止的，完全可能因为诉讼条件的充足而再次被追究刑事责任。② 此外，因为所属法域性质的差异，对这两类要素的证明所要达到的程度也不相同。根据现行刑事诉讼法通说，“对实体法事实与程序法事实，应当区别对待，即对程序法事实应当适用较低的证明标准”③。所以，对于作为实体法事实的程序性要素，司法机关应当适用较高的证明标准，即对于犯罪事实的认定应当达到“犯罪事实清楚，证据确实、充分”；而对于作为程序法事实的诉讼条件，司法机关可以适用较低的证明标准。

其次，在行为构造上，程序性要素与诉讼条件也存在明显区别。一方面，

① 吴宏耀：《告诉才处理犯罪的追诉制度：历史回顾与理论反思》，载《中国刑事法杂志》2021 年第 1 期。

② 参见杜宇：《程序性犯罪构成要素的性质》，载《中国法学》2022 年第 5 期。

③ 陈光中主编：《证据法学》（第 5 版），法律出版社 2023 年版，第 278 页。

包含程序性要素的犯罪的行为构造是“行为” + “程序性要素” + “行为”，而规定有诉讼条件的犯罪的行为构造是“行为” + “诉讼条件”。程序性要素处于行为人违法犯罪行为的中段，而诉讼条件处于行为人违法犯罪行为的后段。程序性要素链接前后的违法犯罪行为都是具体案件中待评价的实体法事实，需要诉讼条件的案件中只有“诉讼条件”之前的“行为”是需要进行犯罪性评价的事实。另一方面，程序性要素的指向对象是行为人，内容是要求行为人实施或者不实施一定的行为，而诉讼条件的指向对象往往是行为人以外的主体。例如，“告诉才处理”中告诉的对象主要是公、检、法等司法机关，内容较为宽泛，通常难以简单概括，既可能是要求司法机关追究行为人的刑事责任，也可能要求具有时间经过等事实状态，但一般不是要求行为人实施特定的行为。

此外，根据卢勤忠教授的梳理，我国《刑法》中还存在一些关于刑罚执行程序的规定，如《刑法》第212条规定，“犯本节第二百零一条至第二百零五条规定之罪，被判处罚金、没收财产的，在执行前，应当先由税务机关追缴税款和所骗取的出口退税款”。这些要素与诉讼条件类似，不是在实体性层面影响犯罪的成立或者刑罚的发动，而是就刑罚执行过程中的财产处置顺位问题作出的特别规定，[①] 因而也不属于程序性要素。

第三节　程序性要素的规范变迁

程序性要素作为一种立法现象，并不来自立法者一时的情绪冲动，而是有其诞生的社会背景。历史法学派认为，“法既不是人类理性的产物，也不是人的独断意志的产物，而是同语言一样，有其自己的产生规律和历史”，我们应当在人的理性之外，去探求法的起源的途径。[②] 人作为社会性的动物，在作出选择时总是受所处社会环境的影响，所以法律即便是人类意志

---

① 参见卢勤忠：《程序性构成要件要素概念的提倡》，载《法律科学》2016年第6期。

② 参见王振东：《现代西方法学流派》，中国人民大学出版社2006年版，第217～221页。

的结晶，也离不开社会存在的决定性作用。程序性要素在我国仍处于有待发掘的状态，因而有必要对程序性要素的发展变迁情况及其社会背景进行考察。

一、程序性要素的历史性观察

与我国刑事立法从无到有的发展历程相对应，程序性要素也大致经历了从萌芽阶段到产生阶段到发展阶段再到调试阶段的过程。

（一）萌芽阶段

在1979年《刑法》颁布以前，即从中华人民共和国成立到1978年近30年时间里，我国并不存在一部统一的刑法典。对违法犯罪行为的惩处主要依靠寥寥几部单行刑法和国家的刑事政策。单行刑法主要有1951年《惩治反革命条例》（已失效）、1951年《妨害国家货币治罪暂行条例》（已失效）、1952年《惩治贪污条例》（已失效）以及一些关于罪犯处置的决定。刑事政策则是自新民主主义革命时期即在积累经验的镇压与宽大相结合的斗争策略。[①]其中，刑事政策对刑事司法活动的影响是决定性的，而单行刑法对其的影响是辅助性的。此时的刑法学研究还不具备独立的理论品格，刑法的适用不以获得统一的法效果为主要目标，适应社会发展形势也是其追求的目标之一。[②]

但就是在这样的背景之下，程序性要素已经在单行刑法中崭露头角。例如，《惩治反革命条例》（已失效）第7条第6项规定，（参加反革命特务或间谍组织）经人民政府教育释放仍继续与反革命特务、间谍联系或进行反革命活动者（处死刑或无期徒刑）。一方面，《惩治反革命条例》（已失效）的颁布标志着中华人民共和国成立初期镇压反革命运动（以下简称镇反运动）的法制化过程。镇反运动早期是在中央的各种指示下进行的，由于缺乏明确的定罪量刑标准，已经出现明显的右倾偏向。而《惩治反革命条例》（已失效）的颁布不仅确立了镇反运动镇压与宽大相结合的方针，还提供了定罪量

① 参见苏惠渔、孙万怀：《我国若干刑事政策的回顾与展望》，载《中国刑事法杂志》1999年第6期。

② 参见张志钢：《新中国刑法学70年的变化与展望》，载《人民法院报》2019年12月5日，第6版。

刑的标准，使镇反运动由纯粹的政治运动向法制活动转变。[①] 另一方面，人民政府教育释放的程序性要素成为对行为人判处死刑或者无期徒刑的缓冲条件。镇反运动作为一场群众性政治运动，带有明显的群体情绪。而群体情绪，在勒庞看来，简单而夸张，并容易作用于极端手段。[②] 处死和监禁成为镇反运动的常用手段。而经人民政府教育释放的程序性要素就为激愤滥杀和监禁设置了规范上的屏障，尽管这种屏障只体现为要素量上的要求。

这一时期的程序性要素呈现以下特征：第一，在数量上呈现绝对少数。即便这一时期的规范性文件相对较少，但也至少有 14 个（3 个条例总计 50 条和 11 个决定或者决议）。[③] 而程序性要素仅有《惩治反革命条例》（已失效）第 7 条第 6 项 1 个。第二，在内容上具有选择性。《惩治反革命条例》（已失效）第 7 条只有第 6 项规定了程序性要素，其余五项规定均未作程序性要素的要求，即第 7 条规定的经人民政府教育释放的程序性要素只是参加反革命特务或者间谍组织中被判处死刑或无期徒刑的一种类型，并非所有的需要被判处死刑或无期徒刑的参加反革命特务或者间谍组织的行为都要具备程序性要素。第三，在功能上具有单一性。程序性要素仅具有促成刑罚加重的功效，而不具有阻碍刑罚发动或者限缩犯罪成立的能力。因为在镇反运动的背景下，程序性要素的存在主要服务于打击犯罪的需要。

（二）产生阶段

1979 年，新中国第一部《刑法》颁布，标志着我国刑事法治建设迈入新阶段。这一时期，除了《刑法》，单行刑法和附属刑法均呈现出百花齐放的繁荣景象。据不完全统计，1979 年至 1997 年颁布的单行刑法有 26 个，附属刑法有 107 个。[④] 苏联的四要件犯罪构成理论也在这期间被引进我国，为理

---

① 参见沈玮玮、赵晓耕：《政治术语的法制化实践：论 1951 年前后的反革命罪》，载《中国人民公安大学学报（社会科学版）》2010 年第 6 期。

② 参见［法］古斯塔夫·勒庞：《乌合之众——大众心理研究》，冯克利译，中央编译出版社 2017 年版，第 26 页。

③ 参见高铭暄、赵秉志编：《新中国刑法立法文献资料总览》（第 2 版），中国人民公安大学出版社 2015 年版，第 59～73 页。

④ 参见高铭暄、赵秉志：《新中国刑法立法文献资料总览》（第 2 版），中国人民公安大学出版社 2015 年版，第 225～739 页。

论界与实务界所接受。此时对违法犯罪行为的惩处始终遵循法治轨道的要求，以规范性文件作为主要依据。但是由于法制恢复重建的时间较晚——立法经验不足，加之经济社会转型剧烈，1979 年《刑法》仍然是粗放的和不完备的。[①] 刑法学的研究也主要围绕刑法的修改与完善（立法论）展开。刑事政策则继承并发展了中华人民共和国成立初期的斗争策略，形成惩办与宽大相结合的基本政策，并在 1979 年《刑法》（第 2 条）中以任务的形式固定下来。

程序性要素在此期间也呈现井喷式增长态势，包括但不限于：1979 年《刑法》第 163 条规定的私藏枪支、弹药罪中的“要求交出”；1988 年《关于惩治贪污罪贿赂罪的补充规定》（已失效）第 11 条规定的巨额财产来源罪中的“可以责令说明来源”；1984 年《消防条例》（已失效）第 30 条规定的消防责任事故罪中的“经消防监督机构通知采取改正措施”；1989 年《集会游行示威法》（已被修改）第 29 条第 3 款规定的非法集会、游行、示威罪中的“解散命令”；1989 年《传染病防治法》（已被修改）第 35 条规定的妨害传染病防治罪中的“卫生防疫机构提出的卫生要求”；1990 年《军事设施保护法》（已被修改）第 34 条规定的比照寻衅滋事罪惩处的非法获取军事禁区信息等罪行的“不听制止的”；1991 年《外商投资企业和外国企业所得税法》（已失效）第 23 条、第 24 条、第 25 条规定的偷税、逃税等罪行中的“经税务机关责令限期登记或者报送”“由税务机关责令限期缴纳”“经税务机关催缴”；1993 年《教师法》（已被修改）第 37 条第 2 款规定的构成犯罪的体罚学生罪行中的“经教育”；1994 年《审计法》（已被修改）第 41 条规定的构成犯罪的拒绝或者延误提供审计资料罪行中的“拒不改正”；1996 年《矿产资源法》（已被修改）第 39 条规定的比照故意毁坏财物罪惩处的非法采矿罪行中的“拒不停止开采”。之所以采用“不限于”这样的表述，是因为这一时期司法解释、立案标准等规范性文件的数量也十分庞大，它们囊括着众多的程序性要素，1989 年《人民检察院直接受理的侵犯公民民主权利、

① 参见刘守芬：《关于“97 刑法”与“79 刑法”若干问题的比较》，载《中外法学》1997 年第 3 期。

人身权利和渎职案件立案标准的规定》(已失效)第6条规定的构成非法侵入住宅罪一种类型的"经要求或教育"就是示例。

这一时期的程序性要素也呈现一些新的特征。首先,在数量上急剧膨胀。如前所述,仅就笔者不完全梳理的1979年《刑法》、单行刑法和附属刑法来说,它们包含的程序性要素已经有13个,更何况还存在大量的司法解释、立案标准等规范性文件。相较于中华人民共和国成立初期的1个,程序性要素在这一时期获得极大的发展。其次,在内容上具有选择性或者必要性。相较于中华人民共和国成立初期的程序性要素,这一时期的程序性要素不仅在某些犯罪中具有可选择性,而且在某些犯罪中具有必要性,甚至必要性占据相当比重。也就是说,程序性要素对犯罪成立或者刑罚发动的影响能力变强,不再局限于对犯罪成立(刑罚发动)某种情形的影响,而是可能影响犯罪成立(刑罚发动)的所有情形。最后,在功能上具有多样性。这一时期的程序性要素,一方面具有促成刑罚加重的功效,另一方面具有限制犯罪成立范围的能力。因为在基本犯的场合设置程序性要素,主要是为了平衡违法行为与犯罪行为的关系,增加行为构成犯罪的要件屏障。

(三)发展阶段

1997年,适应工业社会发展的新刑法典颁布。1997年《刑法》以1979年《刑法》为基底,融合了26个单行刑法的内容,是一部统一的、比较完备的刑法典。1997年《刑法》的颁布标志着我国工具刑法观向古典自由主义刑法观的转变,人权保障成为刑事法治建设的主旋律。① 但是与刑法典的融合,使这一时期的单行刑法仅有4个,其他新调整的内容主要通过刑法修正案的形式呈现。相反,附属刑法的体量急剧扩张,增加至211个以上。当然,此时的附属刑法基本是从属型附属刑法,与1979年到1997年独立型附属刑法不同。② 刑法立法解释也增加至13个以上,刑法修正案已经颁布了

① 参见焦旭鹏:《回顾与展望:新中国刑法立法70年》,载《江西社会科学》2019年第12期。

② 依附型附属刑法是指在非刑事法律规范中没有规定具体罪状和法定刑,仅存在类似"构成犯罪的,依法追究刑事责任"的原则性、指引性规定。独立型附属刑法是指在非刑事法律规范内容上存在具体罪状和法定刑的明确规定。参见程红、牙韩选:《环境犯罪"独立型附属刑法"立法模式之合理证成》,载《广西民族大学学报(哲学社会科学版)》2020年第2期。

12 个。[①] 刑法学的研究则从立法论转向解释论，法律效果的统一成为法律适用的重要追求。刑事政策也从惩办与宽大相结合的斗争策略转为宽严相济的基本政策。

这一时期的程序性要素实际上就是本章第一节梳理的我国刑法规范中的程序性要素，但是考虑到自 1997 年以来，程序性要素的具体内容已经发生较为明显的变化，因而首先考察 1997 年《刑法》原始版本中含有的程序性要素，主要包括：第 139 条规定的消防责任事故罪中的“经消防监督机构通知采取改正措施”；第 196 条第 2 款规定的恶意透支型信用卡诈骗罪中的“经发卡银行催收”；第 201 条第 1 款偷税罪中的“经税务机关通知申报”；第 270 条第 1 款、第 2 款规定的侵占罪中的“要求退还”“要求交出”；第 288 条第 1 款规定的扰乱无线电通讯管理秩序罪中的“经责令停止使用”；第 296 条规定的非法集会、游行、示威罪中的“解散命令”；第 343 条第 1 款规定的非法采矿罪中的“经责令停止开采”；第 395 条第 1 款规定的巨额财产来源不明罪中的“可以责令该国家工作人员说明来源”。4 个单行刑法分别关涉外汇犯罪、邪教犯罪、互联网犯罪和恐怖主义犯罪，内容体量相对较小，没有程序性要素。而附属刑法因为都是从属性的，不具有独立规定罪行与罚则的权力，相关犯罪的认定全部依照刑法典和单行刑法的规定，所以也不存在单独规定的程序性要素。

这一时期法律文件中的程序性要素继承了 1979 年到 1997 年程序性要素的特征，即基数较大、内容丰富、功能多样。但是也表现出一些不同：(1) 内容更加集中。程序性要素全部规定在刑法典中，契合了国家建立统一刑法典的追求。(2) 体量有所限缩。1997 年《刑法》对单行刑法和附属刑法罚则的吸收是有选择的，部分不合理或者不必要的程序性要素没有被保留，如 1997 年《刑法》第 128 条（私藏枪支、弹药罪）取消了 1979 年《刑法》第 163 条规定的“拒不交出”要素。(3) 规范用语更加准确。以非法采矿罪的程序性要素为例，其在 1996 年《矿产资源法》（已被修改）中的表述是

---

① 参见高铭暄、赵秉志编：《新中国刑法立法文献资料总览》（第 2 版），中国人民公安大学出版社 2015 年版，第 739～998 页。

“拒不停止开采”，但是“拒不停止开采”的规定相较于“经责令停止开采”要素的要求而言具有间接的特征，容易使人忽略行政机关的责令行为对犯罪成立的决定性作用。而“经责令停止开采”的表述则一针见血地提示了程序性要素的地位。

（四）调试阶段

调试阶段是指对1997年《刑法》规定的程序性要素的调整时期，这一时期实际上与发展阶段存在交叉重叠关系，因为都发生在1997年《刑法》颁布以后直至当前的时期内。而之所以单独总结出调试阶段，是因为这一时期的程序性要素存在较为明显的变化，并且有一部分内容是对已经存在的程序性要素的删减。

对已经存在的程序性要素的调试主要存在于刑法修正案和司法解释中，现存的13个立法解释中并不存在有关程序性要素的规定，但不排除未来可能存在相关规定。

刑法修正案的调试内容包括：《刑法修正案（七）》（以下简称《修七》）第3条删除了逃税罪的程序性要素“经税务机关通知申报”，新设置逃税罪初犯免责条款，增加“经税务机关依法下达追缴通知”要素；《刑法修正案（八）》（以下简称《修八》）第41条新设置拒不支付劳动报酬罪，增加“经政府有关部门责令支付”要素；《修八》第47条删除了1997年《刑法》第343条非法采矿罪的程序性要素“经责令停止开采”；《刑法修正案（九）》（以下简称《修九》）第28条新设置拒不履行信息网络安全管理义务罪，增加“经监管部门责令采取改正措施”要素；《修九》第30条删除了2011年《刑法》第288条扰乱无线电通讯管理秩序罪的程序性要素“经责令停止使用”；《修九》第31条第2款新设置扰乱国家机关工作秩序罪，增加“经行政处罚”要素；《刑法修正案（十一）》（以下简称《修十一》）第2条第1款增设了妨害安全驾驶罪，删除了《惩治妨害安全驾驶意见》第1条规定的抢夺行驶过程中的公共交通工具方向盘、变速杆等的以危险方法危害公共安全罪的程序性要素——“经他人劝告、阻拦”；《修十一》第4条新设置危险作业罪，增加“被依法责令停产停业、停止施工、停止使用有关设备、设施、场所或者立即采取排除危险的整改措施”;《修十一》第37条将妨害传染病防治罪的程序性要素由“卫生防疫机构提出的卫生要求”“卫生防疫机构提出的预防、控制措施”修改为“疾病预防控制机构提出的卫生要求”“县级以上人民政府、疾病预防控制机构提出的预防、控制措施”。

司法解释的调试内容包括:《枪支弹药爆炸物解释》第8条对《刑法》第128条“私藏”的解释,增加“拒不交出”要素;《操纵证券期货解释》第3条对《刑法》第182条第1款(操纵证券、期货市场罪)“情节严重”一种情形的规定,增加“被有关部门调查”要素;《非法集资解释》第7条对集资诈骗罪非法占有目的一种情形的规定,增加“拒不交代资金去向”要素;《军事通信解释》第6条对扰乱军事无线电通讯管理秩序行为的构罪要件的解释,增加“经责令停止使用”要素;《寻衅滋事解释》第1条对基于熟人关系的软暴力罪行的免责条款的例外情形的规定,增加“经有关部门批评制止或者处理处罚”要素;《邪教犯罪解释》第8条对邪教犯罪的一种情形的规定,增加“邪教组织被取缔,或者被认定为邪教组织”要素;《拒执罪司法解释》第2条对拒不执行判决、裁定罪的一种情形的规定,增加“经采取罚款或者拘留等强制措施”要素;《文物犯罪解释》第3条、第4条对故意损毁文物罪/故意损毁名胜古迹罪的一种情形的规定,增加“拒不执行国家行政主管部门作出的停止侵害文物的行政决定或者命令”要素;《网络淫秽信息解释(二)》第8条对行为人明知淫秽物品的一种情形的规定,增加“接到举报”要素;《涉疫犯罪解释》第16条对传染病防治失职罪的一种情形的规定,增加“拒不执行突发传染病疫情等灾害应急处理指挥机构的决定、命令”要素;最高人民法院、最高人民检察院《关于办理危害税收征管刑事案件适用法律若干问题的解释》第1条第2款第2项对逃税罪“不申报”的一种情形的规定,增加“经税务机关依法通知其申报”要素;最高人民法院《关于审理破坏森林资源刑事案件适用法律若干问题的解释》(法释〔2023〕8号)第12条第1款第5项对破坏森林资源犯罪从重处罚情节的一种情形的规定,增加“经行政主管部门责令停止违法行为”要素。

调试阶段的程序性要素总体上呈现增加趋势,只有两个罪名的程序性要素被删除。必要性与选择性方面呈现规范形式上的分化,即法律文件中的程序性要素通常是必要的，而司法解释中的程序性要素通常是可选择的。功能性方面更加多样，不仅可以影响犯罪的成立或者刑罚的发动，还可以证明主观要素的存在。当然，因为司法解释的存在，程序性要素也不再那么集中和有所限缩。但是规范表述的精确性却随着立法技术的成熟而不断提升。

二、程序性要素滥觞的社会背景

程序性要素滥觞的社会背景可以分为宏观层面、介观层面和微观层面，宏观层面主要是指国家经济、社会、文化等的发展状况，介观层面是指刑事法律（法治）的建设情况，微观层面则是指有权机关设置程序性要素的具体考量，即基于何种原因或者社会需求设置程序性要素。宏观层面和介观层面的背景已经在程序性要素的历时性观察中初步展开，且微观层面的需求更能反映程序性要素的设立初衷，因而以下主要交代微观层面的背景。

（一）服务于打击犯罪的需要

最早以规范性文件形式固定下来的程序性要素就是1951年《惩治反革命条例》（已失效）第7条第6项规定的“经人民政府教育释放”。该规定的法律效果显然不是阻碍犯罪的成立或者刑罚的发动，相反它具有促成刑罚加重的功效。之所以产生功能上的偏差，是因为当时正在进行的镇反运动，制定条例和设置程序性要素都服务于打击反革命犯罪的需要。时任原中央人民政府政务院政治法律委员会副主任的彭真在《关于镇压反革命活动和惩治反革命条例问题的报告》中指出，镇反运动一段时期内，很多地方出现了过分宽大的倾向，表现出对反革命犯罪分子的仁慈，但是宽大无边是错误的，“国民党反动派及其帮凶们，决不因为他们的统治已被打倒，即甘心死亡，而是无时无刻不在利用一切可能，穷凶极恶地向人民和人民政府进攻”，必须严厉镇压一切怙恶不悛的反革命犯罪分子。惩治反革命的条例就是给予干部和群众镇压反革命活动的法律武器。所以，从指导思想上来看，《惩治反革命条例》（已失效）仍然以严厉镇压反革命犯罪分子为原则。

彭真副主任还指出，《惩治反革命条例》（已失效）坚持镇压与宽大相结合的基本政策，“对于各种反革命的首要分子，对于解放后估恶不悛，继续进行反革命活动的特务间谍分子，是采取从重处理的原则”。该条例第 7 条第 6 项规定，经人民政府教育释放仍继续与反革命特务、间谍联系或进行反革命活动者，处死刑或无期徒刑。对于人民政府给予悔改机会却不知悔改的反革命犯罪分子，给予升格法定刑的（量刑）惩处。也就是说，情节较轻的参加反革命特务或者间谍组织行为的法定刑为 5 年以上有期徒刑，而包含程序性要素情节的反革命行为的法定刑则为死刑或者无期徒刑。所以，此处的程序性要素及行为人的后续行为是加重处罚的量刑情节，程序性要素的存在不是为了限制对反革命犯罪行为的惩处，而是服务于对反革命犯罪行为的加重处罚。①

服务于打击犯罪需要的程序性要素在现行法律规范中也存在，如《文物犯罪解释》第 3 条、第 4 条规定的故意毁坏国家保护的名胜古迹的行为，如果国家机关作出停止侵害的决定或者命令，行为人仍然继续实施，就“酌情从重处罚”。这种程序性要素的存在有其解释论上的依据，因为量刑的根据是不法与有责，在经过相关部门的教育释放或者他人的劝告阻拦后，行为人仍然实施犯罪行为的，一方面对法益的侵害程度加深，客观的违法性增强，另一方面主观的人身危险性或者再犯可能性提升，特殊的预防必要性增加，所以加重处罚或者从重处罚就是其应有之义。但是服务于打击犯罪需要的程序性要素仅占据很小比重，大部分程序性要素还是以限制犯罪成立或者刑罚发动为任务和目标。

（二）服务于限制处罚的需要

1979 年《刑法》中唯一的程序性要素——私藏枪支、弹药罪的“要求交出”就是服务于限制处罚需要的程序性要素的典型。一方面，私藏枪支、弹药行为的可罚性本身存在争议。《刑法草案（初稿）》（第 33 次稿）曾经删除私藏枪支、弹药罪的规定，当时的考虑是，我国刚经历过漫长的战争时期，

① 需要注意的是，这里的程序性要素因为增加了死刑与无期徒刑裁量的要素屏障，依旧具有一定的限制刑罚发动的作用。而且因为程序性要素之前的反革命行为不能是已受刑事处罚的行为（否则就是再犯，不是本书所讨论的程序性要素），所以其对于情节较轻的反革命行为也具有一定的筛选和限制作用。

枪支、弹药散落在群众中的情况并不罕见，而且由于军人复员转业、工作调动等原因，未上交枪支、弹药的情形也比比皆是。如果将私藏枪支、弹药的行为规定为犯罪，将导致刑事处罚“空前膨胀”。所以，应该主要通过教育和行政管理的方式解决私藏枪支、弹药的问题。但是主张增设该罪名的观点则认为，“对这个问题如果在刑法上不作规定，势必给坏人以可乘之机，对社会的安全带来不利的影响”。教育与行政管理固然可以作为解决私藏枪支、弹药问题的手段，但是刑法介入该问题的治理有其正当性和必要性。所以，《刑法草案（修订二稿）》第35次稿又在第202条规定了私藏枪支、弹药罪，并一直保留到1979年《刑法》颁布。[①] 由此可以看出，私藏枪支、弹药罪本身就是在罪与非罪的争议中诞生的，其处罚必要性并非不证自明。

另一方面，私藏枪支、弹药罪的处罚范围存在争议。在刑法承认了私藏枪支、弹药行为的可罚性之后，处罚范围的大小就成为学界重点关注的课题。关于处罚对象，有的观点认为，是对非法持有的枪支、弹药私自藏匿而不交出的行为；有的观点认为，是不具有配枪资格的人藏匿枪支、弹药的行为；还有观点认为，是藏匿应上缴而拒不上缴的行为。[②] 前两种观点下的私藏枪支、弹药罪的处罚范围较为宽泛，因为只要行为人实施了私自藏匿的行为，不要求有关部门的责令行为等即可成立犯罪（事实上是否存在责令行为等对犯罪的成立没有影响）。第三种观点则暗含着有权机关责令行为人交出的程序性要素，只有行为人“拒不上缴”才构成犯罪。在这种罪与非罪、罚与不罚的争议中，立法机关在规范性文件中表明了立场。《刑法草案（初稿）》第22次稿规定了私藏枪支、弹药罪，并且表述为“私藏枪支、弹药的”，说明国家基本认同私藏枪支、弹药行为的可罚性；第33次稿删除了私藏枪支、弹药罪的规定，国家对私藏枪支、弹药行为的可罚性持保留态度；第35次稿又重新规定了私藏枪支、弹药罪，并且表述为“违反枪支管理规定，隐匿枪支、弹药，经动员教育仍拒不交出的”，既肯定了私藏枪支、弹药行为的

---

① 参见高铭暄：《中华人民共和国刑法的孕育诞生和发展完善》，北京大学出版社2012年版，第327页。

② 参见蒋兰香：《非法储存、持有、私藏枪支、弹药罪辨析——兼评最高人民法院司法解释》，载《湖南省政法管理干部学院学报》2002年第6期。

可罚性，又通过强调程序性要素限定了处罚范围。此后的草案以及1979年《刑法》基本继承了第35次稿的精神，只是将“经动员教育仍拒不交出的”简化为“拒不交出的”。所以，这种程序性要素存在的意义就是服务于限制处罚的需要。

服务于限制处罚需要的程序性要素在现行法律规范中同样存在，如《修八》增设的拒不支付劳动报酬罪中的“经政府有关部门责令支付”。2010年8月23日发布的《刑法修正案（八）（草案）》首次规定拒不支付劳动报酬罪，当时的表述是“逃避支付劳动者的劳动报酬，情节恶劣的”，没有设置程序性要素。2010年12月20日《刑法修正案（八）（二次审议稿）》将拒不支付劳动报酬罪的表述修改为“不支付劳动者的劳动报酬，数额较大或者有其他情节的”，也没有设置程序性要素。但是2011年2月23日《刑法修正案（八）（三次审议稿）》增加了拒不支付劳动报酬罪的程序性要素，并最终确定为“不支付劳动者的劳动报酬，数额较大，经政府有关部门责令支付仍不支付的”。根据全国人大常委会《关于〈中华人民共和国刑法修正案（八）（草案）〉的说明》以及《关于〈中华人民共和国刑法修正案（八）（草案）〉审议结果的报告》，增设拒不支付劳动报酬罪是因为拖欠劳动报酬的行为已经严重危害人民群众的合法权益，造成了严重的社会危害，但是考虑到劳动法、劳动合同法、劳动保障监察条例等法律中都规定了不支付劳动报酬的规制措施，即由政府有关部门责令支付，所以应当优先发挥行政救济措施，以实现行刑的有效衔接。“经政府有关部门责令支付”在行政违法与刑事犯罪之间架起一道屏障，使接受刑罚处罚的数额较大的不支付劳动报酬的行为的范围缩小。具体来说，数额较大的不支付劳动报酬的行为的违法性已经达到发动刑罚的程度，但是如果行为人积极配合有关部门的责令支付命令，就不追究行为人的刑事责任，给予行为人回归法秩序的机会，将刑罚处罚的范围限定在不积极配合政府部门支付命令的拒不支付劳动报酬的范围。

根据以上论述，限制处罚的程序性要素主要存在于协调行刑衔接问题的场合。也就是说，在先前的行为已经具有值得科处刑罚的违法性的情况下，程序性要素的存在主要是为了过滤掉可以用行政法妥善处置的违法行为。但是还有一些程序性要素，尽管具有限制犯罪成立或者刑罚发动的作用，但是也具有为犯罪提供根据的能力。这些程序性要素服务于证立犯罪的需要。它们与服务于打击犯罪需要的程序性要素也不相同，前者的效果及于犯罪的成立，而后者的效果及于刑罚的加重（从重）。

（三）服务于证立犯罪的需要

服务于证立犯罪需要的程序性要素的代表“经消防监督机构通知采取改正措施”在1984年《消防条例》（已失效）中就已经存在，但是在刑法中正式确立下来是在1997年《刑法》颁布时。当时《消防条例》（已失效）和刑法修订草案的规定都是，“经消防监督机构通知采取改正措施而拒绝执行，情节严重的（造成严重后果的）”。但是有地方建议将消防责任事故罪区分为几种情形，即违反消防管理法规造成严重后果的，违反消防管理法规拒不改正造成严重后果的和造成特别严重后果的。[①] 这种修改意见的出发点是程序性要素的存在导致消防责任事故罪的入罪门槛过高，不利于政府职能的有效发挥。删除程序性要素的规定，有利于更好地“打击消防违法犯罪行为，发挥刑法的惩戒和预防作用”。[②] 这种修改意见实际上有规范上的依据，1984年《消防条例》（已失效）第30条第1款规定，违反本条例，经消防监督机构通知采取改正措施而拒绝执行，情节严重的，给予行政处罚；第2款规定，违反本条例，造成火灾的，追究其刑事责任。这里的程序性要素是给予行政处罚的前置条件，而不是追究刑事责任的必要要件。追究消防过失行为的刑事责任，并不要求经过消防监督机构通知采取改正措施，只要导致“火灾”的危害结果即可。

但是，一方面，在关于《消防条例（草案）》的说明中，时任公安部副部长俞雷指出，该条例的基本方针是“预防为主，防消结合”，要动员群众贯彻消防行政措施。所以消防机构在消防事务中占据主导地位。而在消防责

① 参见高铭暄：《中华人民共和国刑法的孕育诞生和发展完善》，北京大学出版社2012年版，第339页。

② 参见叶青锐：《消防责任事故罪立法缺陷探讨》，载《河南社会科学》2009年第5期。

任事故罪中增加程序性要素的要求，可以树立消防监督机构的权威性。[①] 另一方面，1984 年《消防条例》（已失效）规定被追究行政责任的消防违法行为必须具备程序性要素，从当然解释的角度来看，被追究刑事责任的消防违法行为也应当具备程序性要素。

如此一来，《消防条例》（已失效）赋予的消防义务以及消防监督机构的整改要求共同构成纯正不作为的消防责任事故罪的作为义务来源，为消防责任事故罪的认定提供规范与命令上的依据。“考虑到本罪行为和情节的复杂性”，刑法修订草案修改稿以及 1997 年《刑法》都保留了消防责任事故罪基本犯的程序性要素。[②]

《修九》新增加的拒不履行信息网络安全管理义务罪的“经监管部门责令采取改正措施”实际上也服务于证立犯罪的需要。一方面，网络犯罪已经呈现不断扩张的趋势，尤其“快播案”折射出的社会主体的网络安全监管失职行为在刑法中的定性问题，亟须在《刑法》中给出明确规定，《修九》新增前述罪名首先就是服务于打击犯罪的需要；另一方面，考虑到信息网络技术的复杂性，对科技企业科以监督管理义务需要政府监管部门发挥主导作用，以平衡科技创新与犯罪监管的关系，监管部门的责令行为则是对刑事处罚范围的限制。换句话说，《刑法》将本来存在争议的网络监管失职行为（可能是中立的帮助行为）规定为犯罪，必须在科以作为义务时保持谨慎的态度，甚至需要以双重作为义务的形式来强化网络服务者不履行监管义务的违法性。政府的监管既是对先前违法行为构成犯罪的屏蔽，也是对后续行为构成犯罪的证成，即为不作为犯提供作为义务的来源。所以此类程序性要素既有限制处罚的作用，也有证立犯罪的功能。但是从《关于〈中华人民共和国刑法修正案（九）（草案）〉的说明》来看，增设第 286 条之一及其程序性要素主要是服务于惩处“网络违法犯罪行为的新情况”的需要。

---

① 参见孙蓉：《浅析消防责任事故罪的构成与认定》，载《西南民族学院学报（哲学社会科学版）》2003 年第 5 期。

② 参见高铭暄：《中华人民共和国刑法的孕育诞生和发展完善》，北京大学出版社 2012 年版，第 339 页。

第四节　程序性要素的规范类型

一、事前的程序性要素与事后的程序性要素

根据程序性要素与刑法核心评价对象先后顺序的不同，可以将程序性要素分为事前的程序性要素与事后的程序性要素。事前的程序性要素是指处于刑法核心评价对象之前的程序性要素。例如，扰乱国家机关工作秩序罪中，行为人多次扰乱国家机关工作秩序，需要首先对行为人科处行政处罚，这是考虑到行刑衔接的过程中，程序性要素之前扰乱行为的违法性尚未达到需要科处刑罚的程度，但是由于构成行政法上的违法行为，只能给予相应的行政处罚。而程序性要素之后的行为增加了扰乱国家机关工作秩序的现实可能性，具有科处刑罚的必要性。简单来说，行为人的后续行为增加行为的违法性至可罚的程度而成为刑法的核心评价对象。程序性要素在该罪中相对于核心评价对象处于靠前的位置就是事前的程序性要素。与之相对的事后的程序性要素就是处于刑法核心评价对象之后的程序性要素。例如，拒不支付劳动报酬罪中行为人逃避支付数额较大的劳动报酬的行为，就已经侵害了该罪的法益——劳动者的财产权,[①] 而立法者在逃避支付行为之后设置“经政府有关部门责令支付”的程序性要素，主要是为平衡民事法律关系与刑事法律关系的调整范围，毕竟拒不支付劳动报酬罪从设置以来就一直饱受学界的批评与质疑。[②] 换句话说，程序性要素及行为人后续行为的设置不是基于违法性的考量，而是服务于刑事政策的目的。在这一类犯罪中，行为人逃避支付数

① 关于拒不支付劳动报酬罪的保护法益，学界存在争论。本书在此处尚不准备过深地探究，只想澄清不管是财产法益，还是财产法益与其他法益相结合的复合法益，程序性要素之前的逃避支付行为均足以侵害本罪的保护法益。参见黄继坤：《论拒不支付劳动报酬罪的几个重要问题——对〈刑法修正案（八）〉的解读》，载《当代法学》2012 年第 3 期；王海军：《拒不支付劳动报酬罪的规范性解读——基于“双重法益”的新立场》，载《法学评论》2013 年第 5 期。

② 参见姚万勤：《拒不支付劳动报酬罪立法之反思》，载《长白学刊》2017 年第 3 期；王骏：《拒不支付劳动报酬罪立法正当性之再审视》，载《法治研究》2017 年第 5 期。

额较大的劳动报酬类的先前行为属于刑法的核心评价对象，程序性要素处于核心评价对象靠后的位置，因而是事后的程序性要素。需要强调的是，事前与事后的区分是相对于刑法核心评价对象而言的，程序性要素在整个犯罪行为构造中处于事中的位置。

该分类借鉴了事前故意与事后故意的区分标准，即故意与导致犯罪结果发生的行为之间的先后关系。事前故意也被称为韦伯的概括故意，是指行为人误认为犯意支配下的先前行为导致了结果，实际上是其他目的支配下的后续行为导致了结果。[①] 事后故意则是在其他目的的支配下的行为导致结果以后行为人才产生了犯罪故意。从行为构造上来看，事前故意与事后故意均涉及两个阶段的行为即先前行为和后续行为以及一个故意，并且根据故意与行为的关系可以区分为“先前行为” + “故意” - “后续行为”和“先前行为” - “故意” + “后续行为”的构造。程序性要素也可以根据其与前后行为的关联程度区分为“先前行为” - “程序性要素” + “后续行为”和“先前行为” + “程序性要素” - “后续行为”的构造。在此基础上，事前故意与事后故意都是在解决前后行为及其与故意的关系。事前故意主要解决后续行为导致的结果能否归属于先前的故意行为，事后故意则主要解决先前行为导致的结果能否归属于后续的故意行为。程序性要素在根据行为构造进行区分后，也主要解决前后行为及其与程序性要素的关系。因为事前的程序性要素和事后的程序性要素与刑法核心评价对象之间的距离不同，它决定着程序性要素能否纳入刑法核心评价范围，决定着程序性要素的体系定位（程序性要素的体系定位在第三章重点展开，此处不再赘述）。

实际上，该分类可以在《刑法》分则规定的包含程序性要素的犯罪的规范表述中发现痕迹，尤其这些规范表述对于情节要素与结果要素的安排存在明显的区别。根据笔者的梳理，事前的程序性要素主要分布在消防责任事故罪，逃税罪，拒不履行信息网络安全管理义务罪，扰乱国家机关工作秩序罪，非法集会、游行、示威罪中，这些罪名的规范表述拥有一个共同点，即程序性要素存在于结果要素或者情节要素等罪量要素之前，如消防责任事故罪中

① 参见张明楷：《刑法学》（第 5 版），法律出版社 2016 年版，第 275 页。

“经消防监督机构通知采取改正措施”的程序性要素就存在于“造成严重后果”的罪量要素之前。而事后的程序性要素主要分布在（恶意透支型）信用卡诈骗罪、侵占罪、拒不支付劳动报酬罪、巨额财产来源不明罪中，此类罪名规范表述的共同点则是，程序性要素存在于罪量要素之后，如拒不支付劳动报酬罪中“数额较大”的罪量要素就存在于“经政府有关部门责令支付”的程序性要素之前。之所以以罪量要素作为判断程序性要素类型的形式标准，是因为罪量要素是契合我国立法“定性＋定量定罪”模式的立法技巧，当行为具备罪量要素时，行为的违法性方才达到值得科处刑罚的程度。① 在包含程序性要素的罪名中，如果在程序性要素之前规定罪量要素，说明先前行为＋罪量要素的违法性已经达到可以发动刑罚的程度；如果在程序性要素之后规定罪量要素，说明（先前行为＋程序性要素＋）“后续行为＋罪量要素”的违法性才达到值得科处刑罚的程度。而犯罪的支柱虽然是不法与有责，但是有责是不法的有责，不法是犯罪的“发动机”，有责是犯罪的“刹车”，整个犯罪的核心评价对象仍然在于不法。所以可以以罪量要素在规范中的位置判断刑法核心评价对象的位置，继而决定程序性要素的事前事后类型。

当然，并不是所有的包含程序性要素罪名的规范表述中均存在醒目的罪量要素，对于这些罪名需要通过刑法解释方法或者结合相关解释性规范文件的规定确定罪量要素的规范位置和刑法的核心评价对象。以恶意透支型信用卡诈骗罪为例，《刑法》第 196 条第 1 款规定，成立信用卡诈骗罪须具备“数额较大”的罪量要素，但是第 2 款恶意透支的解释性规定并没有明确“数额较大”的规范位置。此时需要我们明确“数额较大”在恶意透支中的位置。首先，从事实上来说，银行的金钱损失源自行为人的基于非法占有目的的透支行为，“数额较大”是对被透支金钱的量的要求，因而应当紧密规定于透支行为之后。其次，从体系协调上来说，信用卡诈骗罪其他情形中的“数额较大”均规定于行为人的诈骗行为之后，恶意透支型诈骗情形中的罪量要素也应当规定于行为人欺诈行为之后。最后，程序性要素之后的“仍不

---

① 参见陈兴良：《作为犯罪构成要件的罪量要素——立足于中国刑法的探讨》，载《环球法律评论》2003 年第 3 期。

归还”行为不具有增加银行损失的可能，它只是没有修复恶意透支行为的法益侵害结果，亦即“仍不归还”的行为没有为违法性提供根据。所以恶意透支型信用卡诈骗罪中的罪量要素应当存在于行为人恶意透支行为之后，“经发卡银行催收”之前的先前行为及其罪量要素是刑法的核心评价对象，因此，“经发卡银行催收”就是事后的程序性要素。

二、显性的程序性要素与隐性的程序性要素

根据程序性要素是否由刑法规范明文规定，可以将程序性要素分为显性的程序性要素与隐性的程序性要素。该分类最先由卢勤忠教授提出，卢勤忠教授认为，由刑法明文规定的程序性要素是显性的程序性要素，而没有刑法明文规定的程序性要素是隐性的程序性要素。① 那么何为“刑法明文规定”？首先，此处的“刑法”是广义的刑法还是狭义的刑法？广义刑法泛指任何规定犯罪与刑罚的法律，包括刑法典、单行刑法和附属刑法，狭义刑法仅指刑法典。从立法权限上来说，广义刑法均具有规定犯罪成立要件的权限，因而“刑法明文规定”应当包括广义刑法的所有规定。但是，一方面，“目前我国的所谓‘附属刑法’并非实质意义上的附属刑法”，因为它既没有罪状的规定，也没有法定刑的规定，甚至连所谓的指示、指引作用也值得怀疑。② 另一方面，目前我国生效的单行刑法仅有全国人大常委会《关于惩治骗购外汇、逃汇和非法买卖外汇犯罪的决定》，然而该单行刑法中并不存在程序性要素的相关规定。所以将此处的“刑法”理解为狭义的刑法即可。在此基础上，司法解释等规范性文件是否属于“刑法”范畴？笔者对此持否定回答，因为司法解释等是对“刑法”的解释性规定，其本质上不属于法律。其次，“明文”规定是什么样的规定？尽管卢勤忠教授在分类时并未明确界定，但是通过梳理可以发现程序性要素通常表现为“经……责令”“经……处理”“经……处罚”等，即经过行为人以外主体的命令、要求、处罚等行为，所以“明文”规定也应当呈现以上表现形式。最后，“规定”是对显性程序性

① 参见卢勤忠：《程序性构成要件要素概念的提倡》，载《法律科学》2016 年第 6 期。

② 参见李晓明：《再论我国刑法的“三元立法模式”》，载《政法论丛》2020 年第 3 期。

要素的法定性的要求，即显性的程序性要素只能由法律明文“规定”，而不能通过“解释”等技巧确立。显性的程序性要素必须充分满足“刑法明文规定”的标准，其中任何一项不充足就是隐性的程序性要素。

根据上述区分标准，显性的程序性要素仅有《刑法》以“经……责令”“经……处理”“经……处罚”等形式规定的程序性要素一类。而隐性的程序性要素则可以分为三类：一是《刑法》以外的规范性文件主要是司法解释等规定的程序性要素。在我国，基于权力的特殊配置关系，司法解释具有一定的立法属性，[①] 所以司法解释也可能规定程序性要素。就笔者在本章第一节梳理的程序性要素来看，司法解释等规范性文件规定的程序性要素占据相当比重。二是《刑法》非“明文”规定的程序性要素，亦即《刑法》非以“经……责令”“经……处理”“经……处罚”等形式规定的程序性要素。这种非“明文”规定的程序性要素在我国《刑法》中具有一定隐蔽性，准确查找有一定的困难。但是根据目前的梳理情况可以确定，侵占罪的“拒不退还”“拒不交出”要件和非法集会、游行、示威罪的“拒不服从解散命令”要件中暗含着程序性要素的规定。在侵占罪中，“拒不退还”“拒不交出”是多余表述还是实质规定，学界一直存在争议。多余表述说认为，“拒不退还”“拒不交出”是对“非法占为己有”的同位表达，不具有实质意义；实质规定说则认为“拒不退还”“拒不交出”是“非法占为己有”之外的客观构成要件。但是考虑到非法占有目的主观证明的困难以及多余表述说与实务案例的偏差，实质规定说更具合理性。[②] 因为“非法占为己有”要件的实现仅需要行为人主观意愿的转变，多余表述说会使主观目的的证明成为困难，而且司法实践中也存在处分代为保管财物或者非法占有遗失物的情形，但是没有“拒不退还”或者“拒不交出”的案例，多余表述说会使处罚范围不当扩张。如此一来，“拒不退还”“拒不交出”就是侵占罪的独立要件，而实现该要件需要权利人主张财物的程序性行为存在，否则无法充足“拒不退还”“拒不交出”要件。“拒不服从解散命令”的构成要件地位则不存在疑问，该要件

① 参见聂友伦：《论司法解释的立法性质》，载《华东政法大学学报》2020 年第 3 期。

② 参见晋涛：《侵占罪：一个被误解已久的立法范例》，载《政治与法律》2020 年第 1 期。

的实现同样需要有权机关发布解散命令的程序性行为。三是通过解释技巧确定的程序性要素，即刑法没有“规定”，但是司法机关在适用法律的过程中出于限制处罚范围等考虑增设的程序性要素。该类程序性要素与非“明文”规定的程序性要素不同，虽然后者也需要借助一定的解释技巧和解释理由方能确立程序性要素，但是它本质上仍然属于立法规定的内容，而解释技巧确立的程序性要素不是立法规定的内容。例如，《恐怖活动犯罪意见》第 1 条第 4 项第 4 点通过解释增加了部分宣扬恐怖主义、极端主义、煽动实施恐怖活动行为的程序性要素。

当然，这三种隐性程序性要素的区并非泾渭分明，而是存在交叉关系。首先，司法解释虽然具有立法性质，但是它本质上仍然属于司法机关行使解释权的产物。除了对《刑法》规定的程序性要素的再解释，司法解释确立的程序性要素也可以归入第三类，所以第一类与第三类存在交集。其次，第二类和第三类都是通过解释技巧确定的程序性要素，只是因为解释理由的特殊对前者进行了单独界定。最后，司法解释也可能对《刑法》间接规定的程序性要素进行释明，因而第一类也可能与第二类发生交集。在这三者的交集中可以发现，隐性的程序性要素均是通过解释技巧确定的程序性要素，因而其法定性还有待接受理论与实务的检验。

三、必要的程序性要素与选择的程序性要素

根据程序性要素是不是成立犯罪所必须具备的要素，可以将程序性要素分为必要的程序性要素与选择的程序性要素。所谓必要的程序性要素，就是成立犯罪所必须具备的程序性要素；所谓选择的程序性要素，则是指不是成立犯罪所必须具备，但是在某些情形下需要具备的程序性要素。选择的程序性要素不是可有可无的要素，而是根据选择的犯罪构成要件所必须确定的要素。换句话说，“选择”是相对于“必要”——所有犯罪情形都必须具备而言的，但是在选择的犯罪构成要件内部，“选择”的要素又是必要的。例如，《刑法》第 139 条规定，“违反消防管理法规，经消防监督机构通知采取改正措施而拒绝执行，造成严重后果的”。因为任何情形下成立消防责任事故罪都必须具备“经消防监督机构通知采取改正措施”，所以该要素就是必要的

程序性要素。而《操纵证券期货解释》第 3 条规定，操纵证券、期货市场，违法所得数额在五十万元以上，且行为人明知操纵证券、期货市场的行为被有关部门调查，仍继续实施的，属于《刑法》第 182 条第 1 款规定的“情节严重”。该规定仅是该解释第 3 条所规定的操纵证券、期货市场罪“情节严重”的一种情形。也就是说，“被有关部门调查”仅是成立此种情形的操纵证券、期货市场罪的程序性要素，成立其他情形的操纵证券、期货市场罪则不需要该要素。所以“被有关部门调查”就是选择的程序性要素。但是在认定前述情形的操纵证券、期货市场罪时，“被有关部门调查”又是必不可少的，即如果没有“被有关部门调查”，行为人的行为无论如何都不会构成前述情形的操纵证券、期货市场罪。值得强调的是，该分类尽管与必要的构成要件要素和选择的构成要件要素①的区分存在相似之处，甚至部分程序性要素就是上述区分的具体化，但是在对程序性要素作出构成要件要素的定位之前，两者之间依旧存在区别，毕竟还存在规范性文件将程序性要素作为量刑轻重或者证明主观要素等的依据，如《邪教犯罪解释》第 8 条规定的包含程序性要素行为的法律后果是“从重处罚”。

根据上述区分标准，结合本章第一节程序性要素的梳理情况，必要的程序性要素仅包括必要的构成要件要素一类，此类要素因为对定罪产生影响，因而暂且称为构成要件要素。构成要件要素对犯罪的认定来说通常是必要的，但是构成要件要素之外的主观要素证明依据或者量刑依据往往不是唯一的，也就是说，程序性要素对于证明主观要素或者量刑是非必要的。选择的程序性要素大致可以分为三类：一是选择的构成要件要素，这类程序性要素在其内部可进一步分为两类，即选择的行为要素与选择的罪量要素，前者如《刑法》第 196 条第 2 款的规定和《立案追诉标准（一）》第 7 条的规定，后者如《操纵证券期货解释》第 3 条的规定。从严格意义上来说，将程序性要素认定为行为要素或者罪量要素——构成要件要素是不严谨的，但是因为《刑法》第 196 条第 2 款和《操纵证券期货解释》第 3 条是从整体上服务于具体犯罪的行为要素与罪量要素的认定的，所以暂且将其纳入行为要素与罪量要

① 参见齐文远主编：《刑法学》（第 3 版），北京大学出版社 2016 年版，第 77～78 页。

素的范畴。二是作为主观要素证明依据的选择的程序性要素，如《非法集资解释》第7条规定，行为人使用诈骗方法非法集资，拒不交代资金去向，逃避返还资金的，可以认定为“以非法占有为目的”。但是除了前述规定，《非法集资解释》第7条还规定了六种具体的和一种兜底的可以认定为“以非法占有为目的”的情形。① 所以前述程序性要素就不是必要的，而是选择的。需要注意的是，此类要素因为发挥着证明材料的作用，所以更具证据法上的意义，而欠缺犯罪论体系上的价值。三是作为量刑依据（情节）的选择的程序性要素，如《文物犯罪解释》第3条、第4条规定，行为人在故意毁损国家保护的名胜古迹之后，拒绝执行行政机关作出的停止侵害文物的决定或者命令的，“酌情从重处罚”。但是因为故意损毁名胜古迹罪的从重处罚情节不限于前述规定，因而该程序性要素也是选择的。与选择的构成要件要素相同，选择的量刑情节也是就行政机关作出停止侵害决定或者命令后行为人仍然继续实施整体而言的，所以此处的程序性要素分类仅具有形式功能上的意义，具体定位还有待进一步研究。

整体来看，《刑法》所规定的程序性要素基本上都是必要的程序性要素，只有第196条第2款规定的“经发卡银行催收”和第201条第4款规定的“经税务机关依法下达追缴通知”是选择的程序性要素。相反，司法解释、指导意见、立案标准等规范性文件中规定的程序性要素，除了对《刑法》规定的程序性要素的释明，如《枪支弹药爆炸物解释》第8条对私藏枪支弹药罪“私藏”的解释性规定，基本上都是选择的程序性要素。该分类与规范性文件形式关联的意义在于，当根据《刑法》对行为人进行包含程序性要素犯罪的定性时，如果不存在程序性要素，就可以肯定行为人的行为不构成犯罪或者无须追诉；而根据其他规范性文件追究行为人的责任（定罪、量刑）时，即便不存在程序性要素，也要考虑是否存在其他情形可以追究行为人的

① 《非法集资解释》第4条第2款规定，“使用诈骗方法非法集资，具有下列情形之一的，可以认定为‘以非法占有为目的’：（一）集资后不用于生产经营活动或者用于生产经营活动与筹集资金规模明显不成比例，致使集资款不能返还的；（二）肆意挥霍集资款，致使集资款不能返还的；（三）携带集资款逃匿的；（四）将集资款用于违法犯罪活动的；（五）抽逃、转移资金、隐匿财产，逃避返还资金的；（六）隐匿、销毁账目，或者搞假破产、假倒闭，逃避返还资金的；（七）拒不交代资金去向，逃避返还资金的；（八）其他可以认定非法占有目的的情形”。

责任。当然这种关联仅具有形式参考意义，最终考虑哪些因素还需要对程序性要素进行必要与选择的实质判断。

四、积极的程序性要素与消极的程序性要素

根据程序性要素对犯罪成立或者刑罚发动影响方向的不同，可以将程序性要素分为积极的程序性要素与消极的程序性要素。所谓积极的程序性要素，是指促成犯罪成立或者刑罚发动的程序性要素。例如，《刑法》第 139 条规定的“经消防监督机构通知采取改正措施”，充足该要素及相关要件的法律后果是行为构成犯罪，因为是从“成立”犯罪的角度来说的，所以该要素就是积极的程序性要素。相反，消极的程序性要素是指阻却犯罪成立或者刑罚发动的程序性要素。又如，《刑法》第 201 条第 4 款规定的“经税务机关依法下达追缴通知”，充足该要素及相关要件的法律后果是“不予追究刑事责任”，因为是从阻却刑罚发动的角度来说的，所以该要素就是消极的程序性要素。该分类借鉴了积极的构成要件要素与消极的构成要件要素的区分，[①]只是由于程序性要素并不一定都是构成要件要素，两者之间依旧存在区别。

就已经梳理出的 29 个程序性要素来看，积极的程序性要素占据绝对比重，有 28 个，消极的程序性要素相对较少，仅 1 个。这种规范设置上的差异可能与国家的政策选择存在某种关联，如在犯罪成立要件要素中增加程序性要素的要求可以平衡法益保护与人权保障的关系，所以可以较多地使用，而在责任阻却事由中增加程序性要素可能阻碍出罪机制的正常运作，所以只能较少地使用。但是数量上的差异并不影响两者在犯罪论体系中的意义，它们是一样重要的。因为不管是积极的程序性要素还是消极的程序性要素都直接关涉行为人的基本权益。当然，这并不妨碍我们对积极的程序性要素展开进一步研究。积极的程序性要素在其内部还可以分为三类：一是积极的构成要件要素，如《刑法》第 139 条规定，从正面影响着犯罪的成立，因而是构成要件要素；二是作为主观要素证明依据的积极的程序性要素，如《网络淫秽信息解释（二）》第 8 条“行为人接到举报后不履行法定管理职责的，应当

---

① 参见张明楷：《犯罪构成体系与构成要件要素》，北京大学出版社 2010 年版，第 128 页。

认定行为人'明知'"的规定，从正面证明主观犯意的存在，因而是主观要素证明依据；三是作为量刑依据（情节）的积极的程序性要素，如《邪教犯罪解释》第 8 条关于邪教组织从重处罚的规定，从正面影响刑罚的裁量，因而是量刑依据（情节）。细心的读者已经发现，积极的程序性要素的内部分类与选择的程序性要素的内部分类存在重合之处。但是这种重合并不矛盾，因为两者之间本来就属于交叉关系而非对立关系，而且两者在数量上均占据相当比重、在类型上都保持绝对多样，所以重合在所难免。

消极的程序性要素仅有《刑法》第 201 条第 4 款即逃税罪的初犯免责条款规定的"经税务机关依法下达追缴通知"一个。有学者对初犯免责条款的意义进行了较为细致的交代，如发挥刑法的激励机能、提升刑法的经济效益和体现刑法的谦抑精神。[①] 尽管不可全盘否认，但是相较于积极的程序性要素，该款的前述意义略显薄弱。因为，如果将消极的程序性要素调整为积极的程序性要素，前述程序性要素的功能价值将会得到更大提升。换句话说，初犯免责条款中的消极的程序性要素可以调整为积极的程序性要素，即"纳税人……逃避缴纳税款数额较大并且占应纳税额百分之十以上，经税务机关下达追缴通知仍不缴纳的，处……"，调整后的效果是对所有的逃税罪增加程序性要素的过滤，如果行为人积极履行了程序性要素的指令行为，程序性要素前的行为就不构成犯罪。但是初犯免责条款的法律效果仅是"不予追究刑事责任"，并没有在实体上否认行为人逃税行为的犯罪性。[②] 所以对于发挥刑法的激励机能等来说，消极的程序性要素是不够的。这或许是因为在我国当下，逃税行为依旧具有严重的社会危害性，需要通过刑法"犯罪性"的否定评价来明确国家的基本态度。但是当行为人通过积极的行为恢复被侵犯的法益时，如果不给予行为人法律上的激励，并不符合鼓励犯罪人回归法秩序的政策要求。因而，折中后的选择就是不追究行为人的刑事责任。

但是，如果将法益可恢复性犯罪理论贯彻到底，消极的程序性要素就与犯罪的基本理论存在冲突。如前所述，程序性要素主要存在于法益可恢复性

---

① 参见熊亚文：《逃税罪初犯免责：价值、困境与出路》，载《税务与经济》2019 年第 2 期。

② "这里的'不予追究刑事责任'，并不是指行为本身不构成犯罪，而是指行为构成犯罪，但不具备处罚条件。"参见张明楷：《逃税罪的处罚阻却事由》，载《法律适用》2011 年第 8 期。

犯罪中，行为人可以通过自己的积极作为修复被侵害的法益。如果行为人修复了法益，那么行为将难以充足犯罪的实体要件，即不法与责任。因为不法的本质是法益侵害，而法益被修复后，不法的基础即不复存在；而且责任是不法的责任，不法阙如的责任也难以为继。① 所以，如果肯定逃税罪的保护法益是可恢复性法益，那么当行为人修复被其所侵害的法益时，国家不仅应当不予追究其刑事责任，还应当作出其不构成犯罪的正面评价。而逃税罪的保护法益，根据庄绪龙副教授的界定，就是可恢复性法益，初犯免责条款在除罪免罚的道路上只走了一半，未能否定行为人先前行为的犯罪性。主张结果无价值论的学者可能比较容易接受笔者的观点，但是主张行为无价值论的学者可能要为预防未来的犯罪作出精心计划，所以其更倾向于接受对初犯免责或者轻罚。然而，让行为人为别人的行为承担责任，无论如何都不符合现代责任主义的要求。

五、惩罚型程序性要素、命令型程序性要素与催告型程序性要素

根据程序性要素对相对人施加作用的不同，可以将程序性要素分为惩罚型程序性要素、命令型程序性要素与催告型程序性要素。其中，惩罚型程序性要素与命令型程序性要素往往由国家公权力机关作出，并以国家机器作为执行后盾。前者如《刑法》第 290 条第 3 款规定的“经行政处罚”，其核心内容是行政机关作出的行政处罚，如果行为人不接受处罚，将由相关部门强制执行。后者如《刑法》第 296 条规定的“解散命令”，其核心内容是行政机关作出的行政命令，如果行为人不接受命令，可能会承担相应的惩罚后果。催告型程序性要素主要发生在平等主体之间，由权利主体通过行使请求权的方式实现。例如，《刑法》第 196 条第 2 款规定的“经发卡银行催收”，由于银行与债务人之间主要是债权债务关系，在行为人确定构成信用卡诈骗犯罪之前，银行的催收行为仅属于债权人行使返还请求权的一种表现形式，并不具有（行政）强制力。又如，侵占罪中，权利人请求占有人返还财物的程序

① 参见庄绪龙：《“法益可恢复性犯罪”概念之提倡》，载《中外法学》2017 年第 4 期。

性要素，因为不存在公私的权力对抗关系，权利人的请求返还行为就是不具有（行政）强制力的催告行为。

有学者认为，程序性要素的此种分类是依据启动主体的不同作出的，认为由国家机关启动的程序性要素是责令型程序性要素，而由自然人或者单位启动的程序性要素就是催告型程序性要素。[①] 但是此类程序性要素区分的关键不在于主体身份的差异，而在于其背后征表的权力（利）及其对相对人可能的影响。首先，如果主体身份的差异是关键，那么完全可以且应当在程序性要素的区分中突出主体身份，如国家机关启动的程序性要素与非国家机关启动的程序性要素。但是论者仍然以内容——“责令”“催告”作为前缀，说明主体身份并不是分类的关键。其次，论者对程序性要素根据身份的差异作出的分类，关键还是要判断程序性要素对相对人是否具有强制力。那么为何不直接根据程序性要素对行为人强制力的强弱程度进行内容上的区分？众所周知，在行政法领域，行政处罚是其他具体行政行为的保障程序，强制力最强，行政命令的强制力要弱于行政处罚，民事催告欠缺（行政）强制力。因而，完全可以根据强制力的强弱程度将程序性要素分为惩罚型、命令型和催告型三类。最后，程序性要素的分类应当服务于未来的论述，而非为了分类而分类。笔者认为，根据强制力及其对行为人影响的不同，对程序性要素的生效要件应当作出区别要求。所以，即便同是国家机关作出的具体行政行为，但是考虑到处罚与命令的强制力的差异，也应当对它们有所区分。事实上，行政法已经就行政处罚与行政命令的程序要件作出了区别规定，作为犯罪成立或者刑罚发动的程序性要素，刑法也应当在生效要件的要求上体现出两者的差异性。

当然，就刑法规范中已经明确的程序性要素来说，并不是所有的程序性要素都具有明显的“惩罚”、“命令”或者“催告”标志，对于不具有明显标志的程序性要素的类型，需要我们结合其他学科的知识进行判断。存在疑难的是《刑法》第139条和第201条第4款的“行政通知”，《刑法》第276条

---

① 参见陈恺：《刑法中的程序性要素研究》，中南财经政法大学2020年硕士学位论文，第14～15页。

之一、第286条之一、第395条和《军事通信解释》第6条第4款的“行政责令”。首先，行政通知的法律性质具有多样性，需要根据以下要素进行阶层式判断：（1）通知是抽象行政行为还是具体行政行为；（2）通知机关是否具有就通知内容的答复义务；（3）通知是不是其他行政行为的中间性程序；（4）通知是不是行政决定的构成要件。[①] 第一，刑法中的行政通知是针对具体行为人的违法行为作出的，所以是具体行政行为；第二，当行政机关作出要求行为人采取改正措施或者缴纳税款的通知时，有义务对其中的事项予以释明，因为通知的内容直接关涉行为人的具体权益；第三，通知采取改正措施或者缴纳税款的核心内容在于要求相对人履行一定的义务，即行政机关对相对人作出的命令或者决定。所以通知是表现形式，命令或者决定是实质内容，通知是命令或者决定的构成要件。其次，责令改正的性质存在行政处罚说、行政强制措施说、行政命令说、行政指导说的争议。但是因为责令改正的内容具有多样性，对其进行单一界定总是难免有所疏漏，所以应当根据责令改正的适用类型进行区别定性。根据夏雨副教授的论述，责令改正如果在行政处罚前作出，根据后续是否还会处罚，可以是行政指导或者行政命令；如果在行政处罚时作出，则是行政处罚的附属效果。[②] 刑法中的责令改正是对行为人修正违法行为的要求，不与行政处罚一并作出，但后续可能引起行政处罚乃至刑事处罚，所以性质上可以归属为行政命令。总的来说，刑法中的程序性要素均可以在内容上进行上述类型的划分。

---

① 参见邓志东、黄威：《通知的可诉性认定》，载《人民司法》2012年第12期。

② 参见夏雨：《责令改正之行为性质研究》，载《行政法学研究》2013年第3期。

第二章
程序性要素的理论根基与功能风险

产生于特定社会背景的程序性要素如果仅以服务于立法需求作为立论根基，就会显得十分单薄。它们应当回应当前社会普遍关切的重大问题和刑法中的基本理论问题。结合程序性要素滥觞的社会背景，其实至少可以从以下几个方面探求它的理论根基。第一，风险刑法的限缩。随着风险社会的到来，越来越多的学者主张建立一部风险刑法以发挥其社会治理机能。但是刑法的风险化或者提前介入化与刑法的基本价值存在冲突，而程序性要素可以在一定程度上限缩风险刑法的介入程度和范围。第二，网络犯罪的控制。与网络犯罪相关的科技风险或者信息风险实际上属于风险社会风险的一部分，但是近年来网络犯罪的治理成为理论界和实务界竞相关注的重点，已经呈现过度干预的趋势，程序性要素则可以有效控制网络犯罪的延伸。第三，法定犯时代的回应。储槐植教授振聋发聩地宣告法定犯时代已经到来，[①] 但是法定犯具有违法性认识复杂、法益性欠缺、罪刑设置不均衡等特征，需要对法定犯的适用采取克制态度，而程序性要素的存在契合了法定犯时代的需求。第四，义务犯扩张的限制。风险社会导致整个社会的容错率降低，为了避免可能导致大范围无法控制的危险，社会对个人科以过多的负担（义务），程序性要素可以缓和沉重义务导致的义务犯的扩张趋势。然而，程序性要素尽管在多个方面坚守着刑法的自由主义价值，但是也存在偏离功能价值的倾向，即具有违反罪刑法定原则的嫌疑，滥用刑法谦抑主义的表征和落空法益保护目的的可能。当然，这种功能价值的偏离存在司法（理论）和立法上的原因，包括程序性要素的体系定位不清晰、效力认定不规范、司法适用不统一以及规范设置不科学。

---

① 参见储槐植：《要正视法定犯时代的到来》，李运平整理，载《检察日报》2007 年 6 月 1 日，第 3 版。

第一节　程序性要素的理论根基

“理论根基”这一概念，通常指的是某种理论、学说或者实践背后的基石性原理、基础理论或核心思想。它是支撑一个学科、理论体系或实践活动的最基本、最核心的部分，为后续的理论发展和实际应用提供了稳固的基础和方向指引。不同的领域有着不同的理论根基，如马克思主义的理论根基包括唯物史观、阶级斗争理论等，而程序性要素的理论根基大致与风险刑法、网络犯罪、法定犯、义务犯等存在关联。有学者可能会质疑程序性要素的理论根基究竟为何，[①] 但是，一方面，目前学界对该问题尚无定论，与风险刑法、网络犯罪、法定犯、义务犯的关联是笔者对程序性要素理论根基的初步探索，确实存在讨论的空间；另一方面，从程序性要素的发展历程来看，程序性要素尤其是新近增设的程序性要素，如拒不履行信息网络安全管理义务罪“经监管部门责令采取改正措施”，确实与风险刑法、网络犯罪、法定犯、义务犯等存在关联并且因为程序性要素是在行为人的违法犯罪行为之后给予行为人一次回归法秩序的机会，所以整体上发挥着限制这些犯罪的作用。

一、风险刑法的限缩

乌尔里希·贝克在《风险社会》一书中指出，“现代性正从古典工业社会的轮廓中脱颖而出，正在形成一种崭新的形式——（工业的）‘风险社会’”。风险社会的风险“是与现代化的威胁力量以及现代化引致的怀疑的全球化相关的一些后果”[②]，与传统风险一道，共同构成现代社会的主要风险类型。相较于传统风险，现代社会风险具有以下特征：（1）多层次性，尽管风险社会理论提出者的笔墨都集中于新型风险，但是他们并没有否定传统风险

① 2021 年学校组织博士学位论文送外盲审时，外审专家曾提出风险刑法的限缩、网络犯罪的控制、法定犯时代的回应、义务犯扩张的限制等可能并不属于程序性要素的理论根基。

② ［德］乌尔里希·贝克：《风险社会》，何博闻译，译林出版社 2004 年版，第 2～19 页。

的存在，而是在传统风险的基础上建构起了传统风险与新型风险的层级。[①]（2）不确定性，现代社会风险中的技术风险和制度风险，在全球化的助推下随时可能发生，并且一旦发生就会突破地域的限制，造成难以估计的损害。（3）归因复杂性，现代社会风险中还存在系统性的风险，即由多种因素共同促成的风险，当危害结果发生时，往往难以有效溯及原因。[②] 层出不穷的风险使人们普遍缺乏安全感，安全成为公共讨论和政治政策的普遍关怀。当前社会学、政治学、经济学等学科均参与了现代社会风险的研究，并表达了对公共安全的关切。刑法学也不甘落后地回应了公众对刑法提前介入现代社会风险的诉求，建立了以安全为核心价值的风险刑法理论。

（一）风险刑法的安全诉求

为了回应社会公众的安全诉求，我国不断修改刑法中的具体内容，几乎每两年就出台一部刑法修正案，进入了所谓的刑事立法活性化时代。[③] 刑事立法活性化，根据陈家林教授的梳理，主要表现为犯罪化、处罚的早期化和处罚的重刑化。[④] 王永茜副教授则认为刑法的扩张是通过“法益保护的提前化”和“刑事处罚的前置化”实现的。[⑤] 这两种观点实际上是一致的，因为犯罪化实际上就是刑法干预早期化的过程，在其他社会治理手段尚未充分发挥作用的情况下，即要求刑事处罚的介入。处罚的早期化就是在尚未造成法益侵害结果但是具有侵害危险的情况下处罚危险行为，以实现法益的提前保护。但是，笔者认为，刑法对公众安全需求的回应还包括象征性立法。因为当公众的安全需求成为社会的优先追求时，立法者就会“通过罪名的设置来取得安抚民众不安心理的效果”。[⑥]

---

① 参见叶良芳：《风险社会理论引入刑事立法的反思性审视》，载《贵州省党校学报》2018 年第 6 期。

② 参见李琳：《“风险刑法”的反思与批判》，东南大学 2016 年博士学位论文，第 7 ~ 8 页。

③ 参见程红、吴荣富：《刑事立法活性化与刑法理念的转变》，载《云南大学学报（法学版）》2016 年第 4 期。

④ 参见陈家林：《外国刑法：基础理论与研究动向》，华中科技大学出版社 2013 年版，第 12 ~ 13 页。

⑤ 参见王永茜：《论现代刑法扩张的新手段——法益保护的提前化和刑事处罚的前置化》，载《法学杂志》2013 年第 6 期。

⑥ 参见程红：《象征性刑法及其规避》，载《法商研究》2017 年第 6 期。

1. 犯罪化。犯罪化的路径包括：（1）从无到有，将刑法中原本没有规定的行为纳入刑法规制的范围中，增设新的罪名；（2）从旧到新，将刑法中原本已经存在的犯罪，通过减少构成要件、降低入罪门槛等方式扩大犯罪成立范围，保留或修改原有罪名。[①] 从1997年《刑法》颁布实施以来，我国共计产生十二部刑法修正案，犯罪化趋势明显。根据统计，除《刑法修正案(二)》以外，其他十一部刑法修正案均增设了新的罪名，共77个。其中仅《修九》就新增设20个罪名。具体来说，为了应对频发的考试作弊现象新增设组织考试作弊罪；为了应对日益严重的暴恐形势新增设一系列恐怖主义罪名，如帮助恐怖活动罪，非法持有宣扬恐怖主义、极端主义物品罪等。这些新增罪名通过将以前未曾纳入刑法规制范围的行为纳入刑法调整范围以实现犯罪化。此外，《修九》还通过修改原有犯罪规范要素的方式实现犯罪化，如第8条第1款不仅增加了危险驾驶罪的行为类型，还在第2款规定“机动车所有人、管理人对前款第三项、第四项负有直接责任的，依照前款的规定处罚”，使危险驾驶罪的主体范围扩大。[②]

2. 处罚早期化。处罚的早期化主要表现为扩大对抽象危险犯的处罚范围，包括行为犯、累积犯、预备犯以及违反特定禁令的不作为犯。[③] 处罚早期化的现象在我国立法中频繁显现。《修九》通过实行化的方式加大对预备行为的处罚力度，主要表现在对恐怖活动犯罪的规定上，如准备实施恐怖活动罪的实行行为就带有明显的预备性质。此外，《修八》新增的危险驾驶罪关于醉酒驾驶的规定，实际上也使一部分预备行为实行化了。尤其是在最高人民法院、最高人民检察院、公安部联合印发《关于办理醉酒驾驶机动车刑事案件适用法律若干问题的意见》（已失效）的初期，所有血液酒精含量达到80毫克/100毫升以上的行为人在道路上驾驶机动车的，无论行为本身是否存在危险，都要被追究刑事责任。

3. 重罚化。重罚化即加重刑罚处罚力度，一种方式是提高原有刑罚的刑

---

① 参见姜敏：《刑法修正案犯罪化及限制》，中国法制出版社2015年版，第10~11页。

② 参见陈兴良：《〈刑法修正案（九）〉的解读与评论》，载《贵州民族大学学报（哲学社会科学版）》2016年第1期。

③ 参见姚贝、王拓：《法益保护前置化问题研究》，载《中国刑事法杂志》2012年第1期。

量，增设新的刑种或者保安措施；另一种方式是将共犯行为正犯化，使可以从轻、减轻乃至免除处罚的行为适用较重法定刑。重罚化的趋势在我国表现得不是十分明显，这可能与我国亟待建立轻罪制度存在关联。但是《修九》《修十一》中的一些规定还是暴露出重刑主义思想在我国刑法中的残留，如《修九》第1条规定的从业禁止制度，第44条规定的终身监禁制度和罚金刑，《修十一》第29条将职务侵占罪的法定最高刑由“十五年有期徒刑”升高为“无期徒刑”。

4. 象征性刑法。以不具有实际功效的立法回应民众的安全需求的象征性刑法，大多以“积极的一般预防”理念为立法导向，专注于公众抽象安全心理的满足。[①] 根据笔者的梳理，我国《刑法》中属于象征性立法的罪名包括内幕交易、泄露内幕信息罪，利用未公开信息交易罪，操纵证券、期货市场罪，背信运用受托财产罪，违法运用资金罪，虚假广告罪，逃避商检罪，组织残疾人、儿童乞讨罪，组织未成年人进行违反治安管理活动罪，非法向外国人出售、赠送珍贵文物罪，隐瞒境外存款罪，等等。

（二）程序性要素的自由愿景

与古典自由主义刑法的谦抑刑法观不同，风险刑法采纳的是功能主义刑法观或者积极主义刑法观，要求刑法尽可能广泛且提前地介入社会生活的治理。但是积极刑法观与刑法谦抑主义原则及其保障法地位存在冲突。对两者如何取舍，取决于对两者价值的判断。笔者认为，一方面，我国工业化发展尚未完成，社会的风险类型主要还是传统工业社会的风险，与西方可能导致大规模、不确定危害后果的技术风险和制度风险不同，因此，风险社会不适合作为解决我国问题的理论模型，风险刑法在我国也就不具备社会基础和理论支撑。[②] 另一方面，谦抑主义是刑事立法的基本原则，“现代刑法思想体系，由刑法谦抑的基本理念出发，而发展出具体的刑法准则”[③]，是古典自由主义者同封建刑法百年斗争的胜利果实，是限制刑法干预个人自由的制度保

---

① 参见程红：《象征性刑法及其规避》，载《法商研究》2017年第6期。

② 参见赵运锋：《风险社会与刑法解释观研究》，载《河南大学学报（社会科学版）》2019年第1期。

③ 苏俊雄：《刑法总论Ⅰ》（修订2版），台北，元照出版有限公司1998年版，第3页。

障。放弃谦抑主义的基本立场，就可能放弃自由与人权（保障）。选择积极主义的刑法观，就可能将人作为手段而非目的。所以谦抑主义原则以及刑法的保障法地位在现阶段仍应当为我国所坚守。

程序性要素的存在契合了坚守谦抑主义、限缩风险刑法的需求。

首先，程序性要素通过在基本犯中增加国家机关或者非国家机关的责令、命令、请求等行为延迟行为构成犯罪的时机，事实上限缩着处罚范围。例如，在拒不支付劳动报酬罪中，本来行为人不支付劳动报酬的行为已经可以充足侵占罪等财产犯罪的构成要件，但是《修八》本着妥善解决劳动纠纷、修复社会关系的初衷，增设了拒不支付劳动报酬罪，并要求行政机关先行履行“责令支付”的前置行为。也就是说，行为人不支付劳动报酬的行为，即使行政机关没有实施程序性行为，也可以构成侵占罪等。但是刑法规定拒不支付劳动报酬罪后，就将行政机关的程序性行为作为不支付劳动报酬行为构成犯罪的前提，如果行为人在行政机关作出“责令支付”命令后积极配合支付劳动报酬，行为人的行为就不构成犯罪，将一部分本可能构成犯罪的行为排除出犯罪圈。“限制处罚范围现已成为人们广泛接受的刑法谦抑主义的题中应有之义”①。

其次，程序性要素在优先发挥行政法、民法等调整手段的基础上，坚守了刑法的保障法地位。② 积极主义刑法观越来越强调刑法的前置法作用，将刑法作为调整社会矛盾的优先手段。但是程序性要素以明文规定的方式要求在犯罪构成中存在前置法失效的要件，保障了刑法介入的后置性。以恶意透支型信用卡诈骗罪为例，《信用卡犯罪解释》第6条规定，对于超额或者超期透支的行为，要经过发卡银行两次有效催缴后超过3个月仍不归还，才认定构成“恶意透支”。银行的催缴行为是权利人行使民法赋予的催告权利的行为，是通过民事手段进行自我救济的前置行为。在进行两次催缴后行为人仍不归还的，说明民事调整手段在处理该具体法律关系时已经不再具有成效。此时认定行为人的行为构成“恶意透支”，可以发挥刑法的

① 李梁：《拒不支付劳动报酬罪的行政附属性规定研究》，载《政法论坛》2017年第5期。

② 参见卢勤忠：《程序性构成要件要素概念的提倡》，载《法律科学》2016年第6期。

保障作用。

最后，程序性要素在章节上呈现分散型分布状态，掣肘着刑事立法的积极动向。一方面，现有程序性要素主要分布于《刑法》分则第二章、第三章、第四章、第五章、第六章、第八章、第九章的罪名。而刑事立法的积极变动主要体现在与公共安全、经济秩序和社会管理秩序相关的第二章、第三章以及第六章的罪名中。这种分布范围上的重合，使程序性要素恰好承担着限制立法积极主义的功能。另一方面，1997 年《刑法》最初版本共计有 412 个罪名，[①] 其中包含程序性要素的罪名有 8 个，而 12 个刑法修正案增加（修正）的罪名共计有 77 个，程序性要素增加或者删减的有 10 处。所以从比例上来看，程序性要素的修正频繁程度要远高于具体罪名的修改。换句话说，如果 1997 年《刑法》后的修正内容都是风险刑法，那么程序性要素在风险刑法中的比例是相当高的。刑法的抑制机制在积极动向中基本保持了平衡。

二、网络犯罪的控制

20 世纪 50 年代信息革命以后，世界就进入了信息网络时代。信息网络时代的特征是通过信息资源的共享使整个世界更加紧密地联结在一起，使各地的人们可以足不出户即掌握信息、知识、情报，分享科技发展的红利。但是，科学技术的发展也使人类社会承担着超出其可承受范围的风险。一方面，网络技术助推下的全球化使世界各国人民紧密联系在一起，在共同享受时代发展红利的同时共同承担着技术带来的风险。也就是说，传统社会的风险主要是区域性的风险，其危害范围是有限的、危害结果是可控的，但是网络科技风险会通过全球化传递到世界各地，造成难以估计、难以控制的危害后果。另一方面，网络技术的发展延展了人类认识自然、改造自然的能力，但也创造了人类难以对抗的风险，如核威胁、信息战等。有学者甚至断言，网络技术风险已经成为风险社会的头号风险来源。[②] 为了应对此类风险，刑法也积

① 高铭暄：《新中国刑法立法的变迁与完善》，载《人民检察》2019 年增刊第 1 期。

② 参见孙道萃：《网络刑法知识转型与立法回应》，载《现代法学》2017 年第 1 期。

极转变立法范式，即由回应性立法转向预防性立法，[①] 积极参与网络犯罪行为的预防和调控。

（一）网络犯罪的扩张化趋势

信息网络时代大致经历了1.0到3.0三个阶段，在网络1.0时代，“人机互动”为主要互动模式，网络犯罪主要表现为对计算机的侵害；在网络2.0时代，“人人互动”成为主流互动模式，网络犯罪表现为以计算机为犯罪工具对人的侵害；在网络3.0时代，“双层社会”模式被提出，网络犯罪演化为在网络空间的犯罪。[②] 根据2019年最高人民检察院工作报告，2018年起诉的电信网络诈骗犯罪涉43929人，同比上升29.3%；起诉的利用网络赌博、传播淫秽物品、泄露个人信息等犯罪涉15003人，同比上升41.3%。网络犯罪俨然成为影响当前社会安定的重要不稳定因素。面对网络犯罪日益增长的态势，刑事立法作出积极回应，并不断严密处置网络犯罪的法网。

1. 处罚范围扩张化。1997年《刑法》中规制计算机犯罪的专门罪名只有两个，非法侵入计算机信息系统罪和破坏计算机信息系统罪。《修七》增设了两个罪名，非法获取计算机信息系统数据、非法控制计算机信息系统罪和提供侵入、非法控制计算机信息系统程序、工具罪。《修九》增设了三个罪名，拒不履行信息网络安全管理义务罪，非法利用信息网络罪和帮助信息网络犯罪活动罪。具体来说，处罚范围的扩张是通过主体范围扩张和对象内容扩大实现的。[③] 一方面，《修九》设定了针对网络服务提供者的罚则，使传统的“国家——行为人”的二元网络犯罪治理模式转变为“国家——网络服务提供者——行为人”的三元治理模式，使网络服务者承担起监管网络违法犯罪的职责，并成为适格的刑事责任承担者，扩张了刑事责任主体的范围。另一方面，1997年《刑法》中的计算机犯罪主要规制以计算机为行为对象的

---

① 回应性立法是指待危害结果发生以后，才通过立法规制行为；预防性立法是指在危害结果发生以前，即通过立法规制危险行为以预防危害结果的发生。参见李文吉：《论人工智能时代的预防性刑法立法》，载《大连理工大学学报（社会科学版）》2020年第5期。

② 参见吴尚聪等：《我国网络犯罪发展及其立法、司法、理论应对的历史梳理》，载《政治与法律》2018年第1期。

③ 参见董璞玉：《我国网络犯罪刑事立法扩张之反思》，载赵秉志主编：《刑法论丛》第58卷，法律出版社2019年版。

犯罪，而《修七》《修九》扩张后的计算机犯罪（网络犯罪）不仅规制以计算机为行为对象的犯罪，还处置以计算机网络为工具和犯罪场域的犯罪，扩大了刑事处罚对象的范围。

2. 处罚时点提前化。风险社会下的刑法都会通过处罚时点的提前以实现对法益的提前保护，网络犯罪的治理也不例外。网络技术风险的不确定性和危害结果的不可控性，使刑法必须积极应对尚未导致严重危害结果的危险行为，以防患于未然。1997 年《刑法》规定的计算机犯罪以现实地造成侵入系统和破坏系统的危害后果为要件，而《修七》《修九》则对具有预备性质的行为单独设定罪名以纳入处罚范围，如提供侵入、非法控制计算机信息系统程序、工具的行为，本来是侵入和非法控制计算机信息系统的预备行为，但是《修七》对其单独规定了罪名，设定了罚则。这种现象就是预备行为实行化，即通过立法将本来只构成犯罪预备的行为作为实行犯处罚。预备行为实行化就是“在刑事立法领域贯彻‘法益保护前置’的理念，强化了法益保护前置的理念”[①]。

3. 共犯行为正犯化。形式的客观说认为，实施《刑法》分则所规定的构成要件行为的是正犯，实施构成要件行为以外行为的是共犯。[②] 正犯往往对整个犯罪事实具有支配作用，而共犯则处于帮助、从属地位，因而对共犯的惩处通常视情况比照正犯从轻、减轻或者免除处罚。但是如果本属于共犯的行为被《刑法》分则单独规定为独立罪名，那么此时就不再适用总则的关于修正的构成要件和从轻、减轻或者免除处罚的规定，而是直接根据分则的规定定罪量刑。网络犯罪领域也出现将共犯行为规定为正犯的现象，如《修九》规定的帮助信息网络犯罪活动罪，就是将本属于网络犯罪的帮助行为单独规定为犯罪，使帮助网络犯罪行为的认定摆脱了共犯基本理论尤其是共犯从属性的限制。共犯行为正犯化可以填补原有理论造成的处罚空缺，实现对

---

① 赵秉志、杜邈：《刑法修正案（九）：法益保护前置织密反恐法网》，载《检察日报》2015 年 9 月 28 日，第 3 版。

② 参见［日］西田典之：《日本刑法总论》，刘明祥、王昭武译，中国人民大学出版社 2007 年版，第 267 ~ 268 页。

法益的周延保护。[①]

（二）程序性要素的谦抑性选择

网络犯罪风险的存在要求刑事立法积极回应现实需求，扩张处罚范围。但是这种扩张带有明显的情绪性特征。第一，网络犯罪风险是未知的。网络犯罪立法扩张的社会根基是网络风险的存在，但是这种风险存在与否、危害范围有多大是不确定的。以不确定的理由损害刑法上百年确立的根基，未免有些过犹不及。[②] 第二，网络犯罪的法益批判功能被削弱。法益通过批判立法可以将立法限制在合理范围，但是这种法益是具体的、实体化的。[③] 而网络秩序、网络安全作为一种超个人的抽象法益，无法有效限制网络犯罪的范围。第三，网络犯罪立法欠缺实效性。一方面，在科技高速发展的过程中，国家对网络风险的认知尚不全面，通过立法规制网络犯罪主要是回应民众的情绪性需求；另一方面，网络犯罪罪名在司法实践中的适用率极低，立法主要起到的是宣示效果，表达国家对网络犯罪的姿态。[④]

程序性要素的存在可以一定程度上缓和不确定的网络犯罪立法的扩张趋势。

首先，程序性要素对风险刑法处罚范围的限缩、对刑法保障法地位的强调在网络犯罪中同样适用。一方面，网络服务提供者不履行网络安全管理义务的行为，只有经过监管部门责令采取改正措施并且行为人拒绝改正的，才构成犯罪。也就是说，监管部门的责令行为在程序性要素的要求上阻碍、限缩着犯罪的成立。另一方面，网络服务者不履行网络安全管理义务的行为，必须充分发挥行政法律等调整手段，只有在行政手段——监管部门的责令行为不奏效的情况下，才可以动用刑法调整，保障刑法介入的后置性。

其次，程序性要素的设置是宽严相济的刑事政策在网络犯罪中的体现。

---

① 参见王兵兵：《“共犯正犯化”立法质疑——以帮助信息网络犯罪活动罪的增设为视角》，载《苏州大学学报（法学版）》2017 年第 1 期。

② 参见徐剑锋：《互联网时代刑法参与观的基本思考》，载《法律科学》2017 年第 3 期。

③ 参见陈家林：《法益理论的问题与出路》，载《法学》2019 年第 11 期。

④ 参见刘艳红：《象征性立法对刑法功能的损害——二十年来中国刑事立法总评》，载《政治与法律》2017 年第 3 期。

根据《关于〈中华人民共和国刑法修正案（九）（草案）〉的说明》，拒不履行信息网络安全管理义务罪是国家针对实践中的新情况，根据宽严相济的刑事政策制定的。一方面，实践中网络服务提供者不履行监管义务的行为已经造成了严重的危害后果；另一方面，将监管网络空间个人违法行为的责任完全转嫁给网络服务提供者，与国家的主体地位相矛盾，因而仍应在监管中强调国家的作用，将追究网络服务提供者刑事责任的时间点往后推移。而且《〈中华人民共和国刑法修正案（九）（草案）〉（表决稿）》修改了该罪的程序性要素，由“责令采取改正措施而仍不改正”修改为“……拒不改正”，明确了程序性要素的构成定位与实践作用。

最后，经过刑法修正案的修正，网络犯罪罪名由1997年的3个增加至当前的10个，并且其中1个罪名设置了程序性要素。而现行刑法中共计有483个罪名，包含程序性要素的罪名有29个。就占比来说，网络犯罪中程序性要素的占比是10%，远超6%的平均占比，程序性要素在网络犯罪中的分布并不少。由此可以看出，国家在对网络犯罪采取积极扩张态度的同时，注意分配国家的监管职责与网络平台的监管责任，注意平衡网络发展与网络监管之间的关系，注意将网络平台的责任和对网络的监管限制在合理的范围内。

三、法定犯时代的回应

随着风险社会的到来、行政监管职能的弱化，各国越来越强调刑法介入社会治理的价值。由此造成的后果就是刑法结构发生调整，即从自然犯占主导地位的罪刑体系转变为法定犯占据绝对比重的罪刑体系，法定犯时代到来。[①] 自然犯是行为的反社会性、反道义性能为一般民众所认知的犯罪，法定犯是因为违反法规才产生反社会性的犯罪。[②] 换句话说，法定犯是政府职能衰弱的产物，是通过刑事制裁强化行政职能的结果，其违法性并不来源于对社会朴素正义观的违反，而是对政府行政命令的违反。

---

① 参见刘艳红：《法定犯与罪刑法定原则的坚守》，载《中国刑事法杂志》2018年第6期。

② 参见［日］前田雅英：《刑法总论讲义》（第6版），曾文科译，北京大学出版社2017年版，第6页。

（一）法定犯的特征

风险社会要求刑法在保持法益保护机能与人权保障机能适当均衡的前提下，尽可能使罪名的适用保持必要的张力。但是，我国语境中的法定犯具有违法性认识复杂、法益性欠缺、罪刑设置不科学等特征。相较于自然犯，法定犯具有突破罪刑法定原则的天然倾向。①

1. 违法性认识复杂。法定犯违法性认识的复杂性是相对的，自然犯由于存在一定的伦理道德基础，普通民众可以凭借朴素的正义观对行为的反社会性有一个较为直观的把握，而法定犯由于以纯粹的秩序违反作为立论根基，与伦理道德的关联较弱，进而使社会危害性和违法性认识的判断变得复杂。首先，自然犯的成立也要求具备违法性认识及其可能，只是由于自然犯的伦理道德基础使其违法性的判断与社会危害性的判断融为一体，只有在极其例外的情形下才需要对自然犯的违法性认识进行单独考察。② 其次，自然犯的社会危害性认识建立在民众的道德判断和价值判断的基础之上，仅凭普通人的生活常识即可轻易识别。而法定犯原本不是犯罪，只是国家出于政策的考虑才将其设置为犯罪，其社会危害性已经偏离了普通民众的一般认知，作为政策选择而被赋予的违法性，更难以为一般人的生活常识所辨识。③

2. 法益性欠缺。法定犯的“法益性的欠缺”的提法是由刘艳红教授提出的。为了避免现代犯罪缺乏法益观念的指导和制约，避免“法定犯没有侵犯法益”的提法难以为一般大众所接受，刘艳红教授遂对法定犯与法益的关联进行层级性的论述，即在第一层级认为法定犯与法益之间不存在关联，法定犯没有侵犯法益而只是单纯的行政不服从，在第二层级认为即便无法全盘否定法定犯与法益的关联，也必须看到现在法益论视角下的“法益”为了提升

---

① “法定犯的特征”部分内容已经发表于《华北电力大学学报（社会科学版）》。参见简筱昊：《论法定犯中扩张解释的限制适用》，载《华北电力大学学报（社会科学版）》2021 年第 1 期。

② 参见马荣春、陈志颖：《违法性认识：“赵春华涉枪案”出罪的切入》，载《河南财经政法大学学报》2018 年第 1 期。

③ 参见车浩：《法定犯时代的违法性认识错误》，载《清华法学》2015 年第 4 期。

其普适性而顺应法定犯的特性所作出的让步和折中。[①] 事实上，在英美法系国家，法定犯的概念已经与犯罪的实质化标准——伤害原则脱离联系；在德日等国家，法定犯的概念也与法益概念渐行渐远。[②] 法定犯及其“法益性的欠缺”，与法益论中饱受批评的法益概念精神化现象密切关联。抽象的、精神化的法益已经无法发挥其基于自由主义和个人主义的经验验证其边界的规制机能。

3. 罪刑设置不科学。一方面，刑法作为保障法，只有当其他法律无法充分发挥调节社会秩序之效能时，才可以以刑罚手段纠偏越轨行为。刑法是“只局限于特定的依据‘应受处罚性’范畴而选定的重点”[③]。而法定犯是行政违法行为发展到一定程度形成的。这些行为中的相当一部分并不具有需要科处刑罚的严重社会危害性，有些是单纯的合同违反行为，有些是有效执法即可处理的行政违反行为，还有些则是因为政策的变动而丧失社会危害性的行为。而且，这些行为的实施者可能根本未能预见到自己的行为与社会主流价值发生偏离，将其规定为犯罪行为与责任主义原则（主观恶性不足）和刑法的保障法地位相悖。[④] 另一方面，我国法定犯的刑罚整体偏重，既可能适用死刑，又以自由刑为主，并且刑期跨度较宽，低起管制，高至无期徒刑，且罚金刑适用率低。理论上，法定犯相较于自然犯与伦理道德的关联较弱，行为的反社会性较为隐蔽，行为人的道德可谴责性不强。而且，将行政违反行为规定为犯罪的目的是借助刑罚手段避免严重危害结果的发生，是基于功利主义的犯罪预防。

（二）程序性要素的限缩

法定犯因为具有违法性认识复杂，缺乏可还原为个体利益的具体法益的

---

① 参见刘艳红：《“法益性的欠缺”与法定犯的出罪——以行政要素的双重限缩解释为路径》，载《比较法研究》2019 年第 1 期。

② 参见陈金林：《法定犯与行政犯的源流、体系地位与行刑界分》，载《中国刑事法杂志》2018 年第 5 期。

③ ［德］汉斯·海因里希·耶塞克、托马斯·魏根特：《德国刑法教科书》（上），徐久生译，中国法制出版社 2017 年版，第 75 ~77 页。

④ 参见蔡青荣、苏雅民：《关于缩减刑法分则“法定犯”罪名的思考》，载《河北学刊》2008 年第 4 期。

指导以及我国语境下的罪刑设置不科学的特征，广泛适用法定犯虽然可以一定程度上强化政府的职能、保障政府政令的推行，但是不以法益为指导的犯罪已经脱离自由刑法的范畴有迈向安全刑法的嫌疑。法定犯时代的到来，是相对于已经形成的罪刑规范体系而言的，但是这种体系形成的时代背景和理论根基并非没有质疑的空间，所以无论是立法还是司法都应当对法定犯的设置和适用保持谨慎的态度。而程序性要素的规定是国家在立法层面限缩法定犯的技术设计。

首先，程序性要素在法定犯中占据相当比重，影响刑罚裁量的程序性要素主要分布于法定犯中。自然犯与法定犯的区分，笔者认为，无论如何都绕不开“法益”概念。因为已有区分标准都是从违法性的性质角度展开的，而“法益”是违法性问题的核心概念。所以自然犯就是侵犯个体法益和可直接还原为个体利益的集体法益的犯罪，法定犯就是侵犯无法直接还原为个体利益的集体法益的犯罪。[①] 根据第一章第一节的梳理，涉及程序性要素的罪名共 29 个，其中法定犯有 15 个，[②] 占据全部罪名的一半以上；包含程序性要素的量刑情节共 3 个，有 3 个分布在法定犯中，占比 100%。所以，从程序性要素的配比关系可以看出，国家较为重视在法定犯中设置程序性要素，以平衡法益保护与人权保障的关系。

其次，在法定犯中设置程序性要素有助于行为人认识到行为的违法性。综上所述，法定犯中行为人一般难以认识到自己行为的违法性，但是如果设置程序性要素，通过在行为人实施一定的违法行为后，由有权主体对行为人发出责令、命令、请求等的方式，行为人就可以认识到自己行为的违法性，从而消除对行为人定罪带来的与责任主义的冲突。例如，《军事通信解释》

---

① 参见简筱昊：《论法定犯中扩张解释的限制适用》，载《华北电力大学学报（社会科学版）》2021 年第 1 期。

② 参见高铭暄、马克昌主编：《刑法学》（第 8 版），北京大学出版社 2017 年版。法定犯包括逃税罪，拒不履行信息网络安全管理义务罪，扰乱国家机关工作秩序罪，非法集会、游行、示威罪，巨额财产来源不明罪，隐匿、故意销毁会计凭证、会计账簿、财务会计报告罪，扰乱无线电通讯管理秩序罪，寻衅滋事罪，组织、利用会道门、邪教组织、利用迷信破坏法律实施罪，拒不执行判决、裁定罪，故意损毁文物罪，故意损毁名胜古迹罪，污染环境罪，制作、复制、出版、贩卖、传播淫秽物品牟利罪和传染病防治失职罪，具体犯罪法益的判断参照高铭暄、马克昌教授的《刑法学》教科书。

第6条第4款规定的扰乱无线电通讯管理秩序的行为，如果在被国家机关“责令停止使用”前就被认定为犯罪，从一般人认识的角度来说，通常难以认识到自行设置、使用无线电台、站以及占用频率的行为会构成犯罪，但是在经过国家机关“责令停止使用”后仍然继续使用的，则可以认定行为人与法规范的对抗态度，继而追究行为人的刑事责任。

再次，在法定犯中设置程序性要素可以缓和法益性欠缺导致的处罚范围的扩张。可还原为个体利益的具体法益对犯罪处罚范围的限缩是实体内容上的限缩，当抽象的、精神的法益无法从实体内容上限缩法定犯的处罚范围时，程序性要素可以在程序要件上限缩法定犯的范围。换句话说，即便抽象的、精神的法益无法为法定犯的处罚提供具体的指引，程序性要素的存在也会给予行为人自我挽救的机会，从而排除一部分行为构成犯罪的可能。以扰乱国家机关工作秩序罪为例，究竟多少次、什么样的行为才会扰乱国家机关的工作秩序，其实难以经验性地把握，所以国家机关工作秩序法益难以为处罚范围提供较为清晰的界限。但是“经行政处罚”程序性要素的存在则一方面可以排除积极接受处罚的行为构成犯罪的可能，另一方面要求国家机关追究行为人的刑事责任必须履行行政处罚的程序性行为，限制着扰乱国家机关工作秩序罪的处罚范围。

最后，程序性要素的存在可以限制不合理的罪刑的适用。与限制处罚范围相关联，当行为人积极配合有权主体作出的责令、命令、请求等行为时，行为人的行为就不构成犯罪，可以排除不合理的罪刑的适用。《修九》第30条删除了1997年《刑法》第288条规定的扰乱无线电通讯管理秩序罪的程序性要素，理由是“经责令停止使用”的要件在司法实践中难以把握和执行。[①] 但是这样一来就会使扰乱无线电管理秩序罪的处罚范围进一步丧失边界。好在《军事通信解释》第6条第4款对扰乱军事通讯秩序的行为仍然保留了程序性要素的要求，使不合理的罪刑的适用得到抑制。

① 参见王文娟：《浅谈扰乱无线电通讯管理秩序罪的立法缺陷与完善》，载《数字通信世界》2015年第11期。

四、义务犯扩张的限制

义务犯的概念最早出现在罗克辛教授1963年的资格论文《正犯与犯罪支配》中，它是为了在支配型正犯之外再建立一种独立的正犯类型。根据何庆仁教授的介绍，罗克辛教授理论体系中的正犯共有三种类型，即支配型正犯、义务犯型正犯和亲手犯型正犯。之所以需要在支配型正犯之外再建立两种正犯类型，是因为犯罪支配原则并不能决定所有的正犯类型，至少在身份犯和亲手犯的场合中犯罪支配原则就显得有些捉襟见肘。[①] 所以义务犯的概念从诞生以来就与正犯理论存在千丝万缕的纠葛。但是随着理论研究的深入，义务犯理论也开始向不作为犯领域延伸，并核心解决不作为犯的共犯参与问题。[②] 当然，作为与不作为区分的前提是作为义务的来源，义务犯理论在此引入了机能的规范视角，即行为人存在论的作为或者不作为并不重要，重要的是行为人所扮演的社会角色背后的义务。义务犯理论发展到雅科布斯教授时代，作为义务就是“建设一个共同的世界”的积极义务，而不是“不得伤害他人”类的消极义务。[③] 行为人被科以积极建设世界的义务。我国当下受社会转型以及风险社会理论的影响，《刑法》中规定了大量的义务犯，不少学者如陈兴良教授也认为需要在网络犯罪中进行义务犯的教义学重塑，[④] 对不同的社会角色赋予不同的参与社会治理的义务。

（一）义务犯理论的反思

义务犯理论的建构以及义务犯的扩张虽然可以为共同世界的建设提供理论与规范上的支撑，但是普通民众被科以繁重的社会义务，并不利于个人自由且全面的发展。集体的健全永远只能服务于个人的发展，个人的自我实现是社会发展的终极目标，个人利益不能沦为集体利益的工具。共产主义的理

---

① 参见何庆仁：《德国刑法学中的义务犯理论》，载陈兴良主编：《刑事法评论》第24卷，北京大学出版社2009年版。

② 参见周啸天：《义务犯理论的反思与批判》，载《法学家》2016年第1期。

③ 参见何庆仁：《德国刑法学中的义务犯理论》，载陈兴良主编：《刑事法评论》第24卷，北京大学出版社2009年版。

④ 参见陈兴良：《网络犯罪的刑法应对》，载《中国法律评论》2020年第1期。

想之光就是“一种个性自由的发展，没有阶级、没有国家，人类从压迫与束缚中解放出来，人与人之间是和谐关系”[1]。此外，义务犯理论不仅难以与我国的立法和司法相契合，还具有主观主义和重刑主义倾向。

1. 义务犯理论与我国的立法和司法存在冲突。一方面，肇始于德国的义务犯理论可以有效契合《德国刑法典》第 28 条关于真正身份犯和不真正身份犯的处罚规定，即无身份的共犯的处罚要轻于有身份的正犯，但是我国刑法采取的是分工分类法和作用分类法混合规定的形式，没有身份的共犯的处罚也可能重于有身份的正犯。而且我国《刑法》第 397 条滥用职权罪和玩忽职守罪的规定，与行为人的“特别的积极义务”产生竞合，继而要么导致义务混同，要么导致第 397 条被搁置。另一方面，义务犯理论无法合理解决实践中不同身份者之间的共犯问题，即便周光权教授发展出身份竞合论以寻求该问题的出路，但是身份竞合论已经背离了义务犯理论的本原。因为来自许乃曼教授的“保证人身份犯”的概念是从支配犯的角度考察正犯原理的，与罗克辛教授在支配型正犯外建立的义务犯理论相去甚远。[2]

2. 义务犯理论具有导致犯罪成立判断的主观主义倾向。义务犯理论强调“建设一个共同的世界”的积极义务，而这种积极义务的违反并不要求造成现实的法益侵害危险，只需要以自己的意志放弃义务的履行即可。[3] 换句话说，义务犯理论中的义务违反重要的不是客观的行为表现，重要的是义务者的意志表达。它的判断逻辑是因为行为人想要违反义务所以违反了义务，由主观意志决定客观要件的充足。例如，如果母亲臆想他人杀害自己的子女而为帮助行为，就违反了对子女的积极义务；相反，如果他人正在杀害自己的子女而母亲“开玩笑”的帮助，就没有违反对子女的积极义务。所以义务犯理论更加重视行为人的主观意志。

3. 义务犯理论具有导致重刑化的可能。如前所述，义务犯理论的初衷是在支配型正犯之外建立一种新的正犯类型。这导致的后果是，义务者为帮助

---

① 韩喜平、张霜：《共产主义的理想之光与现实之路》，载《延边大学学报（社会科学版）》2020 年第 4 期。

② 参见周啸天：《义务犯理论的反思与批判》，载《法学家》2016 年第 1 期。

③ 参见何庆仁：《义务犯研究》，中国人民大学出版社 2010 年版，第 38 页。

行为的场合也要被认定为正犯，从而无法适用《刑法》总则关于共犯的量刑优惠规定。[①] 例如，母亲将自己的子女置于危险境地后被第三人杀害的场合，尽管子女的死亡是由第三人造成（支配）的，母亲只是起到一定的帮助作用，但是由于母亲对子女负有排除风险的保障义务，母亲的行为也构成（义务犯型）正犯。根据我国《刑法》第 27 条第 2 款的规定，对于从犯应当从轻、减轻或者免除处罚。如果认定母亲的从犯地位则可以适用上述量刑规定，相反如果认定母亲构成故意杀人罪的义务型正犯，则直接适用《刑法》分则规定的法定刑，不再适用总则的量刑优惠规定。

（二）程序性要素的限制

义务犯理论的上述不足使其在我国的引入总是会引起各种排异反应，但是义务犯的扩张已经成为不争的事实。从《刑法修正案》第 1 条隐匿、故意销毁会计凭证、会计账簿、财务会计报告罪到《修九》第 28 条拒不履行信息网络安全管理义务罪，都是以行为人违反建设共同世界的积极义务为前提的。面对义务犯的扩张，程序性要素被赋予了限制义务犯处罚范围的职能。

首先，程序性要素在义务犯中占据相当比重。义务犯是指因为违反特定的作为义务而构成的犯罪，它与不作为犯有相似之处，但是由于不作为犯也可以因为犯罪支配而成为正犯，所以两者之间又不完全一致。[②] 仅就以违反特定义务为前提的纯正的不作为犯而言，包含程序性要素的罪名共计 29 个，而包含程序性要素的纯正不作为犯有 10 个，[③] 占据总数的 1/3 以上。除此之外，不作为犯也可能因为违反特定的义务而获得正犯性，继而成为作为的义务犯，如闯红灯撞死他人的情形（作为与不作为的竞合）。由于这类犯罪需

---

① 参见古瑞华：《不作为正犯和帮助犯的区分标准——兼论义务犯理论的时代意义》，载《江西社会科学》2019 年第 8 期。

② 参见许玉秀：《当代刑法思潮》，中国民主法制出版社 2005 年版，第 592 页。

③ 纯正不作为犯包括消防责任事故罪，逃税罪，侵占罪，拒不支付劳动报酬罪，拒不履行信息网络安全管理义务罪，巨额财产来源不明罪，隐匿、故意销毁会计凭证、会计账簿、财务会计报告罪，非法持有、私藏枪支、弹药罪，拒不执行判决、裁定罪和传染病防治失职罪。需要强调的是，部分犯罪究竟是作为犯还是不作为犯存在争议，如非法持有枪支罪，但是并不妨碍将违反枪支管理规定的持有枪支行为归入义务犯的行列。

要根据犯罪发生的具体情形进行判断，所以其中的程序性要素往往就成为统计的“黑数”。但是这并不妨碍对程序性要素在义务犯中占据比重的基本判断。而高占比的程序性要素，与在风险刑法、网络犯罪以及法定犯中的作用一样，可以在要件要求以及保障刑法介入后置层面更好地限缩着义务犯的处罚范围。

其次，程序性要素虽然无法使义务犯理论契合我国的立法与司法，但是可以在一定程度上缓和对犯罪成立判断的主观倾向。一方面，义务犯理论本来就是为了在支配型正犯之外寻找一种新的正犯类型，而由于德日正犯实质化的发展趋势，正犯的处罚一定是重于共犯的。但是我国采用的是分工分类法和作用分类法相结合的共犯分类方式，对犯罪具有支配或者义务效果的行为人也可能被判处较轻的刑罚。如果需要保持义务犯理论的本原，无论如何也无法实现两者的协调，除非像周光权教授一样对义务犯理论进行本土化改造，但是改造后的理论还是不是义务犯理论是值得怀疑的。① 另一方面，如果说在初次义务的违反中重视的是行为人的主观意志，那么在“行为” + “程序性要素” + “行为”构造的义务犯中，违反程序性要素要求的义务的行为重视的一定是行为人的客观行为表现。因为程序性要素本来就是通过有权主体的责令、命令、请求等行为要求行为人修复被侵犯的法益，只要行为人客观上修复了法益可恢复性犯罪侵犯的法益，就没有理由再追究行为人的刑事责任。所以程序性要素及其后续行为的客观判断可以缓和义务犯的主观主义倾向问题。

最后，程序性要素的存在可以缓和义务犯的重刑化问题。由于《刑法》分则对义务犯进行了单独规定，如何通过适用罪名的选择来实现量刑的平衡只能通过竞合论解决。程序性要素对义务犯重刑化的缓和体现在两个方面：一是通过程序性要素的设置屏蔽一部分违反义务的行为构成犯罪的可能，从而限制义务犯（刑罚）的适用；二是程序性要素作为一种责令、命令、请求，实际上对行为人科以了新的义务，如果行为人再次违反义务，则可以在主客观层面补齐不法与有责，继而实现罪刑的平衡。

---

① 参见周光权：《论身份犯的竞合》，载《政法论坛》2012 年第 5 期。

第二节　程序性要素的功能风险

尽管程序性要素在风险刑法、网络犯罪、法定犯以及义务犯中通过限制处罚范围、保障刑法的谦抑性等方式建立了坚实的理论基础，但是过往理论研究的匮乏使其在立法和司法层面呈现出一定的功能风险，即与刑法的目的、任务或者原则发生偏离。从宏观层面来说，程序性要素的功能风险主要表现为对其理论根基或者功能价值的过度发挥：第一，程序性要素具有重要的理论价值和实践意义，因而司法实践中广泛设置程序性要素有可能违反罪刑法定原则；第二，程序性要素具有坚守刑法谦抑主义的功能，但是这种功能的过度发挥也会造成谦抑主义滥用的后果；第三，程序性要素具有限制处罚范围的作用，但是过分限制处罚范围也可能不利于及时且有效地保护法益。

一、违反罪刑法定原则的嫌疑

众所周知，罪刑法定原则已经从仅有形式意义发展为同时具有形式意蕴和实质价值。形式层面的现实意义是法律主义、禁止事后法、禁止类推解释以及禁止绝对不定（期）刑；实质层面的现实意义则是法律的明确性和适正性。前者对应的是形式法治思想，它肇始于启蒙思想家们对罪刑擅断的封建刑法的反抗，即为了避免人们遭受不确定的刑罚惩罚，启蒙思想家们主张只能根据已经颁布的法律定罪量刑。让封建统治者让渡出自由处罚的权力已经具有划时代的意义，因而这一时期的奋斗目标主要在于实现罪刑“法”定而非“人”定。但是随着社会的发展，人们的民主主义和人权保障意识进一步觉醒，开始反思恶法是不是法律的问题，在得出否定结论之后开始对形式法治进行修正，主张法治应当是“良法之治”，实质法治由此形成，与之相对应的罪刑法定原则的实质层面也被要求。①

① 参见张明楷：《罪刑法定与刑法解释》，北京大学出版社2009年版，第1~60页。

罪刑法定原则虽然是文本上的原则，但是司法是其走向现实化的必由之路。[①] 换句话说，罪刑法定原则是贯穿立法与司法全过程的一项基本原则。程序性要素的规定以及适用都应当遵循罪刑法定原则。但是就目前的情况来看，程序性要素与罪刑法定原则的抵牾甚为明显。

首先，《刑法》以外的规范性文件规定的程序性要素有违反法律主义的嫌疑。法律主义的基本内涵是有关犯罪与刑罚的内容只能由法律规定。但是这里的法律究竟包括哪些内容，在理论界并非没有争议。最为广义的争议是立法机关制定的法律之外的习惯法和判例法能否成为刑法的法源，但是考虑到我国是成文法系国家，习惯（法）并不以成文的形式存在，不是我国的正式法律渊源，而且根据国家机关组织法和《立法法》的有关规定，立法权归属于立法机关，人民法院等机关行使的是司法权，以人民法院的判例为基础的判例法是对立法机关立法权的剥夺，所以习惯法与判例法现阶段在我国还不是刑法的法源。[②] 广义的争议是地方立法机关制定的法规能否规定犯罪与刑罚，但是一方面，《立法法》第11条和第12条明确规定有关犯罪与刑罚的事项只能由全国人大及其常委会制定的法律规定，并且不得授权国务院通过制定行政法规的方式规定；另一方面，《刑法》第90条规定民族自治地方适用刑法的变通或者补充规定需要报请全国人大“批准”实行，也就是说，自治地方的变通或者补充规定并不因为地方立法机关的通过而立即生效，只有经过全国人大的“批准”才具有效力。所以地方立法机关制定的法规也不是刑法的法源。狭义的争议是《刑法》以外的全国人大及其常委会制定的法律是否是刑法的法源。立法机关似乎倾向于作出肯定回答，因为规范文本的有限性和规范内容的无限性之间的冲突导致刑法文本无法完整揭示所有犯罪的内容，所以必须借助其他法律的规定，其在规范文本上的表现就是“违反国家规定”。而根据《刑法》第96条的规定，此处的“国家规定”不仅包括全国人大及其常委会制定的法律，还包括国务院制定的行政法规和规定。但是，第一，我国刑法采用的是统一立法模式，所有规定犯罪与刑罚的内容均规定

① 参见陈兴良：《罪刑法定的当代命运》，载《法学研究》1996年第2期。

② 参见张明楷：《刑法学》（第5版），法律出版社2016年版，第48～50页。

于《刑法》中（除了一部单行刑法）；第二，罪刑法定原则规定在《刑法》第3条，是刑法的一项基本原则，其中“法律”涵盖的范围仅能及于《刑法》，而不能及于《刑法》的上位法或者其他同位法；第三，《刑法》的保障法地位决定了其规定的内容与作为前置法的其他法律不同，如果两者规定的内容发生混同，将导致两者的位序发生错乱。所以，罪刑法定原则中的“法”特指《刑法》。

在《刑法》中规定程序性要素至少与法律主义并不冲突，但是我国司法解释、指导意见、立案标准等文件中也规定了程序性要素，并且由于这些规范性文件直接关涉具体的司法部门，直接影响着犯罪的认定和刑罚的裁量，所以有违反法律主义的嫌疑。一方面，根据国家机关组织法和《立法法》的有关规定，司法机关仅享有司法权，不享有立法权。司法解释、指导意见、立案标准等是司法机关对适用法律中的疑难问题所作的解释和细化，是对法律规定内容的时代性文本解读。[①] 它们不仅不是《刑法》，连广义的法律也不是。另一方面，即便从司法解释的适用效力和现状来看，司法解释权在向立法权扩张或者立法机关让渡了一部分立法权给司法机关，司法解释具有一定的“法律”效力，[②] 继而符合罪刑法定原则关于“法律”的要求，但是这种法律因为缺乏民主基础和正义程序并不能成为真正的法律。

其次，与法律主义相关，程序性要素作为一种具体的行政行为或者民事行为，以之作为行为人后续行为的法律依据有违反罪刑“法”定原则的嫌疑。综上所述，不管罪刑“法”定原则中的法律采取狭义理解还是广义理解，决定犯罪和刑罚的都是抽象的法律而不是具体的政令或者请求。而程序性要素的内容，如经政府有关部门责令支付、经相关行政主管部门处罚、经他人劝阻，都是根据抽象性法律作出的具体行政行为或者民事行为。行为人的后续行为则是根据具体行政行为或者民事行为作出的，“如此一来，刑罚的发动不是因为行为违反了具有普遍效力之法律所建构的法秩序，而是由一个具体行政行为所确定的结果”[③]。换句话说，包含程序性要素的犯罪的罪状

---

① 参见施新洲：《司法权的属性及其社会治理功能》，载《法律适用》2014年第1期。

② 参见杨秀清：《论司法解释权与审判权》，载《社会科学论坛》2006年第4期。

③ 李梁：《拒不支付劳动报酬罪的行政附属性规定研究》，载《政法论坛》2017年第5期。

与法定刑在一定程度上被具体行政行为或者民事行为所决定，与罪刑法定的法律主义存在冲突。

但是，必须承认程序性要素对犯罪和刑罚的影响是有限的，因为程序性要素本身也是《刑法》规定的要素，具体行政行为或者民事行为的刑事司法效力也有待于司法机关的确认方能生效。只是由于程序性要素的具体内容取决于其他法律法规的规定，因而带有一定的不确定性。实际上，这种不确定性与空白罪状的不确定性具有异曲同工之处，刑法规范中以违反其他法律规定为指引的要件同样需要结合其他法律的规定来认定要件的效力。只是空白罪状规定的内容仍然是行为人的行为，而程序性要素中其他法律法规规定的内容是具体行政行为或者民事行为。所以，与其说程序性要素对行为人行为的指引有违反明确性的嫌疑，不如说程序性要素因为指引规范（参照规范）上的问题而有触犯明确性原则的风险。

最后，程序性要素的认定有赖于其他法律法规的规定，形成了事实上的空白罪状，与刑法的明确性原则存在冲突。明确性是建立在民主主义基础上的一项保障国民预测可能性的法治原则，它包括罪状的明确性和法定刑的明确性。[①] 但是这种明确性是相对的而不可能是绝对的，只要求刑法规范规定的罪质能够为一般人所理解和预测即可，不要求对行为、后果、情节等进行事无巨细的规定，法定刑的规定也只需要相对确定以便达致罪刑均衡。[②] 程序性要素相关罪名的法定刑基本采用相对确定的法定刑，具有一定的合理性，但是其空白罪状的规定方式使其面临指示路径上的指摘。“空白罪状的明确性疑问并不在于刑法条文没有完整地表述出犯罪构成，而是与其‘指示规定——参照规定’的认定路径密切相关。”[③]

空白罪状，“是立法者对行为要件应参照相关规范或制度予以确定的具体犯罪构成的类型化表述”[④]。从本质上来说，空白罪状是在刑法条文中难以

① 参见［意］杜里奥·帕多瓦尼：《意大利刑法学原理》，陈忠林译，法律出版社1998年版，第24页。

② 参见张建军：《刑法明确性的判断标准》，载《华东政法大学学报》2011年第1期。

③ 吴永辉：《不明确的刑法明确性原则》，载赵秉志主编：《刑法论丛》第55卷，法律出版社2019年版。

④ 刘树德：《空白罪状之“梳”议》，载《国家检察官学院学报》2002年第4期。

规定或者不方便规定具体犯罪的构成要件时，要求司法者参照其他法律、法规确定构成要件的罪状类型。空白罪状面临是否违反民主立法原则、法律专属性原则以及明确性原则的追问。例如有学者认为，规定犯罪和刑罚的法律只能由全国人大及其常委会制定，空白罪状将上述事项委托给其他法律、法规或者制度，违背了民主立法原则和法律专属原则。而且其他法律、法规或者制度与刑法存在目的和原则上的差异，如行政法追求合目的性，而刑法追求安定性，具有较大的易变性和灵活性，会使空白罪状所规定犯罪的构成要件处于经常变化之中，不符合明确性原则的要求。[①] 刑法规定的事项直接关涉人们的生命、自由、财产等基本权利，并且需要为人们提供行为上的指引，确保人们的行为预期获得满足。但是空白罪状将刑法规定的事项委托给其他法律、法规或者制度，使人们更加难以预见到自己行为的合法性边界。[②] 司法机关在处理空白罪状的参照规范时，如果不能准确把握“成文法”所指向的“法”，也会违反罪刑法定原则。[③]

以拒不履行信息网络安全管理义务罪为例，行为人不履行信息网络安全管理义务的行为，需要“经监管部门责令采取改正措施”才能科处刑罚。但是哪些监管部门负责实施责令行为，责令行为应当具备什么要件，应该通过何种形式实施责令行为，均需要借助其他法律的规定。《网络安全法》第 59 条虽然对不履行安全管理义务的行为设置了行政处罚，但是仍旧没有规定处罚主体、处罚程序等，所以还需要进一步参照《行政处罚法》《行政强制法》乃至相关条例等的规定。而且责令行为并不完全符合其他法律规定的实体要件或者程序要件时是否具有刑法上的效力，也并非不证自明。空白罪状是否明确的关键不在于空白罪状本身，而在于参照规定。[④] 但是如果参照规定过于繁多且位阶不同，就需要进行认真筛选，否则容易因为缺乏必要性

① 参见刘树德：《罪刑法定原则中空白罪状的追问》，载《法学研究》2001 年第 2 期。

② 参见韩粮远：《罪刑法定视野下对空白罪状的再追问——以赵春华案及 23 个同类案件为分析样本》，载《犯罪研究》2017 年第 6 期。

③ 空白罪状对罪刑法定原则违反部分的内容已经发表于《广东开放大学学报》。参见简筱昊：《口袋罪范畴论》，载《广东开放大学学报》2020 年第 4 期。

④ 参见陈兴良：《刑法的明确性问题：以〈刑法〉第 225 条第 4 项为例的分析》，载《中国法学》2011 年第 4 期。

限定而违背明确性原则。[①]

二、滥用刑法谦抑主义的表征

早在启蒙运动时期，启蒙思想家就对封建刑法的干涉性表达了反对态度，并主张将刑法的适用限制在必要范围内。现代刑法理论在对刑法的限制适用方面发展出了内涵丰满的谦抑性理论。关于谦抑性的核心内涵，不同学者虽然在表述上存在些许差别，但已基本达成一致意见。例如，平野龙一教授认为刑法的谦抑性包括刑法的补充性、不完全性以及宽容性。[②] 陈兴良教授认为刑法的谦抑性的价值内涵包括刑法的紧缩性、补充性和经济性。[③] 张明楷教授则认为“刑法的谦抑性是指刑法应依据一定的规则控制处罚范围与处罚程度”，不是必须使用刑法时，如果能够通过其他法律法规调整违法行为，就没有必要动用刑法，必须使用刑法时，如果能够通过较轻的罪名规制犯罪行为，就没有必要适用较重的罪名。[④] 概括来说，刑法谦抑性的核心内涵是经济性、补充性、不完整性和宽容性。所谓经济性，是指国家在动用刑法手段调控社会生活时，必须以最小量的投入来获取最大化的刑法效益。所谓补充性，是指在其他非正式社会控制手段以及正式社会控制手段发挥作用之前克制刑法的适用，只有在其他社会控制手段不能充分保护法益时才能适用刑法。所谓不完整性，是指刑法的调控范围不完整，即刑法只能介入社会生活的有限范围。所谓宽容性，是指人不或多或少地侵害他人就无法正常生活，因此刑法并不处罚所有的法益侵害行为。[⑤]

程序性要素在贯彻刑法谦抑性方面具有天然的优越性，因为在行为人先前的违法犯罪行为之后增加行政机关的责令、命令等行为或者其他主体的劝

---

① 参见吴永辉：《不明确的刑法明确性原则》，载赵秉志主编：《刑法论丛》第55卷，法律出版社2019年版。

② 参见［日］平野龙一：《刑法的基础》，黎宏译，中国政法大学出版社2016年版，第90～91页。

③ 参见陈兴良：《刑法的价值构造》（第2版），中国人民大学出版社2006年版，第292～323页。

④ 参见张明楷：《论刑法的谦抑性》，载《法商研究》1995年第4期。

⑤ 参见熊永明、胡祥福：《刑法谦抑性研究》，群众出版社2007年版，第65～68页。

告、要求等行为，并且根据行为人的后续行为来决定犯罪的认定和刑罚的裁量，相当于已经给予行为人一次改过自新的机会，将犯罪的认定和刑罚的发动推迟到较为靠后的阶段，限缩了刑法处罚的范围。但是目前程序性要素的设置呈现出较为随意的态度，已经出现滥用谦抑主义的征兆，并对程序性要素的合理性与正当性产生侵蚀。

首先，在司法中增加程序性要素的要求是对作为立法原则的谦抑主义的滥用。刑法谦抑性的体系定位在理论中还存在争议，概括来说是立法原理与立法司法原理的争论，例如，苏俊雄教授认为谦抑性是现代刑法体系的基础，是罪刑法定、法益保护和责任主义三大基本原则的上位概念，① 大谷实教授认为谦抑原则既是犯罪化即刑事立法的原理，又是刑法解释的原理，② 林山田教授也认为谦抑主义是刑事立法和刑事司法均须顾及的刑法特点，③ 张明楷教授则认为谦抑主义是刑事立法层面的原则和技术，④ 甘雨沛老先生也赞同仅在刑事立法层面讨论谦抑主义问题。⑤ 笔者原则上赞同谦抑性是刑事立法的基本原则。因为，第一，将谦抑性定位于刑法三大基本原则的上位概念并不恰当。其要求控制处罚范围、减轻处罚力度的谦抑性与强调扩大调控范围、增加处罚力度的法益保护原则两者存在对抗，不可能由谦抑性推导出法益保护原则。第二，刑法的基本原则必须能贯穿刑事立法和刑事司法的始终，在立法和司法上得到贯彻。⑥ 而谦抑性原则只能在立法上得到贯彻，而且只应当在立法上予以坚持。在刑事司法活动中应当严格坚守的是罪刑法定原则，即使二者在保护人权这一点上存在共性，但是两者的内容大相径庭。倘若在司法上也必须贯彻谦抑性，容易为罪刑擅断尤其是出罪寻找借口，不利于刑法的安定性，所以笔者不赞同将谦抑性定位于刑法解释的基本原理。而将谦

---

① 参见苏俊雄：《刑法总论Ⅰ》（修订2版），台北，元照出版有限公司1998年版，第3页。

② 参见［日］大谷实：《刑法总论讲义》（新版第2版），黎宏译，中国人民大学出版社2008年版，第8页。

③ 参见林山田：《刑法通论》（上册）（增订10版），北京大学出版社2012年版，第22页。

④ 参见张明楷：《刑法的基础观念》，中国检察出版社1995年版，第143页。

⑤ 参见甘雨沛：《比较刑法学大全》（下册），北京大学出版社1997年版，第794页。

⑥ 参见高铭暄：《刑法基本原则的司法实践与完善》，载《国家检察官学院学报》2019年第5期。

抑性定位于刑事立法的基本原则是合适的，一方面，将谦抑性定位于刑事立法的原则，完全符合谦抑性的内涵；另一方面，将谦抑性贯穿于刑事立法活动中，其必然会在刑事司法上有所体现，不会损害谦抑性的重要地位。

在刑法没有明确规定程序性要素的情况下，在刑事司法活动中规定或者增加程序性要素就有滥用谦抑主义的嫌疑。一方面，尽管刑法理论赞同有利于被告人的扩大解释和类推解释，通过抑制刑法的适用来实现人权的保障，但是通过司法解释等在犯罪构成之外增加新的要件以提高入罪的门槛，既有违反罪刑法定原则的嫌疑，也有滥用谦抑主义的表征。扩大解释和类推解释往往是基于较为可靠的技术和可信的参照规范而作出的技术性变动，但是在司法解释等中增加程序性要素容易缺乏充分的论证，并因而带有一定的恣意性和不协调性。以 1989 年《人民检察院直接受理的侵犯公民民主权利、人身权利和渎职案件立案标准的规定》（已失效）为例，该规定第 6 条在 1979 年《刑法》第 144 条“非法侵入他人住宅的”基础上增加了“经要求或教育仍拒不退出”的程序性要素和“严重影响他人正常生活和居住安全”的结果要件，导致非法暴力侵入他人住宅的行为不能得到及时有效的规制。另一方面，在具体的司法案件中增加程序性要素的要求，也同样是对谦抑主义的滥用。作为立法原则的谦抑主义在刑事司法中的体现，只能表现为一种谦抑精神的传导，即立法中限制了处罚范围，司法严格遵守立法的规定实际上也具有限制处罚范围的作用。但是如果在具体案件中擅自增加程序性要素的要求，就会导致刑法本来规定为犯罪的行为被当作非罪处理，以谦抑主义之名行突破罪刑法定原则之实。

其次，在某些犯罪中规定程序性要素有滥用经济性原则的嫌疑。经济性原则是指通过最小的社会控制成本投入实现最大的犯罪矫治收益。如果民事手段或者行政手段即可规制违法犯罪行为，就没有必要动用刑法手段；如果必须动用刑法手段，轻罪即可规制违法犯罪行为，就没有必要动用重罪。它以能够有效规制违法犯罪行为为前提，如果不能有效抑制犯罪行为或者抑制效果不好，就不存在手段筛选的问题。[①] 一方面，程序性要素在发挥其他手

---

① 参见李洁、孔祥参：《刑法的扩张对谦抑性的悖离》，载《社会科学辑刊》2020 年第 2 期。

段规制违法犯罪行为方面保证了刑法介入的克制，注重了调整手段的经济性，但是容易忽视规制效果的评价。以《修九》修正前的2011年《刑法》第288条为例，扰乱无线电通讯管理秩序的行为必须经过有关部门责令停止使用而行为人拒不停止的，才构成犯罪。由此，有关部门的责令行为就是规制扰乱无线电通讯管理秩序行为的前置手段，但是这种手段并不能有效规制有危害公共安全之虞的扰乱行为，[①] 如2014年咸阳机场的航空频道被非法电台干扰，造成机组与空管平台失联5分钟以上，严重危及机组人员以及乘客的人身安全，[②] 但是由于尚不具备“经责令停止使用”的要件，该非法干扰行为最终没有被纳入刑法的调整范围。另一方面，程序性要素在阻碍违法犯罪行为适用相关罪名的同时，可能导致适用更重的罪名，继而背离经济性的要求。以拒不支付劳动报酬罪为例，如果对盗窃罪的“财物”作包含财产性利益的广义解释，并以非法占有目的的外在表达作为财产性利益转移的标志，[③] 那么行为人不支付劳动报酬的行为就可以认定为是对劳动者所享有债权的剥夺。因为根据集资诈骗类犯罪案件中“非法占有目的”的认定标准，行为人转移财产或者携款逃匿等同样可以认定不支付劳动报酬的“非法占有目的”的存在。如此一来，在“经政府有关部门责令支付”要件尚未充足的情况下，就不得适用拒不支付劳动报酬罪，而有可能适用盗窃罪。但是盗窃罪的最高刑期为无期徒刑，而拒不支付劳动报酬罪的最高刑期仅为7年有期徒刑，相差较为悬殊。

最后，将犯罪的认定或者刑罚的发动附属于程序性要素的认定有滥用补充性原则的嫌疑。补充性原则的实质是在立法层面强调刑法介入的后置性，而不是要求刑法在司法层面也要落后于其他规制手段。对于一种违法犯罪行

---

① 需要澄清的是，在法定犯的场合，笔者是出于解决法定犯违法性认识的复杂问题而赞同在《刑法》第288条增加程序性要素。但是当扰乱无线电通讯管理秩序的行为有侵害公共安全之虞时，其就不再是法定犯而是自然犯，不再需要程序性要素解决违法性认识的问题，此时程序性要素的存在反而阻碍了刑法功能的发挥，所以笔者对其持否定态度。两者并不矛盾，因为同一犯罪在不同情形下可能分别具备法定犯属性和自然犯属性。参见张明楷：《自然犯与法定犯一体化立法体例下的实质解释》，载《法商研究》2013年第4期。

② 参见王文娟：《浅谈扰乱无线电通讯管理秩序罪的立法缺陷与完善》，载《数字通信世界》2015年第11期。

③ 参见张明楷：《论盗窃财产性利益》，载《中外法学》2016年第6期。

为，其他手段如果可以有效规制，刑法就没有介入的必要，就不需要在分则将其规定为犯罪。但是刑法一旦介入，犯罪的认定就该遵循刑法所构建的基本理论，即便实践中其他规制手段尚未发生作用。例如，基于非法占有目的的民间借贷，不仅构成民法上的违约或者不当得利关系，还构成刑法上的财产犯罪关系。刑法谦抑性的意义不是要求被害人必须先行通过民事手段救济自己的权利，然后才能由国家机关追究行为人的刑事责任。而是行为一旦发生，就可以根据《刑法》分则规定的具体财产犯罪的构成要件对行为进行定性，无须等待其他调整手段的介入。① 程序性要素则是要求司法中犯罪的认定从属于行政执法或者民事救济等前置程序。以拒不支付劳动报酬罪为例，行为人初次不支付数额较大的劳动报酬的行为，并不能立即被评价为犯罪，而是必须在相关部门“责令支付”后即行政机关处理后，行为人仍不配合的，才能追究行为人的刑事责任，导致对不支付劳动报酬行为刑事责任的追究从属于行政机关的执法活动。刑事司法活动从属于行政执法或者民事救济等活动使司法活动丧失了独立品格，突破了谦抑性的功能范围，造成了对补充性原则的滥用。

三、落空法益保护目的的可能

现代刑法理论的通说认为，犯罪的本质是法益侵害，刑法的任务是法益保护。法益是现代刑法理论的核心概念，“既是刑法建立刑罚正当化的前提条件，亦是特定的行为入罪化的实质标准”②。换言之，保护法益是创制法律的目的，《刑法》分则设置禁止性规范的目的就是保护特定的法益。例如，禁止杀人的规范的目的是保护生命法益，禁止盗窃的规范的目的是保护财产法益，等等。③ 我国《刑法》第 1 条以目的形式、第 2 条以任务形式明确了国家同犯罪作斗争以保护人民利益的决心。刑法中其他原则的实现以保护人

---

① 参见陈松然：《拒不支付劳动报酬罪宜删除“责令支付”要件》，载《中国检察官》2015 年第 12 期。

② 陈家林：《外国刑法理论的思潮与流变》，中国人民公安大学出版社 2017 年版，第 84～85 页。

③ 参见简筱昊：《论以法益为导向的犯罪既遂标准》，载《太原师范学院学报（社会科学版）》2020 年第 1 期。

民利益为前提，如果刑法不能有效保护人民的利益，罪刑法定、人人平等和罪刑相适都只能沦为纸面上的原则。

程序性要素通过增加犯罪成立（刑罚发动）要件提高犯罪门槛，在限缩处罚范围、发挥谦抑性方面具有天然优势。但是在某些犯罪中设置程序性要素，可能导致刑法无法实现法益保护机能。谦抑性的背后代表的是对个人自由（人权）的最大化保护，而人权保障与法益保护从来就是一对此消彼长的概念，过于强调人权保障就会导致法益保护难以实现，相反过于突出法益保护也可能导致人权保障最终落空。[①] 所以对程序性要素一方面功能的强调，可能导致另一方面功能的缺失。以下拟从新冠疫情常态化防控的社会背景出发，以妨害传染病防治罪为例，进一步分析程序性要素是如何在某些犯罪中导致法益保护目的落空的。

首先，程序性要素的存在使部分妨害传染病防治的行为无法得到有效规制，难以实现对法益的全面保护。在主观罪过为过失的情况下，妨害传染病防治罪与过失以危险方法危害公共安全罪之间存在竞合关系。[②] 在主观罪过为故意的情况下，妨害传染病防治罪与以危险方法危害公共安全罪之间存在竞合关系。[③] 本来当无法通过妨害传染病防治罪规制部分行为时，可以通过竞合关系实现法益的周延保护。但是考虑到“公共安全”与“公共卫生安全”规范安排上的差异，当妨害传染病防治行为仅危及“公共卫生安全”而不涉及“公共安全”时，程序性要素的存在就会导致先前的妨害传染病防治的行为无法通过竞合关系实现有效规制，造成处罚上的空缺。

其次，程序性要素的存在使妨害传染病防治罪的法益保护延迟。司法解释通过将“甲类传染病”扩张解释为“采取甲类传染病防治措施的传染病”，《修十一》第 37 条通过立法的形式明确规定行为对象包括“确定采取甲类传染病预防、控制措施的传染病”，以实现对妨害非典、新冠等按照甲类传染

① 参见高丽丽：《刑事强制医疗制度的刑法检视与反思》，载《甘肃社会科学》2020 年第 2 期。

② 参见李翔：《重大疫情防治中刑法罪名适用研究》，载《上海政法学院学报》2020 年第 2 期。

③ 参见陈伟：《妨害传染病防治罪的主观罪过及其适用》，载《安徽师范大学学报（人文社会科学版）》2020 年第 3 期。

病防控的乙类传染病行为的防治。[①] 但是《刑法》第330条对妨害传染病防治罪的成立作出了程序性要素的要求，即只有在疾病预防控制机构提出卫生要求后行为人仍不采取防疫措施的，才追究行为人的刑事责任，这导致行为人先前的违反《传染病防治法》的行为无法得到刑法的及时调整，与司法解释的努力方向不符。面对新型病毒，任何失职行为都可能导致难以估计的危害后果。卫生防疫机构对病毒的认知也可能具有滞后性，如果对妨害传染病防治行为的惩处需要等待卫生防疫机构的指示，就会导致人民群众的生命健康安全暴露在不确定的风险之中。相反，如果不存在程序性要素的屏障，传染病防治主体可能出于对刑罚威慑的顾虑，从疫情产生之时就采取较为全面的防控措施，及时保护法益。

再次，程序性要素的设置与刑法保护公共卫生安全的目的不符。1997年《刑法》设置的妨害传染病防治罪是对1989年《传染病防治法》（已被修改）第35条规定的妨害传染病犯罪（附属刑法）的吸纳，罪状的表述基本上沿袭了该法的表述。但是两者的规范目的并不相同，行政法以实现行为的妥当处置为目的，因而在行为的处置中强调行政机关的主导作用。但是刑法以保护法益为目的，并以安定性作为重要指标，犯罪的认定不该从属于行政机关的具体行为。换句话说，行政法基于合理性的目标在违法行为的特征表述中突出行政机关的作用，继而附属刑法继受了此种表述，有其时代局限性和立场选择性。但是通过《刑法》单独规定妨害传染病防治罪，应该主要根据行为对法益的侵害程度决定构成要件的设立。设置程序性要素，将阻碍妨害传染病防治罪惩治犯罪行为的效果，不符合刑法保护公共卫生安全的初衷。实际上，在1996年8月8日的《刑法》修改草稿中，妨害传染病防治罪的表述是“违反传染病防治法的规定，引起甲类传染病传播或者有传播严重危险的……”，并没有对罪状作出具体规定，但是出于明确罪状的目的1996年10月10日的《刑法》修订草案中又增加了叙明罪状的规定。[②] 所以，本罪的

① 参见陈伟：《新冠疫情背景下妨害传染病防治罪的解释扩张及其回归》，载《政治与法律》2020年第5期。

② 参见高铭暄：《中华人民共和国刑法的孕育诞生和发展完善》，北京大学出版社2012年版，第554～556页。

保护法益没有发生变化，但是细化罪状规定的行为却弄巧成拙，阻碍了刑法保护公共卫生安全目的的实现。

最后，妨害传染病防治罪基本犯的罪量要素和情节要素与加重犯的结果要件存在冲突，有碍法益的充分保护。根据《刑法》第330条的规定，妨害传染病防治罪的成立不仅要求引起甲类传染病以及依法确定采取甲类传染病预防、控制措施的传染病传播或者有传播严重危险的结果要件，还要求行为人对疾病预防控制机构提出卫生要求拒不配合的情节要件，加重犯的构成要求导致特别严重的后果。但是这种罪状设置可能存在两种不协调的情形：一是造成加重犯的特别严重后果但是不具备基本犯的情节要件；二是满足基本犯的情节要件但是没有造成加重犯的特别严重后果。第一种情形在不满足其他犯罪构成要件的情况下，就不能追究行为人的刑事责任，第二种情形则因为满足基本犯构成要件而需要被追究刑事责任。但是第一种情形下行为的法益侵害性明显更为严重，却不被处罚，难以为一般人所接受。行政附属性规定的存在，必然导致部分犯罪处罚范围不合理，在法益保护上出现漏洞。①

第三节　程序性要素功能偏离的原因

程序性要素对于回应社会现实问题、保持刑法的谦抑性具有重要意义，但是目前也呈现出了与其功能价值相偏离的征兆。这种偏离，从较为宏观的层面来看，包含立法论和解释论的双层原因：立法论层面表现为通过司法解释设置程序性要素以及在刑法中不合理设置程序性要素，解释论层面表现为对程序性要素的认识和适用不统一。然而，一方面，通过司法解释创设程序性要素固然因为存在众多顽疾而并不可取，但是通过司法解释创设要件符合司法供给的需要，"'两高'产出抽象司法解释的压力始终存在"②，企图切断司法解释对立法内容供给路径的努力并不现实，所以理论界对司法解释问题

① 参见李梁：《拒不支付劳动报酬罪的行政附属性规定研究》，载《政法论坛》2017年第5期。

② 黄星：《刑法抽象司法解释的时代定位与纠偏》，载《法学评论》2017年第1期。

的研究主要集中于如何控制司法解释创设规范内容的边界以及如何完善对抽象司法解释的审查机制。但是这已经超出了本书的研究范围。另一方面，"法律不是嘲笑的对象"，对于通过善意的解释或推定可以妥善解决的抽象规定，就没有必要批判和否定它。[①] 当前刑法学的研究范式已经主要从立法论转向解释论，如何通过解释达成规范的妥当适用是刑法学的核心任务。本书也赞同应该优先通过解释路径解决程序性要素的功能偏离问题，只有在解释路径行不通的情况下才考虑立法路径。问题解决路径反制问题形成原因的选择，因而从微观层面来看，程序性要素功能偏离的原因主要集中在解释论层面，包括体系定位不清晰、效力认定不规范以及司法适用不统一，立法论层面仅有部分规范设置不科学。

一、体系定位不清晰

体系定位不清晰，是指程序性要素在犯罪论体系中的定位尚未达成一致意见，目前学界至少存在诉讼证明要素说、量刑情节说、客观处罚条件说、犯罪构成要件要素说、违法要素说、责任要素说以及标识功能说七种学说，而对程序性要素的不同理解直接制约着其功能价值的发挥。但是，因为一方面，继承自苏联的四要件犯罪构成体系仍然占据主导地位，[②] 犯罪构成要件要素说在实践中拥有绝对市场；另一方面，学说梳理和检视不是本部分的研究重点（学说梳理在第三章展开）。本部分仅以犯罪构成要件要素说为切入点，顺带论及其他学说，来检验体系定位与功能价值偏离的关系。

首先，程序性要素的体系定位影响行为犯罪性的认定，可能不利于法益保护机能的发挥。不同学说下的程序性要素对行为的犯罪性认定的影响是不同的。例如，如果采取量刑情节说，那么程序性要素是量刑阶段需要考虑的要素，就不会影响行为的定性；相反，如果采取犯罪构成要件要素说，不具有程序性要素的行为即使社会危害性再严重，也不能被评价为犯罪。目前传统四要件理论的一般认知是，《刑法》分则规定的都是犯罪成立的要件，所

① 参见张明楷：《法律格言的展开》（第3版），北京大学出版社2013年版，第3页。

② 参见付立庆：《犯罪构成理论：比较研究与路径选择》，法律出版社2010年版，第30页。

以第一章第一节梳理的程序性要素绝大多数是犯罪构成要件要素。如此导致的后果是，不具有程序性要素的严重危害社会的行为不能被作出有犯罪性的评价，行为人的行为难以被追究刑事责任，被害人或者第三人也不能作出与犯罪性对等的防卫。因为针对违法行为和犯罪行为，法律赋予被害人或者第三人的防卫权限是不同的，在行为不满足构成要件的情况下，被害人或者第三人只能采取与一般违法行为相适应的防卫措施。[①] 如此一来，国家公权力不能有效介入法益的保护，私权利的救济也因为程序性要素的存在而受到限制。刑法的法益保护机能因为程序性要素的体系定位问题而无法充分发挥。

其次，程序性要素的体系定位影响未遂犯的认定，可能不利于及时且有效地保护法益。在行为人已经实施侵害法益的行为但是尚不具备程序性要素的场合，对于行为是否构成未遂，不同的学说可能得出不同的结论。客观处罚条件说可能倾向于在完整刑事责任之外通过未遂犯的路径追究行为人的不完整刑事责任。违法要素说也倾向于认为上述场合中行为人是未遂犯或者不能犯。[②] 但是犯罪构成要件要素说则认为行为人的行为连犯罪都不成立，何来成立未遂犯。包括未遂犯在内的犯罪停止形态是对既遂犯的修正，是在行为人的行为由于意志以外的原因停止下来接受刑法评价的样态。刑法否定评价未遂犯的根据是意志支配下的行为已经彰显了足够的社会危害性，没有必要等待实害结果的发生再追究行为人的刑事责任。简单来说，处罚未遂犯就是为了提前打击犯罪、保护法益和警示他人。但是犯罪构成要件要素说支配下的程序性要素就会否定未遂犯的成立，使刑法无法提前介入对法益侵害行为的惩处，继而影响刑法对法益的及时且有效的保护。

最后，程序性要素的体系定位影响共犯的认定，可能不利于全面且充分地保护法益。如果未遂犯的认定影响的是刑法介入的程度的话，共犯的认定影响的就是刑法介入的范围，即哪些人需要对法益侵害行为及结果负责，需要被追究刑事责任。不同学说主张下的程序性要素限定着刑事责任的追究范围。一方面，在正犯实施了严重的法益侵害行为，但是不具备程序性要素的

---

① 参见张明楷：《正当防卫的原理及其运用——对二元论的批判性考察》，载《环球法律评论》2018 年第 2 期。

② 参见高磊：《论犯罪成立的行政程序性条件》，载《东方法学》2020 年第 3 期。

场合，能否追究共犯的刑事责任？客观处罚条件说认为程序性要素之前的行为已经具备值得处罚的违法性和有责性，因而倾向于承认共犯的可罚性。犯罪构成要件要素说则认为程序性要素之前的行为尚不具备违法性层面的犯罪性，因而倾向于否定共犯的可罚性。另一方面，在正犯实施了严重的法益侵害行为并且具有程序性要素，但是共犯不具备程序性要素的场合，能否追究共犯的刑事责任？违法要素说倾向于得出肯定回答，因为“违法是共同的，责任是个别的”，在帮助正犯实施了严重的法益侵害行为并且具备程序性要素后，共犯的违法性已经充足，并且已经具备责任要素，就可以追究刑事责任。责任要素说则会得出否定结论，因为责任要素说要求只有具备责任要件才能追究刑事责任，不具备作为责任要件的程序性要素就不能追究刑事责任。所以犯罪构成要件要素说支配下的程序性要素会限制共犯的成立，使刑法无法全面惩处违法犯罪分子，无法实现对法益的周延且充分的保护。

值得强调的是，程序性要素体系定位不清晰导致刑法法益保护机能难以实现的映射效果是滥用刑法的谦抑性。因为程序性要素功能价值的核心就是通过增加权力（利）主体的行为限制风险刑法、网络犯罪、法定犯以及义务犯的扩张，以保持刑法的谦抑性。但是，过度谦抑性的后果就是应当通过刑罚惩罚来保护的法益未能得到及时且充分的保护。只是由于程序性要素的体系定位与法益保护目的的落空之间关联更为直接，因而主要围绕两者展开。好在以此依旧可以管中窥豹，发现程序性要素的体系定位与其功能价值偏离之间的内在关联。

二、效力认定不规范

效力认定不规范，是指程序性要素本身的成立和生效要件在理论与实务中尚且存在争议。它原本属于司法适用问题的一部分，但是考虑到程序性要素的效力是适用程序性要素的前提条件，即只有程序性要素是适格的，才会存在进一步的犯罪认定（适用）的问题，因而将其独立于司法适用部分单独讨论。效力认定不规范主要表现为两种情形：一是不具有效力的程序性要素被当作有效的程序性要素，二是有效的程序性要素被当作不具有效力的程序性要素。两者对程序性要素功能偏离的影响是不一样的，前者主要有突破罪刑法定原则的嫌疑，后者则有落空法益保护目的的可能。

一方面，不具有效力的程序性要素被当作有效的程序性要素是对罪刑法定原则赤裸裸的挑战。司法实践中很少存在对程序性要素的恣意适用，但是由于其特殊的规定方式容易造成把握上的不准确。以信用卡诈骗罪中的“经发卡银行催收”为例，催收原本属于行使民事请求权的一种方式，只需要遵守民法关于行使请求权的一般规定即可，但是法研〔2010〕105号和《信用卡犯罪解释》对催收的时间、次数以及方式都做了规定，即催收两次以上，且每次间隔不少于30日，两次催收一般应该分别采用电话、信函、上门等两种以上催收形式。然而，即便刑法作出了特殊要求，但是受民事思维的影响，实践中也存在一些偏离情形：第一，民事私力救济和公力救济之间不存在位阶顺序，在相对人违约的情况下，权利人可以自由选择私力救济或者公力救济。[①] 因而在纯粹的民事法律关系中，银行没有必要履行刑法所规定的严格催收程序，只需要为一般催收行为即可。但是刑法介入信用卡透支行为，必须充分确证持卡人的透支行为有构成犯罪的可能，这就需要发卡银行履行严格的催收程序以确证持卡人透支行为的违法性与有责性。换句话说，通过发卡银行严格的催收手续来体现持卡人的非法占有目的。所以，刑法要求发卡银行遵循前述复杂的催收手续。但是如果发卡银行在简单催收后径行向人民法院提起诉讼，能否认为发卡银行的催收行为已经符合信用卡诈骗罪的程序性要素？从当然解释的角度来说，私力催收和公力诉讼都是催告相对人履行义务的“催收”行为，似乎也可以得出肯定回答。第二，规范性文件中规定的几种催告方式之间是否存在位阶关系，似乎并不明确。这导致的后果是发卡银行的催收效果可能无法及于持卡人。在民事法律关系中，民事权利义务行为往往到达对方的支配领域即可生效，[②] 所以发卡银行的催收函件等只需到达持卡人的支配领域即可，不要求持卡人现实知晓。但是作为程序性要素的催收行为可能导致刑罚后果，对持卡人的利益造成重大损害，银行的催收

---

① 参见沃耘：《私力救济的法价值实现路径——兼论我国未来〈民法典〉私力救济的制度对策》，载《晋阳学刊》2014年第2期。

② 参见耿林：《论意思表示的到达效力》，载《东南大学学报（哲学社会科学版）》2016年第5期。

函件等必须现实到达持卡人手中，只有极少数情况下到达持卡人支配领域也可以发生效力。所以，在发卡行可以通知到本人但是没有现实通知本人而是将催收函件等置于持卡人支配领域的场合，也可能因为符合规范性文件的形式要件而被认定为有效。这些情形的实质都是将不符合刑法规定的要件认定为符合刑法规定的要件，不管原因为何，都违反了《刑法》对犯罪构成要件的规定，违反了罪刑法定原则。

另一方面，有效的程序性要素被当作不具有效力的程序性要素会导致对行为人后续行为的认定存在障碍，继而影响刑法法益保护机能的发挥。与程序性要素提高犯罪门槛、控制刑法处罚范围不同，有效的程序性要素被当作无效的程序性要素并影响法益保护机能主要在于行为人前后的行为都具有明显的社会危害性，有必要动用刑法予以规制，但是由于错误理解刑法对程序性要素的要求，因而无法将其纳入规制范围。以拒不支付劳动报酬罪中的"经政府有关部门责令支付"为例，2012 年 2 月，某建设公司与不具有资质的被告人金某、罗某签订工程承包合同，由金某、罗某承包部分工程。后来金某、罗某雇佣 100 多人上班并承诺发工资。2012 年 7 月，工程任务基本完成，发包公司验收工程并支付金某、罗某报酬，但是金某、罗某仅支付工人部分工资，仍拖欠 42 万余元工资没有发放。随后，工人向有关部门投诉。有关部门在协调过程中口头责令金某、罗某支付劳动报酬，但是金某、罗某却伺机逃匿不知去向。为了尽快帮助工人追回工资，有关部门就向发包公司下达书面责令改正书。2012 年 8 月 13 日，金某、罗某被抓捕归案。检察院以拒不支付劳动报酬罪起诉到法院，但是法院认为，《拒不支付劳动报酬解释》明确规定政府部门的责令应以"文书"形式作出，由于对金某、罗某只有口头责令，因而不符合拒不支付劳动报酬罪的程序性要素规定。[①] 然而，刑法并没有对"责令支付"的形式要件作出规定，司法解释确定的要件形式是否可靠也并非没有检验的空间。从具体行政行为的表现形式来看，行政机关完全可能基于不同的情境以书面形式、口头形式、动作形式或者组合形式为具

① 参见陈松然：《拒不支付劳动报酬罪宜删除"责令支付"要件》，载《中国检察官》2015 年第 12 期。

体行政行为。之所以在特殊情形下要求书面形式，是为了能够有效传达行政意图。[①] 在上述案例中，有关部门在调解纠纷的过程中已经明确要求行为人支付劳动报酬，有效地传达了行政意图。所以只要有充分的证据证明有关部门已经为责令支付的程序性行为，就不能因为后来增加的形式要件而限定程序性要素的效力认定。这种本来有效被当作无效的情形在司法实践中并不罕见，尤其程序性要素的认定涉及其他法律法规规定的内容，当两者衔接不畅时就会导致刑法的目的和机能难以有效实现和发挥。

三、司法适用不统一

司法适用不统一，是指程序性要素因为涉及刑法与其他法律的衔接、刑法内部设置情节的竞合等在司法实践中较为难以把握。立法设置程序性要素的价值只有通过现实的适用方能彰显，如果司法实务无法准确科学地适用程序性要素，必然导致程序性要素的功能价值无法充分发挥。为了与程序性要素的“效力认定不规范”相区分，“司法适用不统一”特指程序性要素已经生效的情况下，实务工作者因为种种原因未能准确适用程序性要素。就已经梳理的情况来看，程序性要素司法适用不统一大致包括如下几种情形：一是责任主义原则的适用存在障碍，二是双重违法性的理解存在偏差，三是一事不再罚原则的适用存在障碍，四是程序性要素与其他情节竞合的处理存在疑问，五是程序性要素下的停止形态认定存在分歧，六是程序性要素下的共犯身份认定存在困难。双重违法性理论以及一事不再罚原则的适用不统一与刑法谦抑性的滥用之间存在直接关联，责任主义原则和情节竞合的适用不统一与罪刑法定原则的突破之间存在紧密关联，而停止形态与共犯身份的认定不统一则与法益保护目的的落空之间存在优先关联。但是，从整体上看，责任主义原则、双重违法性理论以及“一事不再罚”原则是在相对宏观层面上影响程序性要素的司法适用，属于程序性要素需要理顺的法学基础理论问题。而情节竞合、停止形态以及共犯身份的认定，属于相对微观的刑罚论和犯罪论层面需要解决的问题。

---

① 参见杜秉昌：《行政行为的表达方式研究》，载《党政研究》2016 年第 2 期。

首先，责任主义原则的适用，在故意犯罪中要求行为人对违法事实具有认识，在过失犯罪中要求行为人对违法事实具有认识的可能，① 如果在具体案件中，行为人对违法事实的认识不符合责任主义原则的要求，就会与罪刑法定原则（故意、过失的规定）及其背后的人权保障精神相背离。以拒不支付劳动报酬罪为例，行为人不支付数额较大的劳动报酬后，逃匿至外地躲避债务，政府有关部门通过公告送达的方式送达《责令支付通知书》，经过一段时间后，行为人仍然没有支付的，该案件就会进入刑事追诉程序。但是，在对该案的定性中可能会存在一些障碍，即拒不支付劳动报酬罪是典型的故意犯罪，程序性要素是在给予行为人一次回归法秩序的机会，然而在前述情景中行为人并不现实知晓政府有关部门的责令通知，此时直接肯定程序性要素的效力并据此对行为人定罪似乎不符合故意犯罪的主观罪过要求，也不符合该罪设置程序性要素的初衷。换句话说，因为程序性要素的核心内容是行为人以外主体的责令、命令、请求等行为，所以在认定行为人的主观罪过时，容易降低要求或者直接被忽略，直接与责任主义原则产生冲突，继而违反罪刑法定原则和人权保障精神的要求。

其次，双重违法性理论的判断以及“一事不再罚”原则的适用，直接制约着民事违法或者行政违法与刑事违法的衔接，如果不能妥善处理两者的关系，将导致刑事违法的判断依附于行政违法或者民事违法的判断，与谦抑性对刑法保障法地位的理解相矛盾。程序性要素设置的初衷是给予行为人改正违法行为或者犯罪行为的机会，允许行为人在实施违法犯罪行为后通过一定的行为表现回归法秩序。② 就表现形式来说，其通常由行政机关以行政处罚、行政命令等形式或者由民事主体以催告等形式作出，如扰乱国家机关工作秩序罪的程序性要素是有权机关的“行政处罚”。一方面，刑事司法活动的发动依赖于行政机关或者其他主体的行政行为或者民事行为，司法活动不再具有独立性，与谦抑主义在保障刑法介入后置性的情况下仍保持司法活动的独

① 参见李永升、杨攀：《风险社会视域中的预防与责任主义关系研究》，载《昆明理工大学学报（社会科学版）》2019 年第 5 期。

② 参见喻海松：《〈关于审理拒不支付劳动报酬刑事案件适用法律若干问题的解释〉的理解与适用》，载《人民司法》2013 年第 7 期。

立性不同。另一方面，经过行政处理的行为在行为人后续行为的加持下，可能会进入司法程序，导致已经被处理的行为再次被否定评价。例如，行为人多次扰乱国家机关工作秩序，被行政处罚后，仍然实施扰乱行为，后被追究刑事责任。因为被追究刑事责任的对象行为不仅是处罚后的扰乱行为，还包括行为人先前的多次扰乱行为，所以存在先前行为被双重评价的问题。而且在存在程序性要素的法定犯中，需要妥善处理双重违法性的判断问题。在双重违法性不能得出一致结论的情况下，需要根据具体情形作出妥善取舍。①在行政处理、民事处理以及刑事处理之间摇摆，甚至需要作出双重处理（评价），与谦抑主义的经济性原则相背离。

再次，程序性要素与其他情节的竞合主要发生在选择的程序性要素的场合，而选择的程序性要素通常由司法解释等规范性文件予以确定，如果不能妥善处理程序性要素与其他情节的关系，可能违反罪刑法定原则。以选择的构成要件要素为例，根据《操纵证券期货解释》第 3 条的规定，有下列情形之一，违法所得数额在 50 万元以上，应当认定为操纵证券、期货市场罪规定的“情节严重”：一是发行人、上市公司以及董事、监事、高级管理人员（以下简称董监高）等实施操纵行为的；二是收购人等及其董监高等实施操纵行为的；三是操纵后被有关部门调查，仍继续操纵的；四是曾经因操纵行为受过刑事追究的；五是二年内因操纵行为受过行政处罚的；六是在市场出现重大异常波动等时期操纵的；七是造成严重后果的。行为人的行为构成操纵证券、期货市场罪只需要具备上述情节之一即可。但是在某些情况下，行为人的行为既符合第三项的规定又符合其他项的规定，虽然行为人的行为构成犯罪不存在疑问，但是司法解释增加评价的情节类型能否纳入量刑阶段考量，则是实务工作者不得不面对的问题。在另外一些情况下，行为人的行为虽然符合其他项规定的情节，但是行为人在被有关部门调查后不再实施操纵行为，此时能否追究行为人的刑事责任？虽然从形式上来看，该场合中行为人的行为已经符合“情节严重”的要求，但是司法解释设置“被有关部门调查”的程序性要素，也是为行为人保留了回归法秩序的机会，更何况实务中

① 参见王容溥：《法秩序一致与可罚的违法性》，载《东吴法律学报》2008 年第 2 期。

也并非一概处罚董监高等人员实施的证券、期货操纵行为。所以，程序性要素与其他情节竞合的场合可能因为规范性文件的设置问题而与罪刑法定原则存在抵牾之处。

又次，程序性要素下停止形态的认定问题，在实务中主要表现为两种形态：一是行为人实施了先前行为以后，行为人以外主体没有实施责令、命令、请求等行为，即程序性要素没有生效的场合，此时全案能否认定为犯罪未遂？二是行为人实施了先前行为，但是还没有发生法律所规定的罪量要素，行为人以外主体已经实施了责令、命令、请求等行为，行为人也实施了后续行为，此时全案能否认定为犯罪未遂？在程序性要素的体系定位尚不明确的情况下，实践中通常笼统地将程序性要素理解为构成要件要素。如此一来，全案能否认定为犯罪未遂就取决于对《刑法》分则规定模式的理解和对犯罪既遂标准的把握。而根据我国刑法理论的通说，《刑法》分则规定模式是犯罪既遂模式，犯罪既遂标准是犯罪构成要件齐备说，[①] 所以前述两种情形下行为人的行为都能构成犯罪未遂。但是，与我国虽然法律规定原则上处罚预备犯但是实务中很少处罚预备犯一样，[②] 实务中将这两种情形认定为犯罪未遂并追究行为人刑事责任的较为罕见。通说的观点是否完全正确，我们姑且不论，但是将本属于犯罪（未遂）的行为排除于犯罪圈之外，事实上忽视了对被害人合法权益的保护，导致了刑法法益保护目的的落空。

最后，与程序性要素的体系定位对共犯认定的影响相关联，在程序性要素有效的情况下，如何协调正犯与共犯的关系，会影响刑法法益保护机能的实现。共犯身份认定的矛盾仍然集中于正犯具有程序性要素而共犯不具备程序性要素以及正犯不具备程序性要素而共犯具备程序性要素的场合，在无法对程序性要素的体系定位进行准确界定的情况下，会导致原本值得处罚的行为被排除在犯罪圈之外。当然，体系定位只是影响共犯认定的一个因素，共犯理论内部的处罚根据、共犯本质以及成立要件等都会影响程序性要素欠缺时共犯身份的认定。例如，犯罪共同说、行为共同说等就会影响作为责任要

---

① 参见《刑法学》编写组：《刑法学（上册·总论）》（第2版），高等教育出版社2023年版，第220页。

② 参见刘明祥：《我国刑法规定的犯罪并非以既遂为模式》，载《法商研究》1990年第4期。

素的程序性要素欠缺时共犯的认定，因为共犯的本质如果是“犯罪”的共同，那么欠缺程序性要素也就意味着犯罪不成立，共同的基础也就不存在了；而如果是“行为”的共同，那么即便欠缺程序性要素，责任要素不存在也不影响违法性要素的充足，共同的基础依旧存在。[①] 目前，司法实践对共犯本质的把握采取了较为保守的态度，即要求至少部分犯罪的共同。[②] 如此一来，正犯不具备程序性要素（责任要素）的场合，共犯即便具备程序性要素，也不构成共同犯罪，甚至可能因为不承认“没有正犯的共犯”而不被认定为犯罪。最终的结局就是行为人造成了严重的法益侵害结果，但是因为程序性要素衔接上的缺陷，导致无法追究行为人的刑事责任，刑法未能及时有效地保护被害人的合法权益。

四、规范设置不科学

规范设置不科学，是指立法层面对于某些犯罪中增加的程序性要素抱有疑问。它与司法解释设置程序性要素与罪刑法定原则的抵触不同，后者主要表现为立法权限等形式层面的不足，前者则表现为设置（不设置）程序性要素缺乏实质合理性。概括来说，规范设置的不科学表现为三种形式：一是缺乏被害人的程序性要素启动主体地位，二是在某些自然犯中设置程序性要素缺乏合理性，三是在某些法定犯中未设置程序性要素值得商榷。虽然法律不是嘲笑的对象，但是如果缺乏理由的支撑，规则（当为规则）就不再有效。[③] 因为如果某种规范系统无法提供理由（它所诉诸的考虑无法支持或证成行为），那它不仅不是“我应该如何活”的（部分）答案，就连被考虑的资格都没有。[④] 就与程序性要素功能价值的偏离来说，没有赋予被害人程序性要素启动主体地位难以有效实现法益保护目的；在某些自然犯中设置程序性要

---

① 参见陈家林：《共同正犯研究》，武汉大学出版社2004年版，第63～73页。

② 参见官小汀、吴仕春：《部分共同的犯罪行为定性问题探析》，载《人民司法》2011年第19期。

③ 参见程红、简筱昊：《非法采砂行为扩张适用非法采矿罪的反思》，载《广西大学学报（哲学社会科学版）》2020年第5期。

④ 参见刘苏、徐梦秋：《理由、规则与行动——论拉兹的理由理论》，载《厦门大学学报（哲学社会科学版）》2017年第3期。

素则滥用了刑法的保障法地位，使刑法的发动依附于具体的行政行为或者民事行为，不利于有效地惩处犯罪、保护法益；而在某些法定犯中未能设置程序性要素，则有使刑法过分介入违法犯罪行为的嫌疑，与刑法的保障法地位相冲突。

首先，刑法中设置的程序性要素通常没有赋予被害人启动主体地位，导致被害人无法参与程序性要素的启动，容易造成法益保护的迟延乃至落空。以拒不支付劳动报酬罪为例，“经政府有关部门责令支付”的启动主体是政府部门，有学者通过统计40份判决书发现，程序性要素的启动主体有32例是劳动行政部门，有1例是劳动仲裁部门，有1例是人民法院，还有3例是劳动者或者其他单位（有3例启动主体不明）。[①] 具体来说，当拖欠劳动报酬的行为发生后，被害人只能首先向政府部门或者司法机关寻求救济，当政府部门或者司法机关对行为人作出支付劳动报酬的责令要求后，行为人仍不配合的，由作出责令要求的单位向公安机关移送案件，启动刑事追诉程序。在刑事追诉程序的启动中，完全没有被害人即被拖欠工资的劳动者参与的机会，对其权益的救济只能依赖行政机关或者司法机关的职权行为。如果行政机关或者司法机关因为某种原因未能将案件移送公安机关，就会导致对被害人权益的救济存在极大的不确定性。也正是被害人程序性要素（刑事程序）启动主体地位的缺失，导致司法机关的责任转嫁给劳动者和行政单位，使拒不支付劳动报酬的行为难以认定，刑事司法程序的启动困难重重，刘艳红教授甚至主张废除拒不支付劳动报酬罪。[②] 也就是说，程序性要素启动主体地位的缺陷，导致拒不支付劳动报酬罪在某种程度上成为不具有实际功效的“稻草人”罪名，未能取得改善劳资关系、调整薪资纠纷的实际效果，未能及时有效地保护劳动者的合法权益。

其次，在某些自然犯中设置程序性要素，导致犯罪行为的追究附属于行政机关的行为，滥用了补充性原则，而且不利于及时地保护被害人的合法权

① 参见舒平锋：《拒不支付劳动报酬罪研究——以40例拒不支付劳动报酬案件为分析样本》，载《中国刑事法杂志》2013年第2期。

② 参见刘艳红：《当下中国刑事立法应当如何谦抑？——以恶意欠薪行为入罪为例之批判性分析》，载《环球法律评论》2012年第2期。

益。如前所述，在法定犯中设置程序性要素可以有效缓解法定犯违法性认识复杂、法益性欠缺、罪刑设置不科学等与刑法基本原则容易产生冲突的特性。但是自然犯因为与伦理道德的关联紧密，行为的违法性一般容易被认识到，[①]没有必要通过程序性要素的设置来补足违法性或者有责性。在违法性判断和认识都较为清晰的犯罪中增加程序性要素，无疑将造成严重法益侵害结果的行为的刑事责任的追究从属于行政机关的具体行为，不符合刑法与其他法律间补充关系的理解。而且在违法性判断已经十分清楚的情况下，还要求行政机关处理后才能追究行为人的刑事责任，无益于法益的保护。同样以拒不支付劳动报酬罪为例，《刑法》第 276 条之一的表述是逃避支付劳动报酬或者不支付劳动报酬，数额较大，经政府有关部门责令支付仍不支付的，与侵占罪之间形成事实上的法条竞合关系。[②] 原先如果没有第 276 条之一的规定，行为人不支付数额较大的劳动报酬的行为可以根据侵占罪定罪量刑，但是《刑法》增加第 276 条之一的规定后，行为人不支付数额较大的劳动报酬的行为只有经过有关部门的处理后，才能视情况追究行为人的刑事责任。立法者设置拒不支付劳动报酬罪及其程序性要素的初衷是贯彻宽严相济的刑事政策，但是事实上却阻碍了刑法功能的有效发挥。

最后，在某些法定犯中未能设置程序性要素，导致刑法介入的范围过于宽泛、介入的时间过于提前，不符合刑法保障法地位的要求。法定犯时代的到来已经成为不争的事实，但是其特性也确实对现代刑法理论提出挑战，尤其与传统的自然犯相比，法定犯的规定主要源于行政执法力度疲软、效果不佳，而非出于对人类正直、怜悯等自然感情的挑战。换句话说，法定犯不具有明显的反伦理性，只是因为行政执法无法实现对某些行为的秩序管理而将这些行为规定为犯罪。刑法事实上已经从保障法变成了前置法。[③] 目前学界对刑法立法模式的争论即法典化与解法典化以及轻罪体系的构建或许也是为

---

① 参见郑旭江：《自然犯与法定犯的重读与重构》，载《青少年犯罪问题》2017 年第 1 期。

② 参见李梁：《拒不支付劳动报酬罪的行政附属性规定研究》，载《政法论坛》2017 年第 5 期。

③ 参见刘艳红：《当下中国刑事立法应当如何谦抑？——以恶意欠薪行为入罪为例之批判性分析》，载《环球法律评论》2012 年第 2 期。

了在法定犯与自然犯之间进行不同的理论构建。[①] 我国《刑法》分则中的法定犯并不罕见并且占据相当比重，主要集中于第三章破坏社会主义市场经济秩序罪和第六章妨害社会管理秩序罪中，因为不少罪名都以保护抽象的经济秩序或者社会秩序作为直接客体，难以对它们进行个体利益的还原。对于这些犯罪如果不能通过设置程序性要素或者实质解释出罪的方式限缩处罚范围，将导致刑法制裁成为一种积极的社会治理方式，而非具有被动属性的司法活动。但是相较于过于依赖实务者个人能力的实质解释出罪，设置程序性要素更能保障公民的预期，能够从刑罚发动的要件上巩固刑法的保障法地位。

① 参见何荣功：《我国轻罪立法的体系思考》，载《中外法学》2018年第5期。

第三章
程序性要素体系定位的理论回应

程序性要素的体系定位问题，即程序性要素在犯罪论、刑罚论乃至刑事法学中处于什么地位。对该问题的回答，直接关系到程序性要素功能价值的实现。关于程序性要素的体系定位问题，学界目前至少已经形成了诉讼证明要素说、量刑情节说、客观处罚条件说、犯罪构成要件要素说、违法要素说、责任要素说以及标识功能说等观点。这些观点在各自的论述场域下都存在部分合理性，但是系统梳理过我国刑法规范中的程序性要素就会发现，程序性要素本身存在多种类型，单一观点无法适应多类型程序性要素的需求。为了更好地确定程序性要素在犯罪论、刑罚论乃至刑事法学中的体系地位，本章拟在细致梳理程序性要素体系定位既有学说的基础上，批判性地总结既有学说的优缺点，然后根据程序性要素的多种类型"类型化"地提出自己的观点。

第一节 程序性要素体系定位的学说梳理

虽然理论界与实务界关于程序性要素在犯罪论体系中的地位的系统论述相对较少，但是个罪中有关程序性要素的研究比较丰富，笔者梳理既有文献后发现，学界关于程序性要素的体系定位已经形成了多样的观点。概括来说，目前至少存在诉讼证明要素说、量刑情节说、客观处罚条件说、犯罪构成要件要素说、违法要素说、责任要素说以及标识功能说等具有代表性的观点。这些观点，除了诉讼证明要素说、量刑情节说和标识功能说，其他观点都是在犯罪构成体系内部的争论。当然，这些观点之间并非总是绝对的对立关系，有些观点甚至是在其他观点上的进一步发展。只是或许也正是因为没有系统梳理刑法中的程序性要素，某个罪名中程序性要素的体系定位可能无法适用于其他罪名。但是在单一罪名中进行体系定位的实质理由，是我们系统研究程序性要素体系定位的经验素材和灵感来源。所以，本节将尽可能梳理现有研究成果，主要是个罪研究中具有代表性的程序性要素体系定位的观点。

一、诉讼证明要素说

目前，学界对程序性要素的体系定位持诉讼证明要素说的学者为赵运锋教授。赵运锋教授在解释自己提出的“程序性要素”的观念形象时，明确主张他的“程序性要素”与卢勤忠教授所提出的“程序性构成要件要素”（亦简称为“程序性要素”）不同，并认为卢勤忠教授的“程序性构成要件要素”虽然与实体要件形成区别，但是本质上都属于构成要件要素，服务于犯罪的认定与评价，而他提出的“程序性要素”是一种诉讼证明要素，是与构成要件相并立的诉讼程序要素，其凸显的是诉讼证明价值。为了论证自己的观点，赵运锋教授以《刑法》第201条第4款逃税罪初犯免责条款规定的程序性要素“经税务机关依法下达追缴通知后”为例，认为将此类规定理解为客观处罚条件，没有认识到程序性要素的诉讼价值和方法意义。然后借用德国鲍曼教授的观点，“只有当一个要素对行为人施以刑罚的评价是必要的时候，才可以归为实体法。与罪责无关的作为责任前提的整体性要素必须从犯罪成立体系中移除，划入程序法的范畴”，主张从诉讼程序的角度认识和研究程序性要素。而程序性要素在诉讼程序中最核心的作用就是证明主观要件。例如，在恶意透支型信用卡诈骗罪中，如果司法机关忽略“经发卡银行催收后仍不归还”的证明作用，就会导致无法准确认定此类信用卡诈骗犯罪中行为人的“非法占有目的”，或者即便可以通过行为时行为人的外在表现推断行为人的“非法占有目的”，但是可能也不及“经发卡银行催收后仍不归还”证明得确切。换句话说，“经发卡银行催收后仍不归还”是证明行为人主观方面的程序性要素，是对“非法占有目的”的重申和证明。[①]

赵运锋教授所主张的诉讼证明要素说是在批判客观处罚条件说的过程中证立的。他认为，诉讼证明要素说相较于客观处罚条件说至少具备两点优势：

---

① 参见赵运锋：《论刑法条文中的“程序性要素”》，载《法学》2021年第7期。

一是更有利于判断犯罪是否成立。诉讼证明要素说下的程序性要素服务于行为人主观要素的证明，解决的就是犯罪是否成立的问题。而客观处罚条件说解决的是处罚必要性的问题，程序性要素将被置于刑罚论的层面讨论。从所解决的问题和被归置的阶层可以看出，诉讼证明要素说更有利于判断犯罪是否成立。二是更利于确定处罚范围。以恶意透支型信用卡诈骗罪为例，客观处罚条件说的理论预设是难以区分善意透支和恶意透支，难以认定行为人的“非法占有目的”，继而难以确定处罚范围。但是诉讼证明要素说认为，只要“经发卡银行催收后仍不归还”的，就可以认定行为人具有“非法占有目的”，就可以区分善意透支和恶意透支，客观处罚条件说预设的处罚范围不明确的前提并不真实存在。因而，诉讼证明要素说更有利于确定处罚范围。①

二、量刑情节说

对程序性要素的体系定位持量刑情节说的学者，基本上认为程序性要素以及行为人的后续行为反映了行为人的人身危险性，而反映人身危险性的要素是量刑时必须考虑的重要情节。李梁副教授在研究拒不支付劳动报酬罪的程序性要素的相关问题时，旗帜鲜明地主张将其界定为量刑情节。李梁副教授认为，程序性要素是“对人身危险性的描述，而对非（此处存在笔误，应为“非对”。——笔者注）法益侵害性的描述”。因为一方面，立法者在设置程序性要素时并没有将劳动者的支付成本纳入考量范围，他们重视的是用人单位的行为无价值，而非因为拖欠工资以及后续追偿工资产生的结果无价值。程序性要素的启动包括两种情形，一种情形是劳动者在追偿无果的情况下向有关部门反映，然后有关部门责令用人单位支付劳动报酬；另一种情形是有关部门自己发现用人单位拖欠工资的事实，然后责令用人单位支付劳动报酬。第一种情形下，劳动者追偿劳动报酬的过程事实上增加了生活成本，即追偿劳动报酬增加了额外支出。第二种情形下，劳动者的生活成本没有增加。立法者将这两种情形不加区分地置于同一程序性要素规定之中，显然重视的不是行为对法益的侵害。另一方面，在程序性要素之前，行为人“不支付”数

① 参见赵运锋：《论刑法条文中的“程序性要素”》，载《法学》2021 年第 7 期。

额较大的劳动报酬的行为已经具备可罚的违法性，程序性要素之后的“不支付”行为没有造成进一步的法益侵害结果，只是表明行为人与法规范的对抗态度。换句话说，程序性要素之后的仍不支付劳动报酬的行为并没有加重违法性，但是体现了行为人具有较重的人身危险性。而反映人身危险性的要素，除了故意与过失被置于有责性阶层，均在量刑阶段发挥作用，构成影响量刑的情节，并且是影响预防刑的量刑情节。①

王志祥教授在论及逃税罪初犯免责条款与宽严相济的刑事政策的关系时也指出，其中的程序性要素以及行为人的后续行为影响的是行为人的人身危险性，而不是行为的社会危害性。王志祥教授认为，犯罪行为停止以后，社会危害性就成为既定的事实，行为人不能通过事后的表现来改变行为的社会危害性。但是人身危险性是行为人的主观危险状态，可以根据行为人的事后表现作出规范评价上的变动。例如，行为人在税务机关追缴后，积极缴纳税款和滞纳金并接受处罚的，说明行为人的人身危险性降低至不需要处罚的程度，丧失处罚的刑事政策依据。但是，一般情况下仅具有影响量刑效果的事后条款为何在逃税罪的惩处中可以产生除罪（免罚）效果？王志祥教授的思考是，程序性要素以及行为人的后续行为原则上仍然属于量刑情节，但是出于实现刑法外目的（及时追缴税款、保持市场主体存活等），允许给予行为人一定的定罪上的优惠，即只允许对社会危害性较轻的逃税行为的初犯给予除罪（免罚）优惠，对于社会危害性较重的逃税行为，即便行为人及时缴纳税款和滞纳金并接受相应的处罚，也只能在量刑上从宽对待。至于除罪（免罚）是否会损害犯罪构成的定罪机能，王志祥教授认为，犯罪构成的定罪机能体现为两个命题：一是犯罪必定充足犯罪构成，二是不充足犯罪构成的必定不构成犯罪，而不是充足犯罪构成的一定构成犯罪或者不构成犯罪的一定不充足犯罪构成，这与罪刑法定原则的意义在于限制入罪是一致的。②

胡剑锋检察官在探讨“行政处罚后又实施”规定的入罪根据时认为，行政处罚以及后续行为人的表现虽然可以影响犯罪的成立，但是其在本质上属

① 参见李梁：《拒不支付劳动报酬罪的行政附属性规定研究》，载《政法论坛》2017年第5期。

② 参见王志祥、王奕琛：《宽严相济刑事政策在逃税罪初犯免责条款中的贯彻——以范某某巨额逃税案为切入点》，载《铁道警察学院学报》2019年第2期。

于反映行为人人身危险性的因素，而非决定社会危害性的情节。在逃税罪的场合，立法者将逃税数额反映出的社会危害性和“行政处罚后又实施”反映出的人身危险性作同等对待（作为犯罪成立的罪量要素），是立法者出于惩处犯罪的刑事政策目的对社会危害性与人身危险性的关系作出的法律拟制。但是在我国，反映人身危险性的要素一般不是定罪要素，而是量刑情节。量刑情节的地位决定了如果尚未被司法机关定罪，即便行为已经造成了严重的社会危害性，也不能且没有必要评价行为人的人身危险性。而且，法律拟制往往只适用于法律有明确规定的有限场合，即走私普通货物、物品罪，逃税罪和非法种植毒品原植物罪中，并且需要从补齐违法性的角度限缩法律拟制规定的适用。如此一来，程序性要素以及行为人的后续行为就是反映人身危险性的量刑情节，不能拟制为反映社会危害性的定罪要素。①

陈松然在论证拒不支付劳动报酬罪的“责令支付”要件的法理基础时指出，程序性要素之前的不支付劳动报酬的行为是拒不支付劳动报酬罪的客观要件，程序性要素以及行为人的后续行为是构成要件之外的要素，即客观处罚条件。政府有关部门的责令行为与该罪的保护法益以及违法判断没有必然关联，它们只是反映行为人人身危险性的处罚情节。政府有关部门责令后，如果行为人积极支付劳动报酬，说明行为人的悔罪态度积极，可以从轻处罚；如果行为人拒不支付劳动报酬，说明行为人主观恶性较强，不得从宽处理。但是无论如何，行为人的事后态度无法改变劳动者权益被侵害的事实。② 陈松然实际上对拒不支付劳动报酬罪的程序性要素作出了两种不同的定性，一方面，《刑法》分则明确规定了“经政府有关部门责令支付”的要件，那么该要件无论如何都需要在犯罪构成体系中寻找到定位，但是由于传统的犯罪构成都是以行为人为中心的要件，所以只能在犯罪构成要件之外寻找其可能的定位，即在客观处罚条件；另一方面，将程序性要素设定为客观处罚条件（前置要件）又会导致拒不支付劳动报酬罪的认定具有极大的不确定性，导致犯罪的认定附属于行政执法的实施。因而从实现理论自洽性的目的出发，

---

① 参见胡剑锋：《“行政处罚后又实施”入罪的反思及限缩》，载《政治与法律》2014 年第 8 期。

② 参见陈松然：《拒不支付劳动报酬罪宜删除“责令支付”要件》，载《中国检察官》2015 年第 12 期。

程序性要素是反映人身危险性的要素，应当定位于量刑情节。

虽然是从不同罪名中展开的研究，但是量刑情节说的基本立场是一致的，大致可以作出以下的归纳。首先，量刑情节说的各种观点均立足于社会危害性与人身危险性的区分理解之下。社会危害性是包括客观危害与主观恶性（罪过）的综合概念，影响着犯罪的成立。人身危险性则是区别于主观恶性的反映行为人再犯可能性的概念，影响着刑罚的裁量。其次，程序性要素不对客观危害和主观恶性产生影响。具体犯罪的社会危害性充足与否，取决于程序性要素之前的行为人的行为（包括作为和不作为）。换句话说，行为人的先前行为已经具备值得科处刑罚的社会危害性。最后，程序性要素以及行为人的后续行为对人身危险性产生影响。具体来说，行为人在实施具有严重社会危害性的先前行为之后，经过国家机关或者非国家机关的责令、命令或者请求后，行为人的后续行为并不影响先前行为的客观危害和主观恶性，但是能够反映行为人对待法规范的态度以及再犯的可能性。

三、客观处罚条件说

对程序性要素的体系定位持客观处罚条件说的学者，主要立足于阶层犯罪构成体系展开。客观处罚条件本身就是舶来于德国刑法教义学的外来语，它产生的一个前提就是“那个时代根深蒂固的体系性需求”。[①] 而这种体系性需求就是将刑法所规定的个别例外情况（《德国刑法典》第59条规定的不要求行为人认识的不可归责于行为人的法定构成要件）进行体系性的概括并与阶层犯罪构成体系实现融合。所以客观处罚条件的讨论语境一定是阶层犯罪构成体系。客观处罚条件的设置理由大致包括两个：一是刑事政策的考量，即行为本身已经失去预防的必要性。例如，贝林格就是在相对刑罚威慑的意义上考虑客观处罚条件的体系定位。[②] 二是刑法外利益的衡量。根据黑格勒的区分，它包括三种情形，即违法要件征表的法益侵害无意义时通过客观处罚条件标识有意义的法益侵害、损害外国利益时根据客观处罚条件（与外国

① 参见王钰：《德国刑法教义学上客观处罚条件的起源——立法、司法和学说的全面回顾》，载陈兴良主编：《刑事法评论》第30卷，北京大学出版社2012年版，第360页。

② Ernst Beling, Die Lehre vom Verbrechen, J. C. B. Mohr, 1906, § 3 Rn. 63.

存在外交关系等）的充足发动刑罚处罚和相反利益阻碍下根据客观处罚条件的充足发动刑罚处罚。①

张明楷教授在论述恶意透支型信用卡诈骗罪的程序性要素“经发卡银行催收”的体系定位时采取了客观处罚条件说的立场。张明楷教授将“经发卡银行催收”认定为客观处罚条件主要有以下三个理由：第一，符合刑事政策的考量。刑法惩处犯罪的目的在于预防犯罪，如果行为人在发卡银行催收后已经履行了偿还欠款的义务，一方面对行为人的特殊预防必要性归于消失，另一方面行为人回归法秩序后也不会成为一般人实施违法行为效仿的对象，一般预防必要性消失。将“经发卡银行催收”定位于客观处罚条件符合其设置的第一个理由。第二，符合刑法外利益的衡量。银行发行信用卡时已经将行为人透支信用卡的行为纳入考虑的范围，并通过收取透支利息和滞纳金的方式为银行开辟重要的业务收入来源。如果行为人在发卡银行催收后即履行偿还欠款和利息的义务，银行的业务目的就已经实现了，此时再处罚行为人，就与刑法外的利益发生了冲突。所以只有在刑法外利益也无法实现时才处罚行为人。因而，将“经发卡银行催收”定位于客观处罚条件符合其设置的第二个理由。第三，可以明确处罚范围。信用卡透支行为可以分为善意透支和恶意透支，并且刑法只能处罚后者。但是两者的区分并不容易，因为善意与恶意都是行为人的内心想法，外在的行为（不作为）特征并不明显。将“经发卡银行催收”定位于客观处罚条件就可以克服主观区分困难的障碍。②

邱陵在证立拒不履行信息网络安全管理义务罪程序性要素的体系地位时，也基本赞同客观处罚条件说，并给出了与张明楷教授相似的论据。邱陵认为将该罪的程序性要素认定为客观处罚条件主要包括两个理由：一是如果行为人在经过有关部门的责令改正后，积极履行了网络安全管理义务，并且承担相应的行政责任，说明行为人已经回归法秩序，被破坏的一般人的规范信赖也因为行为人的积极履行义务行为而修复，就没有了对行为人科处刑罚的实质理由。因为刑罚的目的是特殊预防与一般预防，所以行为人履行义务后，

① Hegler August, Die Merkmale des Verbrechens, ZStW 36 (1915), S. 224 - 228.

② 参见张明楷：《恶意透支型信用卡诈骗罪的客观处罚条件——〈刑法〉第196条第2款的理解与适用》，载《现代法学》2019年第2期。

特殊预防与一般预防的必要性均就不复存在了。二是不作为犯形式的不履行网络安全管理义务行为的规范意识偏离情况并不容易被证明，将监管部门的责令行为界定为客观处罚条件，可以根据责令后的行为人的后续行为，来确定行为人的规范意识是否有必要予以重塑——如果行为人拒绝改正，规范意识就有被重新塑造的必要，相反则没有，有利于明确处罚范围。① 前者即客观处罚条件设置的刑事政策理由，后者即张明楷教授提及的明确处罚范围的理由。

黄继坤副教授在论证拒不支付劳动报酬罪程序性要素的体系定位时，基本采取了客观处罚条件说的立场。黄继坤副教授认为，拒不支付劳动报酬罪的实行行为是诈骗劳务，立法者之所以单独规定该罪，是因为对劳务的诈骗在司法实务中存在证明上的困难。结合该罪的实行行为，黄继坤副教授分两种情形对程序性要素的定位作出了交代。一是在签订劳务合同的场合具有支付劳动报酬的意思，只在支付劳动报酬时才产生不支付意思的，程序性要素以及行为人的后续行为就是“客观的超过要素”，为违法性提供根据。二是在签订劳务合同时即有不支付劳动报酬意思的，程序性要素以及行为人的后续行为就是“客观处罚条件”，因为程序性要素之前的行为本来就符合（合同）诈骗罪的犯罪构成。② 但是“客观的超过要素”概念从诞生以来就是客观处罚条件在我国犯罪构成体系中的变异。因为，一方面，要求所有的客观要素都成为主观故意的认识内容并不现实；另一方面，德日刑法中解决主客观不一致问题的客观处罚条件概念在我国四要件犯罪构成体系中不存在生存的土壤。为了使我国客观内容超过主观认识的情况得到妥善解决，有必要借鉴主观的超过要素概念使客观处罚条件的概念本土化为“客观的超过要素”。③ “客观的超过要素”本质上属于客观处罚条件的一种类型。所以，黄继坤副教授对拒不支付劳动报酬罪程序性要素的定位可以概括为客观处罚条件说。

---

① 参见邱陵：《拒不履行信息网络安全管理义务罪探析》，载《法学杂志》2020 年第 4 期。

② 参见黄继坤：《论拒不支付劳动报酬罪的几个重要问题——对〈刑法修正案（八）〉的解读》，载《当代法学》2012 年第 3 期。

③ 参见张明楷：《“客观的超过要素”概念之提倡》，载《法学研究》1999 年第 3 期。

客观处罚条件说是超出四要件的犯罪构成体系，站在阶层的犯罪构成体系的基础上得出的学说。客观处罚条件说不赞同将四要件犯罪构成体系奉为圭臬，主张在对犯罪构成体系进行重大修改的基础上引入在域外获得丰硕成果的概念和理论。对客观处罚条件说持肯定态度的学者基本上从两个方面展开自己的论证，一是将程序性要素界定为客观处罚条件符合程序性要素的设置理由，二是将程序性要素界定为客观处罚条件具有功能上的优势。但是，客观处罚条件概念的产生本来就服务于具体问题的解决，所以也可以认为客观处罚条件的设置理由同质于功能优势，具体包括刑事政策衡量、（刑）法外利益衡量和教义体系协调。刑事政策衡量即考虑刑罚发动的实质根据，考虑行为人的预防必要性和处罚必要性。（刑）法外利益衡量即在与其他法规范衔接的意义上，衡量其他法规范目的与刑法规范目的的实现关系，以决定对行为人科处刑罚的必要性。教义体系协调则是通过概念的创设或者体系的修正避免教义体系系统性的不协调。

四、犯罪构成要件要素说

受四要件犯罪构成体系以及“一般将法律所规定的犯罪类型称为‘特别构成要件’”的影响，[①] 不少学者在论及程序性要素时默认将其定位于犯罪构成要件要素。例如，杜邈检察官在论及拒不支付劳动报酬罪的程序性要素时就直接将其默认为犯罪构成要件要素，并将其定位于“客观要件”的范畴，但是对究竟为何是客观要件则没有具体展开。[②] 再如，赖早兴教授在论述拒不履行信息网络安全管理义务罪的程序性要素的组成特征时指出，监管部门的责令行为是行为人被追究刑事责任的前提条件，在被监管部门责令之前，行为人的行为即便导致了《修九》所规定的严重后果或者情节，也不构成犯罪，因而程序性要素是该罪的成立要件。[③] 具体来说，我国采取的是四要件犯罪构成体系，影响犯罪成立的要素都属于犯罪构成要件要素。而程序性要

① 参见付立庆：《犯罪构成理论：比较研究与路径选择》，法律出版社2010年版，第4页。

② 参见杜邈、商浩文：《拒不支付劳动报酬罪的司法认定》，载《法学杂志》2011年第10期。

③ 参见赖早兴：《论拒不履行信息网络安全管理义务罪中的“经监管部门责令改正”》，载《法学杂志》2017年第10期。

素均是规定于《刑法》分则的影响犯罪成立的要素（实际上也存在影响量刑的程序性要素），因而也属于犯罪构成要件要素。

也有学者对程序性要素的犯罪构成要件要素地位作出了明确的界定。卢勤忠教授指出，犯罪构成实际上是行为是否构成犯罪的评价标准，构成要件要素就是组成犯罪构成要件的要素。判断一个要素是不是属于要件要素，就看其是否影响犯罪的成立。而影响犯罪成立的要素不仅包括行为、结果等实体性要素，也包括政府责令等程序性要素。所以程序性要素就是犯罪构成要件要素。但是卢勤忠教授又进一步指出，程序性要素类似于德日犯罪论体系中的客观处罚条件，都不要求行为人具有与之对应的主观心理，不以行为人的意志为转移。只是由于我国的犯罪构成体系与德日的并不相同，客观处罚条件的体系定位在我国没有存在的空间，规定在《刑法》分则的罪状只能在犯罪构成体系内部寻求定位。因此，犯罪构成要件要素的体系定位是契合我国四要件犯罪构成体系的理论选择。① 杜宇教授也认为，程序性要素虽然被冠以“程序性”的称谓，但是其本质上仍然是实体性要素。在包含程序性要素的犯罪的完整结构中，行为人首先通过自己的先前行为第一次触碰法秩序，然后通过程序性要素以及自己的后续行为巩固自己违反法秩序的状态。换句话说，包含程序性要素的犯罪存在着二元违法构造。所以，在阶层犯罪的犯罪构成理论中，程序性要素参与着构成要件定型的塑造作用，同时彰显着行为违法性的构造；在四要件犯罪构成理论中，程序性要素就属于客观方面要件的内容。②

董璞玉博士在探析网络犯罪中“责令改正”的合理性时指出，“‘责令改正’的规定是构成要件要素的内容，影响拒不履行信息网络安全管理义务罪的犯罪客体的保护”。董璞玉博士从不作为犯理论的角度展开该问题的论证，认为现实生活中网络服务者应当对其支配领域内的违法犯罪行为承担一定的责任，如果不要求网络服务者承担责任，违法犯罪行为就会充斥网络空间。但是考虑到网络服务者毕竟是网络技术发展的一个重要环节，如果对其科以

① 参见卢勤忠：《程序性构成要件要素概念的提倡》，载《法律科学》2016 年第 6 期。
② 参见杜宇：《程序性犯罪构成要素的性质》，载《中国法学》2022 年第 5 期。

过分沉重的监督管理责任，会阻碍其可持续发展。而且我国法律规范体系非常庞杂、规范表述较为抽象，网络服务者监管责任的范围并不明确。通过相关部门的责令行为，可以让网络服务者的监管义务明确化并且限定在合理的范围内。如果不通过刑法规定予以限制，网络服务者的任何技术支持行为都可能因为违反广泛的行政义务而被科处刑罚，造成处罚范围的无限扩张。概括来说，有关部门的责令行为是不作为犯罪义务来源的组成部分，是不作为犯罪的构成要件的内容。①

熊波副教授在论述拒不履行信息网络安全管理义务罪的适用困境时认为，程序性要素的存在导致刑事司法对行政执法、刑事违法判断对行政违法判断具有极强的依附性。问题就主要在于理论与实务对程序性要素的性质缺乏准确的认知。实务界倾向于将程序性要素认定为刑事不法判断的前置条件，即如果没有程序性要素，即便造成了严重的法益侵害结果，行为也不具有违法性。但是这种观点显然忽视了法定犯（行政犯）的内在类型区别，有些法定犯刑事不法的判断依赖于行政不法的判断，但是有些法定犯，虽然基于某种原因与行政规范发生关联，但是刑事不法的判断具有独立性。前者即不法前置型法定犯，后者即程序前置型法定犯。在程序前置型法定犯中，程序性要素强调的是“行政程序的经历性”，即便程序并不完全符合行政规范的要求，也不影响刑事违法性的判断。在四要件犯罪构成体系中，程序性要素虽然不影响刑事不法的判断，但是影响犯罪的成立，所以也是犯罪构成要件要素。此外，程序性要素虽然具备一定的程序性特点，但是当被纳入构成要件要素的范畴时，它就不再是实体性构成要件外的要素。简单来说，在程序前置型法定犯中，刑事不法的判断具有相对独立性，刑法规定的要素的判断也具有相对独立性，虽然程序性要素的内容本身很大程度上依赖于行政规范的解释，但是刑法对其提出了契合规范目的的要求，“程序性”在经过《刑法》分则的规定后也具备了“实体性”的特征。②

---

① 参见董璞玉、陈琦：《网络犯罪中“责令改正”规定之合理性探析》，载《南开法律评论》编辑部编：《南开法律评论》第13辑，中国检察出版社2019年版，第59~60页。

② 参见熊波：《网络服务提供者刑事责任“行政程序前置化”的消极性及其克服》，载《政治与法律》2019年第5期。

薛培检察官在拒不支付劳动报酬罪程序性要素的犯罪构成要件要素定位与客观处罚条件定位中选择了前者，并给出了以下两个理由：一是客观处罚条件在我国缺乏赖以生存的土壤。因为我国采用的是四要件的犯罪构成体系，没有为客观处罚条件预留体系上的位置。仅凭一次立法，尚不能突破现有理论限制，将客观处罚条件带入我国刑法中。二是犯罪构成要件要素可以对加重犯中的“造成严重后果”进行规制。如果将程序性要素定位于客观处罚条件，将导致造成严重后果的不支付劳动报酬行为突破程序性要素的限制，进而过度追究支付义务人的刑事责任。①

犯罪构成要件要素说的各种观点虽然在最终结论上保持了一致，但是就程序性要素的应然定位仍然存在理论内部的争议。之所以采取犯罪构成要件要素说的最终定位，是因为根据四要件的犯罪构成体系，影响犯罪成立（刑罚发动）的要素都是构成要件要素。它们的立论基础都是四要件的犯罪构成体系。也正因如此，笔者在此处没有将其简称为“构成要件要素说”。但是如果抛开四要件的犯罪构成体系，程序性要素可能具备什么样的体系定位？卢勤忠教授赞同客观处罚条件说；董璞玉博士赞同违法要素说；熊波副教授没有给出体系外的解答，但是在他的行政犯区分概念下，程序性要素很大程度上可以归结为客观处罚条件；薛培检察官也没有给出明确的体系外的定位，但是他同时否定了客观处罚条件说。

五、违法要素说

违法要素说以及责任要素说是对犯罪构成要件要素说的进一步推进，即将四要件犯罪构成体系中的定位置于阶层犯罪构成体系中做进一步的检验。目前，阶层犯罪构成体系主要有两种，一种是两阶层的犯罪构成体系，另一种是三阶层的犯罪构成体系。但是，一方面，无论是采取两阶层还是三阶层，阶层犯罪构成体系都是以违法与责任为支柱的；另一方面，“三阶层与两阶层的分歧主要在于是不是违法类型说彻底化以及如何处理假想防卫之类的案

① 参见薛培、叶小舟：《拒不支付劳动报酬罪的规范适用》，载《中国检察官》2015年第16期。

件”[①]，三阶层之下的构成要件符合性同样服务于违法性的认定。所以，对犯罪构成要件要素的阶层化检验主要区分为违法要素说与责任要素说。

将程序性要素定位于违法要素的观点主要从不作为犯的作为义务来源的角度展开，即将国家机关或者非国家机关的责令、命令、请求等行为作为行为人作为义务的来源。[②] 例如，王海军教授在论述巨额财产来源不明罪的实行行为时指出，纯正的不作为犯是由刑法明文规定的只能以不作为的形式构成的犯罪，巨额财产来源不明罪虽然不具有前置法律规范赋予的作为义务，但是《刑法》通过分则规定科以行为人特定情况下的财产来源说明义务，并且以有关部门的责令为限。换句话说，即便不存在其他法律规定的为刑法所认可的作为义务，刑法也可以通过自身立法创设行为人的作为义务。巨额财产来源不明罪中（刑法规定的）有关部门的责令行为就是行为人的作为义务的来源。行为人如果不履行前述说明义务，就构成“不作为”犯罪。王海军教授在文章中还进一步指出，《日本刑法典》第107条所规定的“受有权之公务员三次以上解散命令”也是刑法直接规定作为义务的典型。[③] 在另一篇文章中，王海军教授对拒不支付劳动报酬罪的程序性要素作出了类似的界定。但是与巨额财产来源不明罪的单一保护法益稍有不同的是，王海军教授认为，拒不支付劳动报酬罪的保护法益是劳动者的财产利益和诚信公正的市场秩序，程序性要素之前的不支付劳动报酬的行为服务于财产利益侵害的认定，程序性要素以及后续的仍不支付行为则服务于市场秩序侵害的认定。然而这样的区别并不能掩盖程序性要素作为义务来源的事实，因为拒不支付劳动报酬罪本质上仍然属于违反命令性规范（《劳动法》等规定的足额支付劳动报酬的义务）的不作为犯罪，政府有关部门的责令行为既是对不支付劳动报酬行为

---

① 张明楷：《犯罪构成体系与构成要件要素》，北京大学出版社2010年版，第112页。

② 作为义务（保证义务）的体系定位在理论中存在统一说和二分说的争论。统一说认为保证义务是保证人地位的前提，两者是一体的，因为保证人是构成要件层面的行为主体，所以保证义务也是构成要件要素。二分说则认为保证义务与保证人地位是分离的，只有处于保证人地位的人才具有保证义务，保证人属于构成要件要素，保证义务属于违法要素。但是无论是统一说还是二分说，都不否认作为义务与违法性的关联，只是其在阶层体系中的位置存在些许差异。

③ 参见王海军：《关于界定巨额财产来源不明罪实行行为的新思考》，载《湖北社会科学》2009年第9期。

的承接，也是对后续仍不支付行为的过渡。“只要政府部门实施了责令行为，欠薪者即产生必须支付的义务。”①

谢望原教授在论证拒不履行信息网络安全管理义务罪的行为构造时也对监管部门的责令行为作出了作为义务来源的界定。谢望原教授认为该罪是一个典型的纯正不作为犯罪，认为这种犯罪只能以不作为的形式构成。但是它又与一般的不作为犯罪不同，因为它的“义务”具有双层次的特点。具体来说，刑法中的不作为犯罪可以分为纯正的不作为犯罪和不纯正的不作为犯罪，不纯正的不作为犯罪需要刑法理论对其作为义务来源进行补齐和论证，而纯正的不作为犯罪的作为义务则由刑法明文规定。后者通常又可以分为两种形式，即刑法对其他法律规定的作为义务进行确认和刑法自行规定作为义务，但是它们一般都是单一的。但是拒不履行信息网络安全管理义务罪的作为义务来源具有双层次：第一层次是由《网络安全法》等非刑事法律规定的义务，即《刑法》第286条之一规定的“法律、行政法规规定的信息网络安全管理义务”；第二层次是刑法规定的义务，即该条规定的“经监管部门责令采取改正措施”。也就是说，该罪的作为义务来源不仅有非刑事法律规定的义务，还有《刑法》规定的义务。立法者之所以这样安排，是因为一方面，网络服务提供者在网络违法犯罪中扮演着技术服务者的角色，对“服务”范围内的网络违法犯罪行为具有一定的支配性；另一方面，正是因为其承担“服务者”的角色，使国家不能强求其担任网络警察的角色，只有在其违反第一层次义务后进一步违反第二层次义务，才能被追究刑事责任。② 李世阳副教授在论述该罪的构成特征时对程序性要素的地位也持相似观点。李世阳副教授言道，“网络服务提供者对处于其管理、控制之下的平台或网站负有管理义务”，是第一性的；政府部门的责令行为使抽象的网络安全管理义务成为具体的作为或者不作为义务，是第二性的。不服从监管部门的责令要求，将对网络安全管理义务的违反提高到了可罚的程度，是该罪成立的违法

① 王海军：《拒不支付劳动报酬罪的规范性解读——基于“双重法益”的新立场》，载《法学评论》2013年第5期。

② 参见谢望原：《论拒不履行信息网络安全管理义务罪》，载《中国法学》2017年第2期。

要素。[①] 换句话说，行为人违反第一性的网络安全管理义务的行为的违法性尚未达到可罚的程度，但是违反第二性义务则使行为的违法性达到可罚的程度。程序性要素存在的目的是为违法性的认定提供根据。

周光权教授也认为，应该将拒不履行信息网络安全管理义务罪的程序性要素定位于违法要素，但是他不主张从不作为犯作为义务来源的角度展开论证，而是从结果的客观归属层面推进研究。周光权教授认为，与事实的、经验的、存在论上的作为犯罪相比，不作为犯罪从产生以来就带有浓厚的规范色彩。以罗克辛教授为代表的德国学者在区分作为犯与不作为犯时都是以义务犯理论为基础的，但是义务犯理论就是因为存在论、事实论上的支配不能涵盖所有的正犯类型而产生的功能性概念。所以，对于不作为犯罪来说重要的是行为人对其所承担的社会角色的违反，行为人现实地、物理性地实施了何种行为并不重要。从操作便宜的角度来说，如果一个犯罪既可以从作为的角度论证也可以从不作为的角度论证，就应该优先考虑从作为的角度展开论证。而拒不履行信息网络安全管理义务罪，根据《修九》第28条第3款的规定（与其他罪名竞合的场合，择一重处），极易形成作为与不作为的竞合。根据客观归责理论，即便不履行信息网络安全管理义务的行为（通常是技术协助等作为行为）已经制造了一定的法益侵害危险，但是由于技术具有一定的“中立性”，此时还不能认为行为人制造了不被允许的危险。但是如果在经过相关部门责令改正后，行为人还不改正，就可以认为原本可以防止的风险被实现了，“行为制造了法益风险”。[②] 换句话说，那些具有危险性的中立的网络服务行为虽然创造了风险，但是还缺乏行为人履行义务的期待可能性，只有经过相关部门的责令，使行为人认识到自己的行为对网络违法犯罪行为的帮助性，才能够期待行为人履行网络监管义务，即有关部门的责令行为就是行为人制造不被允许的风险的前提条件。

德国刑法学界对程序性要素的定位基本上采取违法要素说。一般认为，

---

① 参见李世阳：《拒不履行网络安全管理义务罪的适用困境与解释出路》，载《当代法学》2018年第5期。

② 参见周光权：《拒不履行信息网络安全管理义务罪的司法适用》，载《人民检察》2018年第9期。

非法侵入他人住宅罪的行为方式有两种，一种是“侵入”，另一种是“停留”。“侵入”是指违背权利人的意志非法进入受保护的空间；“停留”是指合法或者基于非可归责的事由进入受保护的空间后，“经主人要求”仍不离去的情形。前者是一种作为的方式，后者是一种不作为的方式。如果行为人以“侵入”的方式进入住宅，那么“停留”的行为方式不再单独评价。[①] 所以，“经主人要求”的要素仅存在于以不作为方式实施的非法侵入他人住宅罪中。[②] 该罪的成立是以违背权利人的意志为前提的，以作为方式实施的侵入住宅罪的违法性较为容易辨别，以不作为方式尤其是在合法进入他人住宅又被要求离去的场合，行为人作为义务的来源并不清晰，所以刑法明确规定以“主人要求”作为行为人负担离去义务的起点。

违法要素说建立在违法与有责相区分的阶层犯罪构成体系的基础之上，并且由于构成要件的违法推定机能的存在，违法要素也可以归入构成要件要素的范畴，只是在其功能上作出进一步的标识。违法要素说的各种观点的宏观论证思路和基本结论都是一致的，但是在具体论证路径方面存在较大差异。一致性表现在各种观点都是从不作为犯的角度展开程序性要素体系定位的研究，并且基本结论都是肯定程序性要素的作为义务来源定位。差异性则表现在以下两个方面：一是周光权教授是从客观归责理论中不被允许的风险的创设与实现角度来论证程序性要素对不作为犯的影响的，其他学者则主要从不作为犯作为义务来源角度讨论程序性要素的体系定位。二是程序性要素在不作为犯的作为义务来源中所处地位不同，亦即对不作为犯的构造理解不同，但是大致上可以分为两种：一种是双层义务来源，如谢望原教授与王海军教授的观点；另一种是单独义务来源，如目前德国刑法学界的主流观点。实际上，就双层义务来源中其他法律规范所确立的义务与程序性要素所确立的义务之间的关系而言，不同学者的观点之间还是存在一些不同，如谢望原教授主张程序性要素是对其他法律规范所确立义务的具体化，王海军教授则倾向于在与法益相关联的意义上并列理解程序性要素所确立的作为义务，将其认

---

① 参见王钢：《德国判例刑法分则》，北京大学出版社2016年版，第142页。

② 参见王钢：《德国判例刑法分则》，北京大学出版社2016年版，第137~142页。

定为侵犯另一法益的（后续）不作为犯罪的义务来源。

六、责任要素说

杨俊副教授在面对拒不支付劳动报酬罪程序性要素的争议时，对其设置表达了积极的支持态度。杨俊副教授认为，程序性要素在行政违法与刑事犯罪之间架起了一道屏障，使欠薪行为经过行政部门的处理才能纳入刑法的调整范围，符合刑法的保障法地位要求。而且在经过有关部门的处理后，如果行为人积极支付了劳动报酬，说明行为人的主观恶性小，行为的社会危害性弱，没有对行为人科处刑罚的必要。但是如果行为人拒绝履行支付劳动报酬的义务，说明行为人的主观恶性大，就有科处刑罚的必要。“所以前置程序正是行为人主观恶性的重要体现。”① 而主观恶性的概念在我国传统的犯罪论体系中是服务于社会危害性的判断的。具体来说，社会危害性概念包含客观危害和主观恶性两个方面的内容。② 客观危害就是行为对社会关系的破坏，主观恶性则是行为人对犯罪行为的故意、过失、目的、动机等罪过心理。在社会危害性概念下，客观危害与主观恶性的阶层区分并不明显，两者甚至互相补充形成综合的社会危害性评价。也就是说，某些情形下客观危害不足时可以通过主观恶性补齐，以获得足以构成犯罪的社会危害性评价。但是对社会危害性概念进行阶层改造的学者，在剔除其中的政治因素以及前实定法的因素后，基本将客观危害与违法阶层、主观恶性与有责阶层对应起来。③ 程序性要素之后的行为人的后续行为并没有加重先前行为的客观危害，但是可以反映行为人对待法规范的主观心理状态，属于有责性阶层需要考虑的责任要素。

罗军在研究拒不支付劳动报酬罪程序性要素的体系定位时指出，程序性要素具有影响违法性判断与有责性判断的双重功效。首先，“经政府有关部门责令支付仍不支付”是该罪的实行行为，如果没有政府有关部门的责令行

① 杨俊：《论恶意欠薪行为的刑法规制——对拒不支付劳动报酬罪犯罪构成的思考》，载《江苏社会科学》2016 年第 4 期。

② 参见陈兴良：《违法性的中国语境》，载《清华法学》2015 年第 4 期。

③ 参见黎宏：《关于“刑事责任”的另一种理解》，载《清华法学》2009 年第 2 期。

为，即使行为已经造成严重的社会危害，也不具有刑事违法性。程序性要素是违法性判断的重要因素。其次，程序性要素以及行为人的后续行为反映行为人的主观恶性，决定刑事责任的大小。程序性要素之前的转移财产等不支付劳动报酬的行为是以作为（存在论）的方式实施不作为犯罪（严格来说，此时只是单纯不履行支付劳动报酬义务的一般违法行为），只有在行为人拒绝政府有关部门的责令要求后，才能反映出行为人的主观恶性和人身危险性都比较大，并产生科处刑罚的必要。[①] 罗军对程序性要素的体系定位实际上可以分为两个层面，即形式层面和实质层面。从形式层面来看，《刑法》分则所规定的要件都是犯罪成立要件，而程序性要素之后的规定与行为人的行为有关，因而只能是实行行为，而不可能是其他客观要件或者主观要件。从实质层面来看，程序性要素以及行为人的后续行为反映了行为人的主观恶性。而主观恶性，如前文所述，主要在有责性阶层发挥作用。一般来说，实行行为是与客观危害直接关联的要件，而主观恶性是行为人的主观心理状态，不能对同一要素作出两种评价，但是在社会危害性概念之下，完全可能通过行为人的外在行为表现认识行为人的主观恶性，所以得出这样的结论具有一定的必然性。只是从罗军否认程序性要素之前的行为的犯罪性可以看出，程序性要素之后的行为人的主观恶性对客观危害的补齐作用更为明显，因而程序性要素主要在有责性阶层影响着社会危害性的综合判断。

七、标识功能说

高磊博士在研究犯罪成立的行政程序性条件时首先提出了标识功能说。该说认为，程序性要素既不是违法要素也不是责任要素，而是标识违法行为与责任身份的要素。高磊博士从正反两个方向论证了标识功能说，在反方向，违法构成要件说与构成要件的机能相矛盾；在正方向，标识功能说可以妥善处理程序性要素的未遂论与共犯论的问题。具体来说，一方面，构成要件具有违法推定和故意规制机能，但是如果将程序性要素界定为违法构成要件显

① 参见罗军：《论行政前置对拒不支付劳动报酬罪犯罪构成的影响》，载《中国劳动关系学院学报》2018 年第 4 期。

然无法发挥上述机能。因为程序性要素本身不能反映行为对法益的侵害程度，相反，程序性要素是要求行为人积极修复被侵害法益的行为，具有反向限制违法性的作用。而且程序性要素无法完全成为行为人的认识要素，如在拒不支付劳动报酬并且行为人逃匿的场合，有关部门的责令行为显然不会被行为人认识到，但是这并不妨碍对行为人刑事责任的追究。另一方面，程序性要素之后的行为才是违法评价的核心。也就是说，程序性要素之前的行为是一般的违法行为，程序性要素之后的行为才是犯罪行为，程序性要素起到的作用是标识之后的犯罪行为。如此一来，行为人尚未实施程序性要素之后的行为的，就不构成犯罪、不是犯罪未完成形态，帮助程序性要素之前的行为的，也不构成共犯。而且程序性要素之后的行为人的表现也表现着行为人的责任身份。在共同犯罪的场合，即便行为人之间构成违法形态上的共同犯罪，但是如果行为人不具备责任身份，仍然不能追究行为人的刑事责任。所以，对违法和责任产生影响的是程序性要素之后的行为人的后续行为，程序性要素仅仅具有标识违法行为与责任身份的功能。①

标识功能说敏锐地察觉到了“程序性要素与程序性要素＋行为人后续行为”在定性上的区别。一方面，它肯定了行为人后续行为对违法性与有责性（责任身份）的影响；另一方面，它区分界定了程序性要素的实体功能。程序性要素是由行为人以外的第三方主体实施的行为，它不是违法与有责的评价对象，但是第三方主体实施的行为所指向的对象——行为人的后续行为，却是违法要素或者责任要素。所以，程序性要素起到的是指引、标识违法要素与责任要素的功能，但是其本身不是违法要素与责任要素。

第二节 程序性要素既有体系定位的困境与成因

程序性要素的体系定位影响着犯罪论体系的协调，也影响着司法实务的具体操作。程序性要素既有体系定位的各种学说虽然在不同程度上推进着问

① 参见高磊：《论犯罪成立的行政程序性条件》，载《东方法学》2020年第3期。

题的解决，并且都提出了富有启发性的论断，但是由于论述场域的限制也都存在一些难以克服的缺陷。这些缺陷有的是方法论上的，有的是实体内容上的，有的较为严重，有的较为轻微，轻微到对绝大多数案件的定性都不会产生影响。但是即便是可能导致1%的案件无法妥善解决的定位上的缺陷，也应该成为学术研究所追逐的重点。正义要求“每个人对与所有人拥有的最广泛平等的基本自由体系相容的类似自由体系都应有的一种平等权利”，1%案件中的行为人也应当获得与99%案件中的行为人同等的对待。或者即便不能获得实质利益上的平等，制度的安排也应当考虑到“最少受惠者的最大利益”，给予最少受惠者获得公平正义的机会，对1%案件的研究就是为了保障最少受惠者利益的最大实现。[①] 当然，从整体上来看，既有体系定位的错乱已经影响到司法实务的操作，不可谓之不够重大。本节主要探讨程序性要素既有体系定位的缺陷，并剖析背后的原因，以便为后文程序性要素体系定位的展开作出铺垫。

一、既有体系定位的二维批判

（一）逻辑方法上的缺陷

1. 立法论与解释论的混乱

程序性要素体系定位的既有学说均或多或少地存在立法论与解释论混乱的问题，以至于具体观点存在各种各样的缺陷。立法论和解释论是两种不同的思考法律与研究法律的方法。立法论主张超出已有规定思考现实社会需要什么样的法律，它包含着人的价值判断和主观选择，解决“应当”“不应当”的问题。解释论则以已经生效的法律为基础研究已经存在的法律规定了什么，虽然不能完全否定解释者的价值判断，但是无论如何都不会强调解释者的主观能动性，解决“是”“不是”的问题。[②] 两者的核心区别在于是否尊重、信仰已有的法律，无论是从法律规定出发还是从法律之外的价值出发。从逻辑

---

① 参见［美］约翰·罗尔斯：《正义论》，何怀宏、何包钢、廖申白译，中国社会科学出版社1988年版，第9~10页。

② 参见陈兴良：《立法论的思考与司法论的思考——刑法方法论之一》，载《人民检察》2009年第21期。

关系的角度出发，信仰与不信仰、法律内和外属于（逻辑）矛盾关系的范畴，两者不应该存在于对同一事物的判断之中。[①] 但是程序性要素体系定位的既有学说既希望从体系协调的角度提出自己的观点，又希望从尊重立法的层面表达自己的意见。以王志祥教授的观点为例，关于逃税罪初犯免责条款法理基础，一方面，他从教义学的一般原理得出行为人犯罪后的态度只能成为量刑的依据；另一方面，他在尊重现行立法的基础上肯定免责条款的除罪事由地位。前者超出现行立法的限定，后者则以现行立法为基底，对同一部立法表达了既尊重又不尊重的矛盾态度。当然，抛开论者对立法的基本态度，用辩证的方法从不同的侧面研究法律的定位也是有可能的。也就是说，论者可以首先根据自己的价值观对法律的适正性作出价值判断，然后结合法律的强制性最大限度地化解不适正法律的消极影响。但是，这同样会使论者的观点陷于矛盾的境地。因为他本来认为法律不应该是这样的，但是又有限地承认着法律可以是这样的。在王志祥教授那里，犯罪后的行为人态度应当属于量刑情节，但是某些情况下的行为人态度又可以影响定罪。

并且，解释论强调将法律规范本身作为研究的起点，不能随意嘲笑法律规范。但是刑法理论建构起来的犯罪构成体系不是法律，它只是我们研究法律规定、组合犯罪成立要素的理论工具，不应该将某种体系奉为永不变更的真理。从犯罪认定的三段论即法律规定—案件事实—法律效果来看，预判性地选择行为适用的法律规定是犯罪认定的第一个步骤，在这一过程中，犯罪构成体系并没有发挥作用，因为以法律规定为对象的犯罪构成不能制约法律规定的选择；案件事实的认定是犯罪认定的第二个步骤，这一步骤涉及犯罪构成要件的确定和筛选，虽然犯罪构成理论影响着构成要件的排列组合，但是最终起决定作用的是刑法规定的法律要件；案件性质的认定、法律效果的实现是犯罪认定的第三个步骤，这一阶段中犯罪构成体系的排列组合不对价值判断的结果产生影响。[②] 需要认识到的事实是，犯罪构成体系不能决定法律要件，相反法律要件可以决定犯罪构成体系的内容。那些对程序性要素的

---

① 参见左亚文、刘争明：《论逻辑矛盾与辩证矛盾及其辩证关系——矛盾辩证法再探之一》，载《马克思主义理论学科研究》2019 年第 5 期。

② 参见王充：《犯罪构成理论与犯罪事实认定关系考察》，载《法律科学》2020 年第 1 期。

体系定位在不同学说之间摇摆的观点，通常搞混了犯罪构成体系与法律要件（法律规范）的关系。重要的不是法律要件能否在某一体系中获得恰当的位置，而是这个法律要件它本来是什么体系定位，不能因为在某一体系中找不到位置而对法律要件进行篡改。以卢勤忠教授的观点为例，他一方面认为程序性要素与德日大陆法系中的客观处罚条件类似，另一方面认为它是四要件犯罪构成体系中的犯罪成立条件。但是，第一，论者既然已经初步对程序性要素的体系定位采取了客观处罚说的观点，为什么还要“委曲求全”地在四要件犯罪构成体系中寻求程序性要素的定位？四要件犯罪构成体系是不容置疑的真理？尤其有些学者以四要件犯罪构成体系中不存在客观处罚条件的位置否定客观处罚说的合理性是存在问题的。第二，客观处罚条件与犯罪成立条件是两个不同的内容，不加调整地直接转换并不合适。客观处罚条件通常是行为人意志以外的内容，犯罪成立条件则通常是行为人意志以内的内容。客观处罚条件是行为人具有当罚的违法性与有责性后的刑罚发动事由，[①] 犯罪成立条件则是为当罚的违法性与有责性提供根据的要素。仅因为犯罪构成体系的选择问题对程序性要素在两个相互冲突的定位之间进行转换是不明智的。就将四要件犯罪构成体系奉为圭臬这一点来说，不少观点都混淆了理论与规范、解释与立法之间的关系。

而且，解释论强调对法律规范、法律要件的尊重，并不意味着解释者不能进行一定的价值判断和批判，[②] 在犯罪论体系的定位上只能浮于犯罪构成体系的最上一层。程序性要素体系定位的既有学说中，不少观点都具有不彻底的缺憾。例如，比较尊重立法规定的犯罪构成要件要素说，完全可以根据程序性要素所发挥作用的不同进行构成要件要素上的细分。但是不少观点在论述到犯罪构成要件要素这一层面时就戛然而止。再如，虽然违法要素说推进了犯罪构成要件要素说，但是违法要素说内部其实还可以作出进一步的划分。然而论者们也都未能推进研究。同样地，立法论强调对现行立法的批判，也不意味着论者对现行刑法的完全否定与抛弃。因为程序性要素的体

---

① 参见陈兴良：《规范刑法学》，中国人民大学出版社2008年版，第97页。

② 参见李波：《社科法学与法教义学共生论——兼论刑事政策与刑法教义学之关系》，载陈兴良主编：《刑事法评论》第36卷，北京大学出版社2015年版，第37页。

系定位存在困难继而主张直接取消程序性要素设置的观点也过于激进。所以，就解释论与立法论的运用来看，也容易因为对方法掌握得不全面而走向两个极端。

2. 主观主义与客观主义的交织

程序性要素体系定位的既有学说有些还表现出向主观主义靠拢的倾向，容易导致程序性要素的认定以及犯罪的成立缺乏客观标准的限制进而丧失处罚的边界。刑法主观主义与客观主义的对立肇始于19世纪的欧洲，[①] 前者对应于人类学派、社会学派（新派）的基本主张，后者对应于古典学派（旧派）的主张。古典学派出于对罪刑擅断的封建刑法的限制，主张只能根据已经颁布的法律对客观实在的行为施加惩罚，不能处罚人的思想。所以犯罪的本质就是行为，刑法评价和处罚的对象也是行为。虽然最终承受处罚的主体是行为人，但是由于具有自由意志的主体的主观方面是一样的，主观方面不能成为法律所谴责的对象。[②] 实证学派则注意到行为人在犯罪实施过程中的主观能动性，即个人意志、性格等对犯罪发生的影响力。不管是龙勃罗梭的天生犯罪人理论，菲力的犯罪原因三元论，抑或李斯特的犯罪原因二元论，都主张行为人的主观意志对于犯罪的发生具有至关重要的作用。所以他们关注的重点是犯罪行为所征表的行为人的性格。刑法处罚的中心是犯罪人，特别是其性格或者心理状况，“应以犯罪人的性格、恶性、反社会性为标准，个别地量定刑罚”。[③] 在我国刑法学界关于两者的态度，虽然不能说已经完全达成一致的看法，但是可以认为客观主义占据了主流地位。[④] 学界对具体问题的论述也基本上遵循了先客观后主观，主观限制客观的判断逻辑。但是程序性要素既有体系定位中的部分观点则混淆了主客观之间的关系。以解释论的量刑情节说为例，论者一方面认为程序性要素以及行为人的后续行为反映了行为人的人身危险性，另一方面认为刑法通过法律拟制的方式使人身危险性与社会危害性等同，共同决定行为的犯罪性。将两种性质（主观、客观）

---

① 参见［日］大塚仁：《犯罪论的基本问题》，冯军译，中国政法大学出版1993年版，第29页。

② 参见马克昌主编：《近代西方刑法学说史》，中国人民公安大学出版社2008年版，第51页。

③ 参见马克昌主编：《近代西方刑法学说史》，中国人民公安大学出版社2008年版，第164页。

④ 参见马乐：《为刑法主观主义辩》，载《环球法律评论》2014年第2期。

完全不同的内容共同置于为违法性提供根据的构成要件阶段，是主观主义和客观主义都不能接受的。

为主观主义提供辩护意见的学者认为，主观主义并非完全不考虑客观面的内容，只是客观要件存在的意义是为主观内容提供证明作用，这样一来，犯罪核心评价对象仍然是人的主观性格，而且由于存在客观要件的限制处罚的边界也不会不明确。① 但是将主观性格置于评价的核心地位，容易导致主观突破客观的限制。因为客观要件处于证明主观性格的地位，主观性格的测量和证明本身相较于需要进行价值衡量的客观危害的判断更加难以捉摸，当客观要件无法充分证明行为人的主观恶性，但是通过价值的预判又觉得行为人有必要被科处刑罚时，容易导致承认客观要件所彰显的行为人的主观恶性。“必须承认，在我们的结论中，也许只关注思想，而不是首先关注行为；就如同家庭医生不应等待某个疾病发作，而应进行必要的事前的预防。”② 主观主义不希望因为客观危害的不足对有缺陷性格的人的防卫缺位，它无法容忍具有危险性格的人依旧不受限制地与一般公民共同生活，它要对防卫社会承担起责任。对程序性要素体系定位持责任要素说的观点，倾向于认为程序性要素之前的行为缺乏当罚的社会危害性（客观危害），然后根据程序性要素以及行为人的后续行为彰显的主观恶性和人身危险性来补足客观危害，进而追究行为人的刑事责任。这种定罪逻辑与主观主义是如出一辙的，最后的结局都是根据判断者的价值预设决定犯罪性格存在与否。

当然，主观主义、客观主义发展到今天，已经不再是非此即彼的完全对立状态，两者之间更多地呈现出相互吸收、借鉴、融合的趋势。③ 即便是处于主观主义与客观主义争论漩涡中心的李斯特，也注重在犯罪论体系中协调主观主义与客观主义的关系。④ 主观主义对客观主义的借鉴是谨慎处理犯罪

---

① 参见马乐：《为刑法主观主义辩》，载《环球法律评论》2014 年第 2 期。

② ［德］冯·李斯特：《论犯罪、刑罚与刑事政策》，徐久生译，北京大学出版社 2016 年版，第 103 页。

③ 参见黄馨悦：《论客观主义和主观主义在澳门刑法中的体现——兼论其连续犯制度的完善》，载赵秉志主编：《刑法论丛》2019 年第 3 卷（第 59 卷），法律出版社 2020 年版，第 411 页。

④ 参见冀洋：《刑法主观主义：方法论与价值观的双重清理》，载《法制与社会发展》2016 年第 3 期。

的定罪标准，防止极端社会防卫情形的出现；客观主义对主观主义的借鉴是适当扩大刑法干预范围，及早介入对有严重社会危害性行为的惩处。前者的典型是李斯特的观点，即定罪遵循客观主义，量刑和行刑遵循主观主义。后者的典型是扩大对有严重社会危害性的未遂犯和预备犯的惩处。无论是哪种借鉴方式，主观内容都不再成为定罪的标准。但是程序性要素体系定位的量刑情节说和责任要素说都将程序性要素以及行为人的后续行为所反映的行为人的主观恶性和人身危险性作为影响定罪的要素，与主观主义和客观主义的发展趋势存在抵牾。

概括来说，程序性要素体系定位既有学说中的部分观点存在主观主义与客观主义混用的嫌疑。主观主义强调先主观后客观，客观主义强调先客观后主观，[①] 肯定主观方面对客观方面补充作用的有主观主义的嫌疑，否定主观方面对客观方面补充作用的主要是客观主义。彼此之间虽然存在参考借鉴关系，但是目前都不倾向于承认主观主义的定罪思路。责任要素说的观点和解释论量刑情节说的观点，一方面，肯定程序性要素之前的行为的违法性根据地位；另一方面，肯定程序性要素之后的主观恶性、人身危险性的违法性根据地位，交织着主观主义与客观主义的定罪逻辑。

（二）实体内容上的不足

1. 诉讼证明要素说的错乱

诉讼证明要素说与量刑情节说、客观处罚条件说、犯罪构成要件要素说、违法要素说、责任要素说以及标识功能说都不相同，该说完全在证据法或者程序法层面理解程序性要素，认为程序性要素主要服务于“非法占有目的”等实体要素的认定，其自身在行为的可罚性以及犯罪的认定中不具有实体性作用。该学说曾遭受杜宇教授的明确反对。

杜宇教授认为，将程序性要素的功能仅定位为服务于证明“非法占有目的”类主观要素，至少存在三点疑问：第一，立法者没有必要单独设置证明“非法占有目的”等的程序性要素。尽管学界都认可刑法分则条文所规定的

---

① 参见劳东燕：《刑法中客观主义与主观主义之争的初步考察》，载《南京师大学报（社会科学版）》2013 年第 1 期。

内容并不局限于构成要件，也会包括客观处罚条件和诉讼条件等内容，但是几乎不会有条文单独规定证明要素的内容。因为，一方面，在立法中单独设置证明要素，会使程序性要素与“非法占有目的”等实体性要素的界限消失，继而使程序性要素失去独立价值；另一方面，即便立法中不规定程序性要素，“非法占有目的”等实体性要素的证明也不存在问题。第二，将程序性要素理解为诉讼证明要素会导致时间错位和效度失灵。包含程序性要素的犯罪的完整构造是“先前行为”+“程序性要素”+“后续行为”，根据“程序性要素”+“后续行为”来推断“先前行为”有可能会违反“行为与责任同时存在”原理。具体来说，既然待评价的案件事实是“先前行为”，那么需要证明的“非法占有目的”应当存在于“先前行为”时，但是根据“程序性要素”+“后续行为”只能得出行为人在“后续行为”时存在非法占有目的，不符合“行为与责任同时存在”原理的要求。而且，在某些情况下，行为人在“先前行为”时具有非法占有目的，但是在“程序性要素”后，行为人按照有关权力（利）人的要求积极履行义务，可能会得出行为人不具有非法占有目的的结论，继而导致根据行为人事后表现来否定行为犯罪性的错误做法，与当前既遂后行为人的悔罪表现不影响犯罪认定的通行做法存在冲突。第三，肯定程序性要素的诉讼证明作用，并不能当然地否定程序性要素的实体性功能。即便程序性要素对“非法占有目的”等具有证明作用，在行为人按照有关权力（利）人的要求积极履行义务时也会阻却犯罪的成立，在影响行为的可罚性上，程序性要素是在作为实体性要素发挥作用。[①]

整体而言，笔者十分赞同杜宇教授关于诉讼证明要素说的批判，但是还有两点可以补充：一是诉讼证明要素说可能会加重证明负担。赵运锋教授主张诉讼证明要素说的一个重要理由是程序性要素可以更为明确地指明行为人的“非法占有目的”，但是根据《信用卡犯罪解释》第6条第3款的规定，“具有以下情形之一的，应当认定为刑法第一百九十六条第二款规定的‘以非法占有为目的’，但有证据证明持卡人确实不具有非法占有目的的除外：

① 参见杜宇：《程序性犯罪构成要素的性质》，载《中国法学》2022年第5期。

（一）明知没有还款能力而大量透支，无法归还的；（二）使用虚假资信证明申领信用卡后透支，无法归还的；（三）透支后通过逃匿、改变联系方式等手段，逃避银行催收的；（四）抽逃、转移资金，隐匿财产，逃避还款的；（五）使用透支的资金进行犯罪活动的；（六）其他非法占有资金，拒不归还的情形”，证明行为人具有“非法占有目的”的情形至少包含6种。而根据诉讼证明要素说，立法通过规定程序性要素的方式实际上将证明“非法占有目的”的情形限定为1种，是在限缩“非法占有目的”的认定范围，无形中会加重司法机关的证明负担。二是诉讼证明要素说不符合部分程序性要素规定的实际情况。根据诉讼证明要素说的观点，程序性要素不为行为的可罚性提供根据，仅起到证明“非法占有目的”等主观要素的作用。但是在拒不履行信息网络安全管理义务罪中，程序性要素以及行为人的后续行为不可能仅起证明作用。该罪的表述是“网络服务提供者不履行法律、行政法规规定的信息网络安全管理义务，经监管部门责令采取改正措施而拒不改正，有下列情形之一的（造成严重后果的）……”。一方面，如果程序性要素仅起证明作用，那么该罪在与程序性要素相关联的意义上就没有必要要求造成严重后果。换句话说，只要具备程序性要素就可以证明行为人具有主观罪过，为什么还要求造成严重后果呢？当然，持诉讼证明要素说的论者可能会辩解造成严重后果是对危害结果的单独要求，但是如果否定程序性要素及行为人后续行为的实体法意义，危害结果的因果链条就会被切断，继而无法肯定危害结果在犯罪认定中的作用。因为危害结果是危害行为所导致的，但是在“先前行为”+“程序性要素”+“后续行为”+“危害结果”的构造中，“程序性要素”+“后续行为”不具有实体法意义时，“先前行为”“危害结果”之间也无法建立联系。另一方面，如果程序性要素仅起证明作用，该罪的违法性可能难以达到可罚的程度。因为该罪本身就是一个轻罪，“网络服务提供者不履行法律、行政法规规定的信息网络安全管理义务”的行为还达不到可罚的程度。根据全国人大常委会法工委的解读，该罪主要是基于网络服务提供者不知道客户实施违法犯罪行为这个前提设置的，如果没有经过相关机关的处置，网络服务提供者没有实施其他的行为，单纯地不履行信息网络安全管理义务的行为就是网络服务提供者在不知情的情况下实施的一般违法行为，还达不到可罚的程度。[①] 所以只有经过相关机关的处置，网络服务提供者拒不改正，并且造成严重后果的，才需要处罚网络服务提供者。

2. 量刑情节说的困惑

量刑情节说大致上可以分为立法论的量刑情节说和解释论的量刑情节说两种，前者从立法论的角度展开程序性要素成立要件地位的批判，后者从解释论的角度解释程序性要素所反映的行为人的人身危险性。李梁博士的观点显然属于立法论的量刑情节说，因为他在论证了程序性要素的量刑情节地位后总结道，把反映人身危险性的程序性要素规定为成立要件，“混淆了形式与实质的界限，违反了从形式到实质的刑法思考方式”。[②] 他既默认了程序性要素的构成要件要素地位，又从学理角度对其展开批判，并赞同量刑情节的观点。不可否认，从完善立法的角度来说，李梁博士的观点并不存在问题（自我实现）。但是对于在尊重现行立法的基础上如何实现法条的妥当适用，立法论的量刑情节说可能并无裨益。而且反映人身危险性的要素是否只能设置为量刑情节并非没有争议，历时一个多世纪的新旧派之争在人身危险性的体系安排上一直存在交锋，我国张文教授也旗帜鲜明地扛起了人格刑法的大旗，主张将行为人的人身危险性纳入定罪机制中。[③] 解释论的量刑情节说则在尊重现行立法的基础之上，例外地承认反映人身危险性的要素在定罪（入罪和出罪）中的作用。主张该观点的学者往往是在最小限度内承认反映人身危险性的要素对定罪的影响，在其他情况下仍然主张其与量刑情节的关联。例如，王志祥教授在研究逃税罪的初犯免责条款的适用范围时，主张将其限制在《刑法》第 201 条第 1 款危害较轻的逃税行为中，对于危害较重的逃税行为，即便行为人的行为符合免责条款的规定也只能从轻处罚。但是为何对形式上可以适用于第 1 款全部行为的初犯免责条款进行不利于被告人的限缩解释，论者并没有给出充分的说明，只是简单地概括为未能很好地贯彻宽严

---

① 参见张晓娜：《全国人大常委会法工委解读〈刑法修正案（九）〉涉网络条款》，载《民主与法制时报》2015 年 11 月 15 日，第 2 版。

② 参见李梁：《拒不支付劳动报酬罪的行政附属性规定研究》，载《政法论坛》2017 年第 5 期。

③ 参见张文、刘艳红、甘怡群：《人格刑法导论》，法律出版社 2005 年版，第 223 页。

相济的刑事政策。[1] 这种论述除却有立法论的嫌疑外，解释层面限缩有利于被告规定的适用，在以保障被告人人权为优先选择的现代刑法铁则（罪刑法定原则）面前，可能还需要更为充分的说理。

除却论述上的缺陷，量刑情节说还会导致一些体系上的问题。首先，根据刑法立法习惯，“的”囊括“……的”的完整行为，也就是说，“的”字之前的内容是一个罪行的完整表述，对于存在多种行为方式的罪状表述，“……的”内容适用于犯罪成立的所有情形。例如《刑法》第 309 条规定：“聚众、哄闹冲击法庭，或者殴打司法人员，严重扰乱法庭秩序的，……”“严重扰乱法庭秩序的”构成扰乱法庭秩序罪的充分条件。[2] 程序性要素的规定模式基本上采取“……的”的表述模式，统领着犯罪成立的所有情形。如果将程序性要素界定为量刑情节，就会与立法习惯产生冲突。因为与类型化的、定型化的构成要件不同，量刑情节具有一身专属的属性，需要进行个别化考量，不可能成为任何犯罪情形下都应该具备的要素。其次，如果将程序性要素认定为量刑情节，会导致加重犯的处罚失去限制，造成过度处罚的结果。同样与量刑情节的一身专属特性有关，如果认为程序性要素是量刑情节，那么它就无法对加重犯的处罚形成制约。也就是说，对于加重犯，即便不存在程序性要素，只要行为人造成严重后果或者严重情节，也可以处罚行为人。这会导致在轻罪中需要考虑程序性要素而在重罪中却不需要考虑程序性要素的吊诡现象。最后，量刑情节说需要在一些犯罪中将程序性要素作为犯罪成立条件，在另一些犯罪中又将其视为量刑情节。一方面，将程序性要素视为犯罪成立条件时，考虑到它是法律的拟制，只能将其限制在最小适用范围，此时如果产生犯罪未遂或者共同犯罪的问题，在实质违法性的层面考虑犯罪停止性或者共同犯罪性，可能将本来连犯罪都不成立的行为认定为犯罪未遂或者成立共同犯罪。另一方面，将程序性要素视为量刑情节时，以程序性要素反映人身危险性的实质理由反对司法解释等规范性文件设置的程序性要素固然不存在问题，但是以此作为理由否定刑法所规

① 参见王志祥、王奕琛：《宽严相济刑事政策在逃税罪初犯免责条款中的贯彻——以范某某巨额逃税案为切入点》，载《铁道警察学院学报》2019 年第 2 期。

② 参见张明楷：《刑法分则的解释原理》（上），中国人民大学出版社 2011 年版。

定的程序性要素还远远不够。

3. 客观处罚条件说的障碍

客观处罚条件说将程序性要素界定为违法与责任之外的影响犯罪成立的因素，可以有效地解决程序性要素的认识问题。一方面，在行为人藏匿消失的场合，将程序性要素认定为客观处罚条件，可以不因行为人认识的缺乏而否定行为的犯罪性。也就是说，即便行为人没有认识到国家机关或者非国家机关的责令、命令、请求等行为事实，也不影响行为构成犯罪的认定，可以有效地解决因行为人的拒绝接受而导致的犯罪认定的障碍。另一方面，程序性要素是在完整的“犯罪构成”之外附加的要件，如果要求行为人有现实的认识，将不当地提高犯罪门槛，影响罪名适用的协调。以拒不支付劳动报酬为例，行为人通过逃避支付或者有能力支付而不支付的方式拒绝支付劳动报酬的行为，已经是充足完整的犯罪构成（具备值得科处刑罚的违法性与有责性）。立法者在此基础上还规定“程序性要素” + “行为人”的后续行为，主要是给予行为人回归法秩序的机会，根据行为人的后续行为决定刑罚的发动与否，因而不再像违法性与有责性那样严格要求，行为人只需要具有认识的可能（或者是作为责任主义的例外）。① 而且，如果承认财产性利益的规范占有和转移，② 那么不支付劳动报酬的行为本来就是充足侵占罪的构成要件的。只是立法者考虑到劳动报酬背后代表的劳资关系的复杂性以及本着解决劳资纠纷而不一味入罪的原则，给予用工者回归法秩序的机会，维持社会经济劳动关系的稳定。通过客观处罚条件限制，已经将本来可以构成侵占罪的行为的入罪门槛提高，如果再将程序性要素定位为客观处罚条件之外的要素，将导致不支付劳动报酬的行为更加难以入罪，造成与侵占罪处罚的不协调。

对于恶意透支型信用卡诈骗罪、拒不履行信息网络安全管理义务罪以及拒不支付劳动报酬罪的程序性要素的客观处罚条件定位，笔者基本上持赞同态度，但是囿于论述场域的限制，客观处罚条件说的共性化展开可能还存在

---

① 参见杨柳：《“诽谤信息转发500次入刑”的法教义学分析——对“网络诽谤”司法解释质疑者的回应》，载《法学》2016年第7期。

② 参见马永强：《盗窃罪中财产性利益占有的规范化解释进路》，载《政治与法律》2020年第3期。

一些问题。一方面，根据笔者第一章的归纳，程序性要素至少包括影响犯罪成立的、影响刑罚裁量的以及证明主观要素的三种类型，将影响犯罪成立的程序性要素界定为客观处罚条件不存在理论上的障碍，但是对于那些影响量刑或者证明主观要素的程序性要素，将其认定为客观处罚条件，可能并不妥当。在此意义上，个罪中的客观处罚条件说的推广还需要在应用范围上作出明确和限定。另一方面，主张其他观点的学者均对客观处罚条件说的主张进行了或理论根基或体系协调的指摘和质疑，如何妥善地处理批评者的诘难，客观处罚条件说还任重道远。但是，就笔者目前所接触到的反驳观点如客观处罚条件说在我国缺乏存在语境或者阻碍加重犯的限制适用等来看，大多未给客观处罚条件说造成难以承受的打击，所涉及的问题基本上处于其所能够妥善解决的范畴。唯独需要进一步澄清和完善的是，如何协调其与构成要件要素以及有责性（责任主义）的关系。[①]

4. 犯罪构成要件要素说的反思

犯罪构成要件要素说以四要件犯罪构成体系作为出发点，将影响犯罪成立（刑罚发动）的要素统摄在“犯罪构成”概念之下，在尊重立法规定的前提下最大限度地实现了与理论体系的协调，是值得肯定的。但是犯罪构成要件要素说本身也存在一些问题，大体可以概括为矛盾性和不彻底性。矛盾性是指犯罪构成要件要素说的各种观点在论述过程中呈现左右为难的态度，突出表现为从学理上认为程序性要素可以是客观处罚条件或者量刑情节等，但是考虑到我国主流的犯罪构成体系是四要件论，转而又认为程序性要素是犯罪构成要件要素。例如，卢勤忠教授就既认为程序性要素类似于德日刑法中的客观处罚条件，又认为其是构成要件要素。然而，两种体系内的不同界定从实质上来看是存在矛盾之处的。如果承认了程序性要素的客观处罚条件地位，那么程序性要素就不是故意犯罪中行为人所必须认识的要素，但是如果认为程序性要素是构成要件要素，那么行为人就应该认识到构成要件要素及其背后所征表的社会危害性。而且不少观点认为客观处罚条件是犯罪成立要

① 参见张振山：《狭义客观处罚条件论》，载陈兴良主编：《刑事法评论》第29卷，北京大学出版社2011年版，第78页。

件之外的刑事政策事由，对违法与责任没有影响，[①] 但是构成要件要素却是犯罪成立要件之内的内容，影响犯罪的违法性或者有责性。要将两种相互矛盾的定位随意切换使用，仅以四要件的通说地位为理由可能是不够的。不彻底性是指虽然肯定程序性要素的构成要件要素地位，但是四要件体系下的构成要件还可以分为客体要件、客观方面要件、主体要件、主观方面要件，程序性要素究竟属于哪一要件并非不证自明。否则也不会存在四要件体系下的构成要件要素与违法性要素的区分。也就是说，有的学者认为程序性要素以及行为人的后续行为影响的是违法性的判断，并以不证自明的方式将其归属于"构成要件要素"。还有些学者则认为程序性要素反映行为人的主观恶性，在主观要件层面发挥作用，综合影响社会危害性的判断。

就犯罪构成要件要素说的实质理由来看，卢勤忠教授与熊波博士给出的理由都是客观处罚条件在四要件犯罪构成体系下的转化，关于这点笔者已经在上文论证，此处不再赘述。董璞玉博士给出的理由是通过程序性要素的设置限定网络安全管理义务的范围，继而限制拒不履行信息网络安全管理义务罪的适用范围，实现罪刑处断的适正。实际上，董璞玉博士的观点已经将犯罪构成要件要素说的观点往违法要素说推进了，两者之间只差捅破"窗户纸"。在他的论述下，程序性要素俨然已经成为不作为犯作为义务的来源了。薛培检察官则是从反面否定客观处罚条件说和正面肯定犯罪构成要件要素说展开论证的，给出的一个较为醒目的理由是"本条作为犯罪构成的要件才能被'造成严重后果的'这一情形进行规制"。[②] 他认为如果将程序性要素界定为客观处罚条件，那么加重犯的认定就可以摆脱程序性要素的束缚。相反如果将程序性要素认定为犯罪构成要件要素，加重犯也要受程序性要素的制约。但是即便将程序性要素认定为客观处罚条件，加重犯也需要受程序性要素的制约，因为加重犯是在基本犯的基础上增加对违法性的额外要求，它的成立首先要完全满足基本犯的构成要件。[③] 而客观处罚条件也是影响犯罪成立的

① 参见冯军：《刑法问题的规范理解》，北京大学出版社2009年版，第246页。

② 参见薛培、叶小舟：《拒不支付劳动报酬罪的规范适用》，载《中国检察官》2015年第16期。

③ 参见徐岱：《论结果加重犯的因果关系——基于刑法理论与司法实践关系的反省》，载《法律科学》2018年第2期。

要件，对基本犯的影响可以传导至对加重犯的影响。① 因而，以此来否定客观处罚条件说或者证成犯罪构成要件要素说都是站不住脚的。

5. 违法要素说的缺欠

违法要素说立足于违法与责任的区分，已经在犯罪构成要件要素的基础上往前推进了一步。该说将程序性要素定位于不作为犯中行为人作为义务的来源，较为彻底地揭示了程序性要素的体系定位。值得肯定的是，该说区别性地理解了程序性要素和行为人后续行为的体系作用，与混合理解程序性要素以及行为人后续行为的观点形成对照。但是该说同样存在一些不足，即没有考虑到不同类型的程序性要素的体系定位的差异以及学说内部存在的一些分歧和对立。

首先，与客观处罚条件说一样，受论述场域的限制，违法要素说的共性化展开还需要作出限制。因为目前的违法要素说的观点主要集中于巨额财产来源不明罪以及拒不履行信息网络安全管理义务罪中，但是我国刑法中的程序性要素显然不是只有这两个，对量刑产生影响以及仅起到证明主观目的作用的程序性要素能否归入违法要素的范畴并非没有疑问。即便是同样处于犯罪成立条件内部的部分程序性要素，如拒不支付劳动报酬罪的程序性要素，是否对违法性的判断产生影响也不可一概而论。

其次，程序性要素作为作为义务的来源，与其他作为义务来源之间究竟是何关系？王海军认为程序性要素起到单独确定作为义务的作用，谢望原教授和李世阳博士认为程序性要素起到明确和限制作为义务的作用，周光权教授虽然是从客观归责理论风险实现角度展开的论述，但是从他先肯定行为人的网络安全管理义务再考虑行为人履行义务的期待可能性来看，他实际上也认为程序性要素起到的是明确和限制作为义务的作用。德国刑法学界的主流观点对非法侵入他人住宅罪程序性要素的界定，实际上采取了单独确定作为义务来源的观点。因为行为人对于平和地或者不可归责地进入被害人支配场域的事实不负有作为义务，只有主人提出离去的要求，行为人才产生作为义务。但是，以规范外的具体行政行为或者民事行为确定行为人作为义务的现

① 参见王强：《罪量因素：构成要素抑或处罚条件?》，载《法学家》2012 年第 5 期。

象是不可思议的。我们肯定行政行为作为形式义务来源是以有明确的法令授权为前提的，非规范的具体行为不能成为义务发生的形式上的根据。[①] 程序性要素能够成为具体作为义务的来源，也一定因为存在规范（包括刑法和其他法）的指引。

最后，违法要素说内部将巨额财产来源不明罪和拒不支付劳动报酬罪的程序性要素认定为违法要素的观点有待商榷。关于前者当国家工作人员的财产与其工资水平等存在较大偏差时，由相关单位要求个人说明，但是这种作为义务实际上源于法律的命令要求，相关单位的责令行为是对义务的贯彻执行或者具体化，对职务利益的侵害不是行为人陈述与否的行为而是财产数额差距巨大的事实。关于后者即便赞同王海军关于双重法益的论述，但是在初次不支付数额较大的劳动报酬的场合，也应该可以肯定对劳动者财产利益和公平诚信的市场秩序的侵害，为何等到行为人后续“仍不支付”的场合才肯定对市场秩序的侵害达成现实，实在难以理解。而且除却继续犯，不法状态的延续并不能加重行为的违法性（状态犯的不法状态仍有改变的可能，但是不会因为不法状态本身的延续而加重行为的违法性，但是继续犯因为不法状态的延续也是不法行为的延续，对法益持续侵害的时间长短可以影响行为的违法性），[②] 为何在该罪中不支付劳动报酬的不法状态的延续不仅加重了行为的违法性，还肯定了行为对新法益的侵犯？

6. 责任要素说的弊病

责任要素说的内部观点较为一致，即在社会危害性概念下，通过主观恶性补足客观危害，使行为的社会危害性达到值得科处刑罚的程度。该说认为，程序性要素之前的行为人行为通常还不具有值得科处刑罚的社会危害性，但是当程序性要素充足后，行为人的后续不履行、不支付等行为可以彰显其严重的主观恶性，主观恶性可以填补客观危害，使行为的社会危害性达到值得科处刑罚的程度。该说似乎能够在社会危害性概念下自圆其说，但实际上也存在一些难以调和的矛盾。

---

① 参见贾济东：《外国刑法学原理（大陆法系）》，科学出版社2013年版，第166页。

② 参见陈洪兵：《继续犯范围厘定及适用研究》，载《兰州学刊》2019年第11期。

首先，责任要素说的理论根基——社会危害性概念存在疑问。第一，社会危害性概念缺乏规范性。苏俄刑法理论中的社会危害性概念是在犯罪构成体系之外讨论的，它无法像德日刑法中的违法性阶层一样起到规范评价（限制）犯罪的作用。在规范性之外，社会危害性概念具有更多的政治色彩和伦理色彩，表现为对社会主义社会关系的侵害。也正是因为非规范性和政治性，社会危害性的概念可以超出犯罪构成判断行为的犯罪性，即突出具有形式理性的犯罪构成入罪规则，打破犯罪认定的唯一标准。[①] 第二，社会危害性概念缺乏实体性。社会危害性概念本身是空洞的、缺乏实体的，它无法为自身的存在提供证明标准。相反它不得不求助于刑事违法性的认定。“这种情况下，会出现循环论证的问题。”[②] 第三，社会危害性概念缺乏专属性。社会危害性概念是对犯罪本质的归纳，而本质是一事物区别于另一事物的根本属性，但是它并不能起到区分犯罪行为与违法行为的作用，“这种前实证的概念容易造成理论上的混乱”。[③]

其次，主观恶性缺乏犯罪构成体系上的定位。虽然可以将主观恶性类比或者改造成阶层犯罪论体系中的有责性阶层，但是其本身缺乏实体内容和规范要素。一方面，影响有责性判断的实体内容包括故意、过失、目的、动机等主观要素，但是主观恶性概念是在超出上述要素的范畴对有责性进行加工，使欠缺的客观危害获得补充。也就是说，即便是四要件犯罪构成体系中，影响行为人主观责任大小的要素也只能是刑法（总则和分则）明确规定的故意、过失、目的等要素，但是主观恶性概念不存在故意、过失这样的对应的实体性内容。另一方面，主观恶性作为社会危害性概念的组成部分，是前置于犯罪构成体系存在的内容。也就是说，主观恶性在进行社会危害性判断时就已经被评价了，而不是等到犯罪构成评价时才开始。如此一来，主观恶性的判断只能是经验性的、社会性的和非规范性的。因而，根据犯罪构成之外的非规范性要素确定行为的犯罪性，是违反罪刑法定原则的。[④]

---

① 参见陈兴良：《违法性理论：一个反思性检讨》，载《中国法学》2007 年第 3 期。

② 陈兴良：《刑法知识论》，中国人民大学出版社 2007 年版，第 201 页。

③ 参见陈兴良：《刑法知识论》，中国人民大学出版社 2007 年版，第 201 页。

④ 参见李海东：《刑法原理入门（犯罪论基础）》，法律出版社 1998 年版，第 15 页。

最后，行为人犯罪后的态度不应当成为加重责任性的情节，更遑论成为影响定罪的情节。犯罪后的态度可以影响预防刑，但是预防刑不能突破责任刑的上限。而且犯罪后的常态表现不应当作为加重处罚行为人的依据。行为人犯罪后逃避隐匿、毁灭罪证、拒不交代、不履行义务等都是常态表现，没有期待可能性。[①] 刑罚是针对犯罪的刑罚，是与犯罪的罪责相适应的，对于不能成为刑罚裁量情节的因素，也不应当成为影响犯罪认定的因素，否则也间接肯定了这些因素对刑罚的影响。就责任要素说所举示例——拒不支付劳动报酬罪的程序性要素以及行为人的后续行为来看，行为人“仍不支付”的行为完全符合侵犯财产利益后的常态表现，刑法设置该罪名就是以法益受侵害作为常态表现的，立法者不应该也不会期待犯罪后的行为人都会积极主动地改正自己的错误、修正被破坏的法律关系。而且，根据行为人犯罪后的态度来定罪，有主观刑法和心情刑法的嫌疑。因为此时受到重视的不再是行为人的外在行为（客观行为不存在变化），而是对待法规范的主观心理。

7. 标识功能说的缺憾

标识功能说较为鲜明地区分了程序性要素与行为人的后续行为，敏锐地察觉到程序性要素对法益的修复和保护作用，明确了为违法要素说与责任要素说提供根据的是行为人的后续行为。该说区辨性的研究视角值得肯定，但是认为程序性要素之后的是违法要素和责任身份的观点则存在疑问。

一方面，将程序性要素之后的行为人后续行为均认定为违法要素存在疑问，尤其论者论及的拒不支付劳动报酬罪的程序性要素后的行为人表现不可能是违法要素。第一，我国刑法中的程序性要素类型较为多样，论者在进行宏观架构时至少忽视了影响量刑的和证明主观要素的程序性要素。这两类程序性要素以及行为人的后续行为不可能归属于犯罪成立层面的违法要素或者责任要素。例如，《邪教犯罪解释》对邪教组织被取缔或者被认定为邪教组织后的后续滋事、从事邪教活动的行为，从重处罚。此时程序性要素以及行为人的后续行为仅在量刑阶段发挥作用。第二，认为拒不支付劳动报酬罪的评价核心在程序性要素之后并不科学。因为从犯罪的本质出发，行为人不支

① 参见张明楷：《责任刑与预防刑》，北京大学出版社2015年版，第349页。

付数额较大的劳动报酬时就已经侵害了劳动者的财产利益，程序性要素以及行为人的后续行为并没有使法益状态更加恶化，所以也就不会成为违法评价的核心。[①] 论者将程序性要素前后的不法评价作出区分的观点本身没有问题，相反极具启发性。但是认为程序性要素之前的不支付劳动报酬的行为是一般违法行为，而程序性要素之后的行为是犯罪行为的观点，可能犯了循环论证、本末倒置的错误。也就是说，论者预设了程序性要素之后的行为是犯罪评价的核心，那么程序性要素之前的行为就只有一般违法性。然后再以前行为具有违法性、后行为具有犯罪性来推论刑法的核心评价对象。实际上，如果从犯罪的本质着手，可能就不会得出上述结论。第三，将程序性要素之后的行为认定为违法要素可以妥善解决未遂论与共犯论问题的论证不充分。论者担心将程序性要素之前行为认定为核心评价对象，会导致本来不构成犯罪的行为被认定为成立犯罪中止。[②] 但是，即便将程序性要素之前的行为认定为核心评价对象，也不会导致认定犯罪中止的困惑局面，因为未遂犯只是在法益侵害缩短线上（既遂犯与未遂犯相比处于法益侵害延长线上），它并不能改变或者恣意删减犯罪的成立条件。[③] 论者所举示例并不能构成对前置核心评价对象的否定和后置核心评价对象的肯定。

另一方面，将行政执法所针对之对象身份认定为责任身份并不妥当。首先，论者以实质的区分说为基点泛化责任身份的理解，将几乎所有可以影响量刑的“人的关系”都认定为责任身份，使身份概念过于宽泛，以至于没有什么实质内容。[④] 更何况，程序性要素并非都是处罚“结果”（状态），很多只是一种强制、命令、请求，还不构成“状态”。其次，（程序性要素之后的）标识功能说与违法要素说存在冲突。论者为了解决未遂犯论和共犯论的问题，将违法评价的核心置于程序性要素之后，开始实施程序性要素之后的

---

① 参见陈荣飞、肖敏：《恶意欠薪之犯罪化理据探寻——以刑法修正案（八）为背景的考察》，载《社会科学家》2011年第3期。

② 参见高磊：《论犯罪成立的行政程序性条件》，载《东方法学》2020年第3期。

③ 参见陈璇：《修正的犯罪构成理论之否定》，载《法商研究》2007年第4期。

④ 参见周啸天：《广义抑或狭义：身份犯中身份概念的再界定——以身份的本质为中心》，载《人大法律评论》编辑委员会组编：《人大法律评论》2017年卷第3辑·总第25辑，法律出版社2018年版，第143页。

行为，实行行为才着手。但是为了将责任身份的观点贯彻到底，论者又肯定了共同实施程序性要素之前行为的违法层面的共同犯罪的成立，即又肯定了程序性要素之前行为的实行行为性。两者相互矛盾。最后，标识功能说实际上就是客观处罚条件的“变装”。将程序性要素之后的行为界定为责任身份，无非就是排除共同犯罪场合共犯认定的障碍，但是处罚身份的实质仍然是不以行为人的意志为转移的客观存在的某种状态，如果可以对责任身份进行泛化理解以涵括处罚身份，那么客观处罚条件同样可以扩容。

二、既有体系定位不足的原因剖析

程序性要素体系定位的方法论以及实体内容上的缺陷，存在对应的方法和内容上的原因。研究方法是我们通向真理的路径选择，不同的方法会将我们带向不同的远方。但是刑法学研究方法多数情况下还没有成为论者的自觉选择，通常是论者通过长期的法学训练形成的思维定式，研究方法作用的发挥存在于“潜移默化”之中。但是这种经验性的方法选择容易将人带入歧途，导致在预设立场的指引下越走越偏，因而需要法学方法论上的“自我反省”，“发掘出运用在法学中的方法及思考形式，并对之做诠释学上的判断”。[①] 程序性要素体系定位既有学说的错乱内容上的原因主要是研究对象的偏差和研究范围的狭窄。或许是受传统行为人中心的犯罪构成要素的影响，既有学说始终割舍不掉程序性要素后的行为人的行为表现，均或多或少混淆了程序性要素与程序性要素之后的行为人后续行为的关系，没有对两者进行细致的区分。而且，将程序性要素的体系定位局限于个别罪名的研究中，容易导致论者“只见树木不见森林”，得出不具有普适性的论断，甚或是在不同罪名中得出自相矛盾的观点。

（一）研究方法定位不清

研究方法定位不清是导致程序性要素体系定位方法论上缺陷的直接原因。如前文所述，既有学说存在立法论与解释论混乱、主观主义与客观主义交织的缺陷，这种缺陷有时候很难被论者认识到，或者即便认识到也很难进行准

---

① 参见［德］卡尔·拉伦茨：《法学方法论》，陈爱娥译，商务印书馆2003年版，第121页。

确的区分，尤其是在立法论与解释论、主观主义与客观主义相互借鉴、相互促进的背景之下。方法论之间的界限经常是不清晰的，最为明显的表征就是经常可以在对立的方法论研究文章中发现论者互相指摘对方对自己观点的误解，以至于论者每写一篇文章都需要对自己的观点进行一次澄清，但还是无法阻止下一次误解的出现。但是区分困难并不意味着没有区分的必要，“任何一个科学如欲取得……真理性的认识，就不能仅停留在理论上的论证和思想上的体验，而要遵从一种严格的准则、方法，否则，就不可避免要重走过去的老路”。[①] 正是因为缺乏科学准确的研究方法的指导，程序性要素体系定位的研究总是难以跳出经验性的、非理性的思维框架，在立法与解释、主观与客观之间不断摇摆。值得欣慰的是，近二三十年我国刑法学界在刑法研究方法本身的反思方面已经取得了较为丰硕的成果，弥补了刑法科学研究的方法论短板。[②] 只是由于文化习惯、哲学根基的不同，目前刑法方法论的构建还主要是以精密的刑法解释学为方向，像法律逻辑学这种严谨的方法在刑法学中的贯彻还有待加强。这种逻辑理性的缺陷，直接导致了不同方法论之间的错位和僭越，因为无法对它们作出有效的区分。立法论与解释论、主观主义与客观主义都不能过于绝对、彼此之间只能达成妥协的状态，就造成两对概念缺乏严谨的逻辑体系上的安排，并进一步导致使用者的无所适从或者自由发挥。

立法论与解释论、主观主义与客观主义的对立体现了价值理性与工具理性的对立。价值理性与工具理性的概念是由马克斯·韦伯提出来的，他认为价值理性是人基于伦理的、美学的、宗教的或者其他阐释的纯粹信仰而行动，结果不是人的主要追求的情形，工具理性则是人在理性目的的支配下，利用外界事物的情况和他人的期待作为，行为构成追求目的的手段。[③] 立法论关注对立法的批判和主观主义关注行为的价值与价值理性是一致的，解释论关

---

① 参见［法］E. 迪尔凯姆：《社会学方法的准则》，狄玉明译，商务印书馆 1995 年版，第 51 页。

② 参见张勇、龚慧平：《中国刑法方法论研究的 10 年回顾》，载陈金钊、谢晖主编：《法律方法》第 21 卷，山东人民出版社 2017 年版，第 387～388 页。

③ 参见［德］马克斯·韦伯、［德］约翰内斯·温克尔曼：《经济与社会》（上卷），林荣远译，商务印书馆 1997 年版，第 56 页。

注解释的妥当性和客观主义关注结果的实现与工具理性是一致的。价值理性与工具理性不是非此即彼的关系，两者在一个系统中完全可以并存。例如就公共行政理论的范式来看，完全可能形成基于价值理性或者工具理性的政治哲学理论范式。刑法学的研究方法，在不同的时期、不同的场合也可以基于不同的理性形成不同的方法。但是就刑法学研究的目的和任务来看，我们仍然可以对研究方法的位阶作出排列。中华人民共和国成立以后至1997年《刑法》颁布，我国或是不存在系统规范的刑法的指引，或是只有“宜粗不宜细”的1979年《刑法》的依据，这一时期从价值理性的角度研究刑法的完善，有其时代背景和需求。但是1997年《刑法》颁布以后，我国已经存在一部系统完备的刑法，立法论不能成为理论研究的主流，解释规范、适用规范成为时代的需求。所以在当前的社会背景之下，解释刑法、贯彻工具理性应该成为理论研究的优先选择。主观主义与客观主义的选择也是同样的道理，主观主义从行为人行为的意义出发，容易引入过多的刑法外的价值判断如伦理道德等，客观主义重视行为引发的结果，将犯罪的成立限制在严重侵害法益行为的范围内，更符合司法理性、客观、中立的要求。

立法论与解释论、主观主义与客观主义本身代表着研究者的价值选择，它们不是简单的对与错的问题，而是何者更加适用服务于现代社会所追求的价值目标。所以相较于具体的研究方法，如注释研究、经验研究、实证研究等，它们是价值性的。当然，如何通过具体研究方法贯彻介观价值路径的指引并最终实现社会价值目标，也应当是方法论所关注的重点。为了妥善安置文章的篇幅与结构，在本节，笔者主要澄清程序性要素体系定位的立场选择，而在下一节，笔者将重点解释类型化研究方法对程序性要素体系定位的智识贡献。

（二）研究对象界定错位

研究对象界定错位是导致程序性要素体系定位实体内容上缺陷的首要原因。在过往的构成要件要素的认识中，它们都是以行为人为中心展开的。不管是客观层面的行为、结果、手段、工具，还是主观层面的故意、过失、目的、动机，都是行为人所实施、导致、拥有或者具备的内容。所以目前对构成要件要素的研究难免受惯性思维的影响，在没有准确区分的情况下，不假思索地将要素界定为以行为人为中心。但是程序性要素与一般的构成要件要素不同，它是由权利人（被害人）或者有权机关作出的，不能反映行为人的某种情况或者特征。然而现有的关于程序性要素可以体现法益侵害性加重或者主观恶性较重抑或人身危险性较大的观点，实际上都是围绕程序性要素之后的行为人的后续行为来说的，程序性要素本身具有什么样的功能并未被充分关注。例如，杨俊副教授认为的“前置程序正是行为人主观恶性的重要体现”就是根据“政府有关部门责令支付”后行为人的后续行为来确定行为人的主观恶性的，[①] 但是“政府有关部门责令支付”的行为本身并不能反映行为人的主观恶性。除了发出主体的差异之外，程序性要素与一般的构成要件要素对法益的作用方向也不同。构成要件要素的加工方向是侵犯法益，而程序性要素的加工方向是修复法益。无论是权利人启动的程序性要素还是政府有关部门启动的程序性要素，最终目的都是维护被害人的合法权益，使法益侵害状态得到修复。例如，未取得劳动报酬的劳动者向有关部门反映情况后，有关部门有义务（职责）对有关主体作出支付劳动报酬的“责令”行为，以维护劳动者的合法权益。“责令”行为不会使法益侵害状况更加恶化。

在明确了程序性要素与程序性要素后行为人后续行为的差异以及其对体系定位既有学说影响的基础之上，需要进一步对研究对象作出选择。实际上，不管是张明楷教授对恶意透支型信用卡诈骗罪客观处罚条件的研究，还是谢望原教授对拒不履行信息网络安全管理义务罪不作为犯的研究，都是以“程序性要素 + 后续行为”为研究对象的，那么是否还有必要在两者之间进行取舍？笔者的回答是肯定的。首先，不可否认，程序性要素可以和行为人的后续行为相结合共同在犯罪论体系内部发挥作用，但是这不能否认对程序性要素自身体系定位进行研究的必要。社会危害性的整体性思考方式已经被学界诟病良久，如果在此处可以区分而不去区分，同样会陷入整体判断的怪圈，成为被自己所批判的模样。我国犯罪论体系的精细化研究，对构成要件要素

---

① 参见杨俊：《论恶意欠薪行为的刑法规制——对拒不支付劳动报酬罪犯罪构成的思考》，载《江苏社会科学》2016 年第 4 期。

的定位提出了更高的要求，不再满足于浅尝辄止的粗放式研究方式。其次，张明楷教授和谢望原教授的文章虽然从整体上看确实是对程序性要素和程序性要素后的行为人后续行为作出的论断，但是均对程序性要素的意义进行了单独考察。张明楷教授在对"经发卡银行催收后仍不归还"作出客观处罚条件的定位后，进一步对其具体运用作出了交代。其中一部分内容是发卡银行催收后，归还主体不同的法律效果的判定。① 实际上也是变相承认了"发卡银行催收"的独立意义。谢望原教授则更为直接地指明了"监管部门责令采取改正措施"与行为人作为义务之间的关联。② 最后，"程序性要素"概念从提出就被赋予了独立的意义。卢勤忠教授最先明确提倡程序性构成要件要素（简称为程序性要素），特指具有二次性、程序性和法定性的要素。后来专门研究该问题的文章，虽然在称呼上存在些许差异，但是基本上以非行为人为中心的、具有法益修复效果的要素为对象。

各种观点究竟指向的是程序性要素还是程序性要素之后的行为必须予以明确，两者发出主体和作用方向均不相同，对体系定位的影响也不相同。程序性要素体系定位的既有学说基本上以程序性要素后的行为人后续行为为研究对象，但是笔者认为对两者的区分有其必要性，对程序性要素的体系定位进行单独研究有其现实意义。为了避免混乱、澄清误区和突出研究重点，再次强调程序性要素应当是非行为人为中心的、具有法益修复效果的、具有二次性、程序性和法定性特征的要素，本书对程序性要素体系定位的界定也严格围绕程序性要素展开。

（三）研究范围限定过窄

研究范围限定过窄是导致程序性要素体系定位实体内容上缺陷的次要原因。程序性要素体系定位因实体内容上的共性不足而难以在刑法规范的适用中作普适性的推广。一方面，对于局限于个罪或者部分罪名的研究，虽然笔者在前文均或多或少地指出了它们的不足之处，但是不可否认它们也有一定

① 参见张明楷：《恶意透支型信用卡诈骗罪的客观处罚条件——〈刑法〉第196条第2款的理解与适用》，载《现代法学》2019年第2期。

② 参见谢望原：《论拒不履行信息网络安全管理义务罪》，载《中国法学》2017年第2期。

的合理之处，尤其对程序性要素的客观处罚条件定位以及违法要素中的作为义务来源定位有其合理内核。另一方面，视野局限于个罪或者部分罪名之中，就难以看到其他罪名中程序性要素的共性和个性，难以对程序性要素的体系定位作出全局性的概括，并因而带有一定的缺憾。目前的研究主要在个罪中展开，例如，张明楷教授仅讨论了信用卡诈骗罪中的程序性要素，李梁博士仅讨论了拒不支付劳动报酬罪中的程序性要素。他们都只关注结论在单一罪名中的自洽性，却忽视了与其他罪名中程序性要素体系定位的协调。即便是对程序性要素进行系统性展开的卢勤忠教授和高磊博士，可能也忽视了程序性要素的类型化特征，并因此而得出单一化的论断。他们都注意到了程序性要素对定罪的影响，但也都忽视了程序性要素对量刑的影响；卢勤忠教授还注意到了程序性要素与客观处罚条件的相似之处，但是忽视了程序性要素在违法性认定中的地位；高磊博士还注意到了程序性要素对违法要素与有责要素的标识功能，但是忽视了程序性要素对作为义务的限定功效。[①]

因研究对象限定过窄而导致的普适性推广的缺陷不是观点本身逻辑自洽性上的问题，没有理由因为对象的过窄而全盘否定论者的观点，他们的具体结论都有其合理之处，这是我们在对程序性要素的体系定位进行研究的时候必须看到和承认的。也正因如此，笔者将研究对象限定过窄归于程序性要素体系定位实体内容上缺陷的次要原因。体系的协调是不是值得一直追求的永恒真理，本身就是值得怀疑的。德国刑法学作为当代刑法学的楷模，经历了一两百年的发展，体系化程度非常高，已经达到一种“过度”精细化的程度，乃至妨害具体问题的解决。所以，当前德国刑法学界特别强调体系意识与问题意识并重，在体系已经非常完善的基础上，强调以超越教义学体系的一定程度的抽象理论解决具体问题。[②] 如果在对个罪中的程序性要素的体系定位可以妥善地处理司法实践中的问题，至少不能够因为没有关注到体系的协调而轻易否定观点的合理性。这实际上牵扯到体系意识与问题意识的选择

---

① 参见卢勤忠：《程序性构成要件要素概念的提倡》，载《法律科学》2016 年第 6 期；高磊：《论犯罪成立的行政程序性条件》，载《东方法学》2020 年第 3 期。

② 参见［德］乌尔斯·金德霍伊泽尔：《刑法总论教科书》（第 6 版），蔡桂生译，北京大学出版社 2015 年版，第 1 ~ 10 页。

问题，在中华人民共和国成立初期我国基本没有刑法或者只有粗放式的法律规定，法律适用以解决具体的问题为导向，但是随着四要件犯罪构成体系以及三阶层犯罪构成体系的引入，我国法律的适用和研究特别重视理论体系的协调。但是，当前我国刑法学的体系研究尚不发达，具体问题的解决尚难实现全面均衡（公平），为了给司法工作者的实务工作提供统一且可操作性的标准，刑法学的体系研究必须始终置于绝对优先的地位，否则为了个别公平而损害体系统一会导致更大范围内的不公平。换言之，在我国司法工作者整体法治意识和法治水平相对较低的当下，允许司法工作者为了所谓的个案公正或者问题解决损害体系规则（通过规范文本分析演绎出来的裁判规则），将难以保证部分司法工作人员不会打着“维护个案公正”的旗号而徇私枉法，导致更大范围内的公平公正遭受损害。但是，进行体系研究时也切不可忘记法学研究的终极目标在于具体问题的解决，切不可为了体系而进行体系研究，置具体问题的解决于惘然。[①]

概括来说，研究范围限定过窄容易导致程序性要素的体系定位缺乏体系协调的弊端，但是就个罪或者部分罪名内部论述的成果不能轻易否定，他们对于具体问题的解决有所裨益。然而从实现体系协调、维护系统精细化的角度来看，对研究范围进行可能的扩大，有其必要性。笔者认为，我国刑法体系的精细化程度还有待加强，尤其在《民法典》已经颁布、制定统一的“刑法典”呼声日益高涨的当下，[②] 如何对刑法中的一般问题进行合乎逻辑的体系安排还任重道远。正是基于这样的立场选择，本书从一开始就对包括《刑法》、司法解释以及其他对定罪和量刑产生影响的规范性文件进行较为全面的梳理，希望对程序性要素的体系定位可以尽可能地包括所有的程序性要素。

① 体系意识与问题意识的选择部分内容已经发表于《重庆广播电视大学学报》。参见简筱昊：《论实证研究方法对刑法学科的功能输出》，载《重庆广播电视大学学报》2019 年第 3 期。

② 学界一般认为，我国 1979 年《刑法》和 1997 年《刑法》都是实质意义上的刑法典。随着《民法典》的颁布，法典化成为一个立法趋势。刑法学界也开始讨论和关注刑法再法典化的问题，并对形式刑法典保持着积极欢迎态度，只是对应当在何时付诸实践存在不同的看法。参见陈兴良、张明楷、周光权：《刑法典编纂：基本理念与技术设计》，载《中国法律评论》2024 年第 1 期。

第三节 程序性要素的类型化体系定位之提倡

在对程序性要素体系定位做解释论、客观主义的方法论选择的立场上，在对程序性要素与程序性要素后的行为人后续行为作区分理解并以程序性要素作为核心研究对象的基础上，以《刑法》、司法解释以及其他规范性文件所规定之程序性要素为研究范围的前提下，笔者认为对程序性要素体系定位的研究应当契合程序性要素在我国刑法规范中的类型，应当根据程序性要素的不同类型作出不同的体系定位。

一、类型化体系定位的必要性

传统刑法学的研究特别重视概念思维的运用，刑法立法中也处处透露着概念思维的痕迹。概念思维通过形而上的封闭思维方式，在不同对象之间建立起泾渭分明的界限，契合近代刑法学对罪刑擅断的封建刑法的抵制需求，符合明确处罚边界的罪刑法定主义要求。概念思维，顾名思义，就是归纳尽可能概括事物的特征，从而使特定事物可以归于或者不归于概念下的思维方式。它是“使陈述者能够通过对事物共同特征的描述，形而上地把握认识主体陈述的所有对象，从而确保陈述在外延上具备周延性及安定性”的思维方式。① 它具有如下特征：第一，固守特征数目，不得随意删减；第二，对象与概念的关系体现出“非此即彼”的择一判断；第三，注重形式的概念逻辑，轻视实质的价值观点；第四，体现出一种抽象的精确性。② 但是封闭的概念思维已经难以有效地解决刑事司法中出现的一些新问题，难以有效地回应时代的新需求。类型化思维就是在这样的背景之下兴起并在刑法学中获得广泛关注的。

---

① 参见童德华、赵阳：《类型化思维在刑事司法中的适用》，载《法律适用（司法案例）》2018年第10期。

② 参见杜宇：《类型思维的兴起与刑法上之展开路径》，载谢进杰主编：《中山大学法律评论》第12卷·第3辑，广西师范大学出版社2014年版，第233~234页。

第一，类型化思维契合后现代主义的需求。后现代主义对以人为主体的认识能力持怀疑态度，对过去所认为的绝对理性的存在持质疑态度。现代社会的发展不仅没有使过去的真理获得检验，相反使人们越来越认识到绝对真理的不可靠性。过去人们一直相信通过人的理性可以建构出真理和理想社会，但是事实证明真理和理想社会即便存在，也具有多样性。人们对真理和理想社会的探寻过程实际上是主体对事物的感知过程，但是由于个人的理性和认知能力是有差异的，不同主体对同一事物的感知也是有差异的，未来社会必然是充满多样性和多元性的社会。[①] 而且社会的多元化发展创造了更多的概念思维所不能包含的对象，不确定性问题增加。概念思维对特定事实的边界的明确性要求，使其无法再对这些事物进行有效的涵盖。类型化思维承认社会的多样性、承认人的理性的有限性，通过保持对象与类型的开放性，使一种类型“经由不同的强调重点的移动即特征的变化，便转向另一种类型”，[②] 彼此之间存在流动性。它通过“弹性的要素结构”，允许事物的中间类型的存在。[③] 也就是说，它不对对象进行非此即彼的完全含括式判断，而是或多或少的部分包含式认定。概念思维“非此即彼”的择一判断方式，无法容忍和适应新的事物的出现，一旦社会出现新的事物，概念思维就会变得手足无措。所以，类型思维是契合后现代主义的思维方式。

第二，类型化思维契合规范科学的评价性要求。规范科学的设置不是纯粹客观的、价值中立的，它一定包含了学科建设者和理论适用者的价值判断和立场选择。在刑法学当中，一方面，立法者规定某种犯罪的成立条件，这些条件不是单纯的客观事实的机械罗列，而是立法者对彰显了严重社会危害性的行为的价值选择。司法者在对具体事实进行规范契合性的认定时，应该以规范背后的价值作为指引，而不能为现象层面的规定所束缚。换句话说，在对犯罪进行三段论的推理时，不能只着眼于刑法规定与待决事实的外部特征是否一致，必须关注到刑法所规制之类型的价值内核。另一方面，犯罪构成理论不管是四要件体系还是三阶层体系都无法摆脱论者的主观价值选择。

---

① 参见童德华：《刑法再法典化的知识路径及其现实展开》，载《财经法学》2019 年第 1 期。
② 参见［德］卡尔·拉伦次：《法学方法论》，陈爱娥译，商务印书馆 2003 年版，第 345 页。
③ 参见齐文远、苏彩霞：《刑法中的类型思维之提倡》，载《法律科学》2010 年第 1 期。

即便像贝林这般主张形式判断构成要件符合性阶层的学者，也不得不接受价值评价的约束。实际上，从四要件体系和三阶层体系的争论理由来看，究竟是四要件还是三阶层，其本身已经融入了使用者的价值选择即人权保障优先还是法益保护优先。在选择了相应的犯罪构成体系后，具体要件的认定、违法性的认定乃至有责性的认定都受该价值立场的制约。类型思维具有意义性，关注事物的本质。它站在事物本质的高度，以规范类型背后的评价观点来评价待决事实，即便待决事实与刑法规范类型并不完全相同，只要核心评价观点一致，也就可以认为待决事实包含于规范类型中。① 类型思维“就是一种评价式思维”。② 它符合规范科学对事物的评价性需求，可以通过意义性的判断穿过事物的表象把握事物的本质。概念思维则特别注重形而上的形式逻辑的符合，特别注重事物的外在特征与规范类型的契合。但是规范科学不可能像实证科学一样可以用精确的边界来衡量，规范概念的边界本身存在流动性，固守概念的边界只会导致规范科学丧失活力和价值。所以，类型思维是契合规范科学评价性要求的思维。

第三，类型化思维契合抽象体系具体化的需求。理论体系的构建都是概念思维发展的产物，法典化更是概念思维的极致化发展。立法者制定法律规范时，总是以特定的价值和理念作为指导，并且这些理念和价值蕴含在规范的背后。法律规范本质上反映着立法者的价值追求，是一种当为规范。但是规范调整的对象都是具体的生活事实，是具体的客观实在。如何在客观实在与价值观念之间架构桥梁？需要借助类型化思维，即通过对所认识事物的特征进行归纳，认识其本质属性，进而与刑法所追究的价值理念进行对照。③ 这实际上反映了如何在观念论二元论哲学观中建立观念与实在的关系，在观念论二元论哲学观下，“世界被区分为‘事实世界’和‘价值世界’，两者有着各自不同的法则”。“事实世界”的认识对象是经验上可以感知的，即通过听觉、视觉等五感可以认识的“放在眼前的东西”，而“价值世界”的认识

① 参见齐文远、苏彩霞：《刑法中的类型思维之提倡》，载《法律科学》2010 年第 1 期。

② 参见资琳：《概念思维与类型思维：刑法立法形式的抉择》，载《暨南学报（哲学社会科学版）》2017 年第 1 期。

③ 参见齐文远、苏彩霞：《刑法中的类型思维之提倡》，载《法律科学》2010 年第 1 期。

对象则是处在“事实世界”之外的，诸如伦理道德、法律规范之类的，具有形而上特性的观念类型。[①] 在康德看来，“事实世界”是“价值世界”的认识素材，我们的精神装置会通过感觉将这些素材编排在时间与空间中，进而形成我们理解经验的概念。[②] 以概念思维的产物——构成要件要素之一的实行行为为例，它是“立法者基于一定的价值判断，将前法律的、具有普遍性的行为类型法定化，上升为法的‘定型’”[③]。所以概念化的过程实际上也是类型化的过程。当需要根据已经概念化的观念判断某种事实的符合性时，就需要将此种事实再次进行类型化，并根据前次已经存在的类型进行对照，当然概念本身在这一过程中也会进行（反）类型化，并与具体事实进行对照。这实际上也是张明楷教授要求解释者“目光得往返于规范与事实之间”真谛所在。[④] 空洞的概念思维自身无法完成与具体事实的对应，因为它已经在自己与事实之间架起了“围墙”，要想突破自身的抽象边界，就不得不借助可以将抽象概念具体化的类型思维。所以，类型思维是契合抽象体系具体化需求的思维。

概括来说，类型化思维具有开放性、整体性和评价性的特征，它符合现代社会多元化的发展趋势，可以有效打破观念与存在的连通障碍。在这样的社会思维转变需求之下，程序性要素的体系定位也应当转换思维方式，克服概念思维所导致的单一界定困境。首先，我国刑法规范中的程序性要素具有多样性。一方面，程序性要素的基数大。相对于德日刑法中仅有一两个程序性要素，我国刑法规范中有29个程序性要素。程序性要素的基数决定了对其体系定位的确定不可能如此单一。另一方面，程序性要素的功能多。就第一章梳理的程序性要素发挥的作用来看，至少包括证明主观心态作用、影响量刑作用、影响犯罪成立作用几种。它们所作用的对象有的是教义学之外的内

① 参见［日］宗冈嗣郎：《犯罪论与法哲学》，陈劲阳、吴丽君译，华中科技大学出版社2012年版。

② 参见［英］罗素：《西方哲学史》（下卷），何兆武、李约瑟译，商务印书馆2015年版，第273页。

③ 崔志伟：《实行行为定型性及其符合判断》，华东政法大学2016年硕士学位论文，第21页。

④ 参见张明楷：《刑法分则的解释原理》（上）（第2版），中国人民大学出版社2011年版，第1页。

容，有的虽然在教义学之内，但也存在犯罪论与刑罚论的区分，这种体系外部和体系内部的差异也决定了对程序性要素的体系定位不可一概而论。其次，我国刑法规范中的程序性要素具有开放性。虽然笔者对通过司法解释等规范性文件设置程序性要素的做法持谨慎态度，但是不可否认的事实是，我国已经进入刑事立法活性化时代，积极刑法观已经成为学界的主流观点和社会的必然选择，“原本缺乏类型性的现行刑法，存在许多处罚漏洞。我国当下需要采取积极刑法观，通过增设新罪来满足保护法益的合理要求”，[①] 不仅刑法需要通过民主立法增设新的犯罪来保护法益，司法解释也要通过解释推动立法的实施。已经存在的 1997 年《刑法》和其他规范性文件中的程序性要素的数量对比关系已经彰显了司法解释等规范性文件对程序性要素的创设作用。所以，程序性要素在我国刑法规范中是不断流动的。面对这种不断出现的新的程序性要素，只有类型化的体系定位可以对其进行开放性的涵摄。最后，犯罪论体系具有抽象性，程序性要素具有相对具体性。对程序性要素的体系定位，实际上就是对抽象的犯罪论体系进行具体化或者对具体的程序性要素进行抽象化，两者相互印证的过程就是类型化思维发挥作用的过程。虽然程序性要素由规范性文件规定，具有一定的抽象性，但是就其所指称的对象来看，它又是具体的。相反对它所指称的对象的体系定位，如是不是违法要件或者有责要件，就需要进行规范性的价值判断。立法者不断从分则的具体规定中抽象出一般性的规定，并形成内容丰富的总则性规定就是概念思维发展到极致的产物。[②] 犯罪论体系也是概念思维发展到极致的产物，与刑法总则的区别在于是否具有法定性，分则的具体规定处于被抽象化的地位，仍然属于相对具体的内容。

二、类型化体系定位的方法论基础

概念性思维实际上是一种分类性思维，它强调根据事物的所有特征的提炼，形成事物的概念划分。在此基础之上，认为某一学科的对象都能装入概

① 张明楷：《增设新罪的观念——对积极刑法观的支持》，载《现代法学》2020 年第 5 期。

② 参见资琳：《概念思维与类型思维：刑法立法形式的抉择》，载《暨南学报（哲学社会科学版）》2017 年第 1 期。

念性思维的范畴。它不承认在所列概念分类外存在新的事物类型，因为在它看来，超出概念分类的事物都是退化的、不明确的，在概念分类之外进行的事物的类型化界分，都是没有意义的。概念性思维是唯理论建构主义的产物，人类的规范、秩序和文明都是人的理性的建构的结果。概念性思维就是人通过理性建构出来的观念界，人的理性可以得出超越现实存在的抽象的真理性的认识。概念性思维的分类就是建构理性的产物。① 概念性思维对事物的判断遵循着一种"是"与"非"、"黑"与"白"的二元对立逻辑，一种事物在一个概念体系内只能是"是"或者"非"，是"黑"或者"白"，不承认"是"与"非"、"黑"与"白"之间存在其他中间类型。② 它就是在给定的对象之间做选择题，不允许也不接受社会现实发展产生的新的事物类型。如果产生了一种新的事物类型，概念性思维不是通过反思自身的合理性来接纳新的事物，而是通过非理性的证成来消灭或者否定新事物以达成概念分类的自洽性论证。

但是，这种封闭性的分类性思维方式无法适应日新月异的现代社会，因为流动的中间类型不再是社会的例外，而是社会的经常现象。概念性思维划分出事物的明确边界，但是忽视了社会现象的流动过渡，无法有效包括所有的社会经验事实。③ 类型化思维不拘泥于事物之间的明确界限，它强调事物之间的层级关系。也就是说，它在判断一种事物的类型时，不是通过是否包括概念分类全部特征的"全同与否"，而是根据事物在什么程度上与概念分类具有相似之处的"或多或少"。事物之间不是非此即彼的对立关系，而是"你中有我，我中有你"的层级关系。类型化思维对事物的判断不是遵循"是"与"非"、"黑"与"白"的二元对立逻辑，而是肯定它们之间存在众多的中间类型，即"二元或多元的谓语理论"。④ 一个事物能否归属于某一类

---

① 参见资琳：《概念思维与类型思维：刑法立法形式的抉择》，载《暨南学报（哲学社会科学版）》2017 年第 1 期。

② 参见吴从周：《类型思维与法学方法》，台湾大学 1993 年硕士学位论文，第 57 ~ 59 页。

③ 参见杜宇：《"类型"作为刑法上之独立思维形式——兼及概念思维的反思与定位》，载陈兴良主编：《刑事法评论》第 26 卷，北京大学出版社 2010 年版，第 225 页。

④ 参见杜宇：《"类型"作为刑法上之独立思维形式——兼及概念思维的反思与定位》，载陈兴良主编：《刑事法评论》第 26 卷，北京大学出版社 2010 年版，第 226 页。

型，取决于该事物与某一类型的相似性，如果事物与某一类型相似，则可以归入该类型，如果事物与某一类型相差较远，则不可以归入该类型。在这一过程中，概念分类的明确边界是不被提及和重视的，能否进行归类要看类型的“整体形象”的指导与评价，评价的结果也不是“符合”或者“不符合”，而是有多相似。即便是没有被归类的事物与被归类的事物之间，也不是绝对对立的关系，两者之间也存在或多或少的相似性。根据这种层级性逻辑思维，即便出现一个新的事物，也不会出现不能归类的无所适从的现象。因为只需要对事物与类型之间作相似性的对比，有较大相似性的就可归入类型。而且由于类型本身具有开放性，它的内涵和边界也会随着新事物的出现而不断流动，可以有效地应对新事物的归类判断问题。

虽然对类型化思维的解释总是从与概念性思维的对比中展开，但是类型化思维与概念性思维不是对立关系，而是相辅相成的节制关系。这种节制关系可以从两个层面把握：一是本体论和认识论层面；二是方法论层面。关于前者，类型化思维以承认概念性思维为前提，类型是概念下的类型，概念是类型上的概念。如果承认“‘类型化’是对概念的进一步具体化改造，是对抽象原则的进一步贯彻和落实”，[①] 那么概念中也蕴含着类型，并且框定着类型。因为概念本身就是对事物本质特征的概括，类型化也是对“事物本质”的提炼与归纳，为了与概念分类形成对照，类型只能是概念下的类型。如果超出概念的边界，类型化思维将如“脱缰之野马”，在类推解释的“草原”上放荡奔跑，造成人权的恣意践踏。当然，概念也不是凭空产生的，它是智者通过对众多个体样态的归纳总结提出的。在没有出现新事物、新类型的情况下，概念是可以涵盖所有具体个体的样态的。但是即便出现新的类型，也并不意味着概念思维就一定僵化，实际上它也会通过吸纳新的个体的特征来丰富自己的类型，使概念下的类型的边界有所扩张以便还能涵括“所有”的个性特征。[②] 关于后者，概念性思维决定类型内核，类型化思维决定类型边

① 参见杜宇：《再论刑法上之“类型化”思维——一种基于“方法论”的扩展性思考》，载《法制与社会发展》2005 年第 6 期。

② 参见马荣春：《警醒刑法学中的过度类型化思维》，载《法律科学》2012 年第 2 期。

界，彼此取长补短。[①] 事物的类型化判断，是对“类型”的类型化解释和对对象的类型化归纳的交互过程。也就是说，它需要对概念分类进行诠释、对具体个体进行归纳，然后对两者之间的相似性进行对比。类型化的过程是以概念分类作为指引的，概念分类不决定类型的边界，但是它要通过自己的核心内涵为类型化提供运作方向。而概念下的类型的边界则是类型思维决定的，因为类型的边界需要类型的不断对比进行判断，通过具体个例的相似程度的分流来决定（概念的外延）。

那么，类型化思维是如何实现具体对象（事物正义）与概念分类（规范正义）之间的归类判断的呢？也就是说，处于“事实世界”的具体事物是如何滑向“价值世界”的规范概念的呢？此时需要引入“使理念或者说规范与事实取得一致的第三者”，即“事物本质”。“‘事物本质’是一种观点，在该观点中存在与当为互相遭遇，它是现实与价值互相联系（对应）的方法论上所在。”[②] 一方面，“事物本质”是概念分类的价值传播中介，概念分类的价值理念通过“事物本质”向具体对象开放，并在具体对象中实现。刑法规范的意旨也是通过构成要件的中介（类型化的生活事实）传递到具体生活事实的。另一方面，“事物本质”是具体对象的类型判断桥梁，具体事物的各种特征通过“事物本质”向概念分类靠近，并在概念分类中印证。具体生活事实是否适用刑法规范或者是否属于刑法规范的调整范围，需要借助类型化的构成要件的辅助。所以，“事物本质”“构成普遍与特殊之中点”,[③] 它本身也就是类型化的。以类型化思维在具体案件中的判断逻辑为例，首先，需要确定待决案件的适用规范，这个适用规范就是类型化判断的归宿——概念分类。其次，需要对待决事实的特征进行归纳，找出待决事实的特征与适用规范调整事实特征之间的相似程度。最后，需要对待决事实与规范事实之间的相似性作出判断，即如果两者有较大的相似性就可以适用规范，如果不具有

---

① 参见沈奕含：《类型化思维的刑法适用：模型建构与流程展开》，载《时代法学》2018 年第 5 期。

② 参见［德］亚图·考夫曼：《类型与“事物本质”——兼论类型理论》，吴从周译，台北，新学林出版股份有限公司 1999 年版，第 101 页。

③ 参见［德］亚图·考夫曼：《类型与“事物本质”——兼论类型理论》，吴从周译，台北，新学林出版股份有限公司 1999 年版，第 109 页。

较大的相似性则不可以适用规范。虽然在这一过程中，并没有给予“事物本质”太多的笔墨，但是“事物本质”的提取贯穿整个类型化判断的过程，因为通过类型思维提取待决事实的特征，并进行“整体性判断”的初步结论就是待决事实的“事物本质”。对适用规范的调整事实的提取，也不是穷尽其所有特征，而只需把握其“事物本质”即可。在“相似性判断”层面所进行的虽然包括部分特征的对比，但总的来说还是整体性的“事物本质”的判断。可以说，“正是由于待决案件中的生活事实与规范中的概念事实存在本质上的契合，才有进行归属的价值基础”。①“事物本质”构成规范分类与具体对象类型归类的前提、基础和桥梁。

类型化思维在刑法中的通常运用是判断某种待决事实是否处于刑法规范的调整范围，② 那么程序性要素的体系定位中是否存在类型化思维适用的可能？除了笔者在上文提到的类型化思维在程序性要素中的适用必要性之外，笔者认为类型化思维对于程序性要素的体系定位同样具有方法论上的启发性。首先，程序性要素的体系定位实际上是将刑法分则所规定的具体事实进行犯罪论体系的提炼和升华。③ 被构成要件类型化之前的程序性要素仍然是“事实”层面的，经过类型化的程序性要素获得犯罪论体系上的定位后，就是具有“价值”的，所以对程序性要素的体系化定位过程也是对程序性要素的类型化过程。其次，不要奢望对程序性要素的体系定位进行单一界定。程序性要素在我国刑法规范中是多元的，对其体系定位也应当吸纳不同观点的优势。可以在不是完全相同的意义上而是较大相似性的意义上把握程序性要素的体系定位。类型化思维不奢求通过理性建立唯一的概念分类来涵盖所有的要素类型，对程序性要素的体系定位也不应当奢求通过单一定位解决所有的要素归类问题。再次，程序性要素的体系定位应当保持开放性。概念思维的封闭性要求对程序性要素进行内涵清晰、边界明确的体系定位，但是程序性要素

---

① 参见段威、林毓敏：《贿赂物的解构及重塑——从概念思维到类型思维的嬗变》，载《天津法学》2018 年第 4 期。

② 参见李依林：《论刑事司法实践中的类型化思维》，载《江西社会科学》2014 年第 2 期。

③ 参见马荣春：《刑法类型化思维：一种“基本的”刑法方法论》，载《法治研究》2013 年第 12 期。

的流变特征决定了其不可能在封闭的概念分类下获得妥善处置。类型化思维的启示就是要对概念分类的边界保持开放性，允许中间类型的程序性要素纳入概念分类之中，① 允许特征不完全相同的程序性要素在犯罪论体系中的适当定位。复次，类型化的程序性要素的体系定位不是要摆脱违法、有责等概念分类的束缚，而是要在这些概念分类的指导下，以“事物本质”为核心内容进行相似性判断，以便最大化地实现对所有程序性要素的体系安排。类型化思维与概念性思维之间是相辅相成、互为手段与目的的，② 将类型化思维引入程序性要素的体系定位也是在辅助概念分类功用的发挥，弥补概念性思维封闭性特征可能导致的滞后性和不完整性。最后，类型化思维的引入实际上就是要对程序性要素的体系定位进行类型化的界定，不能拘泥于传统的概念性思维的边界，但是需要把握住概念分类的核心内涵和本质特征，并以其作为突破边界的限制。也就是说，对程序性要素的体系定位仍然要契合违法、有责等体系内涵的本质，但是对于其中的细微差异可以采取包容的态度。相对于传统的以行为人为中心要素建构起来的犯罪论体系，由国家机关或者非国家机关的权利人等实施的程序性要素在犯罪论中的体系定位总是会存在难以协调之处，因而需要抛弃概念性思维对概念边界的明确性要求，允许根据程序性要素的类型进行或多或少的归类判断。

三、类型化体系定位的具体展开

类型化思维于 20 世纪上半叶在民法法系中兴起，它先对研究对象进行类型划分，即依据一定的标准将具有类似特征的社会现象和经验事实划分为一类，然后从各个类型出发，根据内在要素的强弱、影响力的大小等对其与概念分类的类型进行整体性判断。③ 因而，类型化思维的首要条件是对研究对象进行契合概念分类的类型划分。也正是在这个意义上，学界不少学者将类

① 参见王婷婷、陈思同：《刑事司法类型化思维的适用——以携带凶器进行抢夺中的“凶器”为例》，载《人民司法》2020 年第 4 期。

② 参见马荣春：《刑法类型化思维的概念与边界》，载《政治与法律》2014 年第 1 期。

③ 参见张斌峰、陈西茜：《试论类型化思维及其法律适用价值》，载《政法论丛》2017 年第 3 期。

型化思维简单理解为对对象进行分类研究的思维方式（方法）。[①] 这样简单的概括，虽然无法穷尽类型化思维的所有内核，但大体上揭示了类型化思维的研究路径。而所谓类型，是指“具有共同特征的事物所形成的种类”，[②] 即我们通常根据一定的标准对事物所进行的划分。根据第一章的梳理，我国刑法规范中的程序性要素，从功能上来看，包括证明主观要素的程序性要素，影响量刑的程序性要素和影响定罪的程序性要素。证明主观要素的程序性要素，如《网络淫秽信息解释（二）》第 8 条“行为人接到举报后不履行法定管理职责的，应当认定行为人‘明知’”的规定，本身不具有犯罪论体系上的意义，仅起到证明主观要素的作用。因为行为人的主观认识是在行为时就已经存在的事实，事后根据行为人当时的外在表现来判断主观认识，更多地具有证据法上的意义。所以证明主观要素的程序性要素不是本书研究的重点。当然，“行为人接到举报后不履行法定管理职责的”要素本身仍然可能具有犯罪论体系上的定位，即不作为犯罪作为义务的来源等，只是这已经超出《网络淫秽信息解释（二）》第 8 条所承载的内容。影响量刑的程序性要素，如《邪教犯罪解释》第 8 条关于从重处罚中“邪教组织被取缔，或者被认定为邪教组织”的规定，从整体上来看，影响的是刑罚的裁量。但是，此时强调的是“邪教组织被取缔后，或者被认定为邪教组织后”行为人的后续行为表现，“邪教组织被取缔”“被认定为邪教组织”本身的地位和作用并没有被关注。影响定罪的程序性要素，如《刑法》第 139 条消防责任事故罪中“经消防监督机构通知采取改正措施”的规定，在尊重立法规定的前提下，无疑是犯罪的成立条件，当然是客观处罚条件还是构成要件要素，还有进一步讨论的空间，笔者将在本部分作出区分。上述类型都是从积极证明犯罪成立或者刑罚发动层面展开的分类，我国刑法规范中还存在一个消极的程序性要素，即逃税罪初犯免责条款中“经税务机关依法下达追缴通知”的规定，它的定位及其意义也不容忽视。

---

① 参见张斌峰、陈西茜：《试论类型化思维及其法律适用价值》，载《政法论丛》2017 年第 3 期。

② 参见罗竹风主编、汉语大词典编辑委员会汉语大词典编纂处编纂：《汉语大词典》，汉语大词典出版社 1997 年版，第 490 页。

（一）影响量刑的程序性要素的体系定位

影响量刑的程序性要素的体系定位宜采取标识功能说。根据张明楷教授的梳理，影响责任刑的情节包括表明不法程度的事实和表明责任程度的事实，前者如构成要件外的法益侵害结果、行为手段、行为次数、行为时空条件等，后者如不同类型的故意与过失、构成要件外的目的和动机、责任年龄与责任能力、违法性认识可能性、期待可能性以及被害人的过错等。[①] 影响预防刑的情节主要是表明行为人再次犯罪危险性大小的情节，这些情节包括累犯、再犯、常习犯、一般违法事实、犯罪前的表现、犯罪后的态度（自首、立功、坦白、反省、悔罪、赔礼道歉、退赃、赔偿损失、挽回损失、隐瞒事实、毁灭证据、负案潜逃）以及犯罪行为对犯罪人自身造成的损害等。[②] 我国刑法规范中影响量刑的程序性要素共有 3 个，分别是最高人民法院《关于审理破坏森林资源刑事案件适用法律若干问题的解释》（法释〔2023〕8 号）第 12 条第 1 款第 5 项规定的破坏森林资源犯罪中的“经行政主管部门责令停止违法行为”、《邪教犯罪解释》第 8 条规定的组织、利用会道门、邪教组织、利用迷信破坏法律实施罪中的“邪教组织被取缔，或者被认定为邪教组织”和《文物犯罪解释》第 3 条、第 4 条规定的故意损毁文物罪/故意损毁名胜古迹罪中的“国家行政主管部门作出的停止侵害文物的行政决定或者命令”，它们的共性特征就是行为人实施严重危害社会的行为之后，有权机关或者相关主体责令、劝诫行为人停止犯罪行为，行为人仍然实施。在行为人已经构成犯罪的情况下，行为人拒不停止犯罪行为的表现确实反映了其再犯罪的危险性比较大、特殊预防的必要性比较大，对行为人在责任刑的限度内从重处罚，符合责任刑与预防刑的一般原理。但是需要注意的是，程序性要素本身不能反映行为人的人身危险性，程序性要素之后的行为人的后续表现才是影响预防刑的情节。作为程序性要素的有权机关或者相关主体的介入行为，本来是所有犯罪都可能具备的犯罪制止行为或者被害权益救助行为，是在犯罪论体系之外予以考虑的。因为几乎所有的犯罪中都会存在有权机关或者相关

---

① 参见张明楷：《责任刑与预防刑》，北京大学出版社 2015 年版，第 275～288 页。

② 参见张明楷：《责任刑与预防刑》，北京大学出版社 2015 年版，第 339～361 页。

主体的制止行为，行为人的后续行为都能反映其人身危险性，但是这些都是酌定量刑情节，有权机关或者相关主体的行为也不会被作出犯罪论体系上的安排。只是刑法规范中明确规定的程序性要素已经由酌定量刑情节上升为法定量刑情节，必须对法定量刑情节作出犯罪论体系上的安排。相应地，程序性要素在犯罪论体系上也应当拥有一席之地。然而，就目前的体系安排来看，影响量刑的程序性要素既无法归属于犯罪论，也无法归属于刑罚论。但是由于它始终与影响预防刑的量刑情节相关联，所以可以借鉴标识功能说的观点，将其界定为量刑情节的标识。标识功能说仍然以行为人的后续行为作为影响量刑的核心评价要素，与刑罚裁量的基本理论相契合，而且程序性要素成为我们判断此类法定量刑情节的“标识”，能够帮助我们清晰准确地定位法定量刑情节存在与否。

阅读到事前的程序性要素的体系定位的读者可能会对标识功能说提出疑问，即笔者所提及的应当被定位为标识要素的程序性要素，实际上也对行为人提出了不得继续实施相关行为的要求，为何就不能为违法性提供根据？例如《文物犯罪解释》第3条第3款规定，“实施前款规定的行为，拒不执行国家行政主管部门作出的停止侵害文物的行政决定或者命令的，酌情从重处罚”，国家行政主管部门作出的停止侵害文物的行政决定或者命令，实际上也构成了行为人的作为义务，可以成为违法性的评价对象。笔者认为，如果《文物犯罪解释》第3条第3款中程序性要素不是被规定为量刑情节，而是被规定为定罪情节，那么其体系定位必然会发生变化。但是在现有的规定模式下，它只能是标识量刑情节的要素。需要进行澄清的是：第一，尽管《文物犯罪解释》第3条第3款规定的程序性要素事实上要求行为人履行一定的义务，并有可能被纳入违法评价的范围，但是对违法性判断真正起决定作用的是《文物犯罪解释》第3条第2款规定的5种定罪情节，并且在行为人实施故意损毁文物的行为，行政主管部门要求停止，而行为人继续实施损毁行为，形成《文物犯罪解释》第3条第2款规定定罪情节时，行为人的作为和不作为及其造成的危害后果（形成的情节）已经在违法评价中予以考虑了，所以没有必要再将程序性要素作为违法要素进行评价。换句话说，行为人以积极的损害行为和消极的不履行义务行为共同满足“情节严重”要件时，只需要根据作为犯来认定行为的犯罪性。[①] 此时，还没有被评价但是对定罪量刑具有重要意义的是行为人不执行国家行政主管部门决定或者命令所体现出的人身危险性，因而只能将行为人的后续表现理解为量刑情节，将程序性要素理解为标识量刑情节的要素。第二，尽管在一般情况下量刑情节并不需要特别要素进行标识，但是规定标识要素也并不违反法律的规定。实际上，实践中很多法定量刑情节的充足可能都是在特定国家机关的要求下实现的，如要求行为人自首、退赔退赃等，但是因为法律没有对机关要求进行规定（避免过多规定限制量刑情节的成立范围），所以此类情节的成立不需要标识要素。当然这不是在与危害行为接续意义上的要求。与危害行为接续的要求，如行为人故意杀人时，出勤民警要求行为人停止犯罪行为，行为人继续实施，只是因为这些要素及行为人后续表现一般不宜作为从重处罚的量刑情节，所以不会单独进行规定。当某种与危害行为接续的行为人表现足以影响量刑时，此时的行为人表现及程序性要素就有可能通过法律形式规定下来。而且，规定程序性要素的量刑情节，对量刑的影响往往都是“从重处罚”，所以，本着谨慎的态度，规定标识要素也是有利于行为人的。

（二）影响定罪的程序性要素的体系定位

影响定罪的程序性要素则相对较为复杂，其内部还可以分为事前的程序性要素与事后的程序性要素。如第一章第四节所言，事前的程序性要素是指处于刑法核心评价对象之前的程序性要素，事后的程序性要素则是处于刑法核心评价对象之后的程序性要素。前者对行为的违法性判断产生影响，宜将其定位为违法构成要件要素，更准确地说是不作为犯的作为义务来源。后者不影响行为的违法性与有责性，但是对犯罪的成立产生影响，宜将其定位为客观处罚条件。

1. 事前的程序性要素的体系定位。事前的程序性要素的表现形式是行为人实施先前行为后（尚不构成违法层面的犯罪），相关主体作出停止侵害行为、回复受害法益的责令等行为，但是行为人拒绝实施，简单来看就是“先

---

① 参见吕翰岳：《作为与不作为之区分的目的理性思考——以德国判例与学说为借镜》，载《环球法律评论》2017 年第 4 期。

前行为”－“程序性要素”＋“后续行为”。以扰乱国家机关工作秩序罪中的“经行政处罚”为例，行为人多次扰乱国家机关工作秩序的行为，如果没有经过行政处罚，就不能进入犯罪评价的范围，只有经行政处罚后，行为人仍不改正并且造成严重后果的，才能追究行为人的刑事责任。在这一过程中，无论行为人先前的多次扰乱行为是否具有“严重”的社会危害性，立法者都出于体系外的政策或者利益追求，将先前行为拟制为“非犯罪（违法层面）行为”，只有行为人经行政处罚后仍不改正，并且造成严重后果，才肯定行为已经具有刑法所规定的可罚的违法性。行为人后续的不改正行为和危害后果都从客观上加重着行为的违法性，所以是违法构成要件要素。需要注意的是，尽管行为人的后续不改正行为可能是积极的扰乱国家机关工作秩序的行为，但是此时需要根据行为人的规范角色考虑其背后的规范要求，不管是先前行为，还是国家机关的处罚行为，都对行为人提出了停止侵害国家机关工作秩序的要求，行为人却仍然实施，所以行为人是在以积极的举动违反命令性规范，构成不作为犯罪。由于行为人需要根据行政处罚的命令实施相应的行为——停止侵害，所以“经行政处罚”的程序性要素就是作为义务的来源。

在扰乱国家机关工作秩序罪中，行为人先前行为是对禁止性规范的违反，即行为人违反了“不得扰乱国家机关工作秩序”的禁止性规范，后续行为则是对命令性规范的违反，因而不存在作为义务竞合的问题。但是在拒不履行信息网络安全管理义务罪中，由于《网络安全法》等法律法规已经对行为人科以了网络安全管理义务，所以行为人在实施“先前行为”时作为义务就一直相伴随存在，及至“监管部门责令采取改正措施”，不仅非刑事法律规定的作为义务仍然存在，而且监管部门的具体行政行为也对行为人提出了作为要求，此时就产生了作为义务的竞合问题。谢望原教授和李世阳博士对前后义务作了抽象与具体、第一性与第二性的层级划分，[①] 认为程序性要素所包含的作为义务是最具体、最直接的义务，对行为人实施特定的行为具有最明

① 参见谢望原：《论拒不履行信息网络安全管理义务罪》，载《中国法学》2017 年第 2 期；李世阳：《拒不履行网络安全管理义务罪的适用困境与解释出路》，载《当代法学》2018 年第 5 期。

显的指引作用。笔者对此持肯定态度，法律规范的要求是一般的、抽象的要求，具体行政行为的要求则是个别的、具体的要求，当法律规范的要求本身可能因为违法性认识、期待可能性等问题无法实现时，具体行政行为就使法律的要求更加简明扼要和具体明确，行为人的作为义务在某种程度上被加强了。也就是说，像信息网络安全管理义务类的处于引领社会发展领域的特别要求，立法者在对特定主体提出时总是保持非常审慎的态度，以避免遏制科技创新的发展。只有在网络安全管理义务已经被严重违反并且可能造成严重后果时，国家机关才通过具体行政行为使非刑事法律规范规定的义务明确、强化，并为后续违反网络安全管理义务的行为设置刑事法律后果。所以，程序性要素作为作为义务的来源，是对法律规范科以的义务的具体阐释和强化。王海军在论述巨额财产来源不明罪的实行行为时对作为义务的来源作了非刑事法律和刑事法律的区分，[①] 对不作为犯罪的义务必须来源于非刑事法律并由刑事法律加以贯彻的观点进行了回应，所以即便仅有刑事法律的规定，程序性要素的实施也是对法律规范（刑法规范）所科以的义务的具体化。

批判违法要素说的观点认为将程序性要素界定为违法要素违反构成要件的违法推定机能和故意规制机能，因为程序性要素的内容不仅不侵害法益，还具有保护法益的作用，程序性要素也不需要行为人具有现实的认识。[②] 作为义务的来源是不作为犯罪的特别要件，是不作为进入要件论领域的前提。[③] 换句话说，作为义务的问题不再与保证人地位区别对待，具有作为义务的人就是保证人，而保证人的地位被定位为构成要件要素。[④] 所以，作为义务的来源理当属于构成要件要素的组成部分。实际上，即便主张分离说，即将保证人地位定位于构成要件要素，作为义务定位于违法要素，程序性要素也可

① 参见王海军：《关于界定巨额财产来源不明罪实行行为的新思考》，载《湖北社会科学》2009 年第 9 期。

② 参见高磊：《论犯罪成立的行政程序性条件》，载《东方法学》2020 年第 3 期。

③ 奥田菜津「作為と不作為の区別作為義務の根拠論との関係」同志社法学 69 巻 5 号（2017 年）203 頁参照。

④ 蔡芸琦「不作為犯における作為義務論の問題点」信州大学経法論集 3 巻 1 号（2018 年）110 頁参照。

以为违法性提供根据。认为程序性要素无法为违法性提供根据的观点可能已经落入作为犯的窠臼，对程序性要素的体系定位始终着眼于存在论（事实存在层面）的对法益的作用。但是不作为犯的问题说到底是评价的问题，是社会规范要素的见解问题，它不再过分强调自然因素，而是着眼于行为人的（身份）行为与结果之间的规范关联。① 如果没有作为义务的存在，行为人的保证人地位也就不复存在，或者即便具备保证人地位，但是缺乏违法要素，也难以对行为进行违法评价。所以，程序性要素作为作为义务的来源符合构成要件的违法推定机能要求。此外，作为义务的来源也是需要行为人具有现实的认识的。程序性要素中相关主体的责令、命令、要求等行为，已经使行为人对自己的作为义务具有现实的认识，如果行为人在某些特殊情况下不具有认识作为义务的可能性，就可能因为保证人地位认识错误而不被追究刑事责任。所以，以程序性要素作为对行为人实施特定行为的要求，一定要行为人具有现实的认识。综上，将事前的程序性要素界定为不作为犯作为义务的来源具备理论上的自洽性。

2. 事后的程序性要素的体系定位。事后的程序性要素的表现形式是行为人实施先前行为后（已经构成违法层面的犯罪），相关主体作出停止侵害行为、恢复受害法益的责令等行为，但是行为人拒绝实施，简单来看就是“先前行为” + “程序性要素” – “后续行为”。以拒不支付劳动报酬罪中的“经政府有关部门责令支付”为例，行为人不支付数额较大的劳动报酬的行为已经具备可罚的违法性，程序性要素以及行为人的后续行为只是违法性之外的刑罚发动的政策或者利益依据。因为程序性要素和行为人的后续行为并不改变行为对法益的侵害程度，也就无法为违法性提供根据，并且它们也不可能被纳入到责任要素中考量，所以只能将其界定为客观处罚条件。“作为客观处罚条件的事实没有发生时，只是国家的刑罚权不能发动。但是，这个事实发生以前的行为是具有违法性的。确实，客观处罚条件也不是与行为的违法性完全无关的。不如说，应该是从外部奠基行为的违法性的事实。但是，

① 奥田菜津「作為と不作為の区別作為義務の根拠論との関係」同志社法学69巻5号（2017年）201頁参照。

无论哪个，比如行为之后发生充足客观处罚条件的事实和这个事实已经发生后才有行为的场合，行为本身的危险性是相同的。"[①] 参照侵占罪，行为人不支付数额较大的劳动报酬的行为已经满足侵占罪关于相关要件的要求，但是立法者仍然在侵占罪之外单独设置拒不支付劳动报酬罪，并且以"经政府有关部门责令支付仍不支付"作为入罪的限制性条件，说明立法者的本意不在于为违法性提供根据。根据高铭暄教授的梳理，《修八》增设拒不支付劳动报酬罪的程序性要素是为了实现刑事处罚与行政监管措施的有效衔接，优先发挥行政监管措施的作用。[②] 而且该罪设置的初衷是维护广大劳动者的合法权益，如果"经政府有关部门责令支付"，行为人积极支付劳动报酬的，该罪的规范保护目的就已经实现，也就丧失了处罚行为人的必要性。所以此类程序性要素的设置符合客观处罚条件设置的政策与利益理由。

承接对客观处罚条件说的反思，将事后的程序性要素界定为客观处罚条件先要解决其与构成要件要素的关系问题。关于客观处罚条件的体系定位，学界大致存在刑罚阻却事由说、犯罪成立要件还原说和犯罪成立独立条件说三种观点。[③] 笔者赞同犯罪成立独立条件说。第一，客观处罚条件的规定方式不符合刑罚阻却事由的一般规定方式，即刑罚阻却事由是以特定事由的发生阻却刑罚的发动，但是客观处罚条件的实质是特定事由出现后犯罪宣告成立。第二，并不是所有的客观处罚条件都能为犯罪性提供根据，即便是某些与危害结果等发生关联的客观处罚条件，将其还原为构成要件，也会造成主观认识上的不协调。第三，犯罪成立独立条件说认为客观处罚条件在违法性与有责性之外影响犯罪的成立，"考虑到刑事政策的合目的性，符合立法初衷"[④]。将事后的程序性要素界定为客观处罚条件其次需要解决其与责任主义之间的关系。承认客观处罚条件构成犯罪成立独立条件的观点，面临罪责思

---

① 丸山雅夫「〈判例研究〉倒産法374条1号に規定する行為は倒産宣告確定前になさることを要するか：いわゆる客観的処罰条件の意義」上智法学論集22巻1号（1978年）256頁。

② 参见高铭暄：《中华人民共和国刑法的孕育诞生和发展完善》，北京大学出版社2012年版，第503～504页。

③ 参见冯军：《刑法问题的规范理解》，北京大学出版社2009年版，第245～247页。

④ 黑静洁：《客观处罚条件之理论辨析——兼论客观处罚条件理论在中国刑法中的定位》，载《政治与法律》2011年第7期。

想在多大程度上作出让步的拷问。因为根据违法与有责要件外的条件发动刑罚，是在罪责正义之外考量刑事政策目的。但是满足客观处罚条件的后果是将违法且有责的行为纳入处罚范围，它不是在违法与有责之外创设可罚性的根据，只是为刑罚的发动增加了条件限制。无论这里的客观处罚条件是不法中立的还是不法相关的。① 所以即便行为人对客观处罚条件不存在现实的认识，也可以据此产生刑罚发动的效果。但是考虑到在某些情况下行为人确实无法认识到客观处罚条件的相关情况，允许行为人以缺乏认识可能性理由出罪，以契合责任主义的要求。

批判客观处罚条件说的观点认为客观处罚条件的体系定位导致程序性要素无法成为限制加重犯的要素，② 还会导致未遂犯的成立范围不当扩张。③ 但是，一方面，客观处罚条件作为刑罚发动事由，不仅约束基本犯，还约束加重犯。论者认为客观处罚条件无法约束加重犯，可能是误将客观处罚条件当作犯罪成立条件外的要素了。然而如前文所述，客观处罚条件是犯罪构成体系内的犯罪成立条件，对加重犯的成立产生影响。另一方面，未遂犯成立范围的扩张与程序性要素是否被认定为客观处罚条件实际上没有必然关联。论者之所以认为不履行信息网络安全管理义务，但是监管部门采取监管措施阻却违法信息传播的行为构成未遂犯，是因为在此处认为我国《刑法》采取了犯罪既遂立法模式，实际上如果对刑法分则的立法模式采取犯罪成立模式的观点，由于行为人的行为连犯罪都不成立，也就不会得出构成未遂犯的结论了。所以未遂犯的成立范围与对刑法分则立法模式采取何种立场有关。实际上，比较吊诡的是，论者在批判客观处罚条件说时采取了犯罪既遂模式的观点，但是在证立自己的观点时采取了犯罪成立模式的观点，不知论者论述时是否没有意识到自己采取了何种立场。

（三）消极的程序性要素的体系定位

消极的程序性要素在我国刑法规范中仅逃税罪初犯免责条款中“经税务

---

① 参见王钰：《德国刑法教义学上的客观处罚条件》，法律出版社2016年版，第103~108页。

② 参见薛培、叶小舟：《拒不支付劳动报酬罪的规范适用》，载《中国检察官》2015年第16期。

③ 参见高磊：《论犯罪成立的行政程序性条件》，载《东方法学》2020年第3期。

机关依法下达追缴通知”1个。如果将消极的程序性要素转化为积极的程序性要素就是，行为人实施数额较大的逃税行为后，经税务机关依法下达追缴通知，行为人拒不补缴应纳税款的，追究刑事责任。转化后的程序性要素就是事后的程序性要素，在犯罪论中的体系定位是客观处罚条件，对行为的违法性和有责性不产生实质影响。同样，消极的程序性要素对行为的违法性和有责性不产生实质的影响，只是立法者出于对刑事政策或者刑法外利益的考量，给予积极回归法秩序的行为人一些刑罚裁量和刑事追诉上的优惠。所以逃税罪初犯免责条款只是刑罚阻却事由。但是也有一些学者认为初犯免责条款是出罪事由，并且罗列了我国刑法中关于出罪事由和刑罚阻却事由的规范表述，但是论者对于是出罪还是免罚的判断本身陷入了一种循环论证的境地，[①] 通过（没有造成损害结果的）犯罪中止、正当防卫、紧急避险等实质效果可以发现犯罪中止是具有犯罪性的，但是不科处刑罚，而正当防卫和紧急避险因为保护了更为优越的利益，本来就不具有违法性和犯罪性。初犯免责条款究竟是出罪事由还是刑罚阻却事由也只能根据它是否保护了更为优越的利益进行违法性上的衡量，但是很显然，即便行为人符合初犯免责条款的规定，也不能认为行为人的逃税行为保护了更为优越的利益，充其量是因为行为人的行为使法律对追究其刑事责任不再“感兴趣”，所以，“不予追究刑事责任”。

有一种观点认为，逃税罪是一个法益可恢复性犯罪。一方面，从实质内容上看，逃税罪所保护的法益包括税收（财产利益）和税收秩序（社会秩序），如果行为人在逃税经过处罚后，又积极缴纳税金并缴纳滞纳金的，从规范上完全可以认为行为没有侵害法益。也就是说，当行为人积极恢复被侵害的法益后，曾经实施过何种行为在法律上不再具有重要意义。[②] 这种规范论的路径与法律对不作为犯的要求是一致的。另一方面，从法律效果上看，如果不承认逃税罪的法益可恢复特性，那么行为人事后缴纳税款和滞纳金的

① 参见王志祥、王奕琛：《宽严相济刑事政策在逃税罪初犯免责条款中的贯彻——以范某某巨额逃税案为切入点》，载《铁道警察学院学报》2019年第2期。

② 参见陶弈成、汪义平、龙圣锦：《法益可恢复性犯罪的体系化解读》，载《南京航空航天大学学报（社会科学版）》2018年第2期。

行为，至多只能作为量刑情节予以考虑，但是《刑法》以明文规定的方式肯定了其出罪事由的地位。在法益可恢复性犯罪中，行为人通过事后的救济行为，可以将被侵害的法益恢复到没有被侵害前的状态。[①] 但是何以认为满足初犯免责条款规定的逃税行为与没有逃税的行为在法律上具有同质性？果真如此的话，初犯免责条款中所包含的处罚内容又是何意？行为人现实地侵害法益的事实无论如何都无法消灭，即便法益获得恢复，侵害的事实也确实存在过。[②] 如果立法者将两者同等对待，可能会导致正当防卫行为因为行为人事后的法益恢复行为而被否定评价，造成规范评价上的混乱。此外，刑法并没有将其规定为“出罪事由”，它的效果也仅及于不启动刑事追诉程序，不代表不可以对行为本身作出否定性的评价。实际上，如果将法益可恢复性犯罪概念贯彻到底，会导致很多财产犯罪不应该被追究刑事责任的悖论。但是法益可恢复性犯罪概念本身也为初犯免责条款的实质根据提供了启示，因为如果仅根据政策或者刑法外的利益考量对犯罪行为免除处罚，显得过于主观随意。也正因如此，笔者认为程序性要素的存在语境借鉴了法益可恢复性犯罪的概念，认为程序性要素主要是对法益可恢复性犯罪的救济。

---

① 参见庄绪龙：《论经济犯罪的“条件性出罪机制”——以犯罪的重新分类为视角》，载《政治与法律》2011 年第 1 期。

② 参见储槐植、闫雨：《“赎罪”——既遂后不出罪存在例外》，载《检察日报》2014 年 8 月 12 日，第 3 版。

第四章 程序性要素法律效力的司法认定

程序性要素的实质内容是平等主体之间的催告、要求等行为以及有权机关对相对人的责令、命令、处罚等行为。民事法律和行政法律对各自领域内的民事法律行为和行政法律行为的生效要件都具有相对明确的规定。但是当这些具体法律行为成为犯罪的成立要件或者刑罚发动要件时，它们的生效要件是否可以原封不动地照搬至刑事法律领域？换句话说，刑法对以行为人为中心的犯罪成立要件有其特定要求，例如刑事责任主体只能是12周岁以上的自然人或者单位，与民事法律关系和行政法律关系中的责任主体的要求存在区别，那么刑法是否对程序性要素中的具体民事法律行为和行政法律行为的生效要件提出了特别要求？民法、行政法和刑法的规范保护目的不同，程序性要素的生效要件应当存在差异。但是在统一法秩序范围内，刑法的生效要件要求不能与民法、行政法的要求产生抵触。此外，与以行为人为中心的要素不同，程序性要素存在于多方主体的互动之中，只要有一方主体的行为存在缺陷，就会对程序性要素的效力认定产生影响。违法行为产生后，作为程序性要素启动主体的权力（利）人如果消极作为，程序性要素的效力该何去何从？同样的，启动主体积极作为后，相对人发生变动的，程序性要素能否生效也不无疑问。本章主要围绕上述效力认定问题展开。

第一节 程序性要素的生效要件

程序性要素的生效要件涉及多种法律的共同规定，但是需要明确的前提是刑事审判不受行政行为的拘束，[①] 前置性行政不法的判断也不依赖行政

① 参见王世杰：《论行政行为对刑事审判的拘束》，载《政治与法律》2018年第6期。

机关。[①] 如果某个犯罪以行政不法的存在为前提，司法机关也不应该直接根据行政机关的行为认定行为的“犯罪性”，而是应该遵循刑事程序的必要原则审查行政行为的违法性以决定刑事制裁的必要性。[②] 首先，一种行为是否具有刑法上的违法性与有责性，应该根据刑法所规定的具体要件进行具体判断，如果直接采纳行政法律等的规定，就会造成司法权被行政权架空，违背司法中立和终局的内在属性要求。[③] 其次，直接采纳具体行政行为的结论会导致刑罚成为违法行为的后果，但是通过刑罚来强制行政法律所科以的义务并不符合正当程序原则。[④] 在我国，行政法律并没有设置刑罚罚则的权限，行政不法的前置也只是刑事审判的判断资料而非判断结论，受行政行为拘束，不仅是对民主立法程序的违反，也是对独立司法程序的违背。最后，行政法律与刑事法律的规范保护目的不同，处置的行为人的权利（利益）也不相同，所以行政行为与刑事行为在法律要件的要求上也不能完全相同。当然，在统一法秩序范围内，合乎其他法律所规定的要件的行为应当获得刑法的借鉴和认可，因为程序性要素的实质内容本身就是具体的民事法律行为或者行政法律行为，它们需要符合民法和行政法等的规定。

程序性要素的生效要件大致包括两个方面的内容，一个是程序性要素既然是具体的民事法律行为或者行政法律行为，那么一定要符合特定的程序要件。例如“责令”行为人支付劳动报酬的行为，需要满足何种形式要件。另一个是程序性要素实体内容要件需要满足什么条件，方可生效。例如“责令”行为人支付劳动报酬的启动主体是否具有特殊要求。刑法理论研究者在对具体犯罪研究时，也提到了一些程序性要素应当具备的生效要件，但是他们要么没有考虑其他法律对程序性要素实体内容的具体规定，要么没有充分考虑刑法基于保护法益对程序性要素的特别要求，以致程序性要素的生效要

---

① 参见孙国祥：《行政犯违法性判断的从属性和独立性研究》，载《法学家》2017年第1期。

② Vgl. Klaus Hansmann, Verwaltungshandeln und Strafverfolgung-konkurrierende Instrumente des Umweltrechts?, NVwZ 10（1989）, S. 913－918.

③ 参见闻志强：《论“两法衔接”中行政处罚与刑事处罚的实体衔接——以规制非法集资行为为分析样本》，载《政法学刊》2016年第1期。

④ 参见［日］市桥克哉等：《日本现行行政法》，田林、钱蓓蓓、李龙贤译，法律出版社2017年版，第140～141页。

件尚缺乏统一的认定标准。当然，笔者也不是希望建构一套程序性要素的认定体系，而是希望在一些核心问题上提出自己的意见，以期对司法实务有所裨益。

一、程序要件的匡正

程序性要素的行为构造是权力（利）人“通知”行为人实施或者不实施一定的行为，因而通知的程序构成程序性要素程序要件的核心内容。笔者经过梳理发现，程序性要素程序要件的核心争议点主要有三个：一是通知的方式，二是通知的次数，三是通知的时间。当然这些争议点的研究还是要始终在关注民事法律关系、行政法律关系以及刑事法律关系差异性的前提下展开。

（一）通知的方式

通知方式的争议焦点在于采取何种方式通知，是采取书面形式、口头形式还是其他形式，是采取直接通知、邮寄通知还是公告通知？刑法学界对于前者存在分歧，对于后者关注尚且不足。在各自的论述场域之下，大多数学者都认为程序性要素应当以书面形式作出。例如，周光权教授认为监管部门要求网络服务者履行安全管理义务必须以书面形式作出，否则程序性要素就是无效的。[①] 再如，王海军认为劳动监察部门责令行为人支付劳动报酬必须以书面形式告知。[②] 他们认为，第一，书面形式可以保证程序性要素的正式性，有利于维护国家机关的权威；第二，书面形式可以避免程序性要素认定的随意性，降低行为入罪的风险；第三，书面形式可以保证程序性要素的可回溯性，降低证据保存和提取的难度。部分学者则认为程序性要素既可以书面形式作出，也可以口头形式作出，并且口头形式是实践中的常见形式。[③] 例如，谢望原教授认为“责令改正”一般应该以书面形式作出，但是在特殊情况下来不及以书面形式作出的，可以以电话、电传、电子图片等形式作出，

---

① 参见周光权：《拒不履行信息网络安全管理义务罪的司法适用》，载《人民检察》2018 年第 9 期。

② 参见王海军：《拒不支付劳动报酬罪的规范性解读——基于“双重法益”的新立场》，载《法学评论》2013 年第 5 期。

③ 参见王文华：《拒不履行信息网络安全管理义务罪适用分析》，载《人民检察》2016 年第 6 期。

但是要记录在案以备查验，并且及时补发书面通知。[①] 再如，邱陵认为“责令改正”不以书面形式为必要，主管部门负责人的口头通知同样有效。[②] 他们认为，其一，不排除如果不允许口头责令就会导致严重后果的紧急情形的出现，例如在网约车中被害人的法益处于被侵害的现实紧迫危险中，如果再要求监管部门进行书面的责令，就会提高被害人被侵害的风险；其二，口头形式的程序性要素可以通过录音录像等形式保存证据，书面形式不是证据保存的唯一形式；其三，形式只是内容的载体，不管是采用书面形式还是口头形式，通知的内容能够准确清晰地传达到位即可。笔者认为，对于程序性要素的通知形式的选择可以分情形而论，即根据不同法律关系中的主体地位的差异作出不同的选择。

我国《刑法》第 196 条第 2 款规定的“经发卡银行催收”、第 270 条第 1 款和第 2 款规定的“拒不退还”和“拒不交出”，《日本刑法典》第 130 条规定的“受要求”，《德国刑法典》第 123 条规定的“经主人要求”都是作为权利人的主体对平等的义务人提出的要求，这些要求在进入刑法评价范围之前，都属于私法的领域。私法领域则特别强调意思自治，甚至将意思自治作为区别于其他部门法的根本特征。[③] 所谓意思自治，就是指私法主体可以根据自己的意志自由处置私法领域的权利义务关系，自由意思不仅是权利义务的渊源，而且是权利义务的产生依据。“私法自治之意义，在于法律给个人提供一种法律上的权力手段，并以此实现个人的意思……使个人获得自主决定的可能性。”[④] 简言之，私法领域允许主体作出做或者不做，这样做或者那样做的自由选择，真正实现“自己的事情自己做决定”。所以民事法律行为是否需要具备书面形式，即是否要式的问题，根据意思自治原则，“以形式自由为原则、以强制为例外，换言之，法律行为以不要式为原则、以要式为例外”。[⑤]

---

① 参见谢望原：《论拒不履行信息网络安全管理义务罪》，载《中国法学》2017 年第 2 期。

② 参见邱陵：《拒不履行信息网络安全管理义务罪探析》，载《法学杂志》2020 年第 4 期。

③ 参见［德］本德·吕特斯、［德］阿斯特丽德·施塔德勒：《德国民法总论》（第 18 版），于馨淼、张姝译，法律出版社 2017 年版，第 280 页。

④ ［德］迪特尔·梅迪库斯：《德国民法总论》，邵建东译，法律出版社 2000 年版，第 143 页。

⑤ 参见朱庆育：《民法总论》（第 2 版），北京大学出版社 2013 年版，第 142 页。

《民法典》第135条也准确无误地传达了形式自由的信息,[①] 即除却法律有明确规定或者当事人有约定,民事主体可以自由选择书面形式、口头形式或者其他形式为法律行为。私法领域没有对劝告、阻拦、催收、要求等行为的形式提出特别要求,所以权利人可以根据自己的意志自由选择以书面形式、口头形式还是其他形式主张自己的权利。那么刑法领域对平等主体间的程序性要素的形式要件是否提出了特别要求?刑法规范进行较为细致规定(解释)的平等主体间的程序性要素,是恶意透支型信用卡诈骗罪的"经发卡银行催收",根据最高人民法院研究室《关于信用卡犯罪法律适用若干问题的复函》,"发卡银行的'催收'应有电话录音、持卡人或其家属签字等证据证明。'两次催收'一般应分别采用电话、信函、上门等两种以上催收形式"。发卡银行在"催收"时可以选择书面形式、口头形式或者其他形式,只是需要保留充分的证据材料,证明自己已经实施"催收"行为。笔者认为,上述规定之所以不对要件形式作出特别要求,是因为充分考虑了发卡银行的市场主体地位。在进行一般的民事活动时,通常不会对法律行为的形式提出特别要求,如果仅仅是因为可能会引起一定的刑事法律后果而要求发卡银行承担额外的义务,不符合其市场主体地位。[②] 当然考虑到发卡银行作为程序性要素的启动主体,也对其是否实施了"催收"行为赋予了严格的证明义务。其他几类平等主体间的程序性要素的形式要件,虽然刑法规范没有明确规定,但是笔者认为也没有必要对其提出特别要求。一方面,这几类程序性要素的启动主体也都处于私法领域,允许他们进行最大限度的意思自治,是对他们民事主体地位的尊重。另一方面,法不强人所难,其他几类程序性要素通常是在(自己的或者他人的)权利遭受侵害之际实施的,这种情况下要求权利人采取书面形式提出通知是不可想象的。一言以蔽之,平等主体间的程序性要素的"通知"形式没有限制,只要能够准确传达所要通知的内容、保留充分的证据即可。

---

① 《民法典》第135条规定,"民事法律行为可以采用书面形式、口头形式或者其他形式;法律、行政法规规定或者当事人约定采用特定形式的,应当采用特定形式"。

② 参见陈荣文:《〈民法典〉"私法自治"的理念衍义与制度构建》,载《福建论坛(人文社会科学版)》2020年第9期。

除却上述平等主体间的程序性要素，剩下的都是非平等主体间即行政主体与行政相对人之间的程序性要素，程序性要素的内容就是具体行政行为。私法领域信奉的基本理念是“法不禁止即自由”，公法领域信奉的则是“法不授权即禁止”。人将从自然社会所获取的广泛的权利让渡一部分给“政府”，由众多个体的部分权利组成强大的政府来帮助个人更好地享有自己的权利。所以政府存在的目的在于以最少量的权力促进民众最大的幸福。① 为了使行政机关的行政行为规范化，维护行政机关的工作秩序，真正落实“法不授权即禁止”的原则，具体行政行为应当以书面形式为原则，以非书面形式为例外。② 我国台湾地区学者吴庚也认为，“行政处分以书面作为原则，例外始为口头或其他方式”③。但是我国行政法以及程序性要素涉及的具体行政行为具有多样性，还不能一概认为所有的程序性要素都必须具备书面形式。例如有学者认为，“责令改正”的处罚程度并不强烈，它主要是一种矫正手段，所以对它的程序性要求可以不用过于严苛，允许行政机关拥有一定的自由裁量权。④ 无独有偶，也有刑法学者持类似观点，例如熊波博士认为有些情况下的违法行为导致法益遭受现实紧迫的危险，此时再拘泥于“责令改正”书面要件，会导致法益侵害的不当扩散。⑤ 这两种观点实际上为我们提供了两种思考路径，一是根据行政行为涉及行为利益的大小进行区分，二是根据行政行为所指向的违法行为的紧迫性进行区分。关于前者，非平等主体之间的程序性要素所指向的具体行政行为大致可以分为行政处罚和行政命令两类（惩罚型程序性要素与命令型程序性要素）。根据《行政处罚法》第 52 条和第 59 条的规定，⑥ 对相对人作出行政处罚决定的应当出具行政处罚决定书。所以，如果程序性要素指向的具体行政行为是行政处罚，在行政法领域，

① 参见［英］洛克：《政府论》（下），瞿菊农、叶启芳译，商务印书馆 1982 年版，第 77～80 页。

② 参见张弘：《论要式行政行为的“要式”》，载《西部法学评论》2008 年第 3 期。

③ 吴庚：《行政法之理论与实用》，中国人民大学出版社 2005 年版，第 228 页。

④ 参见叶晓川：《“责令改正”的规范性研究》，载《河北法学》2017 年第 8 期。

⑤ 参见熊波：《网络服务提供者刑事责任“行政程序前置化”的消极性及其克服》，载《政治与法律》2019 年第 5 期。

⑥ 《行政处罚法》第 52 条规定，“执法人员当场作出行政处罚决定的，应当向当事人出示执法证件，填写预定格式、编有号码的行政处罚决定书……”。第 59 条规定，“行政机关依照本法第五十七条的规定给予行政处罚，应当制作行政处罚决定书……”。

它只能是书面形式的。行政命令的形式则多种多样，并且我国不存在一部专门规定行政命令行为的法律。[①] 但是因为行政命令经常涉及相对人的重大利益，行政命令主要以书面形式作出，少数情况下可以以非书面形式作出。例如责令企业停止生产、停止建设的，只能以书面形式作出；而责令没有权利进入特定区域的相对人离去的，以口头形式作出即可。[②] 但是刑法所评价的违法行为都是具有严重社会危害性的行为，即便是程序性要素之前的违法行为，也因为关涉重大利益，才会被纳入刑法的评价范围，所以从法益轻重的角度来看，非平等主体间的程序性要素应采取书面形式。关于后者，笔者认为现有的程序性要素所指向的行政行为并不具有紧迫性，行政机关完全具有充足的时间为书面行政行为。论者所举之紧迫情形已经超出程序性要素的评价范围，而公安机关所作出的要求也是对其执法活动的协助行为。至于是否要求网络服务提供者履行网络安全管理义务，完全可以事后慢慢处置。综上所述，非平等主体间的程序性要素的“通知”形式以书面形式为限。

关于是采取直接通知、邮寄通知还是公告通知的问题，实际上与诉讼法中的送达问题存在密切关联，我国刑法学者对此问题着墨不多，但也至少形成了两种相左的意见。一种观点认为，通知要及于本人，否则通知就不具有效力。例如，卢勤忠教授认为，发卡银行的“催收”行为应当及于持卡人本人，否则催收不具有效力。[③] 当然卢勤忠教授也承认在持卡人故意隐匿等场合，允许发卡银行通过往信用卡协议约定的地址邮寄催收函的方式启动程序性要素。再如，谢望原教授也认为，“责令改正”的通知必须送达网络服务提供者，如果虽然有关部门发出但是网络服务提供者没有收到的，“责令改正”的通知无效。[④] 另一种观点则认为，通知只要行为人具有接收的可能性即可，不需要行为人现实的知悉。也就是说，通知的发出者可以通过证明已经将通知送达行为人的支配领域即可启动程序性要素。例如，王海军认为对

① 参见薛艳华：《环境行政命令与环境行政处罚的错位与匡正——界分基准与功能定位的视角》，载《大连理工大学学报（社会科学版）》2019 年第 6 期。

② 参见曹实：《行政命令与行政处罚的性质界分》，载《学术交流》2016 年第 2 期。

③ 参见卢勤忠：《程序性构成要件要素概念的提倡》，载《法律科学》2016 年第 6 期。

④ 参见谢望原：《论拒不履行信息网络安全管理义务罪》，载《中国法学》2017 年第 2 期。

欠薪者的“责令行为”只需要行为人在客观上具有知悉的可能性即可，不要求欠薪者实际收到责令通知书。[①] 这两种相左的意见所关注的都是行为人是否知悉（可能性）通知的内容，重视的是实质正义，但是诉讼法（主要是民事诉讼法）实际上还对如何通知作出了形式正义的要求，下文笔者将结合两种法律关系对送达形式的特别要求展开论述。

《民事诉讼法》第88~95条规定了直接送达、留置送达、电子送达、委托及邮寄送达、转交送达以及公告送达等几种送达方式。但是这几种送达方式的规制对象都是人民法院送达司法文书的行为。所以《民事诉讼法》规定的送达方式及其位阶性[②]要求不适用于平等主体间的程序性要素。如前文所述，平等主体间的程序性要素实际上是民事法律行为，所以只需要符合民事法律行为的生效要件即可。民法学基本理论对意思表示的生效规则根据是否采取对话方式分别采取了解主义和到达主义，即以对话方式进行的意思表示在对方当事人了解时生效，“意思表示自其到达对方当事人之时起生其效力”。所谓了解，“指依通常情形，客观上可能了解”。[③] 而所谓到达，是指意思表示进入对方支配领域即可，根据一般的社会观念应当发生知晓的客观情况，即便在某些情况下对方并没有现实地知晓意思表示的内容。[④] 它包括两个方面的内容：一是已经进入相对人的支配领域，二是处于相对人可以了解的状态。例如解除契约的信函于通常时间投入相对人的信箱，放入相对人住家的门内，放置于相对人办公桌上，即为到达。[⑤] 我国《民法典》第137条确证了了解主义在对话式意思表示中的效力和到达主义在非对话式意思表示中的效力。[⑥] 就平等主体间程序性要素所涉及的民事法律行为来看，民事法

---

① 参见王海军：《拒不支付劳动报酬罪的规范性解读——基于“双重法益”的新立场》，载《法学评论》2013年第5期。

② 所谓送达方式的位阶性是指，《民事诉讼法》所规定的几种送达方式之间具有适用先后顺位，只有在前一种送达方式无法送达或者难以送达的情况下，才可以顺位适用后一种送达方式。参见杨秀清：《以克服“送达难”优化民事诉讼审前准备程序》，载《山东社会科学》2018年第12期。

③ 参见王泽鉴：《民法总则》，北京大学出版社2009年版，第326页。

④ 参见［日］我妻荣：《我妻荣民法讲义-Ⅰ-新订民法总则》，于敏译，中国法制出版社2008年版，第295~297页。

⑤ 参见王泽鉴：《民法总则》，北京大学出版社2009年版，第327页。

⑥ 《民法典》第137条规定，“以对话方式作出的意思表示，相对人知道其内容时生效。以非对话方式作出的意思表示，到达相对人时生效”。

律并没有对它们的意思表示的到达原则作出特殊要求，所以只需要满足了解主义和到达主义的一般要求即可。例如在侵占他人财物的场合，被害人可以自由选择通过对话方式现场要求行为人返还财物，或者通过隔地发送信息要求行为人返还财物，只要前者遵循了解主义，后者遵循到达主义即可。但是笔者认为，考虑到程序性要素对行为人提出了特定要求，并且以承担刑事责任为后果，即便是以非对话的方式主张权利也应当以行为人了解为限。除此之外，刑法设置程序性要素实际上给予行为人一次回归法秩序的机会，如果不现实地通知到行为人，就是变相地剥夺了行为人改过自新、回归法秩序的机会。尤其是在家属代签但是忘记告诉行为人以及放置于行为人支配领域但是行为人没有注意的场合，径行追究行为人的责任不符合保障公民预期和人权的要求。当然，如果行为人刻意隐匿、逃避通知，则允许在例外条件下通过行为人可能知晓的方式通知。这种行为人现实了解通知内容的要求与对属于客观处罚条件的程序性要素只需要具有认识可能性的要求并不矛盾，因为客观处罚条件不为违法性和有责性提供根据，但是能对犯罪的成立产生影响，为了与责任主义相契合，要求其满足最低限度的认识可能性，允许行为人通过不具有认识可能性进行反证。然而，程序性要素类的客观处罚条件完全可能因为自身的特殊属性而在行为人的认识方面被提出更高的要求。换句话说，至少具有认识可能性，从逻辑上是包含现实的认识的。综上所述，平等主体间的程序性要素的通知以了解主义为原则，以到达主义为例外。

行政送达方式的规定散见于《行政处罚法》《治安管理处罚法》《行政强制法》《行政许可法》《行政复议法》中，并且除却极少数特别规定外，以参照民事诉讼法所规定的送达方式为原则。有学者对现行行政法规中的行政送达方式规定进行了归纳:[①]《行政处罚法》第 61 条第 1 款规定，可以当场送达的，当场送达，不可以当场送达的，7 日内依民事程序送达;[②]《治安管理处罚法》第 97 条第 1 款规定，可以当场送达的，当场送达，不可以当场送达

① 参见刘依桐:《行政送达程序缺陷之司法审查》，华东政法大学 2019 年硕士学位论文，第 8 页。

② 《行政处罚法》第 61 条第 1 款规定，“行政处罚决定书应当在宣告后当场交付当事人；当事人不在场的，行政机关应当在七日内依照《中华人民共和国民事诉讼法》的有关规定，将行政处罚决定书送达当事人”。

的，2 日内依民事程序送达；[1]《行政强制法》第 38 条规定，可以直接送达的，直接送达，不可以直接送达的，依民事程序送达；[2]《行政许可法》第 44 条只规定应当 10 日内送达，但是没有明确说明是否适用民事程序；[3]《行政复议法》第 40 条规定，《行政复议法》没有规定的，依民事程序送达。[4] 对于没有明确规定适用程序的送达行为，如果送达的对象是行政文书（相对于行政政策），由于行政文书与民事文书之间存在极大的相似性，可以参照民事送达程序进行送达。根据送达文书对相对人法益影响的轻重程度，可以选择适用民事送达程序的位阶顺序，即直接送达优先于留置送达优先于公告送达。[5] 所以，原则上来说行政送达也遵循着民事送达的位阶顺序。而这种位阶顺序的实质与民事法律关系中意思表示生效原则相似，即直接送达遵循了解主义，其他送达方式遵循到达主义，只是留置送达与公告送达两种送达方式下行为人的支配程度仍然存在差异。非平等主体间的程序性要素实际上就是关涉行为人具体利益并且是重要利益的具体行政行为，因而在行政法规的范围内首先应当遵循送达的位阶顺序。也就是说，行政主体应当优先以相对人可以现实了解通知内容的方式通知相对人，只有在特殊情况下才可以以相对人具有认识可能性的方式通知相对人。笔者认为，行政法对送达方式位阶顺序的要求程度还不能与程序性要素可能导致刑罚后果的严厉程度相匹配。因为与平等主体间的程序性要素相同的是，非平等主体间的程序性要素是行为人回归法秩序的政策桥梁，如果不现实地通知行为人就是人为地剥夺行为人改过自新的机会，不符合非平等主体间的程序性要素设置的政策目的。而

---

① 《治安管理处罚法》第 97 条第 1 款规定，"公安机关应当向被处罚人宣告治安管理处罚决定书，并当场交付被处罚人；无法当场向被处罚人宣告的，应当在二日内送达被处罚人。决定给予行政拘留处罚的，应当及时通知被处罚人的家属"。

② 《行政强制法》第 38 条规定，"催告书、行政强制执行决定书应当直接送达当事人。当事人拒绝接收或者无法直接送达当事人的，应当依照《中华人民共和国民事诉讼法》的有关规定送达"。

③ 《行政许可法》第 44 条规定，"行政机关作出准予行政许可的决定，应当自作出决定之日起十日内向申请人颁发、送达行政许可证件，或者加贴标签、加盖检验、检测、检疫印章"。

④ 《行政复议法》第 88 条第 1 款，"行政复议期间的计算和行政复议文书的送达，本法没有规定的，依照《中华人民共和国民事诉讼法》关于期间、送达的规定执行"。

⑤ 参见项励、邹绍莉：《论行政行为送达的司法审查标准——以 216 份行政判决书为分析样本》，载《山东审判》2017 年第 2 期。

民事诉讼法对非直接送达适用情形的规定过于宽泛，司法机关在行为人不接电话等不配合的场合即可采取其他送达方式。[①] 实际上完全存在行为人因为就医或者其他突发情况而无法被联系上的情形，这些情况下仍然应该要求行政机关以直接送达为必要条件，当然如果行政机关穷尽手段确实无法联系行为人，也可以允许行政机关采取其他方式送达，只是这些情况下应当允许行为人反证自己不是出于逃避履行修复法益义务目的而“消失”，也就是说，只有在行为人出于逃避履行修复法益义务目的逃匿的场合，行政机关以其他方式送达的文书方可具备刑法上的效力。《拒不支付劳动报酬解释》第4条[②]关于“责令支付”通知书送达方式的规定实际上也从侧面印证了笔者的观点，即只有在行为人“逃匿”的场合才允许行政机关采取其他方式送达，并且允许行为人反证自己未知悉相关通知。诚如高磊博士所言，具体规定采取何种通知形式过于形式化，重要的是是否遵循合理通知的实质标准。[③] 而这实质标准，在笔者看来，就是是否尽最大努力地让行为人现实地知悉通知的内容。概括来说，非平等主体间的程序性要素的通知以直接送达（了解主义）为原则，行为人故意逃避履行法益修复义务的场合以其他送达方式（到达主义）为例外。

（二）通知的次数

通知次数的问题实际上就是启动主体需要为几次有效通知方可使程序性要素生效，并据此启动刑事追诉程序的问题。例如对不支付劳动报酬的欠薪者需要作出几次“责令支付”的通知才可以将案件移送司法机关？关于这个问题，除了《信用卡犯罪解释》第6条对恶意透支型信用卡诈骗罪中发卡银

---

① 参见杨秀清：《以克服“送达难”优化民事诉讼审前准备程序》，载《山东社会科学》2018年第12期。

② 《拒不支付劳动报酬解释》第4条规定，“经人力资源社会保障部门或者政府其他有关部门依法以限期整改指令书、行政处理决定书等文书责令支付劳动者的劳动报酬后，在指定的期限内仍不支付的，应当认定为刑法第二百七十六条之一第一款规定的‘经政府有关部门责令支付仍不支付’，但有证据证明行为人有正当理由未知悉责令支付或者未及时支付劳动报酬的除外。行为人逃匿，无法将责令支付文书送交其本人、同住成年家属或者所在单位负责收件的人的，如果有关部门已通过在行为人的住所地、生产经营场所等地张贴责令支付文书等方式责令支付，并采用拍照、录像等方式记录的，应当视为‘经政府有关部门责令支付’”。

③ 参见高磊：《论犯罪成立的行政程序性条件》，载《东方法学》2020年第3期。

行的“催收”次数作了明确规定，其他规范性文件均没有对程序性要素的有效通知次数作出规定，刑法学界的研究也是着墨不多。

《信用卡犯罪解释》第6条明确规定发卡银行须为两次催收（行为人仍不归还的）才可以追究行为人的刑事责任。关于这两次催收是否均为有效性催收，理论界存在争议。一种观点认为，两次催收并不需要行为人具有现实的认识，只需要发卡银行可以证明实施了催收行为即可。[①] 另一种观点认为，两次催收行为都要求行为人具有现实的、直接的认识，如果有一次不是现实的、直接的通知，就不是“两次催收”。[②] 还有一种观点则认为，“两次催收”都应以现实的通知为原则，在行为人隐匿的情况下以非现实的通知为例外。[③] 根据笔者上文关于通知形式的界定，第一种观点中的两次催收并非都是有效催收，第二种、第三种观点中的两次催收都是有效催收，但是后两种观点对发卡银行的催收行为提出了过高的要求，不符合对其民事法律关系主体的界定，发卡银行只需要在不会造成过重负担的情况下遵循了解主义为原则，到达主义为例外的通知要求即可。[④] 笔者原则上赞同两次催收都必须是有效催收的观点。首先，司法机关通过解释确认催收行为“两次”生效，那么“两次”的每次都该有效，司法解释不可能将不具有效力的内容认定为程序性要素的生效要件。其次，司法解释之所以要求发卡银行“两次”催收行为，是因为司法者意识到确实存在因“客观不能”而非“主观不愿”不能归还欠款的情形，为了将这两种情形区分开来，司法者就设置了“两次”催收的区分机制。[⑤] 如果不要求“两次催收”均为有效催收，就会弱化区分机制对“客观不能”情形的筛选功能，最终导致处罚范围的不当扩张。最后，虽然发卡行和持卡人均属于民事法律关系主体，但是两者之间存在明显强弱区别，司

① 参见张伟新、于书峰：《恶意透支型信用卡诈骗罪“两次催收”及相关问题研究——以宋某某信用卡诈骗案件为研究对象》，载《河北法学》2013年第11期。

② 参见刘宪权、庄绪龙：《“恶意透支”型信用卡诈骗罪若干问题研究——兼评“两高”〈关于办理妨害信用卡管理刑事案件问题的解释〉之有关内容》，载《当代法学》2011年第1期。

③ 参见王亚明、刘继春：《恶意透支型信用卡诈骗罪若干新问题研究》，载彭东主编：《刑事司法指南》2012年第2集（总第50集），法律出版社2012年版，第52页。

④ 参见肖晚祥：《恶意透支型信用卡诈骗罪认定中的新问题》，载《法学》2011年第6期。

⑤ 参见刘宪权、庄绪龙：《“恶意透支”型信用卡诈骗罪若干问题研究——兼评“两高”〈关于办理妨害信用卡管理刑事案件问题的解释〉之有关内容》，载《当代法学》2011年第1期。

法者没有在通知形式方面对发卡银行的催收行为作出特别要求，但是在通知次数方面提出“两次”的要求，是对两者力量差距的弥补。如果不要求“两次催收”均为有效催收，会导致发卡行拥有难以被挑战的优势以及不公正后果。

但是，《信用卡犯罪解释》第6条的规定只能是一种例外规定，因为从当然性的角度来说，启动主体为一次有效行为，程序性要素即可发生法律效力（民法以及行政法上的效力），刑法对发卡银行催收次数的要求是出于刑法外的利益衡量和政策要求（当然这种利益衡量和政策要求通过司法解释的形式予以贯彻的正当性并非没有被质疑的可能）。所以，在刑法没有特别要求的情况下，启动主体只要实施一次有效通知，程序性要素就具有刑法上的效力。[①] 一方面，除了发卡行与持卡人外，其他的平等主体间的程序性要素的启动主体通常是普通群众，并且所处情形相对紧急，没有必要在通知次数上作出特别要求，增加启动主体的程序负担。另一方面，非平等主体间的程序性要素的启动主体已经在通知形式方面被科以严格要求，再提出通知次数的要求与行政法规的相关规定会发生冲突，例如行政法遵循“一事不再罚”的原则，如果要求程序性要素中的处罚以“两次”生效，则与行政法的基本原则存在冲突。其他有关程序性要素的司法解释，都没有涉及程序性要素的次数问题，而只规定了程序性要素的其他生效要件，这实际上也可以印证通知以“一次”为限，因为如果存在次数要求，其他司法解释就会如《信用卡犯罪解释》第6条般予以明示。当然，司法实践中启动主体可能为多次责令、命令、处罚等行为，但是这些行为都是（事实）过剩的，具备法定性的程序性要素的生效以“一次”为限。

（三）通知的时间

通知的时间问题是指启动主体应当在违法行为发生后的多长时间内作出通知，以及需要多次通知的场合应该间隔多久为下次通知行为。无论是民事

---

① 参见舒平锋：《拒不支付劳动报酬罪研究——以40例拒不支付劳动报酬案件为分析样本》，载《中国刑事法杂志》2013年第2期。

法律关系还是行政法律关系，都不允许不稳定的法律状态的长期存在，[①] 如果权利人或者行政机关怠于主张权利或者行使权力，权利人或者行政机关就应当承担法律上的消极后果，尽管这种后果可能仅表现为胜诉权的丧失或者承担相应的行政责任。法律所允许的行使权利（权力）的期间就是诉讼时效或者追究时效。问题在于，如果超出这个时效还能不能启动程序性要素？例如在侵占他人财物的场合，如果权利人一直怠于行使自己的返还请求权，4 年后才一时兴起向行为人索要财物，行为人拒绝返还的，能否认为程序性要素还可以发生法律效力？一方面，根据《民法典》第 188 条的规定民事诉讼时效一般为 3 年，[②] 超过 3 年后权利人就要承担胜诉权消灭或者抗辩权产生的不利后果。另一方面，根据《刑法》第 87 条的规定，侵占罪的追诉时效至少为 5 年，4 年似乎仍然处于追诉时效期限内。同样，《行政处罚法》等规定有违法行为的追究时效，[③] 也存在追究时效与诉讼时效的衔接问题。

就平等主体间的程序性要素的启动而言，权利人应当遵循民事诉讼法关于诉讼时效的规定，如果权利人怠于行使自己的权利，不仅应当承担民事上的不利后果，也应当承担刑事上的不利后果。首先，虽然诉讼时效届满权利人实体上的权利并不消灭，但是立法者为了维护法律关系的稳定和保护相关主体的信赖利益，已经将法律的天平往相对人倾斜。[④] 相对人获取时效利益，并且可以对抗权利人主张权利的行为。既然民法已经对相对人的行为作出了利益上的妥协，那么刑法不能破坏民法为维护稳定法律关系所作出的努力，相反，刑法应当尊重民法的选择以便维护法律秩序的统一。其次，民事诉讼时效和刑事追诉时效的规制对象存在差异，前者规定权利人行使权利的期间，后者规定司法机关追诉犯罪的期间，而平等主体间的程序性要素的启动主体是具体的权利人，应当受民事诉讼时效的约束。最后，刑法相对于民法处于保障法的地位，这种保障地位不仅应当体现在立法层面，而且应当体现在司

---

① 参见朱庆育：《民法总论》（第 2 版），北京大学出版社 2013 年版，第 525 页。

② 《民法典》第 188 条第 1 款规定，“向人民法院请求保护民事权利的诉讼时效期间为三年。法律另有规定的，依照其规定”。

③ 《行政处罚法》第 36 条第 1 款规定，“违法行为在二年内未被发现的，不再给予行政处罚……”。

④ 参见陈甦主编：《民法总则评注》（下册），法律出版社 2017 年版，第 1348～1349 页。

法层面。在民法已经对相关法律关系作出妥当安排的情况下，刑法就没有再介入的必要，尤其是程序性要素本身的内涵就是给予行为人回归法秩序的机会。刑法不应该将自己发展成为前置法，介入社会生活的方方面面，而是应当坚守自己的保障法地位。事实上，除了侵占罪和恶意透支型信用卡诈骗罪，其他几类平等主体间的程序性要素的启动并不存在时间的问题，因为它们往往伴随不法行为的发生同时启动。

就非平等主体间的程序性要素的启动而言，行政主体应当遵循行政法规关于追究时效的规定，如果行政主体怠于行使自己的权利，应当承担行政法上的不利后果，但是由于涉及具体第三人（往往是被害人）的利益，能否径行转移刑事上的不利后果，还存有疑问。笔者认为，可以分两种情形进行讨论：一是在行政处罚中，由于不会涉及具体第三人的利益，如果行政机关怠于行使行政处罚权，那么法律上的利益应当转移给行为人，即积极的程序性要素不再启动，消极的程序性要素则默认启动，理由与平等主体间的程序性要素的启动问题相似。二是在行政命令中，如果涉及具体第三人的利益，第三人怠于行使自己的权利的，参照平等主体间的程序性要素的启动规则，因为此时行政命令的目的是以行政权力促进法律关系的稳定，但是权利人怠于行使自己的权利的，行政机关扮演好“守夜人”的角色即可，当然因为行政机关负有监察劳动违法行为的职责，也可能主动纠察不支付劳动报酬的违法行为；第三人积极行使自己的权利，但是行政机关出于各种目的怠于行使权力的，即便超出行政法规规定的时效，也应当允许程序性要素的启动，实质理由是时效的延长理论。① 如果不涉及具体的第三人，例如消防责任事故中的“责令改正”，行政机关怠于行使行政权力的，程序性要素不再启动，不利后果转移给行政机关。因为行政机关已经不具备启动程序性要素的行政法上的依据，刑事法律不能越位为行政机关创设权力。

---

① 以刑事追诉时效为例，《刑法》第88条第2款规定，“被害人在追诉期限内提出控告，人民法院、人民检察院、公安机关应当立案而不予立案的，不受追诉期限的限制”，对于因为国家机关的怠慢追诉时效经过的，在被害人、行为人和国家机关三者中，国家优先保障被害人的利益，允许追诉时效延长。参见塔娜、贺毓：《论追诉时效的程序法作用》，载《内蒙古社会科学（汉文版）》2014年第1期。

最后，由于笔者赞同程序性要素的生效以一次有效通知为条件，两次以上方可生效的程序性要素仅《信用卡犯罪解释》第6条规定的发卡银行的催收行为。并且《信用卡犯罪解释》第7条第1款第3项明确规定“两次催收至少间隔30日”。30日的间隔时间虽然不长，但是也为行为人履行还款义务预留了充足的时间，所以基本上是合理的。但是同样的，第一次催收和第二次催收都必须符合民事诉讼法关于诉讼时效的规定，如果发卡银行超过诉讼时效为任何一次催收行为的，就要承担程序性要素无法启动的不利后果。

二、实质要件的鉴别

程序性要素的实质要件实际上就是具体民事法律行为和行政法律行为的实质生效要件，概括来说，就是主体适格和内容适正两个方面的内容。主体适格就是实施民事法律行为的权利主体和作出行政法律行为的权力主体是与具体争议存在关联或者具有法律上的授权的。内容适正则是通知的内容要合法、合理，即通知的内容具有法律上的依据，通知的内容具有履行的可能。[①] 当然，这只是把握程序性要素实质要件的基本原则，实务操作中如何把握主体的范围以及内容的程度还存在争议。以下围绕通知的主体和通知的内容展开。

（一）通知的主体

通知的主体问题即由谁来通知，由谁来启动程序性要素的问题。在平等主体间，程序性要素通常由直接利害关系人来启动，例如向恶意透支持卡人的“催收”行为通常由发卡银行实施，要求不法侵占者返还财物的行为通常由受害人本人实施。但是，一方面，为了保障无民事行为能力和限制民事行为能力的权利者的合法利益，民法创设出法定代理制度以弥补权利者欠缺的行为能力，保障民事法律关系参与者的合理预期。[②] 另一方面，为了延伸民事主体的行为能力，帮助民事主体更加活跃和有效地参与民事交易行为，民

---

① 参见王锴：《具体行政行为的成立与生效之区分》，载《政治与法律》2012年第10期；王冠玺：《法律行为、民事行为、民事法律行为概念辨析——及对民法总则制定的启示》，载《求是学刊》2015年第5期。

② 参见［德］哈里·韦斯特曼：《德国民法基本概念》，张定军、葛平亮、唐晓琳译，中国人民大学出版社2013年版，第65页。

法创设出委托代理制度以应对日趋快速的社会节奏和细化的社会分工。[①] 所以，除了直接利害关系人（当事人）中的权利人可以启动程序性要素外，其法定代理人或者委托代理人也可以为民事上有效的法律行为。那么刑法上可否承认法定代理人或者委托代理的启动效果？笔者对此持肯定意见。首先，如果不允许法定代理人或者委托代理人启动程序性要素，就事实上阻碍了侵害客观不能自行主张权利的被害人的行为构成犯罪的可能，剥夺了客观不能自行主张权利的被害人进行刑事救济的机会。其次，法定代理和委托代理的效果都直接及于当事人，只要代理人在行使权利时充分证明自己的身份和享有的代理权限（监护人身份证明和授权委托书），与当事人自己主张权利的效果别无二致。相反，在隐名代理的场合，[②] 行为人则可以以主体不适格或者缺乏信赖利益，进行程序性要素启动无效的抗辩。最后，程序性要素是一项平衡法益保护与人权保障、民事侵权与刑事犯罪关系的制度，从提高入罪门槛的角度来看，它已经对权利人科以了额外的义务，如果再要求程序性要素的启动仅限于本人，会从制度上造成权利人（被害人）的弱势地位。不局限于本人，可以一定程度上缓和额外义务给权利人（被害人）造成的负担。因此，可以代理当事人并且能够充分证明身份和权限的主体的通知行为可以启动程序性要素。

非平等主体间的程序性要素的启动则相对复杂，一方面，刑法对启动主体的规范表述包括“消防监督机构”“税务机关”“政府有关部门”“有关部门”“监管部门”“主管机关”“主管部门”等，这些表述并不能准确地指向某一具体明确的行政主管部门；另一方面，通过不确定的语言来传达确定性的权力的边界，难免会导致相关部门行政权限的重叠或者冲突，[③] 进而导致

---

① 参见［德］维尔纳·弗卢梅：《法律行为论》，迟颖译，法律出版社2013年版，第896页。

② 显名代理与隐名代理的区别在于是否以被代理人的名义实施代理行为，直接代理与间接代理的区别在于法律效果是否直接及于被代理人。民法学界对这两组概念的关系存在分歧，但是笔者认为不管隐名代理的效果是否直接及于被代理人，为了平衡被害人的利益保护和行为人的信赖保护，隐名代理在启动程序性要素的场合应当被克制对待，因为隐名代理不仅在民法上的效果并不统一，而且会带来刑事证明上的困难。参见胡东海：《〈合同法〉第402条（隐名代理）评注》，载《法学家》2019年第6期。

③ 参见李琳：《论行政职权争议之司法破解——一种以诉讼为进路的解决模式》，载贺荣主编：《公正司法与行政法实施问题研究——全国法院第25届学术讨论会获奖论文集》（下），人民法院出版社2014年版，第1085页。

对同一事务的多头管理现象。以拒不支付劳动报酬罪“经政府有关部门责令支付”的启动主体为例，有学者经过统计发现，它的启动主体至少包括劳动行政部门（包括人力资源和社会保障局和劳动监察大队等）、劳动仲裁部门、法院、劳动者和相关企业。[①] 那么该学者所统计的主体是否都是适格主体？可以肯定的是，劳动者和相关企业不属于“政府有关部门”的范围，不是适格的程序性要素启动主体。至于其他几类主体，学界存在狭义说——仅限劳动行政部门、[②] 限制说——包括劳动行政部门和劳动仲裁部门、[③] 广义说——包括劳动行政部门、劳动仲裁部门和法院[④]的争议。笔者原则上赞同狭义说。因为2012年最高人民法院、最高人民检察院、人力资源和社会保障部、公安部联合发布的《关于加强对拒不支付劳动报酬案件查处工作的通知》（人社部发〔2012〕3号）明确规定由人力资源和社会保障部门行使劳动监察权。2014年前述四部门再次联合发布《关于加强涉嫌拒不支付劳动报酬犯罪案件查处衔接工作的通知》（人社部发〔2014〕100号），强调了人力资源和社会保障部门的劳动监察主体地位。虽然《拒不支付劳动报酬解释》将“政府有关部门”的主体范围扩张至“人力资源和社会保障部门或者政府其他有关部门”，但是仍然在行政主体的意义上把握“政府有关部门”的范围。而劳动仲裁部门和法院已经超出行政主体的涵盖范围。除了拒不支付劳动报酬罪程序性要素的启动主体，其他程序性要素要么启动主体的范围存在“消防”“税收”“政府”“行政”等限制，要么所涉法益主要为集体法益，只能由政府行政部门依职权保护，启动主体的范围通常仅限于行政主管部门。在行政主管部门的内部，笔者认为，所有拥有职权的部门都可以作为启动程序性要素的适格主体。因为它们一则确实拥有实施具体行政行为的职权，二则符合

① 参见舒平锋：《拒不支付劳动报酬罪研究——以40例拒不支付劳动报酬案件为分析样本》，载《中国刑事法杂志》2013年第2期。

② 参见赵秉志、张伟珂：《拒不支付劳动报酬罪立法研究》，载《南开学报（哲学社会科学版）》2012年第2期。

③ 参见张军主编：《〈刑法修正案（八）〉条文及配套司法解释理解与适用》，人民法院出版社2011年版，第286页。

④ 参见付其运、王其生：《拒不支付劳动报酬罪的理解和适用》，载《人民法院报》2011年8月17日，第6版。

刑法关于启动主体规定的理解，三则契合刑法规定程序性要素以实现行刑有效衔接的初衷。①

（二）通知的内容

首先，通知的内容应当具有法律上的依据。平等主体间的程序性要素的启动主体所发出的通知应当符合民法的相关规定，例如财物返还请求权以及不法侵害停止请求权的行使必须存在权利遭受不法侵害的事实，否则行使请求权就不具有民法上的依据。同样，非平等主体间的通知内容也应当具有法律上的依据，② 如果通知内容不具有法律上的依据，相对人得拒受以限制程序性要素的启动。行政机关在作出具体行政行为时，应当列明其所依据的合法的规范性文件。这些规范性文件应当指明：其一，相对人负有实施或者不实施特定行为的法律上的义务，是第一性规范；其二，行政机关要求相对人履行义务的职权，是第二性规范。③ 第一性规范为相对人创设具体的权利和义务，第二性规范在第一性规范被违反时保障其所规定的权利义务的实现。当然，平等主体间的程序性要素的通知不以“要式”为必要，只需要客观上存在权利义务关系即可。但是非平等主体间的程序性要素的通知以“要式”为必要，行政机关在通知相对人履行义务或者停止侵害时，应当在行政决定书等文书上载明所依据的规范性文件的具体内容。如果行政机关不载明，应当认为行政机关所作出的通知不符合规范要求，该通知不具有启动程序性要素的效果。需要注意的是，如果相对人认为权利人或者行政机关作出的通知不具有法律上的依据，进入司法程序时，司法机关应当独立审查通知的合法性，如果确实如相对人所认知的，应当驳回起诉。④

其次，通知的内容应当具体明确，告知行为人所要履行义务的具体内容。平等主体间的程序性要素的通知内容主要是要求行为人停上不法侵害、返还

---

① 参见高铭暄、陈璐：《〈中华人民共和国刑法修正案（八）〉解读与思考》，中国人民大学出版社2011年版，第108页。

② 参见王锴：《具体行政行为的成立与生效之区分》，载《政治与法律》2012年第10期。

③ 参见赖早兴：《论拒不履行信息网络安全管理义务罪中的“经监管部门责令改正”》，载《法学杂志》2017年第10期。

④ 参见谢望原：《论拒不履行信息网络安全管理义务罪》，载《中国法学》2017年第2期。

财物等具体明确的内容，权利人在主张权利时应当明确表达自己的诉求，如果表达的内容不清晰，可能会因为通知不具有履行可能而不发生启动程序性要素的效果。但是这种诉求的表达不要求使用法律上的规范用语，只需要根据社会一般人的评价可以认为权利人在主张自己的权利即可。非平等主体间的程序性要素的通知内容主要是要求行为人履行义务或者修正违法状态的内容，但是因为所通知的内容本身具有复杂性，行政机关在通知相对人改正时可能仅告知笼统的义务。张明楷教授认为，通知应当具体明确，一般性的改正通知不属于有效的通知。[①] 熊波博士则认为，行政法规所规定的义务本身可能并不具体明确，行政机关只能根据客观事实的具体情况，作出主观上的大致判断，一般性的改正通知是司法实践的通常做法。[②] 笔者认为，行政机关的通知应当告知相对人具体的违法事实，相对人的改正义务以修正违法事实为限。一方面，要求行政机关事无巨细地告知改正的内容并不现实，因为对于一些特殊领域如互联网领域的具体改正措施，行政机关可能并不熟悉，提出如此苛刻的要求，可能导致行政机关的执法活动无法展开。另一方面，评价并且指出已经发生的违法事实并不困难，将改正义务的具体内容建立在修正违法事实或者状态上，不仅具有可操作性，而且可以指明改正义务的具体内容。无论是行政处罚，还是行为命令，它们都是依托具体事实作出的具体行政行为，对相对人的要求不能超出具体事实的范畴，否则就超出了他们的责任范围，违反责任主义的要求。[③] 此外，法不强人所难，通知的内容中应当包含相对人履行义务的合理期限。[④] 一方面，对于法益侵害紧迫的不法行为，可以通知行为人立即停止侵害。例如对于以抢夺方向盘、变速杆等方式危害公共安全的行为，他人“劝告、阻拦”的具体内容是要求行为人立即停止不法侵害。如果不立即停止不法侵害行为，就会导致法益侵害变为现实或者扩大。另一方面，对于法益侵害不是很紧迫的不法行为，可以允许行为

---

① 参见张明楷：《刑法学》（第5版），法律出版社2016年版，第1049页。

② 参见熊波：《网络服务提供者刑事责任“行政程序前置化”的消极性及其克服》，载《政治与法律》2019年第5期。

③ 参见王贵松：《论行政处罚的责任主义》，载《政治与法律》2020年第6期。

④ 参见叶晓川：《“责令改正”的规范性研究》，载《河北法学》2017年第8期。

人在合理期限内消除不法状态或者履行必要义务。例如政府有关部门责令欠薪者支付劳动报酬的，应当给予欠薪者筹措资金的必要时间。[①]《信用卡犯罪解释》第6条对发卡银行两次催收后归还时间的规定，以及《拒不支付劳动报酬解释》第4条对“指定的期限”规定，都体现了司法机关对合理的履行义务的期限的要求。

最后，通知的内容应当视情况载明拒绝履行义务的不利后果。一方面，平等主体间的程序性要素的启动主体在通知相对人履行义务时，没有必要告知相对人可能承担的法律上的不利后果。因为相对人对自己违法行为所需要承担的法律后果的预见，是以法律的规定为前提的。换句话说，相对人的预见可能性来源于法律的明确规定。况且启动主体本身基于认识的缺陷，可能并不清楚相对人需要承担何种法律上的不利后果。另一方面，非平等主体间的程序性要素的启动主体在通知相对人履行义务时，应当告知相对人可能承担的不利后果。具体行政行为的实施需要以强制力作为后盾，通过行政处罚措施的强制，使监管部门责令改正的通知得以执行。[②] 对行政处罚措施的预告，应当是行政机关在其职权范围内的当为行为，因为需要契合行政处罚责任主义——保障相对人的预测可能性的要求。但是，遗憾的是，行政法规并未正式确立责任主义原则，行政实务也没有完全贯彻责任主义的要求。[③] 刑法学界关于不利法律后果通知的争议在于刑罚后果是否应当纳入通知的范围?赖早兴教授在提出“责令改正”的通知应当包含行政处罚内容后，就结束了本部分内容的论述。但是王海军和高磊博士则旗帜鲜明地认为程序性要素的通知应当包括刑事法律后果。[④] 他们的理由大致有二：其一，预告刑罚可以确保罪刑法定原则的实现，保障行为人刑罚预期的实现，以便最大限度地保

① 参见赖早兴：《论拒不履行信息网络安全管理义务罪中的“经监管部门责令改正”》，载《法学杂志》2017年第10期。

② 参见赖早兴：《论拒不履行信息网络安全管理义务罪中的“经监管部门责令改正”》，载《法学杂志》2017年第10期。

③ 参见熊樟林：《行政处罚责任主义立场证立》，载《比较法研究》2020年第3期。

④ 参见王海军：《拒不支付劳动报酬罪的规范性解读——基于“双重法益”的新立场》，载《法学论坛》2013年第5期；高磊：《论犯罪成立的行政程序性条件》，载《东方法学》2020年第3期。

障行为人的行动自由；其二，预告刑罚可以最大限度地促进行政预防目的的实现，即以刑罚措施保证行政执法措施的落实和相对人行政义务的履行。但是笔者对此持否定态度，刑事法律后果不属于通知的必要内容。第一，具体行政行为或者刑事司法实践的刑罚预告功能是其附随效果，刑罚的预告、行为人预测可能性的保障应当是刑事立法的任务，不能以立法的任务来反制行政和司法的内容。[①] 也就是说，即便不存在行政机关的刑罚预告，完善的刑事立法依旧可以保障行为人的预测可能性、推进罪刑法定原则的落实。第二，通过刑罚措施保障行政执法的实现是由刑法与行政法的保障法与被保障法的关系决定的，即便不在具体行政行为中预告刑罚，也不影响刑罚保障行政执法实现的功能的发挥。相反，要求行政机关在通知的内容中增加刑事法律后果的内容，缺乏法律上的依据，因为并不存在一部法律要求行政机关在为行政行为时通知相对人相应的刑事法律后果。吊诡的是，肯定论者既认为通知行政处罚的内容缺乏法律上的依据，又肯定通知刑事处罚的必要性，似乎在是否具有法律依据的问题上并没有秉持统一立场。第三，刑法虽然规定了相对人不履行义务的刑罚后果，但是并不能为行政机关创设行为规则。具体来说，行政机关实施具体行政行为时，应当以相关的行政法律法规作为规范依据。刑事法律尽管也可以约束行政机关的行为，但是以犯罪行为为限。要求行政机关贯彻刑法所规定的刑罚内容，不仅增加了行政机关的负担，而且混淆了行政主体与司法主体的地位。如果将肯定论的观点贯彻到底，将会导致至少两个不良后果：其一，不仅是程序性要素所指向的具体行政行为，行政机关在实施其他行政行为时也需要预告刑罚后果，毕竟刑法的保障法地位决定了任何严重违反行政法规的行为都有可能构成犯罪，行政机关将会被迫“学习”成为新的司法机关。其二，为了保障行为人的自由，不仅是行政主体应当预告刑罚后果，而且连不具有专业知识的平等主体也应当预告刑罚后果，普通民众将会被迫“学习”成为专业的司法工作者。所以，通知的不利法律后果以行政处罚为限，不包括刑事处罚。

---

① 参见黎宏：《刑法的机能和我国刑法的任务》，载《现代法学》2003 年第 4 期。

第二节 权利（力）人消极作为程序性要素效力的判定

程序性要素的实体内容是具体的民事法律行为或者行政法律行为，它们的生效需要同时具备程序要件和实质要件，不具备其中的任何一项，都可能导致程序性要素无法启动的不利后果。在程序性要素的启动中，处于启动主体地位的权利人或者权力人占据支配地位，程序性要素生效的首要前提，就是启动主体积极且有效的作为。但是司法实务中总是存在启动主体作为不符合要求的情形，如果启动主体消极作为，该如何认定程序性要素的效力？是只要启动行为存在瑕疵就一概否定程序性要素的效力，还是应当具体情形具体分析，因地制宜地认定程序性要素的效力？众所周知，民事法律关系中存在效力待定的民事法律行为，但是行政法律关系中不存在效力待定的行政法律行为，[①] 公私法领域内启动主体消极作为的不利后果，在程序性要素的效力认定（认定过程或者认定结论）上应当存在差异。

一、消极作为的表现形式：不作为与乱作为

无论程序性要素的启动主体是自然人还是行政机关，最终实施的主体都是具体的人，而人的理性是有限的、道德也是不确定的，行为的合法性极易受主观意图的影响。一方面，作为实施主体的自然人可能存在认识能力和认识范围上的局限，对于程序性要素实施的意义缺乏足够的认识。[②] 在平等主体间的程序性要素中，作为民事主体的自然人或者机构通常不具备法律上的专业知识，可能不会如法律所期待般地去实施民事法律行为。例如发生在熟人关系中的财物侵占，被害人可能碍于情面，不会及时主动地主张自己的权利，等到民事诉讼时效经过后再来主张权利，可能已经为时已晚。或者即便去“主张”权利，也只是蜻蜓点水般地略微提及，并未准确清晰地传达主张

---

① 参见王雅琴：《再论行政行为的公定力》，载《国家行政学院学报》2015 年第 5 期。

② 参见李本灿：《拒不履行信息网络安全管理义务罪的两面性解读》，载《法学论坛》2017 年第 3 期。

权利的意图，无法起到启动程序性要素的效果。但是权利人事实上并没有认识到自己（消极）行为的法律意义。在非平等主体间的程序性要素中，即便行政机关是执法机构，掌握着法律上的专业知识，但是社会关系的日益复杂化也导致行政机关在某些问题上缺乏足够的认知。例如发生在信息网络领域内的传播淫秽物品等行为，根据《网络安全法》的规定，互联网信息部门、电信主管部门以及公安部门享有监管权限,① 涉及刑事犯罪的由公安部门处理，但是问题在于公安部门既需要对淫秽物品进行溯源，又需要通知平台履行必要监管义务，哪些平台需要配合公安机关履行义务，什么时候需要通知平台履行义务，平台需要履行到何种程度才符合要求，都需要公安部门基于一定的专业知识进行预判。如果没能对违法行为作出准确的判断，行政机关就可能怠于行使自己的职权。或者即便认识到有必要要求网络服务提供者履行必要的监管义务，但是受限于认知程度，也可能只是笼统地传达改正的意思，仅作出一般性的改正通知。另一方面，“按闹分配”成为弱势主体自我救济的扭曲路径，膨胀扩张一直都是行政权力的天然属性，程序性要素启动主体的消极作为也可能是“有意为之”。在平等主体间的程序性要素中，作为民事主体的自然人或者机构可能为了维护自己的利益而消极作为。作为弱势群体的自然人在无法通过正常渠道维护自己的合法权益时，可能通过“无理取闹”的方式表达自己的诉求。例如山东聊城于欢案在进入刑事领域之前，就是单纯的以不正当手段索要债务的行为。② 这种以泼油漆、洒狗血等不正当方式主张权利的行为在一些电影中经常出现，虽然有夸大的嫌疑，但是文艺作品也是对现实生活的反映和浓缩。国家进入法治社会以后，这种现象虽然减少，但仍然存在。在非平等主体间的程序性要素中，作为具有天然扩张属性的行政权的行使者，行政机关以及相关责任人可能为了自身利益“消极作为”。例如在用人单位拒不支付劳动报酬的场合，具有管理权限的人力资源和社会保障部门或者劳动监察部门可能基于与用人单位之间的利益关系，怠于向用人单位发出责令支付劳动报酬的通知。或者基于与用人单位之

① 参见皮勇：《论网络服务提供者的管理义务及刑事责任》，载《法商研究》2017 年第 5 期。
② 参见李文杰：《于欢案办理回顾》，载《中国检察官》2018 年第 18 期。

间的矛盾关系，对用人单位发出不符合程序要件或者实质要件的责令支付通知书。

有学者对程序性要素启动主体的消极作为的表现形式进行了归纳，包括：（1）没有按照法律法规的规定实施具体的法律行为；（2）实施的法律行为没有法律上的依据；（3）实施的法律行为依据的法律效力层级较低，即法律规定只能根据法律法规作出行为，但是启动主体根据部门规章等低阶规范性文件实施行为；（4）实施的法律行为不符合书面形式的要求；（5）实施的法律行为是违法的。[①] 实际上，如果对程序性要素启动主体的消极作为进行如此细致的划分，还可能存在很多论者没有提及的情形。例如实施法律行为的主体不是适格的主体、通知相对人履行义务的行为没有指明履行义务的具体内容和期限、通知的内容不具有履行的现实可能性等。对通知内容程序要件和实质要件的任何一项的违反，都属于启动主体消极作为的具体表现形式，但是笔者认为没有必要进行如此细致的划分。一方面，启动主体消极作为的表现形式在生活中多种多样，而且随着社会生活的发展可能演变出新的形式，穷尽启动主体消极作为的表现形式没有可能也没有必要；另一方面，对启动主体消极作为表现形式的研究主要服务于后续具体情形下程序性要素效力的认定，只需要根据一定的标准将对程序性要素的效力具有同质性影响的消极作为进行类型上的划分即可。对启动主体消极作为的表现形式进行概括的观点有两个：一是“不作为、乱作为”,[②] 二是“怠于作为”。[③] 笔者原则上赞同“不作为、乱作为”的概括。首先，“不作为、乱作为”的概括实际上揭示了程序性要素启动主体消极作为的两种类型，符合程序性要素启动主体消极作为过程中的力量投入差异，符合语言逻辑和哲学思维对“动”和“静”矛盾关系的认知。其次，笔者将程序性要素启动主体的不当行为统称为“消极作为”，可以有效涵括不作为与乱作为两个类型。如前所述，笔者将启动主体合理正当的行为称为“积极有效”的行为，“积极”在此处属于“有

① 参见周光权：《拒不履行信息网络安全管理义务罪的司法适用》，载《人民检察》2018 年第 9 期。

② 参见卢勤忠：《程序性构成要件要素概念的提倡》，载《法律科学》2016 年第 6 期。

③ 参见杜邈、商浩文：《拒不支付劳动报酬罪的司法认定》，载《法学杂志》2011 年第 10 期。

效”的同位语，也表达启动行为在效力上的正当性。在对立意义上，“消极”则表达启动行为在效力上存在瑕疵。而不作为与乱作为导致的后果也正是启动行为效力上存在瑕疵。所以“不作为、乱作为”的概括正好符合笔者“消极作为”的概念语境。最后，“怠于作为”仅能指代“不作为”，没有涵盖启动主体消极作为的所有类型。根据《现代汉语词典》，“怠”字表示“懒惰、松懈”的意思，用来修饰“作为”，就是偷懒不去作为的意思。但是如前所述，启动主体消极作为也包括以积极的举动（力量投入意义上）实施不当行为的情形。如果采用“怠于作为”的概念，就会导致类型涵盖不足的困境。

启动主体消极作为的“不作为与乱作为”的类型划分是以是否投入能量为标准的。它与作为刑法核心评价对象的“作为与不作为”的区分是不同的，所谓“作为”是指“实行了受法律禁止的行为（例如，杀人、伤人、盗窃），在此情况下，违法行为便是一种‘作为的犯罪行为’或‘实行的犯罪行为’”；所谓“不作为”是指“不完成法律为整体利益规定的应当完成的行为，例如对处于危险中的人给予救助，进行某种申报，等等”①。“如果以受到法律否定评价的结果为目的，因而是被禁止的，是作为；而没有按照法律的要求去行为以阻止这样的结果发生的，是不作为。”② 刑法上的作为与不作为的区分不在于行为人是否向一定的方向投入能量，而在于违反的是禁止性规范还是命令性规范。如果行为人违反的是命令性规范，即便在违反规范的当时作出了积极的身体举动，在刑法评价范围也仍然是消极的，构成“不作为”的犯罪。但是程序性要素启动主体的“不作为”和“乱作为”则不是根据评价规范的性质来决定行为性质的，而是根据行为人是否投入一定的能量作出判断的。刑法之所以可以对“作为与不作为”进行规范上的区分，是因为其违反的前置规范有禁止性和命令性的区分。但是启动主体启动程序性要素的行为往往是一种行使权利或者职权的行为，不存在禁止性规范与命令性规范的区分。而且，“作为与不作为”本来作为现象层面的行为类型，就是

---

① ［法］卡斯东·斯特法尼等：《法国刑法总论精义》，罗结珍译，中国政法大学出版社1998年版，第215页。

② ［德］冈特·施特拉腾韦特、［德］洛塔尔·库伦：《刑法总论Ⅰ——犯罪论》，杨萌译，法律出版社2006年版，第73页。

从“动与静”（是否投入能量）的角度作出的区分。因此，如果启动主体没有投入能量，未曾往相对人方向作出发出通知的努力，就是不作为；如果启动主体投入能量，开始往相对人方向作出发出通知的努力，就是作为。就前文所提及的启动主体消极作为的具体表现形式来说，只有启动主体怠于通知的情形属于“不作为”，启动主体通知但是不符合程序要件与实质要件的情形都属于“乱作为”。当然也不排除“不作为”与“乱作为”竞合的情形，例如，有管理权限的部门怠于行使自己的职权，没有管理权限的部门超出职责范围作出通知的，对于有管理权限的部门的行为来说，就是“不作为”，对于没有管理权限的部门的行为来说，就是“乱作为”。不过“不作为”与“乱作为”的竞合并没有超出“不作为”或者“乱作为”对程序性要素效力的影响，并构成新的影响类型。因为对程序性要素效力存在不同影响的“不作为”或者“乱作为”在最终评价时，影响较弱的会被影响较强的吸收。综上所述，启动主体消极作为的表现形式是“不作为与乱作为”。

二、权利（力）人不作为程序性要素效力的削减

原则上，作为程序性要素启动主体的权利（力）人不作为的，程序性要素自始不发生效力。如果政府有关部门怠于行使职权的，即便行为已经造成严重的危害后果，具有严重的社会危害性，也不能根据程序性要素所在罪名对行为人定罪量刑。[①] 程序性要素的存在意味着犯罪的成立或者刑罚的裁量与启动主体的具体行为存在密切关联，如果不存在启动主体的具体行为，犯罪的成立和刑罚的裁量将会受到消极影响。[②] 程序性要素的生效需要同时具备程序要件和实质要件，启动主体的不作为，使程序性要素效力的认定在源头上被掐断。换句话说，是否满足生效要件的要求以行为的存在为前提，而启动主体的不作为直接导致被评价的对象自始不存在，也就不存在程序性要素是否发生效力的问题。司法实务中，由于我国正处于从熟人社会向半熟人社会转变的关键时期，社会关系的联结很大程度上仍然依赖于非正式的社会

① 参见杜邈、商浩文：《拒不支付劳动报酬罪的司法认定》，载《法学杂志》2011 年第 10 期。

② 参见李本灿：《拒不履行信息网络安全管理义务罪的两面性解读》，载《法学论坛》2017 年第 3 期。

规范，法治的建设在法律深入基层、服务基层方面还有很长的路要走，[①] 作为启动主体的权利（力）人不作为的情形比比皆是，但是由于一般的启动主体消极作为的案件基本上无法进入刑事审判程序，所以只有少量的存在罪名竞合适用的程序性要素启动主体消极作为的案件被人民法院定罪量刑。

2017 年 7 月，行为人朱某翠通过朱某将被告人王某拥有产权的民房的二层至五层共 46 间转租给谭某用于经营如家公寓。但是王某法治意识、消防意识淡薄，并没有履行必要的消防安全审查义务，没有认识到自己的民房存在严重的消防隐患，在没有采取任何安全保障措施的情况下就将房屋出租给他人经营使用。2018 年 3 月 29 日，停放在一层楼梯间的电动车发生电气线路短路，并引起周围可燃物燃烧，最终酿成火灾。火灾造成租住在房屋中的民工 4 人死亡、4 人不同程度受伤以及部分财物毁损。人民法院审理认为，“王某作为涉案财物的产权人，未履行消防安全管理职责，将不符合消防安全条件的建筑物出租给他人使用……已经构成重大责任事故罪”。[②] 王某的辩护律师认为，2017 年《刑法》第 134 ~ 139 条规定的 6 个（加上第 135 条之一的规定，实际上是 7 个）罪名是对 6 种不同领域内的责任事故罪的规定，彼此之间是并列关系而非（法条）竞合关系。并且消防责任事故罪的适用范围是违反消防管理法规，没有履行消防安全管理义务的行为，重大责任事故罪的适用范围是“生产”“作业”过程中违反《安全管理法》规定的行为。本案中，王某的行为属于没有履行消防安全管理义务的行为，但是由于不存在监管机构责令改正的程序性要素行为，所以王某的行为既不构成消防责任事故罪，也不构成重大责任事故罪。人民法院并没有否认王某不构成消防责任事故罪的事实，但是否定了辩护人关于重大责任事故罪与其他事故类犯罪间的并列关系。人民法院认为，重大责任事故罪与消防责任事故罪等罪是法条竞合关系，重大责任事故罪是普通法条，消防责任事故罪等是特殊法条，行为成立消防责任事故罪等以具备重大责任事故罪的成立要件为前提，在此基础上，还需要具备特别法条规定的特别要件。

---

① 参见苏力：《送法下乡——中国基层司法制度研究》（修订版），北京大学出版社 2011 年版，第 6 页。

② 参见王某重大责任事故案，福建省晋江市人民法院（2018）闽 0582 刑初 3226 号刑事判决书。

王某违反消防管理法规的规定，造成严重后果的行为能够进入刑事审判领域，主要原因还是在于消防责任事故罪与重大责任事故罪之间的关系可以作出特殊法条与普通法条的补充关系的认定。但是本部分的重点不在于讨论消防责任事故罪与重大责任事故罪之间的关系，而在于发现被告人虽然负有法定的消防义务，但是监管机构没有通知被告人采取改正措施，因而欠缺消防责任事故罪的客观构成要件。[①] 实际上，如果不是因为竞合关系的存在，本案也不会进入刑事审判领域，造成被害人伤亡的只需要履行妥当的赔偿义务即可。但是这种竞合关系，也确实引发了我们对程序性要素效力认定的一些思考。首先，如上所述，启动主体怠于行使自己权利的不利后果应当归属于启动主体，由此产生的处罚上的利益结果应当归属于行为人。例如有学者主张，政府部门的不作为给受害人造成损失的，应当由政府部门承担损害赔偿责任；直接负责的主管人员或者其他直接人员如果有责任的，依法追究行政责任或者刑事责任。[②] 截至案发，王某的房屋租赁给谭某经营如家酒店已达6个月之久，消防机构一直未能发现该房屋的消防隐患并作出相应的责令采取改正措施的通知，是否存在职权行使上的懈怠？与司法奉行“不告不理”的消极原则不同，行政执法应当在其职权范围内，有条件、有能力地积极主动地作为，做到“法定职责必须为”。[③] 如果本案中的消防机构具备履行职责的条件和能力，但是怠于行使自己的职权的，本案的刑事处罚后果可能过于严苛。因为如果消防机构及时通知王某采取改正措施，王某可能已经消除消防隐患，足以避免危害结果的发生。刑法设置程序性要素一方面是为了实现“民刑”“行刑”的有效衔接，另一方面是为了给行为人一次改过自新的机会，如果消防机构怠于行使职权的，不符合消防责任事故罪程序性要素设置的政策初衷，应当进行刑罚裁量上的利益转移。其次，消防责任事故罪与重大责任事故罪之间并非特殊法条与普通法条的关系。高铭暄教授在追溯工程重大安全事故罪等的设立背景时指出，因为这些罪名“更符合危害公共

---

① 参见贺江波：《消防责任事故罪与相邻事故犯罪之区别与界定》，载《武警学院学报》2011年第4期。

② 参见杜邈、商浩文：《拒不支付劳动报酬罪的司法认定》，载《法学杂志》2011年第10期。

③ 参见刘恒、吴堉琳：《行政不作为的行动逻辑及其治理》，载《南京社会科学》2017年第9期。

安全罪的特征，并与重大责任事故罪类似”，因而将它们转移到分则第二章。[①] 也就是说，这些罪名与重大责任事故罪之间属于相似（类推）关系，而非种属或者包容关系，因而也就无法构成法条竞合关系中的特殊与普通的关系。实际上，如果立法者承认两者的特殊与普通的关系，可能还需要对两者作出形式上的调整：（1）在同一章节将普通法条置于特殊法条之后，以强化普通法条的兜底性质；（2）合并不具有争议的罪行，没有必要单独设置罪名，只需细化行为方式；（3）特殊与普通的关系可能存在需要特殊保护的利益，应当在刑罚上有所体现。此外，尽管学界一致认可《刑法》第 114 条、第 115 条中以危险方法危害公共安全罪的兜底性质，但是倾向于否定不构成放火罪、决水罪等的放火、决水等案件构成以危险方法危害公共安全罪的可能。[②] 最后，本案中程序性要素没有被人民法院认定是值得肯定的，消防机构怠于行使职权（在造成严重后果前不涉及具体个人的利益），否定消防责任事故罪的成立的利益结果应当归属于行为人。如果消防机构存在过错，应当追究消防机构相关责任主体的玩忽职守等责任。当然，行为人不承担刑事上的不利后果，不代表其不需要承担民事上的责任，行为人仍然需要履行各项损害赔偿义务。

可能存在的疑问是，启动主体不作为导致程序性要素的效力自始不存在，那么启动主体是否还存在事后启动的可能？例如权利（力）人开始不作为，经过一段时间后希望启动程序性要素的，是否还有可能？笔者认为可以分情形判断。平等主体间的程序性要素，如果没有经过诉讼时效，可以继续启动；如果已经经过诉讼时效，不可以再启动。非平等主体间的程序性要素，如果不涉及具体权利人，不法状态仍然存在的，随时启动程序性要素；不法状态不存在的没有经过处罚时效，可以继续启动，已经经过处罚时效，不可以再启动。如果涉及具体权利人，权利人积极主张权利的，随时启动程序性要素；权利人消极主张权利的，没有经过处罚时效，可以继续启动，已经经过处罚时效，不可以再启动。但是，启动主体可以继续启动程序性要素的前提是还

① 参见高铭暄：《中华人民共和国刑法的孕育诞生和发展完善》，北京大学出版社 2012 年版。

② 参见张明楷：《论以危险方法危害公共安全罪——扩大适用的成因与限制适用的规则》，载《国家检察官学院学报》2012 年第 4 期。

有重新启动的必要与可能。例如在前述王某重大责任事故罪案中，尽管王某房屋中的消防隐患一直存在，但是当事故发生以后，消防机构就已经丧失了启动程序性要素的机会。因为不管消防机构再作出何种看似合理的通知，王某已经不存在履行的可能，而且不能根据事后的通知来推导王某之前的行为构成消防责任事故罪。

三、权利（力）人乱作为程序性要素效力的削弱

权利（力）人乱作为是启动主体已经开始向相对人发出通知，但是通知的程序要件或者实质要件不符合要求的情形。一般来说，平等主体间的程序性要素的启动限制因素相对较少，只要能够向相对人准确地表达主张权利的意思即可，而非平等主体间的程序性要素的启动，出于对行政权的制约，限制因素相对较多，如果权利（力）人不按照规定通知相对人，就容易构成乱作为。但是非平等主体间的程序性要素的通知，如果启动主体乱作为的，与启动主体不作为的效果具有同质性，因为行政主体不作为和乱作为都不符合行政法上的相关要求，不是“有效”的具体行政行为，所以法律效果的认定可以参照启动主体不作为时的法律效果。当然，两者之间还是存在区别的，不作为是从源头上切断评价的对象，乱作为是提供了评价对象，但是不符合要求的情形。而且不作为经过追究时效后，可能造成不得追究的后果；但是权限范围内的部分乱作为，如处罚决定书不符合规范要求的，可能延长追究时效，也就是说，启动主体乱作为的部分情形即便超过追究时效仍然可以再次启动程序性要素。行政法规出于对具体行政行为公定力的维护，即便行为人针对具体行政行为提起行政复议或者行政诉讼，具体行政行为在被认定为可撤销之前仍然有效。① 而无效的具体行政行为仅限于“缺乏主体资格”、“没有法律依据”和“重大且明显违法”几种较为严重的情形，② 被宣告无效的具体行政行为自始无效。行政实务中，对于存在部分瑕疵尤其是轻微瑕疵的具体行政行为，并不一概否定其效力。不少地方立法机关都制定明确的地

① 参见杨登峰：《行政决定效力的本质与体系》，载《行政法学研究》2013 年第 4 期。
② 参见叶必丰：《行政行为原理》，商务印书馆 2014 年版，第 278 ~ 279 页。

方法规允许行政机关对具体行政行为进行事后的“补正”，如果在行政复议或者行政判决确认违法之前，行政机关已经“补正”的，具体行政行为自始有效。① 所以概括来说，非平等主体间程序性要素的启动主体乱作为的，从维护行政行为公定力的角度来说，应当优先肯定程序性要素的效力，待经过行政复议或者行政诉讼对具体行政行为的效力作出最终判定后再另行判断，当然在刑事追诉程序中，如果行为人对启动行为的效力存在异议的，司法机关应当独立审查程序性要素启动行为的效力，但是一般来说，轻微违法且对相对人的利益不造成实质影响的，应该肯定程序性要素的效力；重大违法或者对相对人的利益造成实质影响的，应该否定程序性要素的效力。平等主体间的程序性要素的启动主体如果乱作为，可能存在不满足程序要件但是满足实质要件的情形，也就是说，虽然通知的程序违法，但是确实传达了主张权利的意思表示，应该如何认定程序性要素的效力？它与非平等主体间的程序性要素启动主体的乱作为不同，民事法律关系中更加强调权利人意思表示的真实，如果仅程序违法，程序性要素是否有效？

2008 年 10 月，张某在 A 银行申领一张信用卡，次月透支消费 9000 多元，但是到期后张某没有及时偿还本金和利息。发卡行遂多次向张某催收欠款，但是张某拒不理睬。2009 年 3 月，A 银行委托 B 公司代为催收张某的欠款。同年 4 月，B 公司的员工王某带着 A 银行的授权委托书等相关证件来到张某家中，向张某表明身份并出具相关的证件，催告张某及时清偿信用卡欠款。然而张某拒不承认王某的身份，并采取推搡等方式将王某往门外推。在互相推搡拉扯过程中，王某用力过猛将张某推倒在地，并导致张某右手挫伤。后来 A 银行积极与张某协商损害赔偿事宜，但是未能与张某达成一致意见，后张某向人民法院提起诉讼。② 张某认为，A 银行向 B 公司提供个人信息的行为属于侵犯隐私的行为，而且委托王某催收的行为影响其家庭休息并造成其受伤。A 银行则认为在信用卡发卡协议中已经清楚写明 A 银行有权委托第三方公司代为欠款催收行为，A 银行委托的 B 公司具有相关的资质，并且

---

① 参见梁君瑜：《论行政程序瑕疵的法律后果》，载《华东政法大学学报》2019 年第 2 期。

② 参见平一：《信用卡催收外包业务纠纷案分析》，载《中国城市金融》2009 年第 8 期。

A 银行已经在日常经营中对 B 公司的催收行为履行必要的监管义务，所以 A 银行不存在过错。人民法院审理认为，A 银行有权委托具有经营资质的 B 公司为欠款催收行为并提供与催收行为相关的必要信息，授权委托行为不构成违约。但是 B 公司的员工王某在催收过程中使用不当手段并造成张某右手挫伤，已经构成侵权。但是考虑到纠纷是由张某引起的，张某分担 20% 的责任，剩下的 80% 责任由 A 银行承担。

张某诉 A 银行案是单纯的民事侵权案件，但是该案涉及信用卡诈骗罪的程序性要素，并且是典型的启动主体乱作为的案件，人民法院的判决对于启动主体乱作为的效力的认定也给我们提供了一些启发。首先，作为银行行为能力延伸的委托代理行为，在本案中是有效的。如前所述，平等主体间的程序性要素的启动存在法定代理和委托代理的情形，符合法律规定的法定代理人或者委托代理人的启动行为是有效的。本案中，B 公司是具备经营资质的催债公司，A 银行的授权委托行为完全符合法律的规定。因为《商业银行信用卡业务监督管理办法》尽管禁止外包信用卡销售业务，但是并未禁止外包信用卡催收业务。[①] 目前实践中，银行将信用卡催收业务外包的现象已经成为常态，它可以帮助银行节约成本和提高效率。所以 B 公司的王某代表A 银行去行使催收债务的权利，符合程序性要素生效要件中的主体要求。其次，在侵权事实发生以前，王某出示授权文件和工作证件，并且要求张某尽快还款的行为，已经充分表达 A 银行主张权利的真实意思。仅就在这一阶段的行为来看，王某的行为已经可以有效启动程序性要素。但是催收过程中王某与张某又发生纠纷，并导致张某受伤，是否影响催收行为的效力？如果割裂地看待这两个行为，即在张某推搡王某出家门时，王某的催收行为就已经完成，那么王某的催收就是有效的催收。相反，如果整体地把握王某敲门告知相关情况以及发生纠纷的事实，那么王某的催收行为就是不当行为，必然影响催收行为的效力。人民法院的审理结论是王某在“代理催收过程中”将张某推倒并致其受伤，也就是说，人民法院整体把握了王某前一阶段的行为与后一

① 《商业银行信用卡业务监督管理办法》第 39 条第 4 项规定：“营销人员应当严格遵守对客户资料保密的原则，不得泄露客户信息，不得将信用卡营销工作转包或分包……”

阶段的行为，都将其认定为债务催收行为。笔者对此持肯定态度。一方面，如果对该案中王某的行为进行阶段上的区分，那么在其他场合，例如催收者直接以泼油漆、洒狗血等暴力、胁迫手段催收债务的行为，也应当进行区分。① 因为即便以非法手段催收债务，也必然可以切割出符合法律要求的内容。如此一来，势必造成司法裁判上的负担。另一方面，虽然张某对王某侵权行为的实施具有重要的引起作用，但是催收债务的过程必然是一个双方互动的过程，张某推搡王某离开自己家，从某种程度上来说是其行使对房屋支配权的表现，王某有配合的义务，但是王某以强硬的手段拒绝张某的回应（要求王某离开的行为），继续实施自己的催收行为，并造成张某受伤的结果。应当认为王某的前后行为都属于催收债务的行为。所以，在王某的行为被认定为构成侵权的情况下就应当否定王某的不当催收行为具有启动程序性要素的效果。最后，在发卡行委托第三方公司代为催收之前，发卡行已经进行了多次催收。实际上，当时发卡行的有效催收行为已经可以启动程序性要素，但是由于恶意透支型信用卡诈骗罪的立案标准要求"恶意透支"数额在一万元以上，② 所以该案件无法启动刑事追诉程序。

王某代表A银行催收债务的行为之所以无法启动程序性要素（忽略犯罪数额的要求），主要是因为王某的行为造成相对人实体权利的损害。根据《民法典》对法律行为效力瑕疵的规定，至少可以将瑕疵法律行为分为无效的、可撤销的、效力待定的几类，其中，除了无效的民事法律行为不需要经过当事人的主张或者法院的判决自始无效，其他的瑕疵法律行为都可以通过形成权的行使或者请求权的行使获得效力上的补充或者否定。③ 但是无效的民事法律行为仅限于主体不适格、意思表示不真实、意思表示非法（具有法益侵犯性）以及违反公序良俗的情形。④ 也就是说，除了法律关于无效民事

---

① 参见桑海波：《信用卡欠款遭催收公司软暴力》，载《民主与法制时报》2012年11月19日，第B04版。

② 最高人民检察院、公安部《关于公安机关管辖的刑事案件立案追诉标准的规定（二）》第54条第1款第2项规定，进行信用卡诈骗活动，"恶意透支，数额在一万元以上的"，应予立案追诉。

③ 参见常鹏翱：《等同论否定说：法律行为的可撤销与相对无效的关系辨析——以〈民法通则〉到〈民法典〉的规范发展为基点》，载《法学家》2020年第5期。

④ 参见江必新：《法律行为效力：公法与私法之异同》，载《法律适用》2019年第3期。

法律行为的强制性规定，其他存在瑕疵的法律行为都可以通过当事人的效力补齐行为启动程序性要素。王某的行为属于典型的具有法益侵犯性的行为，因为给相对人的权利造成实质性的侵害，民法强制规定该行为不具有法律效力。那么刑法是否可以超越民法的规定来认定王某启动行为的效力？笔者的一贯立场是，在统一法秩序范围内，刑法不应该就行为的属性得出与民法或者行政法不一致的结论。当然，刑事审判行为不受行政执法行为、民事诉讼行为等的拘束，亦即刑事诉讼活动的进行，不以行政执法活动、民事诉讼活动以及它们的结论为前提，但是刑事诉讼活动应当尊重（独立判断）行为在民法和行政法上的效果，并且不能得出矛盾结论。[①] 所以，既然民法否定了王某行为的效力，刑法也就没有理由肯定王某行为的效力。概括来说，平等主体间程序性要素启动主体乱作为的，除了民法强制规定无效的几种情形，其他存在效力瑕疵的法律行为都可以通过事后的行为补齐效力以启动程序性要素（民事法律关系强调意思自治，存在效力瑕疵的法律行为亦是少数，其他存在瑕疵如不符合通知形式的要求的行为自始有效）。当然，即便存在效力瑕疵的法律行为被撤销或者否定，如果在诉讼时效期间内，启动主体仍然可以通过新的法律行为来启动程序性要素。

第三节 相对人变动程序性要素效力的勘定

程序性要素的启动是启动主体与相对人的互动过程，启动主体的消极作为可能影响程序性要素的效力，相对人的变动也可能影响程序性要素的效力。如上所述，不管是平等主体间的程序性要素，还是非平等主体间的程序性要素，它们都以有效通知相对人为生效要件，在通知的过程中，如果相对人的身份角色发生变动，该如何认定程序性要素的效力？例如，在相对人为单位的通知行为中，如果单位发生分立、合并等变更，启动主体应当通知到哪个

---

① 参见简爱：《从刑民实体判断看交叉案件的诉讼处理机制》，载《法学家》2020 年第 1 期；田宏杰：《行刑诉讼交叉案件的裁处机制——以行政权与刑罚权的双重法律关系为视角》，载《法学评论》2020 年第 1 期。

单位，程序性要素才发生效力。此外，司法实践中存在众多的相对人隐匿的情形，在这种情况下，启动主体应当如何通知相对人，才可以使程序性要素生效。这些情况下启动主体无法使相对人现实地知悉通知的内容，如果不允许变通的通知形式存在，将导致被害人的利益无法得到充分的保护，行为人的行为无法得到有效的惩处。[①]

一、变动的表现形式：变更、隐匿与替代

程序性要素的相对人大体上包括自然人与单位两类，其中平等主体间的程序性要素的相对人主要是自然人，非平等主体间的程序性要素的相对人既可能是自然人，也可能是单位。就包含程序性要素（都是非平等主体间的程序性要素）的罪名而言，拒不支付劳动报酬罪，拒不履行信息网络安全管理义务罪，妨害传染病防治罪，非法持有、私藏枪支、弹药罪，隐匿、故意销毁会计凭证、会计账簿、财务会计报告罪，操纵证券、期货市场罪、扰乱无线电通讯管理秩序罪，拒不执行判决、裁定罪以及污染环境罪可以构成单位犯罪。单位犯罪的程序性要素的相对人可以是单位自不待言。但是非单位犯罪的程序性要素的相对人也可以是单位。例如，消防责任事故罪的程序性要素的相对人可以是单位，虽然该罪不是单位犯罪，但是《消防法》对众多单位赋予了消防安全管理义务，对于未能履行消防安全监管职责的单位，消防监督机构可以责令单位采取改正措施。[②] 再如，逃税罪的程序性要素的相对人可以是单位，该罪同样不是单位犯罪，但是税法所规定的纳税主体不仅包括自然人还包括单位，如果单位不按时缴纳税款的，税务机关也可以责令单位缴纳税款和滞纳金，并作出相应的处罚。[③]

程序性要素的相对人的变动是在程序性要素发生效力之前影响程序性要素的效力认定的，如果程序性要素已经发生效力，相对人的主体地位无论如何变动都应当承受程序性要素的生效后果。程序性要素的相对人可能基于主

---

① 参见樊辅东：《恶意透支型信用卡诈骗罪中“催收”问题研究》，载《河北法学》2012 年第 3 期。

② 参见王献忠：《消防安全责任制建设中开天辟地的大事》，载《中国消防》2017 年第 24 期。

③ 参见侯作前：《论非法人组织的税法地位》，载《当代法学》2005 年第 6 期。

客观的原因发生主体地位的变动。一方面，程序性要素的相对人的地位可能基于行使权利、发展业务等客观原因发生变动。例如，监管部门责令负有信息网络安全管理义务的单位采取改正措施，在发出责令通知之前，该单位基于业务发展的需求与其他单位合并的，监管部门该向哪个单位发出通知，才能启动程序性要素？又如，劳动监察部门责令行为人支付劳动报酬，但是无法联系上行为人，遂采取张贴公告的方式责令行为人支付劳动报酬，但是行为人并非为了逃避支付劳动报酬，而是去外地索要债务以便支付劳动报酬的，能否认定先前的责令支付的行为具有启动程序性要素的效力？再如发卡行向持卡人“催收”透支款项及利息，但是持卡人并不知晓自己拥有信用卡，信用卡是由亲友借用身份证办理并使用的，这种持卡人与实际使用人不一致的场合，该如何认定程序性要素的效力？另一方面，程序性要素的相对人地位也可能就是基于逃避履行义务的主观原因发生变动的。例如，司法实务中较为常见的欠薪者隐匿、拒不支付劳动报酬的行为都是故意实施的，他们希望通过改变联系方式、隐匿行踪逃避支付劳动报酬。又如，恶意逃避履行义务而变卖单位财产或者合并企业的场合，单位在可以履行义务并且知晓可能有监管单位要求其履行义务的情况下变更企业主体地位。再如，信用卡的持卡人与实际使用人协作恶意透支，如何启动程序性要素？此外，代为受领通知的主体代替相对人履行义务的场合，如果相对人本人并未授权他人代为履行义务并且对义务履行的情况并不知情的，如何认定程序性要素的效力？

关于程序性要素相对人变动的表现形式的问题，目前学界还缺乏具体的归纳。但是笔者经过梳理认为，它大致上可以分为三种情形：一是相对人变更，二是相对人隐匿，三是相对人替代。所谓相对人变更，是指作为程序性要素相对人的主体的地位发生转移，它又可以分为两种情形：一是自然人因被继承而发生主体地位的转移。根据我国民法的相关规定，继承人在继承被继承人的遗产时，应当同时继承被继承人的债务，并且在继承财产的范围内对被继承人的债务负有清偿义务。[①] 二是企业因重组而发生主体地位的转移。根据民商事法律的相关规定，企业可以根据自身的业务发展需求进行企业的

① 参见陈英：《遗产继承与遗产债务清偿法律关系之考察》，载《政法论丛》2015年第6期。

分立、合并、资产转移等重组活动，其中有些重组行为会导致原来的企业主体地位丧失，继而影响程序性要素相对人主体身份的认定。① 所谓相对人隐匿，是指作为程序性要素相对人的自然人隐匿自己的行踪，使启动主体无法寻找到相对人的情形。所谓相对人的替代，是指相对人与实际义务人不一致的情形。它也可以分为两种情形：一是表面上的法律关系的当事人与实质的受益主体并不一致，例如上文提及的名义持卡人与实际使用人不一致的情形。当然这种主体身份的不一致不以自然人为限，它也经常发生于单位主体之间，例如甲单位借乙单位的名义雇工但不支付劳动报酬。二是作为程序性要素相对人的主体应当受领的通知被其他主体受领，并且代为履行相关义务，但是相对人并不知悉且没有授权，并在通知要求的期限内未亲自履行义务。例如，与甲同住的亲属在甲外出期间代甲受领银行的催收通知书，并代为偿还欠款。但是亲属并没有将银行催收的情况告知甲，甲也没有在银行催收通知规定的时间内亲自偿还欠款，该如何认定程序性要素的效力？同样，代为受领通知和履行义务的情形也可能发生在企业主体之间，例如劳动监管部门向甲单位发出责令支付劳动报酬的通知，但是该通知被与甲单位具有业务往来关系的乙单位受领并代为支付相关劳动报酬，甲未能在通知的期限内亲自履行债务。

二、相对人变更下程序性要素效力的承继

作为自然人的程序性要素的相对人变更与作为单位的程序性要素的相对人的变更对程序性要素效力认定的影响是不同的。在作为自然人的程序性要素的相对人中，如果相对人因为继承关系而发生变更，那么程序性要素的启动不再具有意义。根据民法的相关规定，除了对必留份遗产享有权利的特殊主体，其他继承人在继承被继承人的财产的同时，需要在所得利益的范围内负担被继承人所欠之债务。② 当然这些债务也应当是不具有人身依附性的债务，并且代替履行不会给债权人造成不利负担。对于信用卡所透支的款项、（自然人）所拖欠的劳动者的工资等，继承人对这些债务理当具有继承义务。

① 参见侯玲玲：《我国企业重组中的劳动合同继承问题研究》，载《华东政法大学学报》2008年第6期。

② 参见汪洋：《遗产债务的类型与清偿顺序》，载《法学》2018年第12期。

但是这并不意味着继承人可以成为程序性要素适格的相对人。首先，对继承人为民事意义上的催收、催告等行为仍然有效，但是该行为不再具有刑法上的效果。民法强调对当事人利益的补偿，允许债务的替代履行。[①] 但是刑法强调罪责自负，行为人只能对自己实施的违法犯罪行为承担责任，如果允许对继承人进行刑法意义上的催收、催告，就是让继承人对他人的罪行承担责任。而且继承人通常不止一个，如果允许刑法效果的继承，就会导致团体责任。其次，程序性要素启动的前提条件是违法行为的实施，但是在继承人继承债务的场合，继承人并没有实施违法行为，所以对其进行刑法意义上的催收、催告的前提条件已经不复存在。继承人只继承规范层面的债权债务关系，但是不继承事实层面的行为特征。无论是作为犯还是不作为犯，作为刑法评价对象的行为都首先是社会经验现象层面的存在，但是这种客观存在无法为继承人所继承。[②] 最后，继承权是一种可以放弃的权利。如果继承财产需要承担刑事上的不利后果，可能导致继承人在遗产分割前随时放弃自己的继承权。[③] 允许刑事效果的继承，就会导致程序性要素的相对人随着继承人主观意思的变化而不断变化，处于一种极其不稳定的状态中。所以，作为自然人的程序性要素的相对人如果因为继承等发生变更，程序性要素不再启动。

在作为单位的程序性要素的相对人中，如果单位因为重组关系而发生变更，程序性要素的启动原则上仍然具有效力。根据公司法的相关规定，企业重组的主要类型是企业合并、企业分立以及资产转移等。其中企业合并又可以分为吸收合并和新设合并，吸收合并就是保留吸收企业的法人地位等，将被吸收企业吸收，使其在法律上的地位归于消灭；新设合并是原来的合并企业的法律地位都归于消灭，设立新的法律主体以取代两者。企业分立是指通过原有企业的资源设立独立的新的企业。资产转移就是购买其他企业的部分

---

① 参见郑春玉：《论民法法益的存在及其价值》，载《内蒙古大学学报（人文社会科学版）》2005 年第 6 期。

② 参见杨柳：《前构成要件行为概念之提倡——兼评可罚违法性理论和我国〈刑法〉第 13 条但书规定》，载《法学论坛》2012 年第 3 期。

③ 参见陈凯歌、程岩惠：《放弃继承与债权人撤销权》，载《合肥工业大学学报（社会科学版）》2020 年第 2 期。

或者全部股权和资产或者出售自己企业的部分或者全部股权和资产。[①] 在企业合并的场合，根据公司法的相关规定，并购企业需要承担卖方企业的债务。[②] 例如对于卖方企业没有支付的劳动者报酬，兼并企业负有支付义务。在吸收合并的场合，兼并企业的相对人地位不存在问题，但是卖方企业的相对人主体地位存在疑问；新设合并的场合，兼并企业和卖方企业的相对人主体地位都存在问题。从民事债务催告的意义上来说，债权人可以催告合并后的企业履行债务。但是就刑事意义上的程序性要素的启动来说，只能以原来的企业及其法定代表人作为适格的相对人。因为根据最高人民法院研究室《关于企业犯罪后被合并应当如何追究刑事责任问题的答复》，对于犯罪单位合并到其他企业的处理，"对被告单位应列原犯罪企业名称，但注明已被并入新的企业，对被告单位所判处的罚金数额以其并入新的企业的财产及收益为限"，程序性要素的启动也以通知原单位及其法定代表人为限。在企业分立的场合，由于原企业主体地位仍然存在，程序性要素的启动应当以原企业作为适格的相对人，但是新设独立企业的资产属于原有企业履行义务的财产范围。如果设立新的企业后，原来的企业破产的，新设企业应当在原有企业出资范围内承担相应的责任。在财产转移的场合，与企业的分立类似，企业的主体地位保持不变，程序性要素的启动以通知企业及其法定代表人为限，但是转移的财产仍然属于其履行义务的财产范围。所以，作为单位的程序性要素的相对人如果因为重组发生变更，程序性要素的启动效果不受影响。

自 2004 年 12 月起，李某某受聘于巴州区青山广播电视站工作，并签订有《安全责任合同》。2010 年 5 月，李某某与当时的广播站负责人陈某某又签订一份《关于青山广播电视网络维护协议》。后来国有企业改制，青山广播站归属于广电巴州公司。青山广播站拖欠李某某的工资 5000 余元，广播站合并后，李某某遂将广电巴州公司列为被告。广电巴州公司认为，他们是资产重组，不是企业合并，不对青山广播站与李某某的劳务关系及其报酬承担责任。一审法院认为，广电巴州公司是在巴州区广播站的资产及业务的基础

---

① 参见赵楠、熊臻：《企业改制重组契税新政解读》，载《注册税务师》2019 年第 4 期。

② 参见［美］帕特里克·A. 高根：《兼并、收购和公司重组》（第 4 版），顾苏秦、李朝晖译，中国人民大学出版社 2010 年版，第 24 页。

上组建的，应对组建前的广播站的行为承担法律责任。所以广电巴州公司应当对青山广播站与李某某的劳务关系及其报酬承担责任。二审法院进一步确认一审法院的判决，并责令被告人尽快支付李某某的劳动报酬。[①] 本案是典型的企业重组后合并企业承受债务的问题，广电巴州公司应当概括继承原广播站的债权债务关系以及相关的劳动关系，广播站拖欠李某某的工资应当由广电巴州公司支付。本案没有经政府有关部门责令支付，也没有进入刑事追诉程序，而是以劳动争议的事由由李某某向人民法院提起诉讼。但是从人民法院的判决结果看，广电巴州公司是原广播站债务的合适的继受人，如果李某某向劳动监察部门投诉请求支付原广播站及其法定代表人拖欠的劳动报酬的，劳动监察部门仍然可以以原广播站及其法定代表人为责令对象，同时标注重组情况，向重组后的企业发送责令通知书。广电巴州公司虽然是整合多种资源成立的独立公司，但是该公司整合了原青山广播站的资产，所以至少应该在青山广播站所拥有的资产的范围内承担支付劳动报酬以及（可能的）罚金的义务。

三、相对人隐匿下程序性要素效力的判别

相对人隐匿在司法实践中通常表现为两种情形：一种是在启动主体为有效通知之前，相对人就已经隐匿行踪的；另一种是启动主体为有效通知之后，相对人隐匿行踪以逃避履行通知义务的。前一种情形中，有效通知以送达相对人为生效要件，在相对人隐匿的场合影响程序性要素效力的认定，是文章此部分研究的对象。后一种情形中，有效通知已经作出，行为人逃避履行义务是程序性要素生效后行为人的后续行为，不影响程序性要素效力的认定，不是文章此部分研究的重点。在程序性要素的生效要件的问题上，笔者在尊重刑法与行政法的相关规定的基础上，以有利于相对人（保障行为人的人权）为基本立场，要求通知原则上以相对人了解时生效，例外情况下以到达相对人的支配领域生效。而这种例外情况在平等主体间的程序性要素中是指

① 案例改编自李某某诉四川省有线广播电视网络股份有限公司巴州分公司劳动争议纠纷再审案，四川省高级人民法院（2015）川民提字第426号民事判决书。

启动主体为社会一般人可能为的通知义务仍无法通知到相对人的情形，在非平等主体间的程序性要素中是指启动主体为公权力主体所能为的通知义务（高于社会一般人）仍无法通知到相对人的情形。所以，在相对人逃匿的场合，如果程序性要素的启动主体是平等的民事主体，启动主体为社会一般人可能为的通知义务仍然无法通知到相对人，然后采取留置送达、委托送达、公告送达等方式主张自己的权利的，应当认为启动主体的行为具有启动程序性要素的效果；如果程序性要素的启动主体是非平等的主体（行政机关），启动主体仅为社会一般人可能为的通知义务无法通知到相对人，就采取留置送达、委托送达等间接通知方式的，一般应当否定启动主体的行为具有启动程序性要素的效果。① 并且对于行政主体的间接通知方式，根据《拒不支付劳动报酬解释》第4条的精神，允许行为人就自己未知悉相关通知的内容提出拥有正当理由的反证。

2010年，郭某某与黄某在广东省中山市某镇开设了一家灯具厂。郭某某担任灯具厂的法定代表人，黄某则负责灯厂的日常经营管理活动。2011年，受国际经济形势的影响，该厂所依赖的国际市场陷入萧条，有效订单数量锐减，灯具产品无法有效出货。由于产品无法有效变现，该厂逐渐出现资金链断裂的问题，上游厂家开始催促归还材料欠款，下游工人工资发放也日渐困难。在此困难时期，郭某某与黄某决定先从停发管理人员工资开始缓解资金周转困境，但是资金周转情况一直没有好转，直到同年9月，郭某某与黄某已经没有资金发放工人工资。为了维护灯厂的生存，郭某某与黄某仍然尽力维持灯厂的经营，但是到10月以后，该厂累计欠债总额已经高达150万元（其中拖欠工人的工资有26万余元）。面对如此高额的债务，郭某某与黄某显然已经无力偿还，遂决定出门躲债。10月的最后一天，郭某某和黄某在未支付工人劳动报酬的情况下携带一家6口和仅存的两万元回到老家广东省乳源县某镇。随后二人就更换了联系方式，断绝与工人的联系。工人们发现无法联系上老板后就向中山市人力资源和社会保障局在当地的分局举报灯具厂欠薪、老板“跑路”的违法行为，该分局核实相关情况后，先后两次以在工

① 参见陈莉：《民事诉讼中受送达的义务属性及其制度建构》，载《法律适用》2017年第21期。

厂门口张贴劳动监察指令书的方式责令灯具厂及其法定代表人郭某某支付工人工资。但是经过义务履行期限后，郭某某仍没有支付工人劳动报酬。后来案发，该案被移送司法机关。最终人民法院审理认为，郭某某无视国家法律，以隐匿的方式逃避支付数额较大的劳动报酬，且经政府有关部门责令支付仍不支付，构成拒不支付劳动报酬罪。[①]

人民法院对郭某某逃避支付劳动报酬的行为是否影响程序性要素的效力并没有进行细致分析，在结论上径行认定郭某某“经政府有关部门责令支付仍不支付”。笔者对此持怀疑的观点。高磊博士考察了美国的正当程序原则及其对张贴通知的处理规则，认为张贴通知没有重视正当程序问题，在一定程度上侵犯了行为人的实质权利，属于违宪的通知方式。他认为，张贴通知是一种效力最弱的通知方式，它的使用仅限于行为人逃匿，无法联系上行为人且无法送达他的家庭成员的场合，并且张贴通知往往需要伴随其他的送达方式同时使用。在此基础上，他认为，《拒不支付劳动报酬解释》第 4 条关于张贴通知的合理性值得怀疑。[②] 高磊博士对张贴通知使用的审慎态度，笔者持肯定态度，行政机关作为掌握国家强制力量的主体，在大数据、云计算以及生物技术的辅助下，尽最大努力联系行为人及其同住成年家属并不困难，所以行政机关应当优先以直接通知的方式告知相对人履行义务的内容，张贴通知等间接通知的方式仅限于极少数的情况下使用。但是笔者认为，《拒不支付劳动报酬解释》第 4 条的规定本身没有问题。一方面，它是行政机关执法的最后手段，如果不允许张贴通知，对于一些确实难以找到相对人的场合，将导致程序性要素永远无法生效，不利于保护被害人的利益。另一方面，它已经明确要求只有在无法联系行为人及其同住成年家属的情况下才可以张贴通知，只是实践中这种最后手段被滥用了。所以需要调整的不是司法解释，而是执法机关的认知。本案中郭某某与黄某携带一家 6 口离开居住地回到老家，行政机关是否已经通过其他亲属联系郭某某，或者联系共同离开的亲属，或者请求公安机关协助查找郭某某的下落等，案件中没有具体交代，但是根

---

① 参见邝羽、李志金、李浩：《拖欠 39 名工人工资女老板拒不支付劳动报酬获刑》，载中国法院网 2012 年 7 月 18 日，https：//www. chinacourt. org/article/detail/2012/07/id/535961. shtml。

② 参见高磊：《论犯罪成立的行政程序性条件》，载《东方法学》2020 年第 3 期。

据郭某某等人仅是隐匿到老家可知，他们仍然是在亲友可知的范围内藏匿行踪，劳动监察部门可能存在其他的直接通知方式。如果是在有可能通过其他直接方式通知郭某某的情况下，劳动监察部门采用张贴通知的方式的，应当认为张贴通知存在重大程序瑕疵，影响了郭某某等人的实体权利。如前所述，行政机关可以通过效力补齐行为补齐瑕疵法律行为的效力，但是重大的程序瑕疵或者影响相对人实体权利的瑕疵法律行为无效，不具有启动程序性要素的效力。

此外，本案中郭某某与黄某因经营不善而没有支付能力不符合不作为犯关于作为能力的要求。拒不支付劳动报酬罪属于典型的不作为犯罪，不作为犯罪的构成以行为人具有作为可能性为前提，如果行为人因为客观原因而履行不能，法律不能强人所难。[①] 但是有学者认为，要求行为人有支付能力在实践中难以证明，而且刑法规定了拒不支付劳动报酬罪两种不同的行为方式，前一种行为方式更能体现行为人的主观恶性。[②] 然而如果因为实践操作困难，就否定相关要件具备的必要性，那么从实务的操作便宜的角度来说，主观定罪是最合适的。而且是转移财产、逃匿还是单纯拒不支付劳动报酬，在与法益侵害相关联的意义上并没有实质性的区别，唯一的区别就是增加了执法机关执法的难度，但是能够因为执法困难而加重处罚行为人吗？行为人无论是采取积极的举动违反义务，还是采取消极的举动违反义务，都是违反支付劳动报酬的命令规范的不作为行为，都要求行为人具备作为可能性。当然，郭某某等隐匿行踪、切断与工人联系的行为已经足以证明其主观上具备“非法占有目的”，符合取得型财产犯罪关于非法占有目的的要求。[③]

综上所述，相对人隐匿的场合，启动主体采用间接通知的方式催告或者责令相对人履行义务的，如果启动主体已经采用了社会一般人或者行政主体所可能采取的直接通知的方式，仍然联系不到相对人，应当承认启动主体的

① 参见张锋学：《拒不支付劳动报酬罪的司法检视与完善路径》，载《河北法学》2015 年第 11 期；赵跃、廖天虎：《拒不支付劳动报酬罪的司法认定难点》，载《人民论坛》2016 年第 5 期。

② 参见王蓓、刘淼：《法律大数据视角下的拒不支付劳动报酬罪研究》，载《中国刑事法杂志》2017 年第 2 期。

③ 参见杨晓培：《财产犯罪中非法占有目的之必要》，载《江西社会科学》2015 年第 12 期。

间接通知行为具有启动程序性要素的效果，反之，则否定启动主体的行为具有启动程序性要素的效果。

四、相对人替代下程序性要素效力的分辨

相对人替代的两种情形对程序性要素效力的影响并不相同，其中第二种情形中程序性要素效力的认定较为简单。民法中的债务可以分为一身专属债务和非一身专属债务，对于专属债务，由于具有很强的人身依附性，在没有获得债权人同意的情况下，第三人代为履行的，不发生清偿债务的效果。[①]例如邀请歌唱家演出的，债权人支付相关报酬后，歌唱家不得让他人代自己履行演唱义务。此时第三人代为履行的行为不具有法律上的效果，相对人没有受领通知，在不知情的情况下可以阻却程序性要素的生效。相反，如果是相对人授权第三人代为履行义务的，则可以认为相对人已经知悉通知的相关内容，程序性要素发生效力。对于非专属债务，尤其是支付法定货币即可清偿的债务，应当承认第三人代为履行的效果，不管相对人同意与否，除非当事人在合同中明确约定不得由他人代为履行。[②] 第三人代为清偿且债权人受领的，原债权债务关系归于消灭，第三人成为代位债权人。启动主体的通知在第三人代为清偿后不再具有意义。一方面，如果第三人的代为清偿是经过相对人的授权的，程序性要素生效，但是第三人履行义务就是相对人履行义务，程序性要素的生效不再具有刑法上的意义。另一方面，如果第三人的代为清偿没有经过相对人的授权，虽然从相对人的角度来说，启动主体没有尽职启动程序性要素，但是此时由于程序性要素启动的基础法律关系已经归于消灭，程序性要素是否有效也不具有刑法上的意义。例如，发卡行向持卡人的家属催收欠款，家属在未告知持卡人相关情况的前提下代为支付欠款，并且在事后也一直没有告知持卡人相关情况。根据笔者的观点，如果发卡行可以通过电话、短信等方式直接联系上相对人的，应当优先直接通知相对人，

① 参见施建辉：《第三人代为清偿研究——兼论预备债务抵销抗辩》，载《法学评论》2007 年第 6 期。

② 参见程宏：《第三人单方自愿履行的法律后果——从个案角度分析第三人代为清偿与相关制度的区别》，载《广西大学学报（哲学社会科学版）》2007 年第 4 期。

但是发卡行直接通知其同住家属的，存在程序性上的重大瑕疵，可以认为该程序性要素尚未生效，但是由于其同住家属已经代为履行支付欠款的义务，催收行为是否有效已经不再具有意义，恶意透支信用卡的行为随着民事债权债务关系的消灭已经不会进入刑事审判领域。所以第三人代为清偿债务使程序性要素效力的判断丧失意义。行政法律关系中相对人的义务也是如此，可以进行专属义务与非专属义务的区分，非专属性的义务可以由第三方主体代为履行。[①] 它的程序性要素的启动效果与平等主体间的程序性要素的启动效果相同。

程序性要素启动效果的认定则较为复杂。程序性要素相对人被替代的情形在恶意透支型信用卡诈骗罪中表现尤为明显，文章此部分围绕该罪展开。通常情况下，持卡人是在银行办理信用卡时填写的相关合同中的相对方，但是实践中存在众多的将信用卡出借他人的情况，在他人恶意透支信用卡的场合，关于程序性要素的效力认定，笔者认为，可以区分以下情形讨论：第一，如果名义持卡人放任实际使用人恶意透支或者与实际使用人恶意串通的，那么名义持卡人与实际持卡人就构成共同犯罪（共犯关系的具体认定，第五章展开），发卡银行向名义持卡人发出通知的行为可以启动程序性要素。第二，如果名义持卡人对实际使用人恶意透支行为不知情的，名义持卡人是不是适格的催收相对人？该问题的实质是实际使用人是不是持卡人，因为在名义持卡人不知情的场合即便肯定了其适格相对人地位，对其催收行为的效力也会因为其缺乏主观上的恶意透支故意而发生效力认定意义的丧失。一种观点认为，持卡人仅限于以自己的身份认领信用卡的人，将实际使用人认定为持卡人是类推解释。因为在民事合同的意义上，持卡人的相对人地位是固定的，银行主张债权的主体具有相对性或者特定性。[②] 另一种观点认为，持卡人包括实际使用人，将实际使用人认定为持卡人符合持卡人的语义理解，符合罪责自负的基本原则，具有司法实务上的可操作性。[③] 采取第一种观点的结论

---

① 参见杜国强：《第三人代履行：制度适用与主体确定》，载《河北法学》2018 年第 4 期。

② 参见张明楷：《论信用卡诈骗罪中的持卡人》，载《政治与法律》2018 年第 1 期。

③ 参见谢财能：《登记持卡人与实际用卡人不一致时信用卡诈骗犯罪主体如何认定》，载《人民检察》2011 年第 13 期。

是，名义持卡人不构成犯罪，实际使用人构成冒用他人信用卡型信用卡诈骗罪，没有程序性要素启动的空间。采取第二种观点的结论是，名义持卡人不构成犯罪，实际使用人构成恶意透支型信用卡诈骗罪，实际使用人是适格的相对人，向名义持卡人催收欠款的行为无法启动程序性要素。第三，实际使用人辩称透支信用卡是借用名义持卡人钱款行为，后银行向名义持卡人发出催收欠款的通知的。之所以将此种类型单独提出，是因为此类犯罪一旦案发，实际使用人往往会以借用名义持卡人钱款这种看似合法的民事法律关系进行辩护，以掩盖自己的犯罪目的。但是这一类型案件的处理还是主要根据名义持卡人主观上是否具有认识来进行，即如果名义持卡人对实际使用人的恶意透支有认识，则为共同犯罪，向名义持卡人催收欠款的行为可以启动程序性要素，反之，催收行为不具有启动程序性要素的效果。

2011 年 6 月，供职于中国农业银行永州市某支行信用卡工作部的卿某与卿某仲、肖某、肖某胜等 10 人签订借款合同，使用他们的身份证办理信用卡供自己所用，并书面承诺所有的债务由自己承担。后来卿某恶意透支 43 万余元，一直没有归还。发卡行就向卿某仲等名义持卡人催收欠款，但是名义持卡人告知银行实际使用人为卿某，后来发卡行又联系上卿某并催收其还款。但是一直有 33 万余元未能及时还款。后案发。一审法院认为卿某的行为构成恶意透支型信用卡诈骗罪，二审法院维持一审法院的判决，并对卿某的“是借他们的钱”的上诉理由进行了回应。二审法院认为卿某曾经从事信用卡相关工作，熟悉信用卡相关管理规定，明知自己没有还款能力还恶意透支数额巨大的钱款，经发卡行多次催收仍不归还，符合恶意透支型信用卡诈骗罪的相关规定。根据上诉人的供述及相关证据，卿某的透支行为与卿某仲等人无关，对上诉人的上诉理由不予采纳。① 二审法院默认了实际使用人的持卡人地位，但是如果是恶意透支型信用卡诈骗罪，那么发卡行和持卡人应当遵守发卡合同的约束，发卡行只能向作为合同相对方的名义持卡人发出催收欠款的通知，而不能向实际使用人发出催收通知。相反，如果认可发卡行向实际

① 参见卿某信用卡诈骗案，湖南省永州市中级人民法院（2015）永中法刑二终字第169号刑事裁定书。

使用人催收的效力，那么发卡行实际上处于被他人冒用信用卡进而造成财产损失的地位，也就是说，发卡行不是因为实际使用人的“恶意透支”可以向其发出催收通知，而是因为其“冒用信用卡”得以向其发出通知。所以，本案中卿某的行为不是符合《刑法》第 196 条第 1 款第 4 项规定的情形，而是符合第 3 项规定的情形。发卡行向相对人催收的行为没有意义，不具有启动程序性要素的效果。

第五章

程序性要素与基础理论的调适统一

程序性要素的司法适用涉及方方面面，从具体要件的认定到行为性质的判定，再到与法学基础理论的协调，都是司法适用所要解决的问题。区别于微观层面和介观层面的效力认定与性质判定，本章拟从宏大叙事层面，探讨程序性要素与法学基础理论、基本原则的关系。具体包括：第一，程序性要素与责任主义原则的关系。程序性要素在某些情况下会与责任主义原则产生冲突，如行为人因为逃匿而不知晓行为人以外主体实施的责令、命令、请求等行为，此时直接肯定程序性要素的效力，并据此追究行为人的刑事责任，是否有违责任主义原则的要求，存在讨论的空间。第二，积极的程序性要素与双重违法性的关系。程序性要素的设置为民事违法、行政违法与刑事违法的整合提出制度安排上的要求。虽然刑法的保障法地位决定了，无论是在自然犯还是在法定犯中，犯罪的判断都需要解决双重违法性的问题，[①] 但是程序性要素使双重违法性的判断贯彻到具体要件及与相关要件关系的判断中，成为包含程序性要素的犯罪必须直面的问题。第三，惩罚型程序性要素与一事不再罚原则的关系。惩罚型程序性要素以行政处罚作为实体内容，面临着公法领域的“一事不再罚”原则的拷问。如果行政机关对相对人的违法行为作出行政处罚的具体行政行为，行政处罚既作为行政法上的违法后果，又作为刑法上的程序性要素，对于入罪后的违法行为来说，行政机关和司法机关无疑进行了两次评价。[②]

① 参见孙靖珈：《侵犯公民个人信息罪的犯罪属性及对刑罚边界的影响》，载《海南大学学报（人文社会科学版）》2019 年第 6 期。

② 参见练育强：《行刑衔接视野下的一事不再罚原则反思》，载《政治与法律》2017 年第 3 期。

第一节　程序性要素与责任主义的调和

程序性要素的核心内容是行为人以外主体实施的责令、命令、请求等行为，由于程序性要素的启动主体是行为人以外主体，所以就有可能出现行为人不知晓启动主体实施的行为，继而以自己消极的不作为符合程序性要素及行为人后续行为的规定，然后构成犯罪的情况。但是此时行为人毕竟不知道程序性要素的存在，能否直接认定程序性要素生效还值得商榷。而且，如前所述，程序性要素的体系定位以及程序性要素的生效要件中均有学者担心程序性要素会与责任主义原则产生冲突。所以，有必要就程序性要素与责任主义原则的调和作出单独论述。

一、程序性要素与责任主义的冲突

程序性要素与责任主义原则的关联，主要是行为人对程序性要素是否需要具有现实的认识。对此，学界在论述程序性要素的体系定位时已经有所关注。持客观处罚条件说的学者认为，程序性要素以及行为人的后续行为既不是不法要素，也不是责任要素，而是不法要素与责任要素之外的影响刑罚发动的要素。责任要素是相对于不法要素而言的，要求行为人对为违法性提供根据的事实具有“责任”，所以程序性要素以及行为人的后续行为不需要行为人具有现实的认识。持构成要件要素说（违法要素说）的学者则认为程序性要素是为违法性提供根据的内容，行为人应当具有现实的认识。[①] 由此可见，对程序性要素的体系定位持不同观点的学者对程序性要素与责任主义原则的关系会有不同的理解。

在实践中，程序性要素与责任主义原则通常不会发生冲突，一般情况下，行为人以外主体的责令、命令、请求等都会现实地到达行为人。例如，在拒不支付劳动报酬的场合，政府有关部门通常会穷尽各种方式与行为人取得联

① 参见杜宇：《程序性犯罪构成要素的性质》，载《中国法学》2022 年第 5 期。

系，希望在行政法律关系层面即解决问题；在恶意透支型信用卡诈骗的场合，发卡银行也会通过短信、电话甚至上门催收等方式与行为人加强沟通，希望在民事法律关系层面即挽回损失。从化解矛盾、挽回损失的角度看，政府部门或者被害人通常都希望尽早解决矛盾、挽回损失，所以都希望能够与行为人建立最直接的联系与沟通。那么，在取得直接联系的情况下，行为人就会对行为人以外主体实施的责令、命令、请求等行为具有现实的认识，符合责任主义的期待。但是，在某些情况下，如行为人逃匿的场合，行为人可能对行为人以外主体实施的责令、命令、请求等不具有现实的认识，此时就会面临责任主义原则的诘问。以下通过两例一探究竟。

在汪某某拒不支付劳动报酬案中，[①] 被告人汪某某于2018年下半年前往陕西省汉中市留坝县××镇××基地，并于同年10月29日成立了留坝县兴朝源农业开发有限公司，担任该公司法定代表人。该公司注册地位于陕西省汉中市留坝县××镇××村××组，主要经营范围涵盖食用菌的种植、加工及销售。2019年8月至2020年6月，留坝县兴朝源农业开发有限公司相继承担了留坝县××镇××村、桥沟村、辛家坝村、乱石窖村及二郎庙村的香菇大棚建设工程。在此期间，孙某某负责为汪某某联系并组织工人，包括雷某某、闫某某、祝某某、杨某甲、唐某某、疗某某、熊某某、王某某、刘某某等，他们分别从事电焊工和小工等工作；而杨某乙、赵某某则在公司从事袋装香菇的生产。然而，在施工过程中，孙某某、唐某某等多名工人多次向汪某某讨要工资，却屡遭其以“镇上未签字、资金紧张、日后有钱再付”等理由推脱。

2020年5月，公司经营不善导致资金链断裂，汪某某采取了关闭手机、藏匿外地的方式逃避支付劳动者的劳动报酬。尽管留坝县人力资源和社会保障局通过电话通知、在马道镇人民政府及多个村庄张贴公告等方式，要求其及时支付拖欠的工资并接受调查处理，但汪某某作为公司法定代表人始终未出面解决问题。2021年4月6日，留坝县人力资源和社会保障局发出了《劳

① 参见汪某某拒不支付劳动报酬案，陕西省留坝县人民法院（2021）陕0729刑初20号刑事判决书。

动保障限期整改指令书》，责令留坝县兴朝源农业开发有限公司在接到指令书之日起10日内足额支付拖欠的雷某某、祝某某等13名劳动者工资共计156958元，并需要提交支付凭证及改正情况的书面报告。同年4月10日，该指令书通过《人民日报》公告送达，但汪某某仍未出面解决工人工资问题。据统计，留坝县兴朝源农业开发有限公司拖欠孙某某、雷某某、闫某某、祝某某等12名工人工资合计127163.8元。在审查起诉期间，汪某某筹集了89045.6元，已由侦查机关发还给雷某某、杨某甲、闫某某等11名劳动者。截至审判阶段，被告人汪某某仍拖欠雷某某工资1678.4元、孙某某工资36439.8元。

被告人汪某某到案以后，对指控的罪名没有异议，也表示认罪认罚，但是辩解称“没有钱支付劳动报酬，工程款由马道镇政府接手，以为马道镇政府会支付工资，因为要钱的电话太多就把电话关机，不知道留坝县人力资源和社会保障局和民工找”，希望能够从轻处理。虽然被告人汪某某对指控的罪名没有异议，但是从其表述中可以看出他仍然认为自己不知道“政府有关部门责令支付”的事实可以成为从轻处罚的理由。申言之，他没办法像法学专业人士一般表明自己对程序性要素没有认识，可以作为不构成犯罪的抗辩事由或者从轻处罚的辩护事由，但是他通过朴素的表述表明自己没有认识到政府的命令应当与那些认识到政府的命令还不支付劳动报酬的情形作区别对待。

在周某某、蒋某某消防责任事故案中，[①] 自2009年3月1日起，位于湖南省长沙市雨花区的物业由长沙广居物业管理有限公司（以下简称广居物业公司）负责管理。该公司的法定代表人为被告人周某某，而自2018年3月起，被告人蒋某某担任该公司驻景江雅苑小区的物业主任。2019年6月19日，长沙市公安局雨花分局黎托派出所对景江雅苑小区进行了日常的消防监督检查，发现该小区存在多项消防安全违法行为，包括未组织消防安全教育培训，常闭式防火门常开，单位室内消火栓、灭火器、疏散指示标志和应急

① 参见周某某、蒋某某消防责任事故案，湖南省长沙市雨花区人民法院（2020）湘0111刑初311号刑事判决书。

照明未保持完好有效等。为此，派出所出具了《责令改正通知书》，由被告人蒋某某签收。然而，尽管被告人蒋某某向被告人周某某反映了这一情况，但二被告人均未采取有效措施进行改正。2019 年 12 月 23 日凌晨 2 时 44 分，景江雅苑小区 2 栋 1 单元 5 楼至 6 楼的电缆井因穿刺线夹分支线路连接处发生故障而引发火灾。由于电缆井内强电桥架内的电缆为非阻燃电缆，且电缆井内竖向封堵不严、未上锁，并堆放有可燃易燃的杂物，火势在短时间内迅速蔓延。起火后，非阻燃电缆、弱电线路、电缆井内杂物等大面积燃烧，产生了高温有毒烟气。部分楼层的电缆井竖向封堵不严，电缆井防火门密封不严，使大量高温有毒烟气散发至公共区域。由于物业管理不善，大部分常闭式防火门处于强行敞开状态或损坏无法关闭，导致大量高温有毒烟气进入楼梯间，妨碍了逃生。同时，消防水泵无法启动，导致室内消火栓缺水，这不仅耽误了火灾的扑救时间，还增加了扑救的难度。最终，火灾造成 2 人死亡，过火面积约 16 平方米，电缆井内的强电、弱电以及设备被烧毁，相关区域烟熏严重，造成了直接经济损失 535070 元。2020 年 1 月 14 日，被告人周某某、蒋某某在接到公安机关的电话通知后自动投案，并如实供述了上述事实。但值得注意的是，在开庭审理期间，被告人蒋某某否认了在火灾发生前签收过《责令改正通知书》这一事实。

该案中，人民法院认定的前述事实与公安机关指控的事实并不完全一致，长沙市雨花区人民检察院指控，“长沙市雨花区黎托街道广益社区景江雅苑小区物业系由广居物业公司管理，被告人周某某系广居物业公司的法定代表人，被告人蒋某某系广居物业公司驻景江雅苑小区物业主任。雨花分局黎托派出所分别于 2019 年 6 月 19 日、2019 年 12 月 12 日两次对景江雅苑小区进行了日常消防监督检查，就该小区的消防安全违法行为出具《责令改正通知书》，但两被告人未改正”。两个机关的分歧在于雨花分局黎托派出所是否于 2019 年 12 月 12 日对被告人周某某、蒋某某发出过《责令改正通知书》，周某某、蒋某某是否知晓《责令改正通知书》。该案公诉机关虽然提交了 2019 年 12 月 12 日的《责令改正通知书》，但是该通知书有多处涂改，被告人蒋某某及其辩护人遂主张该通知书系事后补签，乃非法证据，应当予以排除。公诉机关后来提供了情况说明，但是审判机关发现公安机关出具的情况说明中说明的检查人员与监督检查记录、《责令改正通知书》等书证上记录的检查人员存在明显矛盾，公诉机关未能作出合理解释，遂将该通知书作为非法证据排除。这里需要注意，虽然被告人蒋某某及其辩护人是通过非法证据排除规则来否定“经消防监督机构通知采取改正措施”要件的成立，但是他们多次提到通知书系雨花分局黎托派出所事后要求补签，说明在拒绝采取整改措施之前，他们根本不知道该程序性要素的存在，该程序性要素不能作为证立行为构成犯罪的要素。换个角度说，如果被告人知道该程序性要素存在，即便不存在有效的《责令改正通知书》，公诉机关也可以通过提取执法记录仪、周边监控录像、查询出勤记录等方式来证明曾经作出过整改通知，但是如果没有证据证明被告人确实知晓该程序性要素，对被告人科处刑罚，也会存在困难。此外，对于2019年6月19日的《责令改正通知书》，被告人蒋某某及其辩护人也尝试通过非法证据排除规则进行排除。但是，一方面，该通知书要素齐备、流程合法；另一方面，被告人周某某和蒋某某在之前的供述中对于签收通知书的事实均供认不讳。所以，审判机关最终认可该次通知书的效力，也因此认定被告人周某某、蒋某某的行为构成消防责任事故罪。

概括来说，实践中行为人有时候可能对程序性要素缺乏现实的认识，那么此时据程序性要素追究行为人的刑事责任是否违反责任主义原则的要求？在行为人逃避拒绝接受行为人以外主体的责令、命令、请求等的场合，行为人以外主体是否还有可能启动程序性要素以追究行为人的刑事责任？如果行为人以外主体还有可能启动程序性要素，那么需要做到什么程度才能够符合责任主义原则的期待？

二、责任主义的基本要求

责任主义，不同于作为犯罪法律后果的刑事责任，是指对符合构成要件的不法行为的非难可能性。责任主义是刑法的一个核心原则，它要求在追究刑事责任时必须考虑行为人的主观状态，即行为人在实施行为时是否有故意或者过失的心态。责任主义确保了刑事处罚的正当性和合理性，防止国家权力的滥用，保障了个人的自由与权利。具体来说：第一，责任主义是实现刑法人权保障机能的必然要求。“在尊严的法律实践中，焦点更在于给国家和它的代表的行动定好界限，而不是个体代理者能够做什么……把重点放在给国家的行为设立界限，既可以理解，也能在历史上找到依据。纳粹帝国的祸端发生在一个把私人所有的利益屈从于国家的集体目的这样的法律框架之下。它的遗产是，我们应该极度敏感于那种危险，允许国家在它的目的和那些个人公民的利益之间进行衡量，即使这些目的没有纳粹主义那么恐怖。从这个角度讲，国家压倒一切的权力只有在它的实践被绝对限制和禁令所约束的时候，操作起来才是安全的。”① 国家公权力与公民私利益之间存在天然的冲突。一方面，公民私利益依赖于国家公权力的保护；另一方面，公民私利益又极易受国家公权力的侵害。所以，在利用国家公权力保护公民私利益的时候，必须为公权力戴上“枷锁”，让公权力“戴着镣铐跳舞”。具体到刑法当中，国家不应当不加区分地以刑罚惩罚任何侵害法益的行为，因为有些行为造成法益侵害结果是在故意或者过失的心态支配下进行的，尽管此时行为人可能需要通过赔偿损失来弥补被害人遭受的损失，但是毕竟行为人本身并不想追求这种结果的发生，所以只能有条件地追究行为人部分的刑事责任。而这里的有条件，就要求行为人是“有责”地实施不法行为。于是国家就只能对“有责”地实施的不法行为追究刑事责任，尊重了人的主体地位。第二，责任主义是实现刑罚目的的基本要求。理论界曾经就刑罚的目的是什么，产生过报应刑论和目的刑论的争论。但是随着研究的深入，学界基本认为应当区别理解刑罚的正当化根据和刑罚的目的，并将刑罚的目的理解为预防犯罪，包括特殊预防和一般预防。② 就特殊预防而言，刑事古典学派认为，人都是理性的，人实施犯罪是进行利弊衡量后的“理性选择”，对行为人追究刑事责任，也是对其理性主体地位的尊重。相应的，也正是因为行为人是“理性”的，通过刑罚的痛苦和教育才能够使行为人进行新的理性判断，并最终回归到法治的轨道上来。换句话说，如果人不是理性的，通过刑罚的方式根本无法实现特殊预防的目的。出于对人的理性的尊重和反映，在判断行为人的行为是否构成犯罪时，就需要贯彻责任主义的要求，以彰显行为人的“理

① ［英］迈克尔·罗森：《尊严：历史和意义》，石可译，法律出版社2015年版，第91页。

② 参见《刑法学》编写组：《刑法学》（上册·总论）（第2版），高等教育出版社2023年版，第301～302页。

性”。就一般预防而言，一般预防的实现途径既包括刑事立法，也包括刑事司法，立法通过合理地设置罪名、配置法定刑，司法通过对具体犯罪人准确定罪量刑，让一般人不敢、不愿犯罪。当然，一般人能够根据立法、司法的安排作出不实施犯罪的选择，还是暗含着对一般人“理性”的肯定。所以，同样，无论是在罪名的设定、法定刑的配置方面，还是在罪名的适用、刑罚的裁量方面，都应当体现责任主义的要求。在双向奔赴中，责任主义也就是实现刑罚目的的基本要求。

在贯彻责任主义原则的过程中，需要注意以下几点：第一，在对行为人定罪量刑时，要关注主观要件的充足。刑法分则所规定的罪名，一定是在行为人的主观罪过支配下实施的。行为人必须有意识地实施其行为，并且对结果的发生至少有预见的可能性。如果行为人没有意识到其行为可能导致非法结果，或者没有能够合理预见到这种结果，那么可能不会被追究刑事责任。主观罪过在刑法中是有严重程度的划分的，一般来说，可以分为故意犯罪和过失犯罪，故意犯罪又分为直接故意犯罪和间接故意犯罪，过失犯罪可以细分为过于自信的过失犯罪和疏忽大意的过失犯罪，严重程度不断降低。但是，近年来，随着法定犯的不断发展，犯罪故意与犯罪过失被不断解构，复合罪过、混合罪过不断被提出，甚至行为要素与结果要素都有可能在不同的罪过形式支配下出现。① 此时如何贯彻责任主义原则的要求？或许在尽可能区分故意与过失的前提下，坚守住罪过与无罪过（意外事件、不可抗力等）的界限是比较恰当的选择。而这种坚守，最低限度的要求是行为人对自己实施的违法行为及其结果至少要具有认识的可能性。因为如果行为人没有认识到自己行为违法的可能性，此时却要求行为人承担刑事责任，行为人就会陷入一种不知自己的行为何时就违法的困惑境地，继而影响行为人的自由的实现。第二，在判断行为是否构成犯罪时，要关注责任能力的判断。所谓责任能力，实际上就是行为人认识自己行为社会意义乃至刑法意义，并控制自己行为（决定实施或者不实施）的能力。虽然在通常情况下，达到一定刑事责任年龄的人就具有相应的刑事责任能力，但是精神疾病或者其他障碍也可能会影

① 参见陈银珠：《法定犯时代传统罪过理论的突破》，载《中外法学》2017 年第 4 期。

响一个人的责任能力，从而影响他的刑事责任。第三，在对行为人定罪时，还需要考虑期待行为人实施适法行为的可能性，即是否具有期待可能性。因为即使行为人具有故意或者过失，如果在当时的情景下要求行为人不实施该行为是不合理的，那么行为人也可能被免除责任。第四，在对行为人裁量刑罚时，要注意比例原则的运用。比例原则大致上具有三个子原则：适当性、必要性和均衡性。适当性要求对行为人所施加的刑罚确实有助于遏制犯罪行为，确实能够起到教育感化行为人的作用，如果刑罚不利于打击犯罪，那么刑罚就是没有意义的；必要性要求在可选择的数个刑罚手段中，要选择对行为人造成的损害最小的手段，因为在手段能够满足遏制犯罪需求的前提下，最小损害外的损害实际上是过剩的，是对行为人的额外的剥夺；均衡性要求刑罚对行为人所造成的损害与所保护的利益之间达成大致平衡。

三、程序性要素与责任主义的协调

如前所述，程序性要素与责任主义原则的冲突主要表现为，在行为人不知晓其他主体的施加于自己的行为，但认可该行为的效力的场合下，程序性要素成立（生效）并据此追究行为人的刑事责任，是否违反责任主义原则的要求。实际上相关的规范性文件已经注意到这个问题，并且给出了一定的解答。例如，《拒不支付劳动报酬解释》第 4 条第 1 款规定，“经人力资源社会保障部门或者政府其他有关部门依法以限期整改指令书、行政处理决定书等文书责令支付劳动者的劳动报酬后，在指定的期限内仍不支付的，应当认定为刑法第二百七十六条之一第一款规定的‘经政府有关部门责令支付仍不支付’，但有证据证明行为人有正当理由未知悉责令支付或者未及时支付劳动报酬的除外”。第 2 款规定，行为人逃匿，无法将责令支付文书送交其本人、同住成年家属或者所在单位负责收件的人的，如果有关部门已通过在行为人的住所地、生产经营场所等地张贴责令支付文书等方式责令支付，并采用拍照、录像等方式记录的，应当视为经政府有关部门责令支付。一方面，第 2 款对文书送达的方式进行了扩张解释，允许一些行为人不会现实知晓文书送达情况及文书具体内容的送达方式的运用；另一方面，第 1 款又为行为人有正当理由未知悉责令支付命令的情形保留了出罪空间。实际上，《拒不支付劳动报酬解释》第4条是主张，对于行为人不知晓其他主体的作用于自己的行为，是否有效以及是否违反责任主义，应当根据行为人是否系故意逃匿进行区分，如果行为人系逃匿，程序性要素就有效，并且不违反责任主义；如果行为人不是逃匿，程序性要素就无效，并且违反责任主义。换句话说，对于行为人逃匿等情形下不知晓文书送达情况的“事实”法律是不予以认可的，但是对于行为人诸如外出筹钱或者遭遇意外等适法情形下不知晓文书送达情况的“事实”法律是予以认可的。但是，这两种情况下，行为人不知晓文书送达情况这个事实是一致的，只是不知晓的原因不同而已，为什么在责任主义原则的适用方面存在差异？类似的规定还有《信用卡犯罪解释》第7条第1款、第2款，“催收同时符合下列条件的，应当认定为本解释第六条规定的‘有效催收’：……（二）催收应当采用能够确认持卡人收悉的方式，但持卡人故意逃避催收的除外……对于是否属于有效催收，应当根据发卡银行提供的电话录音、信息送达记录、信函送达回执、电子邮件送达记录、持卡人或者其家属签字以及其他催收原始证据材料作出判断”。他们都根据行为人是否故意逃避、隐匿的情形进行分别认定。

笔者认为，相关规范性文件通过区分行为人主观状态区别认定程序性要素效力的做法有其合理性，但有些内容还需要结合程序性要素的类型进行细化论证。

首先，如果行为人积极实施了程序性要素的后续行为或者履行了相应的义务，就不会存在程序性要素与责任主义的协调问题。因为，此时不管行为人是否认识到行为人以外主体的责令、命令、请求等行为，行为人都通过自己的后续行为阻却了行为构成犯罪的可能。例如，在不支付劳动报酬的场合，行为人先前不支付数额较大的劳动报酬，政府有关部门责令行为人支付，但是行为人不知道，在司法机关立案或者采取强制措施之前，行为人积极支付劳动报酬的，因为行为人积极履行了自己的义务，行为已经无法构成犯罪，就没有讨论是否违反责任主义原则的必要。又如，在不履行信息网络安全管理义务的场合，行为人开始没有履行信息网络安全管理义务，但是经监管部门责令改正，行为人认识到错误并积极履行义务，那么行为人的行为也不可能构成犯罪，也没有讨论是否违反责任主义原则的必要。由此可以看出，责任主义原则主要是在证立某个行为构成犯罪或者加重对某个犯罪的处罚时，才需要被特别关注。当正向肯定行为的犯罪性或者加重行为的可罚性的要素符合责任主义原则时，该要素才能够发挥作用。

其次，消极的程序性要素不存在与责任主义的协调问题。《刑法》第 201 条第 4 款规定，“有第一款行为，经税务机关依法下达追缴通知后，补缴应纳税款，缴纳滞纳金，已受行政处罚的，不予追究刑事责任；但是，五年内因逃避缴纳税款受过刑事处罚或者被税务机关给予二次以上行政处罚的除外”。行为人要想根据本款规定免除处罚，就需要按照税务机关的要求，积极补缴应纳税款，缴纳滞纳金，并接受相应行政处罚。此时行为人一定知道税务机关的处理决定，不会出现行为人不知晓行为人以外主体的责令、命令、请求的情况，然后行为人以自己的不作为就满足程序性要素及行为人后续行为的情况，没有讨论是否违反责任主义原则的必要。换句话说，在行为人逃税的场合，如果行为人逃匿，税务机关无法有效通知到行为人，司法机关可以直接根据《刑法》第 201 条前 3 款的规定对行为人定罪量刑，没有必要再适用第 4 款的规定，并讨论是否违反责任主义原则的要求。

再次，影响量刑的程序性要素存在与责任主义的协调问题，并且应当区分行为人是否系因逃匿而不知程序性要素以分别认定程序性要素的效力。以《邪教犯罪解释》第 8 条的规定为例，邪教组织被取缔后，或者被认定为邪教组织后，仍然聚集滋事，公开进行邪教活动的，从重处罚。如果政府有关部门通过公告的方式认定了相关组织为邪教组织，但是行为人确实没有现实地知晓行政机关的处理决定，而后仍然聚众滋事，公开进行邪教活动的，此时能否直接据此对行为人从重处罚？笔者认为，如果在行为人确实不知晓政府部门的处理决定情形下，就对行为人加重处罚，确实可能会让部分人难以接受，但是我们都知道并且广泛认同，“不知法不免责”，政府部门通过公告的方式进行送达，实际上推定行为人可以知道（行为人具有认识的现实可能性），行为人却因为自己的“无知”没有认识到政府部门的处理决定，需要为自己的“无知”买单。当然，对于一些例外的情况也应当允许行为人援引作为抗辩事由，例如上级政府部门公示期限内，自己并不知情，并且在从事其后的聚众活动时还向地方政府部门报备过等，此时就不能直接肯定程序性要素的效力，因为无法契合责任主义的要求。整体来看，通常情况下，行为人情况导致行为人不知晓程序性要素存在的，一般不影响程序性要素的效力。只有极其例外的情况才有可能阻却程序性要素的成立。这对责任主义的要求是，行为人某些情况下并不需要“现实”的知晓，只需要具有认识的可能性即可，法律向所有人平等地开放知晓它的机会，行为人自己未能有效知晓法律，需要为此承担不利后果。

复次，事后的程序性要素存在与责任主义的协调问题，并且应当区别认定行为人不知晓情形下程序性要素的效力。以拒不支付劳动报酬罪为例，行为人不支付数额较大的劳动报酬的行为，已经具备可罚的违法性，“经政府有关部门责令支付”以及行为人“仍不支付”的行为只是影响刑罚发动的客观处罚条件。而对于客观处罚条件是否需要行为人具有现实的认识，德日的主流观点以及国内学界普遍承认客观处罚条件不是故意的认识内容，也就不需要行为人具有现实的认识。① 当然，也有一些观点认为客观处罚条件应当被还原为构成要件，继而成为故意的认识内容。但是，并不是所有的客观处罚条件都能被还原为违法要素。于是就有学者主张根据客观处罚条件是否影响违法性来决定是否需要行为人具有现实的认识。“如果客观处罚条件存在于构成要件行为时，则是故意的认识对象；如若客观处罚条件存在于构成要件行为之后，且不是构成要件结果时，则不是故意的认识对象。”② 具体到事后的程序性要素以及行为人的后续行为，显然这些要素并不存在于构成要件行为时，也不是构成要件结果，不为行为的违法性提供根据，所以不需要行为人具有现实的认识。此外，还有学者认为，客观处罚条件可以分为外在的客观处罚条件和内在的客观处罚条件，外在的客观处罚条件属于纯粹的刑事政策要求，内在的客观处罚条件则处在实行行为的延长线上。③ 按照该论者的观点，程序性要素就属于内在的程序性要素。对于内在的程序性要素需要

① 参见张明楷：《刑法分则的解释原理》（上）（第2版），中国人民大学出版社2011年版，第473页。

② 张明楷：《骗取贷款罪的构造》，载《清华法学》2019年第5期。

③ 参见武亚非：《内在客观处罚条件的性质定位与主观认定新进路》，载《中国刑事法杂志》2017年第3期。

行为人的主观与之相对，至少是过失。笔者认为，不管学界对客观处罚条件的认识还存在多大的分歧，有两点基本不存在疑问：第一，程序性要素是客观处罚条件；第二，即便对程序性要素没有现实的认识，也不违反责任主义的要求。因为，如果将程序性要素理解为内在的客观处罚条件，本来就要求行为人存在相应的主观罪过；如果将程序性要素理解为外在的客观处罚条件，程序性要素虽然在为行为提供违法性根据的层面上不要求行为人具有现实的认识，但是毕竟是为行为人提供回归法秩序的机会，如果行为人以外主体没有现实地通知到行为人，行为人没有现实地知晓行为人以外主体的责令、命令、请求等行为，实际上就是在剥夺行为人回归法秩序的机会，但是却要行为人承担不利后果，不符合责任主义原则的要求。或许正是存在这样的担忧，《信用卡犯罪解释》第 7 条对“有效催收”进行了特别详细的规定，从而确保行为人能够最大限度地知晓发卡行的催收行为。

最后，事前的程序性要素实际上不存在与责任主义的协调问题。以扰乱国家机关工作秩序罪为例，行为人多次扰乱国家机关工作秩序，经行政处罚后仍不改正，造成严重后果的，因为“行政处罚后”仍不改正以及严重后果为违法性提供根据，所以行为人必须对行政处罚以及不改正行为具有明确的认知。尽管从理论上来讲，也可能存在某些行为人不知晓行政处罚的情况，但是如果此时行为人不知晓行政处罚，就不能对行为人定罪处罚，因为对于客观的构成要件，行为人必须具有认识，不存在绕过行为人的认识直接对行为人定罪量刑的可能。此外，刑法解释中存在大量推定明知的规定。例如，最高人民法院、最高人民检察院《关于办理组织、强迫、引诱、容留、介绍卖淫刑事案件适用法律若干问题的解释》（法释〔2017〕13 号）第 11 条第 1 款规定，“具有下列情形之一的，应当认定为刑法第三百六十条规定的‘明知’：（一）有证据证明曾到医院或者其他医疗机构就医或者检查，被诊断为患有严重性病的；（二）根据本人的知识和经验，能够知道自己患有严重性病的；（三）通过其他方法能够证明行为人是‘明知’的”，看似可能会将一些行为人没有认识的内容归入到行为人有认识的范围。但是笔者认为，刑法相关解释中有关推定明知的规定，实际上是就证据法或者诉讼法性质的规定，是帮助司法实务人员理解常见情形下行为人的主观认识问题的，而不是意图通过推定的明知代替事实的明知。换句话说，推定的明知以事实的明知为前提，如果行为人没有事实的明知，就应当允许行为人进行反证。所以，事前的程序性要素，只有行为人必须具有现实的明知，才能够作为定罪量刑的依据，或者即便法律或者相关解释允许司法机关推定行为人明知，但是如果行为人确实不知道，也可以进行反证。因而，事前的程序性要素并不会产生真正意义上的与责任主义的冲突问题。

第二节　积极的程序性要素与“双重违法性”的整合

积极的程序性要素是正面促成犯罪成立或者刑罚发动的程序性要素，符合积极的程序性要素以及相关的要件，意味着行为刑法上的违法性的构成。但是程序性要素的设置打通了民事违法、行政违法与刑事违法判断之间的通道，包含程序性要素的犯罪有必要进行双重违法性的检验。尤其需要搞清楚刑事违法是否需要以民事违法和行政违法的判断为前提，民事违法与行政违法的判断结论与刑事违法的判断结论不一致时如何处置。

一、“双重违法性”理论的基本内容

“双重违法性”作为一个专有名词是与行政犯的概念同时出现的。行政犯是相较于自然犯概念而言的，自然犯是以违反伦理道德观念作为其违法性基础或者来源的犯罪，行政犯则是以违反国家的行政管理规定作为其违法性基础或者来源的犯罪。[①] 但是关于行政犯的违法性内容，学界存在行政违法性与刑事违法性的争议。例如有学者认为，行政刑法属于行政法的范畴，设置行政犯罪以保证行政活动的畅通实施为目的，因而行政刑法就不是纯正的刑法而是行政法，所以违反行政刑法的行政犯的违法性的内容是行政违法。还有学者则认为，行政刑法属于刑事法的范畴，行政犯罪虽然以违反行政法规作为前提，但是其犯罪属性仍然需要刑法的确认，所以其违法性的内容是

① 参见张明楷：《行政刑法辨析》，载《中国社会科学》1995 年第 3 期。

刑事违法。在这两种对立观点之上，周佑勇教授和刘艳红教授创造性地提出，行政犯罪具有违反行政法和刑法的“双重违法性”。一方面，行政犯罪具有刑事违法性，罪刑法定原则要求犯罪和刑罚只能由刑法设定，行政犯罪作为犯罪的一种类型，违法性的内容首先应当是对刑法的违反。另一方面，行政犯罪具有行政违法性，它具有不同于自然犯罪（刑事犯罪）的特征，违法性来源于对政府管理活动的违反而不是对人类正直、怜悯感情的违背，因而违法性的内容包括对行政法的违反。[①] 所以，双重违法性首先是指行政犯同时具有行政违法与刑事违法。

然而，双重违法性的概念已经逐渐突破行政犯的限制，扩展到自然犯的范畴。首先，刑法中的行政规范的表达内容丰富，并且已经超出行政犯的范畴。刑法中关于行政规范的表述可以分为肯定式和否定式。肯定式是指以相关行政规范的内容作为犯罪成立判断的参照依据；否定式是指只有行政规范的否定评价才能构成犯罪。其中肯定式可以进一步分为显性的和隐性的，否定式可以进一步分为违反规定式、违反规章式和不符合标准式。[②] 不可否认，相当一部分的行政表述存在于行政犯中，但是现在也有不少此类表述存在于自然犯中。例如，非法持有、私藏枪支、弹药罪，它首先需要“违反枪支管理规定”，还要具备侵犯“公共安全”的危险，而公共安全以不特定多数人的生命健康安全为内容，侵犯公共安全是对人类伦理道德的违反。对这些包含行政规范的自然犯的认定，同样离不开双重违法性的判断。其次，刑法中不少犯罪以曾经受过行政处理作为刑事处罚的前置条件，这些犯罪也超出了行政犯的范围。有学者经过统计发现，至少有 39 个司法解释为具体犯罪的认定增设了行政处罚的前置条件，有 3 个罪名在《刑法》中就规定有行政前置的内容。[③] 同样，这些内容不局限于行政犯，自然犯中也存在。例如，非法种植毒品原植物罪的一种入罪情形“经公安机关处理后又种植的”，毒品犯罪行为被抵制在我国拥有深厚的文化基础和历史记忆，它侵犯的不仅是人们

---

① 参见周佑勇、刘艳红：《行政刑法性质的科学定位（上）——从行政法与刑法的双重视野考察》，载《法学评论》2002 年第 2 期。

② 参见高永明：《刑法中的行政规范：表达、功能及规制》，载《行政法学研究》2017 年第 4 期。

③ 参见段阳伟：《“受过行政处罚入罪”规定之证成》，载《河北法学》2021 年第 1 期。

的生命健康和财产安全，更是觉醒于近代百年屈辱历史的民族感情。① 自然犯中的行政处罚规定，要求我们对这些犯罪的认定必须遵循双重违法性的基本原理。最后，行政犯的自然犯化过程使双重违法性的判断扩张到自然犯的领域。虽然行政犯与自然犯存在违法根基方面的差异，但是随着社会价值观念、伦理观念的转变，以维护集体利益（社会整体福利）作为最高目标的行政事务管理日益关注到作为主体的个人的需求。国家在积极推进法定犯立法的同时，更为强调对行政不法导致的集体受害的关心。② 例如，酒后驾车罪等现代型犯罪在道德上逐渐受到否定评价。③ 对自然犯化后的行政犯仍然需要进行双重违法性的判断。

此外，双重违法性的概念也不再局限于行政违法与刑事违法。虽然行政犯罪因为其行政违法与刑事违法的双重特征而显现，但是刑法所规定之犯罪都具有违反刑法以及前置法的双重属性。犯罪行为是一种违法行为，所以具有违法的本质。但是违法的概念并不局限于刑事违法，还包括民事违法和行政违法。民事违法包括侵权和违约两种类型，其中对侵权行为的损害赔偿，除了补偿金外，还有赔偿金。赔偿金由于具备惩罚并预防民事违法行为的效果，所以也可以作为刑罚的替代手段。从这个意义上来说，民事违法性与刑事违法性之间存在交集，有些犯罪同时面临民事违法与刑事违法的双重检验。④ 例如以虚假婚姻骗取拆迁款的行为，不仅需要考察虚假婚姻民法上的意义，还要考察其刑法上的效果。⑤ 笔者认为，自然犯的违法性在相当程度上是民事违法与刑事违法的统一。之所以行政犯的双重违法性在学界能够引起特别关注，是因为行政犯作为一种现代型犯罪在传统的刑事法律中并不常见，对其违法性的根基进行研究符合时代的需求。但是自然犯是传统刑事法律的主要犯罪类型，并且已经内化为社会文化的内涵，对其违法性的感知已

---

① 参见利子平：《我国毒品犯罪刑事立法的反思——以类型化思维为视角》，载《南昌大学学报（人文社会科学版）》2014 年第 5 期。

② 参见孙万怀：《法定犯拓展与刑法理论取代》，载《政治与法律》2008 年第 12 期。

③ 参见［日］大谷实：《刑法总论讲义》（新版第 2 版），黎宏译，中国人民大学出版社 2008 年版，第 6 页。

④ 参见林山田：《刑法通论》（上册）（增订 10 版），北京大学出版社 2012 年版，第 22 页。

⑤ 参见杨智博：《虚假结离婚骗取拆迁款行为的刑民规制》，载《北方法学》2020 年第 3 期。

经存在于道德教化之中。自然犯所侵犯的法益主要是与个体密切关联的人身或者财产法益，对于侵犯这些法益的行为首先在民法上可以作出侵权的否定评价。例如，在窃取他人财物或者故意毁坏他人财物的场合，行为人的行为首先是民法上的侵权行为，承担损害赔偿的责任。然后行为还需要接受刑法上的犯罪评价，承担刑罚处罚的后果。

综上所述，双重违法性的内涵已经从行政犯的行政违法性与刑事违法性的双重属性泛化为刑事犯罪的刑事违法与民事违法、行政违法的关系。否定意见可能认为双重违法性的概念有其特定内涵，不可作任意的泛化理解，刑事违法与民事违法的关联属于违法多元论、一元论和相对论的争论问题。笔者对此持否定回答，主张对双重违法性的内涵进行泛化理解。首先，双重违法性的概念虽然最先是在与行政犯关联的意义上被重视，但是它的实质内涵是一个犯罪同时具有行政违法性和刑事违法性，强调的是违法性的双重属性。对于其他的具有双重违法性属性的犯罪，当然也可以以“双重违法性”的称呼冠之。而且双重违法性也不能算是有特定内涵之称谓，毕竟刑法理论对具有两个属性的对象都可能冠以“双重……”的称谓，例如有学者还将行政犯的双重违法性称为“双重属性”，双重违法性的概念具有可替代性。[①] 其次，双重违法性从本质上来说是关于刑事犯罪的违法性的判断的结论。也就是说，刑法的保障法地位决定了，刑法只在其他法律无法调整社会关系时才会介入。所以，刑法介入的社会关系一定是其他法律规范无法调整的。从这个意义上来说，具有刑事违法性的行为，一定具有民事违法性或者行政违法性。反过来说，没有行政违法性或者民事违法性的行为，也一定不具有刑事违法性。[②] 当然不可混淆的是，双重违法性的含义，既不意味着前置法律没有明确规定的行为刑法不能直接规定，也不意味着刑事违法性的判断以行政违法性或者民事违法性的判断为前提。再次，违法多元论、一元论和相对论是刑法与民法或者行政法在行为的违法性判断上存在争议时的解决路径或者立场选择。如果采取违法多元论的立场，可能倾向于承认刑事犯罪的单一违法性；如果

---

① 参见黄洪波：《论行政刑法双重属性之否定》，载《法学杂志》2004 年第 6 期。

② 参见田宏杰：《“直接入刑”：如何彰显刑法保障性与谦抑性》，载《检察日报》2019 年 11 月 18 日，第 3 版。

采取违法一元论的立场，则倾向于承认刑事犯罪的双重违法性；如果采取违法相对论的立场，也倾向于承认刑事犯罪的双重违法性。[①] 当然，在进行双重违法性的判断时，如果存在两种违法性属性的矛盾或者冲突，也可能反过来借助多元论、一元论和相对论的观点来检验双重违法性的结论。最后，双重违法性理论实际上掣肘着违法性判断的立场选择，它提醒着纳入刑事审判领域的行为都至少具有刑事违法与行政违法或者是民事违法的条件，提醒着审判工作者警惕刑事违法与行政违法、民事违法判断不一致的情形。如果在双重违法性的判断结论上存在差异，优先选择可以使双重违法性协调的判断立场。

二、积极的程序性要素与“双重违法性”的分歧

与“双重违法性”存在分歧，是任何犯罪都可能面临的问题，但是积极的程序性要素与双重违法性的关联存在特别关注之必要。首先，与“双重违法性”存在分歧，是法定犯经常面对的问题，而程序性要素所涉及之罪名相当一部分属于法定犯。如前所述，在笔者看来，法定犯就是侵犯无法直接还原为个体利益的集体法益的犯罪。根据第一章第一节的梳理，涉及程序性要素的罪名共29个，其中法定犯有15个，占据全部罪名的一半以上。包含程序性要素的量刑情节共3个，有2个分布在法定犯中，占比66%以上。法定犯在违法性的判断上主要取决于行政管理法规的规定，而刑法与行政法的价值取向不同，对于同一行为是否有必要作出相同或者相似的违法性评价，可能存在不同的立场。所以，程序性要素所涉及之犯罪也在相当程度上面临双重违法性的拷问。此外，程序性要素的实体内容是具体的民事法律行为或者行政行为，除了在对程序性要素的效力进行判断时需要考虑刑法与民法、行政法的衔接与协调，程序性要素生效后先前行为以及后续行为的刑法与民法、行政法评价的协调也是双重违法性需要重点关注的问题。刑法规范表述的不同，影响着刑法与民法、行政法双重违法性联系的紧密程度。以“行刑”衔

---

① 参见郭研：《部门法交叉视域下刑事违法性独立判断之提倡——兼论整体法秩序统一之否定》，载《南京大学学报（哲学·人文科学·社会科学）》2020年第5期。

接为例，需要考虑两者衔接的规范表述大致可以分为三种情形：一是表述上不存在行政法规指向，但是事实上需要考虑行政违法性。例如生产、销售伪劣产品罪，《刑法》第 140 条的表述中并没有规定行政法规的内容，但是对生产者、销售者以及伪劣产品等的界定都离不开对行政法规的参照与借鉴。二是存在违反规定类表述的空白规范。例如非法经营罪，以“违反国家规定”作为参照行政法规的指引。三是表述上规定以具体的行政行为为要素。例如非平等主体间的程序性要素，离不开行政法规的评价。① 但是这三类情形对行政法规的依赖程度，或者说行政违法性的评价要求存在差异，第一种情形最弱，第二种情形次之，第三种情形最强。以具体行政行为为要素的场合，具体行政行为的事实需要受到行政法规的评价，进入刑事审判领域后，司法者还需要借助行政法规对具体行政行为的刑法属性进行二次评价，所以它们的联系也更为紧密，要求也更高。因而，以具体行政行为为内容的程序性要素也更容易与双重违法性发生“纠葛”。

在包含平等主体间的程序性要素的犯罪中，民事违法性判断与刑事违法性判断可能得出不一致的结论。例如，在恶意透支型信用卡诈骗罪的场合，即便承认恶意透支行为的刑事违法性，可能也无法得出该行为具有民事上的违法性。首先，透支信用卡、不按期归还欠款和利息的行为在民法上属于典型的违约行为，而约定是当事人之间达成的符合其期待的合意，它本质上不属于法律规范的范畴，违约行为不属于“违法”行为。“‘违法’最终指向的还是其他法律的强制性规范。”② 虽然我们经常在同等意义上使用违法与违约的概念，并且对行为人违反合同的行为冠以违法的称谓，但是目前民法学界越来越强调两者的区分，甚至有学者主张以“债务不履行”的概念取代“违约”概念，并在“债务不履行”之外，建立构成要件符合性、违法性与有责性的损害赔偿义务判断标准。③ 换句话说，在合同中谈论违法的概念，通常以行为违反其他法律的强制性规定为前提，如果不存在强制性规定，也就没有必要对行为进行违法性评价，只需要在违反“约定”的层面上把握当事人

① 参见高永明：《刑法中的行政规范：表达、功能及规制》，载《行政法学研究》2017 年第 4 期。
② 简爱：《从刑民实体判断看交叉案件的诉讼处理机制》，载《法学家》2020 年第 1 期。
③ 参见时明涛：《论债务不履行的基本构造》，载《学习与实践》2019 年第 2 期。

间的关系即可。所以，如果按照规定办理信用卡，透支款项不归还的行为只是违约行为。其次，即便行为人在办理信用卡当时就已经存在非法占有透支款项的目的，并且透支信用卡的行为在刑法上被认定为犯罪行为，发卡行与相对人之间的民事法律关系也可能依然有效。因为刑事违法性反证民事违法性的惯例在立法与司法中逐渐被抛弃。《民法通则》（已失效）第58条将违反法律规定的行为作为无效民事法律行为的一种类型,①《合同法》（已失效）第52条将违反法律、行政法规的强制性规定的合同作为无效合同的一种情形。② 根据这两部民事法律的规定，只要行为被认定为具有刑事违法性，那么法律行为或者合同就是无效的。司法实践在相当一段时间都遵循着这一思路处理刑民交叉的案件。但是这也为司法恣意留下了空间，造成以犯罪认定否定合同效力的循环论证困境。《民法总则》（已失效）第153条开始否定其他法律的强制性规定对合同效力认定的影响,③ 允许合同效力摆脱行政违法与刑事违法的影响。④ 因为新的立法认为，公法与私法存在不同的规范目的，违反法律的强制性规定并不必然导致合同效力的丧失，如果一刀切地根据管制性规定将所有的合同行为认定为无效，就遮蔽了合同自治的本质。⑤ 所以，对于行为人在办理信用卡时就存在非法占有目的的情形，因为当事人办理信用卡的权利外观以及意思表示并不存在违反法律强制性规定的内容，所以当事人之间的民事法律关系的效力不因为行为的犯罪性而被否定。最后，积极的程序性要素虽然在内容上具有敦促相对人履行义务的效果，但是在影响犯罪认定和刑罚发动方面却有正面证成作用。对于"违法"主张权利的行为，实际上刑法和民法都会进行违法性的评价，但是在民法将主张权利的行为认定为违法的场合，刑法也可能不对其进行违法性的判断，继而造成违法判断

---

① 《民法通则》（已失效）第58条第1款规定，"下列民事行为无效：……（五）违反法律或者社会公共利益的……"。

② 《合同法》（已失效）第52条规定，"有下列情形之一的，合同无效：……（五）违反法律、行政法规的强制性规定"。

③ 《民法总则》（已失效）第153条第1款规定，"违反法律、行政法规的强制性规定的民事法律行为无效，但是该强制性规定不导致该民事法律行为无效的除外"。

④ 参见沈伟：《涉嫌诈骗合同效力的司法认定及其处理路径——基于法解释学的解构》，载《法学评论》2017年第4期。

⑤ 参见陈甦主编：《民法总则评注》（下册），法律出版社2017年版，第1094页。

上的矛盾。

在包含非平等主体间的程序性要素的犯罪中，行政违法性判断与刑事违法性判断可能得出不一致的结论。例如在拒不支付劳动报酬的场合，政府有关部门责令支付后，行为人并没有现实的支付意思，而是通过口头承诺、达成协议、填写欠条等搪塞敷衍劳动者，以逃避政府有关部门的责令。从形式上看，政府责令行为人支付劳动报酬，并不以现实的支付为限，行为人与劳动者达成工资支付上的协议是当事人之间的自由，所以行为人与劳动者达成协议的行为并不违反行政法的相关规定。但是行为人与劳动者达成协议之初就不存在支付劳动报酬的意思，完全符合侵占罪或者拒不支付劳动报酬罪的实质违法性，侵害了劳动者的合法权益。早在 2009 年，陕西凤翔 615 名儿童铅中毒事件就引起了人们关于行政违法与刑事违法判断冲突的关注。根据相关报道，当时环保部门认定东岭冶炼公司存在排污行为，并且排污行为是 615 名儿童血铅超标的主要原因，但是环境监测组的监测数据显示，东岭冶炼公司排放的污染物完全符合国家的相关标准。[①] 一方面，东岭冶炼公司的行为完全符合行政法规的相关规定；另一方面，它的行为确实造成环境污染、危害人体健康的严重后果。然而污染环境罪以“违反国家规定”作为前提，使符合行政法规规定的具有严重违法性的行为难以实现规范评价上的协调。之所以出现两者违法性判断的冲突，是因为以下几点：第一，对于一些危害结果与行为的因果关系较难把握的行为，行政法规设定的标准并不足以防止危害结果的发生。污染环境行为与危害结果之间的关系一直是刑法学界研究的重点和司法实务操作的难点，行政法规的规定并没有超越刑法研究的现状，对于不少排放污染物的行为的危害并不能准确地界定，在此基础上所设定的标准对危害结果的预防作用有限。第二，行政机关目前对相对人提供的申请类、许可类的材料多是进行形式审查，只要材料符合相关规范性文件的要求即可。例如《行政许可法》第 34 条第 1 款对“形式审查”作出了明确要求。当然行政机关也有实质审查和审慎审查的义务，但是因为这两者容易诱发权

---

① 参见陈钢、段博、刘彤：《“排污达标”为何“血铅超标”：凤翔儿童铅中毒事件追踪》，载搜狐网，http：//news. sohu. com/20090818/n266050094. shtml。

力寻租，只能在极其例外的情况下适用。① 但是我国刑法中的犯罪概念是形式与实质相结合的概念，它既指明了犯罪行为的法律属性，也指明了犯罪行为的本质属性，并且本质属性在当罚性（非可罚性）的判断上处于决定性地位。② 如此一来，即便是符合行政法规形式标准的排污行为也可能具备刑法上的严重社会危害性或者法益侵害性，造成刑法入罪（刑事违法性）与行政法出罪（行政违法性）左右为难的局面。

三、积极的程序性要素与"双重违法性"的统一

综上所述，双重违法性是一种静态属性，在双重违法性的判断出现不协调之处时，需要借助违法多元论、一元论和相对论的理论来理顺刑事违法性与民事违法性、行政违法性的关系。积极的程序性要素本身存在"民刑""行刑"衔接的问题，以其作为切入口也带来违法性判断冲突的问题，为了解决积极的程序性要素与双重违法性的分歧，首先需要检验用来分析的理论工具。

违法多元论认为，各个部门法有其自身的规范保护目的，只需要在各自的理论体系进行违法性的判断即可。刑法以保护法益作为目的，行为侵害刑法所保护的法益的，就具有违法性，至于该行为在民法或者行政法上的意义，不属于刑法管控的范围。③ 在此意义上，违法多元论倾向于承认具有刑事违法性但是不具有民事违法性或者行政违法性的情形和不具有刑事违法性但是具有民事违法性和行政违法性的情形。但是违法性多元论也没有抛弃统一法秩序的概念，只是它认为违法性在统一法秩序范围内的对立是虚幻的或者可容忍的。④ 违法一元论则认为，虽然民法、行政法和刑法等有各自不同的调整范围和保护目的，但是这些具体的法律共同构建起完整的"法秩序"，指

---

① 参见刘全财：《论海事行政许可中的审查义务》，载《中国海事》2017 年第 10 期；王妍：《我国企业登记形式审查制的社会福利损失》，载《当代法学》2020 年第 1 期。

② 参见夏勇：《犯罪本质特征新论》，载《法学研究》2001 年第 6 期。

③ 参见［日］前田雅英：《刑法总论讲义》（第 6 版），曾文科译，北京大学出版社 2017 年版，第 25 页。

④ 参见王骏：《财产罪中违法一元论与违法多元论对立之展开》，载《中国石油大学学报（社会科学版）》2013 年第 4 期。

引着人们的行为。在法秩序的统一范围内，行为的违法性评价应当是一致的，否则人们将不知所措。[①] 违法一元论超越部门法的个性，强调法秩序的统一，因而倾向于否定刑事违法性与民事违法性、行政违法性冲突的情形。当然一元论的内部也存在严格的一元论和缓和的一元论的区分，严格的一元论主张"民刑"与"行刑"在违法性的判断上保持绝对的一致性，缓和的一元论则允许行为在具备民事或者行政的"一般违法性"但缺乏"可罚的违法性"的情况下，不具备刑事违法性。[②] 也就是说，缓和的一元论认为犯罪行为是具有一般违法性和可罚违法性的行为，所以仅具有一般违法性还不能推出行为具有刑事违法性。违法相对论与违法多元论经常被混为一谈，它也主张应该区别认定行为的刑事违法性和民事违法性等，但是它同时承认法秩序统一的必要，即刑法不应当处罚在民法和行政法上具有合法性的行为。[③] 但是它又不赞同缓和的违法一元论承认的"一般违法性"概念，因为这个概念不仅对民众的行为没有指导意义，而且会增加裁判者审判的负担。相对论与缓和的一元论、多元论在具体问题上的结论有相似之处。

在处理积极的程序性要素与双重违法性的冲突问题上，笔者赞同缓和的违法一元论。违法多元论虽然关注到不同法域的规范保护目的的差异，但是对统一法秩序内的违法性对立的处理是消极的。它主张能够通过手段化解的矛盾就不是真的矛盾，可问题是这种化解的手段在于何处，违法性理论一个重要的作用就是化解矛盾，可是多元论却以结果作为前提。而且法秩序的统一在多元论那里被消极对待，因为它不关注法域间的违法性冲突，也就不会强调统一法秩序的指引作用。此外，多元论和相对论一道，都不赞同缓和的一元论的一般违法性概念，认为一般违法性对行为指引和裁判约束都不具有意义，只关注行为在何种程度上具备刑法上的可罚性。与其承认行为"虽是违法却不具有可罚的违法性，不如直接承认违法具有相对性"。但是，一般违法性的意义并不是可以轻易被否定的。首先，一般违法性是统一法秩序的

---

① 参见［日］曾根威彦：《刑法学基础》，黎宏译，法律出版社2005年版，第212页。

② 参见王昭武：《法秩序统一性视野下违法判断的相对性》，载《中外法学》2015年第1期。

③ 参见［日］山口厚：《刑法总论》（第3版），付立庆译，中国人民大学出版社2018年版，第188页。

应然结论。行为违反统一法秩序的，就一定具有一般违法性。即便在各个法域内相关法律并没有对行为作出违法性的判断，但是肯定行为的一般违法性也表明法律对行为的否定评价。[①] 其次，在刑法当中承认一般违法性的概念，有协调理论体系的功效。例如在实施正当防卫的场合，行为人面对的不法侵害可以是一般违法行为，但是由于作出判决的司法机关不是民事违法行为的判定者和行政违法行为的判定者，只能在一般违法性的意义上界定不法侵害的性质。除此之外，刑法分则中很多不法的判断都是在一般违法性的意义上来说的。再次，如陕西凤翔儿童血铅中毒事件引发的关注一般，不同法域违法性判断的冲突会导致民众实施适法上的困惑。法秩序的统一并非没有现实指引意义的概念。而且，裁判者在作出裁判时，如果不受统一法秩序的约束，违法性的实质判断容易归于恣意。[②] 最后，对犯罪的认定固然需要判断行为的可罚性，但是可罚性的判断不能与其他法律对行为违法性的认定存在冲突。严格的一元论对行为的适法性评价要求过高，目前几乎没有什么学者赞成该观点。

在缓和的一元论看来，刑事违法性是一般违法性与可罚违法性的累积，行为具有一般违法性（民事或者行政），还不具备刑事违法性，行为只有达到可罚的程度才具有刑事违法性。相反，行为具有刑事违法性，就一定具有民事或者行政违法性。此外，如果行为在民法或者行政法上是合法的，那么行为无论如何都不具有刑法上的违法性。反之，如果行为在刑法上是不违法的，则不能判定行为在民法或行政法上的合法性。双重违法性的概念是在具备刑事违法性就一定具备一般违法性的意义上把握的，所以也可以认为积极的程序性要素与双重违法性之间的关系是协调的。

在包含平等主体间程序性要素的犯罪中，缓和的违法一元论可以协调刑事违法与民事违法的关系。首先，以违约形式拒不支付劳动者劳动报酬的行为，因为具有刑法上的违法性，所以一定具有民法上的违法性。虽然违反约定可以认定为不是违反“法律”，但是如果法律对约定的效力进行认可和规

① 参见陈少青：《法秩序的统一性与违法判断的相对性》，载《法学家》2016 年第 3 期。

② 参见［日］京藤哲久：《法秩序的统一性与违法判断的相对性》，王释锋译，载《苏州大学学报（法学版）》2020 年第 1 期。

范，那么行为人违反的不仅是当事人之间的约定，更是法律赋予的效力。在这个意义上，也可以认为违反约定的行为具有违法性。其次，弱化刑事犯罪对合同效力的影响，是为了避免裁判者的恣意和权力寻租，但是从原则上来看，构成犯罪的合同仍然是无效的。《民法典》第153条对合同无效情形的例外规定，实际上并不能为合同效力的认定提供具体的指引，因为究竟是何种强制性规定不影响合同的效力并不明确。[①] 对于以非法占有为目的办理信用卡的行为，虽然从形式上看，行为人和发卡行达成意思表示的合意，但是从实质上审查可以发现，行为人和发卡行在办理信用卡时的意思表示的内部要素是不一致的，至少在表示意思和法效意思方面存在瑕疵，[②] 所以，根据行为的犯罪定性否定合同的效力原则上是具有正当性的。最后，积极的程序性要素虽然可能将主张权利的行为在民法或者行政法层面认定为违法，但是在刑法层面不进行违法性的评价，因为它缺乏可罚的违法性，是缓和的违法一元论的应有之义。在包含非平等主体间程序性要素的犯罪中，缓和的违法一元论也可以协调刑事违法与行政违法的关系。一方面，对于以口头承诺、达成协议、填写欠条等形式敷衍执行支付劳动报酬的责令通知的行为，在劳动者权利不能现实实现的场合，仍然可以重新向劳动监察部门举报，进而判断行为的行政违法性。刑事违法性的判断实际上也要等到行为人与劳动者达成协议但是仍不履行时进行。所以，两者在违法性的判断上仍然是可以协调的。另一方面，对于形式上符合行政法规的规定但是造成严重法益侵害结果的行为，要善于利用法条间的竞合关系处理。对于一些符合行政法规的行为，断然不能构成以违反相关行政法规作为前提的犯罪，但是可能违反其他法律所规定的注意义务，继而符合双重违法性。例如陕西凤翔儿童血铅中毒事件，虽然不可以追究企业的污染环境罪的刑事责任，但是相关主体（尤其是负有较高注意义务的主体）可能需要对儿童的健康伤害结果承担责任。如此一来，行为既具有刑法上的违法性，也具有民法上的（侵权）违法性，可以达成违法性判断的协调。

① 参见陈甦主编：《民法总则评注》（下册），法律出版社2017年版，第1093～1094页。
② 参见朱庆育：《民法总论》（第2版），北京大学出版社2013年版，第196～197页。

第三节 惩罚型程序性要素与“一事不再罚”的调适

一、“一事不再罚”原则的效力范围

我国《行政处罚法》第29条在法律上正式确立了一事不再罚原则。该原则主要是指“对相对人符合一个违法构成要件的行为，除法律另有规定者外，行政主体对该相对人只能给予一个和一次处罚”①。具体来说，对一事不再罚原则的把握可分为“一事”和“不再罚”两部分进行。“一事”是指符合一个行政违法构成要件的行为，包括一个行为的预备、未遂和既遂的全过程，亦即不对一个行为的各个阶段进行重复评价。至于所谓的继续行为、连续行为和牵连行为，虽有争议，但主流观点亦肯定其“一事”的性质。②“不再罚”是指对行为人的一个违法行为进行处罚后，除法律另有规定外，不得给予第二次及以上的处罚。从行政主体角度来说包括同一行政机关不得对相对人的同一事项给予两次以上的处罚和不同行政主体不得因同一事项对相对人给予两次以上处罚。本来由《行政处罚法》所确立的“一事不再罚”原则的适用范围应当限于处理行政处罚间的关系。但是我国刑法采用的是“定性+定量”的立法模式，使行政违法行为与刑事犯罪行为之间的界限主要体现在“量”的差异上。行政处罚和刑事制裁也因为违法性的变动而发生交叉或冲突。“一事不再罚”原则能否横跨行政法和刑事法的法域以解决行政处罚与刑事制裁的衔接问题，自是疑问。③

关于“一事不再罚”原则的适用范围，学界存在不同的观点。部分学者认为行政处罚与刑事处罚的衔接完全不受“一事不再罚”原则的限制和约束。例如，有学者立足于双重违法性以及全面追究相对人法律责任的角度论

---

① 朱新力：《论一事不再罚原则》，载《法学》2001年第11期。

② 参见丛淑萍：《论禁止重复评价与一事不再罚》，载《东岳论丛》2009年第6期。

③ “一事不再罚”原则部分内容已经发表于《广西政法管理干部学院学报》。参见简筱昊：《环境违法犯罪罚款与罚金的具体衔接》，载《广西政法管理干部学院学报》2018年第3期。

证这种绝对“双罚制”的合理性，认为行政犯罪是由行政不法转化为刑事不法，具有行政违法与刑事违法的双重违法性，双重违法性决定了行政责任与刑事责任的双重性。只有全面追究其法律责任，才能更有效地打击犯罪。① 又如，有学者从行政处罚与刑事处罚的性质、功能等角度展开分析，认为行政法规范与刑法规范属于不同性质的法律规范，行政处罚与刑罚的性质不同，相互之间不能代替或者免除。行政责任与刑事责任在功能上的差异决定了两者可以合并适用，以弥补各自的不足，消除犯罪危害后果。② 部分学者则认为“一事不再罚”的“罚”包括行政处罚和刑事处罚，该原则可用于解决行政处罚与刑事处罚的衔接问题。但是并不是任何类型的处罚措施都可以适用该原则，目前学界倾向于支持“有限的一事不再罚”原则，即对同种类处罚措施绝对坚持“一事不再罚”原则，而对异种类处罚措施坚持并罚原则。例如，有学者从保护公民权益角度出发，认为普通公民并不能明确区分同种类行政处罚措施与刑罚措施，或者他们并不关心两者之间的区分意义，只知道它们都是承担法律责任的后果，为了充分保护公民的权益，对同种类的处罚应严格遵循“一事不再罚”原则。③ 再如，有学者对行政处罚与刑事处罚的种类进行分析，认为两者在财产罚和人身罚中存在交叉内容，罚款与罚金，行政拘留与拘役、有期徒刑在惩罚性质、权利剥夺程度以及严厉程度上具有同质性，所以这两类处罚的衔接应适用“一事不再罚”原则。复如，有学者根据“错罚相当”原则指出，行政机关和司法机关是在不同阶段依据不同标准作出处罚，为了保证实现对同一违法行为的处罚公正，防止罚过其罪，可以采取“同质处罚折抵、异质处罚合并适用”等方法。④

全面审视上述观点，笔者认为“有限的一事不再罚”原则更为可取。首先，可以肯定的是，“一事不再罚”原则作为禁止重复评价原则的体现，应当是横跨行政处罚法和刑法的重要原则，认为该原则仅适用于行政处罚或刑

---

① 参见张明楷：《行政刑法概论》，中国政法大学出版社 1990 年版，第 174～175 页。

② 参见周佑勇、刘艳红：《论行政处罚与刑罚处罚的适用衔接》，载《法律科学（西北政法学院学报）》1997 年第 2 期。

③ 参见练育强：《行刑衔接视野下的一事不再罚原则反思》，载《政治与法律》2017 年第 3 期。

④ 参见闻志强：《论“两法衔接”中行政处罚与刑事处罚的实体衔接——以规制非法集资行为为分析样本》，载《政法学刊》2016 年第 1 期。

罚内部的观点有待商榷。第一，“双重违法性”不是在行刑交叉领域实行绝对“双罚制”的充分依据。立法者对部分行为同时采用行政法和刑法加以规制，使同一行为具有“双重违法性”，产生行政责任和刑事责任的交叉。这种双重规制实质上形成了一种特殊的竞合关系，国家将对同一违法行为的行政处罚和刑事制裁统一于同一责任主体。① 若以“双重违法性”为依据追究双重责任，给予双重处罚，显然加重了行为人的负担，有违人权保障理念。第二，法律性质的差异不能证明两者之间的不可替代性。行政处罚与刑罚的法律依据分别为行政法与刑法，两者的法律性质当然不同。但是，从行政处罚与刑罚的内在本质来看，两者都是国家对社会成员越轨行为的制裁，都涉及对公民基本权益的限制或剥夺。在行刑衔接视野下适用“一事不再罚”原则有利于保护公民基本权益。因此，仅以法律性质的不同作为两者不能相互替代的依据，属于只局限于差异的表象，并未从本质上进行思考。第三，行政处罚与刑罚的功能差异不能作为实施绝对双重处罚的合理依据。应当承认，从行政处罚与刑罚具体措施的内容来看，两者具有一定的互补性。我国刑罚种类较少，主要包括人身罚和财产罚。相比之下，行政处罚种类较多，且责令停产停业、暂扣或吊销许可证等能力罚是刑罚措施所缺乏的。从这个角度看，将行政处罚与刑罚合并适用，能够弥补单纯适用刑罚的不足，更有利于摧毁犯罪条件，降低再犯可能性，从而达到较好的惩治效果。所以，针对“一事”，某些行政处罚措施可与刑罚合并适用。但是合并适用的仅限于刑罚所未包含的处罚措施，因为处罚不足与处罚过度均应被避免，只有这样，才能既防止过度损害公民基本权益，又避免轻罚漏罚，保证“罚当其罪”。第四，行政处罚与刑事责任的衔接问题，属于公法内部连接问题。两者具有相同的目的和意义——均是以公权力惩治违法犯罪，维护社会秩序。因此原则上对于一事给予行政处罚后，也不得再给予刑事处罚。②

其次，在肯定“一事不再罚”原则适用于行刑处罚衔接案件的基础上，

---

① 参见陈伟、赵赤：《多次犯中的行政处罚与刑罚交叉适用问题研究》，载《西南政法大学学报》2017 年第 4 期。

② 参见简筱昊：《环境违法犯罪罚款与罚金的具体衔接》，载《广西政法管理干部学院学报》2018 年第 3 期。

也应当对该原则的适用作出一定的限制，建立“有限的一事不再罚”原则。如前所述，行政处罚与刑罚的部分处罚措施在功能上具有互补性，所以将在惩罚性质、权利剥夺程度以及严厉程度上不具有同质性的处罚合并适用于同一责任主体是合理的、正当的。此外，从我国的立法概况来看，在行政处罚与刑事处罚的衔接问题上，立法设计更倾向于采取“有限的一事不再罚”原则。一方面，同种类的行政处罚与刑罚适用“一事不再罚”原则。这主要体现在部分种类的财产罚与人身罚的折抵规定上。例如，《行政处罚法》第35条规定，违法行为构成犯罪，行政拘留期限应当折抵拘役、有期徒刑的期限，罚款应当折抵相应罚金；国务院《移送规定》第11条第3款也规定了罚款与罚金的折抵内容。另一方面，不同种类的处罚则完全不适用“一事不再罚”原则。例如，国务院《移送规定》第11条第2款规定，作出警告、责令停产停业、暂扣或吊销许可证、暂扣或吊销执照的行政处罚决定后，即使之后再作出刑事处罚决定，前者也可以正常执行。这些法律规定实际上都直接或间接肯定了“有限的一事不再罚”原则的适用。

二、惩罚型程序性要素与“一事不再罚”的冲突

综上所述，行政处罚与刑罚之间的交叉衔接原则上应坚持“有限的一事不再罚”原则。若单一违法行为在接受行政处罚后，再移送司法机关进行刑事制裁，该原则的适用不存在过多障碍。① 例如，在将行为人醉酒驾驶行为移送司法机关审查前，对其已作出罚款的行政处罚决定并已执行，之后法院针对该违法行为在追究行为人刑事责任时亦判处罚金。这种情况下，“一事不再罚”原则可对行刑衔接起到明确的指引作用，即先前已缴纳的罚款应该折抵相应罚金。但在涉及惩罚型程序性要素的案件中，“一事不再罚”原则的适用却产生了障碍。在此类案件中，已经过行政处罚的行为在行为人后续行为的加持下进入司法程序，导致之前已经接受行政处罚的行为再次被否定评价，如行为人多次扰乱国家机关工作秩序，经行政处罚后仍不改正，且造成严重后果，

---

① 参见陈伟、赵赤：《多次犯中的行政处罚与刑罚交叉适用问题研究》，载《西南政法大学学报》2017年第4期。

因此被追究刑事责任。在此过程中，被追究刑事责任的评价对象不仅包括行为人的后续不改正行为，还包括先前的多次扰乱行为。然而，传统观点认为，行刑交叉视野下“一事不再罚”原则的适用以行政处罚与刑罚的择一适用为原则，两者不得重复评价，因此，已受过行政处罚的行为应该被排除在刑事评价对象外。一方面，从定罪上看，惩罚型程序性要素的设置将已受过行政处罚的行为再次作为对行为人定罪的条件，会面临违背“一事不再罚”原则和禁止重复评价原则的情况。另一方面，从量刑上看，此类案件是否应适用“一事不再罚”原则，即已受行政处罚能否折抵同质刑罚，司法实务中并未达成共识。仍以扰乱国家机关工作秩序罪为例，根据《治安管理处罚法》第 23 条第 1 款第 5 项的规定，扰乱国家机关工作秩序的，可处警告、罚款或者行政拘留；根据《刑法》第 290 条第 3 款的规定，构成扰乱国家机关工作秩序罪的，可判处有期徒刑、拘役或者管制。处罚手段的设置本身不存在问题，但是在具体量刑时先前的行政拘留可否折抵刑期仍存在较大争议，各地司法判决也不尽相同。例如在余某扰乱国家机关工作秩序案中，[①] 被告人余某因扰乱国家机关工作秩序先后于 2018 年 11 月、2019 年 5 月被行政拘留 20 日。2019 年 10 月和 11 月又前往国家机关非正常上访，后公安机关以涉嫌扰乱国家机关工作秩序罪对其进行刑事拘留。原审法院判处其有期徒刑 1 年 6 个月，但并未将余某两次被行政拘留的日期折抵刑期，检察机关对此提出抗诉，并得到二审法院的支持。河南省信阳市中级人民法院认为，被告人每次因扰乱国家机关工作秩序而被给予行政拘留的行为均应作为其犯罪事实的一部分加以认定，因此每一次被行政拘留的日期均应折抵刑期。又如，在张某某等扰乱国家机关工作秩序案[②]和黄某某扰乱国家机关工作秩序案[③]中，法院均将被告人曾受行政拘留的日期折抵刑期。但是在马某扰乱国家机关工作秩序案[④]中，法院则以“于法无据”为由不予支持辩护人提出的“先前行政拘留期限应折抵刑

---

① 参见余某扰乱国家机关工作秩序案，河南省信阳市中级人民法院（2020）豫 15 刑终 236 号刑事判决书。

② 参见云南省昆明市中级人民法院刑事判决书，（2018）云 01 刑终 1144 号。

③ 参见福建省南安市人民法院刑事判决书，（2019）闽 0583 刑初 871 号。

④ 参见甘肃省广河县人民法院刑事判决书，（2020）甘 2924 刑初 36 号。

期”的辩护意见。在陈某某扰乱国家机关工作秩序案①和冉某某扰乱国家机关工作秩序案中②，对于先前行政拘留是否应折抵刑期未予以说明。

另外，“一事不再罚”原则中处罚权的衔接行使也存在三个方面的问题，这些问题主要产生于行政执法机关移送涉嫌犯罪案件的过程中。在扰乱国家机关工作秩序案件中，主要体现为对“经行政处罚后仍不改正”的扰乱行为如何行使处罚权的问题。第一，行为人经行政处罚后仍实施扰乱行为，执法机关在对该行为进行审查的过程中发现结合先前行为人的行为表现该案件已涉嫌犯罪，此时针对该行为是否应先作出行政处罚决定再移送司法机关进行审查。对此，大部分学者都主张刑事优先原则，即涉嫌犯罪的案件应优先进入刑事司法程序。少部分学者认为应采取同步协调原则，即行政执法机关在移送案件时不停止对该行为的调查和处罚，法院认为需要采取异质处罚时与行政执法机关进行商请。③ 第二，如前所述，由于法律并未明确规定处罚权的行使顺序，加之公安机关内部职权部门的不同分工，当前确实存在案件移送司法机关前已经作出行政处罚决定但尚未执行的情况。在这种情况下，已作出的行政处罚决定与之后法院判处的刑罚如何协调也是亟待回应的问题。第三，若行政执法机关并未对之后的扰乱行为作出行政处罚决定，而案件经司法机关审查后又作出不构成犯罪或免予刑事处罚的判决的，行政执法机关是否还可以对先前未处理的违法行为进行处罚。

根据以上论述，我们可以发现，惩罚型程序性要素与“一事不再罚”原则的协调不仅涉及实体问题，也涉及程序问题。实体上主要解决行政处罚与刑事处罚的合并吸收问题，程序上主要解决行政处罚与刑事处罚的惩处顺序问题。但是，实体问题是本书研究的重点，程序问题只是需要顺带提及的课题。一方面，行政处罚与刑事处罚衔接的程序问题并不总是存在，只是在特定的情形下偶尔会出现。通常情形下行为人实施后续行为是在惩罚型程序性要素已经充分实现以后，所以行政处罚与刑事处罚经常不存在处罚程序上的交集。但是，行政处罚与刑事处罚衔接的实体问题在任何包含惩罚型程序性

① 参见上海市浦东新区人民法院刑事判决书，(2018) 沪0115刑初1463号。
② 参见北京市昌平区人民法院刑事判决书，(2018) 京0114刑初621号。
③ 参见练育强：《行刑衔接视野下的一事不再罚原则反思》，载《政治与法律》2017年第3期。

要素的案件中都会存在。另一方面，行政处罚与刑事处罚衔接的程序问题是一个纯粹的程序问题，与作为程序性要素的行政处罚不同。具体来说，尽管作为程序性要素的行政处罚本身可能包含了行政法所规定的一些程序要件，但是当行政处罚被规定为独立的影响定罪和量刑的要素以后，它就被赋予了实体要素的意义。本书以作为实体法的刑法规范作为研究对象，理当以实体问题的研究作为重点。实际上，作为程序性要素实体内容的民事行为与行政行为，无论是民事催告，还是行政处罚、行政责令等，与刑事处罚的程序衔接问题都不是重点，因为刑事司法程序的启动需要以程序性要素的生效为前提，刑事程序启动以后，民事程序或者行政程序通常都已经完结，两者之间通常不会存在适用程序上的不协调问题。

三、惩罚型程序性要素与“一事不再罚”的协调

从入罪条件看，惩罚型程序性要素的设置并不存在将同一事实予以重复处罚的问题，也并未违反禁止重复评价原则。① 认为将已受行政处罚的行为再次纳入刑法评价范围违背“一事不再罚”原则的观点实质上并未厘清惩罚型程序性要素入罪设置的理论依据以及禁止重复评价原则的约束内容。一方面，惩罚型程序性要素的入罪设置体现了行为人对规范意识的否定性态度，② 而以反规范意识表示为内容的先前行政违法行为正是行为人主观恶性的充分体现，因此已接受行政处罚的先前行为与后续不改正行为都被赋予了刑法评价的必要。例如扰乱国家机关工作秩序罪，程序性要素之前的任何一次单独的扰乱行为都不能构成犯罪，仅构成一般行政违法行为，即在行政处罚之前的任何单独的扰乱行为都未达到犯罪所要求的严重程度，不具有科处刑罚的必要性。只有行为人在实施多次扰乱国家机关工作秩序的违法行为被行政处罚后仍无视法规范，仍不改正，造成严重后果，才应将其纳入刑法规制范围。之所以在入罪条件中设置惩罚型程序性要素，是为了“确证法规范的权威性”，通过行政处罚的方式促使行为人回归法秩序，重新恢复法规范在行为

① 参见孙本雄：《多次犯立法中行政法与刑法交叉问题研究》，载《江西社会科学》2019 年第 3 期。

② 参见陈伟：《人身危险性评估的理性反思》，载《中国刑事法杂志》2010 年第 6 期。

人心中的权威性。若行为人受到行政处罚后拒不改正，仍然再次故意实施违反行政法规范的行为，说明行政法在规制该类违法行为方面已呈现出不足，行为的客观危害与行为人主观恶性的累积已经逐渐达到需要进行犯罪评价的程度，需要借助刑法（罚）的力量对该类违法行为进行规制。在以惩罚型程序性要素作为违法构成要件要素的罪名中，以扰乱国家机关工作秩序罪为例，客观危害主要表现为行为人的多次扰乱行为对国家机关的正常工作秩序以及社会秩序的安全稳定造成的现实破坏。与此同时，行为人在被行政处罚后仍反复实施同类扰乱行为的，与经行政处罚后即改正的相比，更说明了行为人人身危险性的加重。所以，已受行政处罚的行为不仅不能作为行为人规避刑罚的理由，反而是检验行为社会危害性和行为人主观恶性的重要标准，将惩罚型程序性要素作为入罪要素不存在违背“一事不再罚”原则的问题。另一方面，“禁止重复评价”所针对的是不得对同一犯罪行为造成的客观危害后果进行重复评价，行为人不能因其同一犯罪事实反复承担公法上的责任。刑事评价的内容包括客观危害性和主观危险性，而禁止重复评价原则只适用于对客观危害结果的评价，主观危险性的认定不受禁止重复评价原则的约束，例如，我国刑法中累犯的认定也将行为人以往的犯罪行为作为判断人身危险性的参考。而在以惩罚型程序性要素作为违法构成要件要素的罪名中，对先前已受行政处罚行为作出的再次评价实质上是对行为人的行为所反映出人身危险性作出的评价。因此，这种“再评价”不仅并未违反禁止重复评价原则，反而是作出入罪评价所必要的判断。主张将受过行政处罚的行为排除在刑事评价外的观点忽视了对人身危险性进行评价的必要性和正当性。若根据这种观点排除刑罚适用，则会形成一种悖论：行为人可以通过行政处罚规避刑罚。又如，我国司法解释并未明确规定扰乱国家机关工作秩序罪中的“次数”的具体数量，但在实践中一般将“多次”理解为三次。若行为人前两次扰乱行为均受到行政处罚，便将前两次的行为排除在刑事评价范围外，行为人之后的扰乱行为则“从零”开始计算，这就意味着行为人无论实施多少次扰乱行为，只要一直给予行政处罚，都不符合“多次”扰乱的入罪次数标准。根据这个观点，治安处罚的偶然性便决定了扰乱国家机关工作秩序罪的成立与否。[①] 显

① 参见张明楷：《刑法学》（第5版），法律出版社2016年版，第953页。

然，这种观点不具有合理性。

从刑罚执行上看，应将已执行的与所判处刑罚具有同质性的行政处罚予以折抵。具有严重社会危害性的事实虽然对定罪和量刑都会产生影响，但产生的具体影响并不相同。例如，先前扰乱国家机关工作秩序的行为与后续经行政处罚仍不改正的扰乱行为及其造成的严重后果共同确定了扰乱国家机关工作秩序罪的成立，也启动了刑罚。在进行入罪评价时，对先前行为的再次评价并未违反禁止重复评价的原则，但在进行量刑时，对已经接受过行政处罚的定罪事实再次进行评价则存在重复评价的嫌疑。这些定罪事实对量刑产生的影响在于确定刑罚种类及法定刑幅度，[①] 但在具体执行刑罚时，为保护公民基本权益，应遵循“有限的一事不再罚”原则，将先前已执行的与所判处刑罚具有相同性质的行政处罚措施予以折抵。以扰乱国家机关工作秩序为例，对扰乱国家机关工作秩序的行政违法行为，公安机关可给予警告、罚款或者拘留；构成扰乱国家机关工作秩序罪的，法院可判处有期徒刑、拘役或者管制。其中，行政拘留与有期徒刑、拘役、管制都是针对行为人的人身自由进行限制。行政拘留与有期徒刑、拘役，除时间长短存在差异外，对人身自由的限制剥夺程度几近相同。基于“一事不再罚”原则，因扰乱行为被行政拘留的期限可与有期徒刑、拘役进行折抵。具体折抵方法是行政拘留 1 日，应折抵有期徒刑或拘役 1 日。我国《行政处罚法》第 35 条第 1 款对这种折抵方式也作出了明确规定。然而《行政处罚法》并未明确规定行政拘留能否与管制折抵。在赵某某扰乱国家机关工作秩序案[②]中，赵某某曾因扰乱行为两次被行政拘留，合计 15 日。经行政处罚后，赵某某拒不改正，仍然实施扰乱国家机关工作秩序的行为，并造成严重后果，法院最终判处其管制 1 年。但是法院并未对行为人先前承担的行政拘留与管制进行折抵。笔者认为，管制与有期徒刑、拘役相比，对人身自由的限制程度明显较低，并且根据《刑法》的规定，判决以前先行羁押的，羁押 1 日可折抵管制 2 日。既然行政拘留可与有期徒刑、拘役进行等量折抵，依据同样的逻辑进行推导，行政拘留

---

① 参见聂慧苹：《禁止重复评价之刑法展开与贯彻》，载《中国刑事法杂志》2015 年第 3 期。

② 参见安徽省淮北市烈山区人民法院刑事判决书，（2017）皖 0604 刑初 29 号。

也可与管制进行折抵，具体折抵方法为行政拘留 1 日可折抵管制 2 日。

需要注意的是，行为人经行政处罚后再次实施的扰乱国家机关工作秩序的行为既违反行政法规范，同时因符合扰乱国家机关工作秩序罪的构成要件与先前行为共同促使犯罪成立，此时，行政执法机关应及时将涉嫌构成犯罪的案件移送司法机关，优先进入刑事诉讼程序，在司法机关作出判决前不得作出行政处罚决定。我国《行政处罚法》第 27 条第 1 款对刑事优先原则也作出回应，“违法行为涉嫌犯罪的，行政机关应当及时将案件移送司法机关，依法追究刑事责任”。坚持刑事优先原则实际上也是为了防止行政权僭越刑事审判权，避免形成以罚代刑的局面。但是在坚持刑事优先原则的同时，也要注意灵活处理。例如，针对经行政处罚后仍严重扰乱工作秩序的行为，若可预先对行政处罚与刑罚作出异质判断，如针对该扰乱行为只需警告或罚款，与扰乱国家机关工作秩序罪的刑罚种类属于不同性质，不会产生冲突重叠和处罚竞合，这种情况下行政执法机关可先作出行政处罚决定。此外，在一些紧急情况下，如若不及时进行行政处罚，可能会产生更严重的后果，由行政机关先行作出行政处罚决定，也可防止因刑事追诉程序过长造成的打击滞后。

另外需解决的两个问题是：第一，若在移送司法机关前，行政执法机关已作出行政处罚但并未执行，之后人民法院又判处刑罚，先前作出的行政处罚是否还需执行？国务院《移送规定》第 11 条第 2 款规定，“行政执法机关向公安机关移送涉嫌犯罪案件前已经作出的警告，责令停产停业，暂扣或者吊销许可证、暂扣或者吊销执照的行政处罚决定，不停止执行”。该款规定明确在处理同一违法犯罪行为时，行政机关先期给予警告、责令停产停业等不会与刑罚相冲突的异种类处罚措施的，司法机关应当尊重行政执法机关的处理决定。因为警告、责令停产停业等处罚措施加诸行为人身上，与刑罚措施加诸行为人身上起到的作用并不相同，如同对刑事被告人既可判处徒刑又可以并处罚金附加剥夺政治权利一般。[1] 据此，在扰乱国家机关工作秩序案

① 参见简筱昊：《环境违法犯罪罚款与罚金的具体衔接》，载《广西政法管理干部学院学报》2018 年第 3 期。

中，行政执法机关在对扰乱行为完成取证调查后应及时将案件移送司法机关进行审查，若已经作出警告、罚款的行政处罚决定但尚未执行的，也不能因该案件应受刑罚处罚而拖延，因为在扰乱国家机关工作秩序罪的法定刑中并没有与警告、罚款相同性质的刑罚。但在行政执法机关对该行为作出行政拘留决定尚未执行的情况下，直接执行刑罚即可，不存在合并执行或折抵的问题。这是由刑法的保障法性质以及司法权的优先性、终局性等特征决定的。[①]第二，若行政执法机关在移送司法机关审查前并未作出行政处罚决定，经司法机关审查后，该违法行为并不构成犯罪或者被免予刑事处罚的，是否还应受行政处罚？国务院《移送规定》第13条规定，“公安机关对发现的违法行为，经审查，没有犯罪事实，或者立案侦查后认为犯罪事实显著轻微，不需要追究刑事责任，但依法应当追究行政责任的，应当及时将案件移送同级行政执法机关，有关行政执法机关应当依法作出处理”。其他和行政处罚与刑事制裁衔接相关的法律文件中对此也有相关规定，如2017年1月25日公布实施的环境保护部、公安部、最高人民检察院公布的《环境保护行政执法与刑事司法衔接工作办法》（环环监〔2017〕17号）第16条第1款规定，“未作出行政处罚决定的，原则上应当在公安机关决定不予立案或者撤销案件、人民检察院作出不起诉决定、人民法院作出无罪判决或者免予刑事处罚后，再决定是否给予行政处罚”。据此，行政违法行为不得因不构成犯罪或免予刑事处罚而逃避法律制裁，若法院审理后对被告人宣告无罪或免予刑事处罚，判决生效后应及时将案件移送行政执法机关进行处理，行政执法机关可依据法院审理查明的事实对被告人的违法行为作出行政处罚决定。

① 参见闻志强：《论“两法衔接”中行政处罚与刑事处罚的实体衔接——以规制非法集资行为为分析样本》，载《政法学刊》2016年第1期。

第六章

程序性要素适用困境的司法应对

程序性要素的效力认定属于程序性要素司法适用的一部分，但是它属于具体要件的规范评价问题。例如行为要件、结果要件的存在与否，是否具有刑法上的价值，是事实存在与规范评价的流动。程序性要素与法学基础理论的关系，同样影响着程序性要素的司法适用，但是这两者的关系整体而言更为宏大，已经超出犯罪论或者刑罚论体系。真正影响程序性要素司法适用的难题，应当在犯罪论或者刑罚论体系内部讨论，从目前来看，集中表现为犯罪构成要件要素、犯罪停止形态、共同犯罪形态以及量刑情节的认定。

首先，对于选择的程序性要素，在行为既具备程序性要素的情节又具备其他情节的场合，如何妥当处理这些情节间的关系？尤其是根据程序性要素情节和其他情节能够得出相反结论的场合，如何在两者间作出取舍，是司法机关亟待解决的难题。其次，程序性要素体系定位的差异直接影响着犯罪停止形态的认定。学界已经就该问题展开争论。如果认为程序性要素是构成要件要素，那么包含程序性要素的犯罪的既遂认定存在不当延迟的风险；如果认为程序性要素是客观处罚条件，那么包含程序性要素的犯罪的既遂的认定就有可能提前。在类型化地界定程序性要素的背景下，不同的体系定位将如何影响包含程序性要素的犯罪的既未遂的认定问题，有待明确。最后，程序性要素犯罪论体系定位的争议导致包含程序性要素的犯罪的共犯身份的认定存在困难，尤其是符合程序性要素的罪犯与不符合程序性要素的罪犯之间的共犯关系，在实务中存在不同的认识。当然，在对程序性要素的体系定位进行类型化的界定之后，包含不同类型程序性要素的犯罪的共犯身份的认定也是对类型化体系定位观点的一次检验。

第一节　程序性要素情节竞合的司法处断

程序性要素的情节竞合是指程序性要素与其他情节同时出现时，如何处理复数情节关系的问题。它主要发生在选择的程序性要素之中，因为选择的程序性要素不是必要的，所以在缺乏程序性要素也可能成立犯罪或者加重刑罚的情况下，同时出现程序性要素和其他定罪情节或者量刑情节时，程序性要素的作用就值得单独研究。尤其是在行为人的行为已经具备严重的社会危害性的情况下，能否允许行为人积极履行程序性要素所包含的作为义务，以避免或者减轻刑事处罚，就成为司法实务中亟待解决的问题。

一、程序性要素情节竞合的情景与问题

程序性要素的情节竞合是指同类型的情节的竞合，不同类型的情节服务于犯罪认定和刑罚裁量的不同阶段，也就不会发生情节竞合的问题。具体来说，选择的程序性要素可以分为选择的定罪要素与选择的量刑要素，情节竞合主要发生在定罪要素内部或者量刑要素内部，而不会存在于定罪要素与量刑要素之间。但是犯罪事实的评价具有流动性，同一犯罪事实在不同构成要件的评价下也可能成为不同类型的情节，继而与本来可能不存在竞合关系的情节产生竞合。例如，故意杀人导致被害人死亡的，由于死亡结果在定罪时已经予以考虑，在对行为进行量刑时不需要单独考虑。因为故意杀人导致被害人死亡是故意杀人罪的犯罪常态，在法定刑的设置和责任刑的选择中，已经考虑了死亡结果，所以在量刑时没有单独（重复）考虑的必要。但是，故意伤害导致被害人死亡的，由于轻伤结果是本罪的定罪情节，死亡结果超出定罪要件的涵摄范围，需要在量刑阶段予以单独考虑。同样是死亡结果，在故意杀人的场合，不会存在死亡结果与其他量刑情节竞合的问题，但是在故意伤害的场合，会因为定罪要件无法包括评价而顺移至量刑阶段与其他量刑

情节发生竞合。[1] 程序性要素的情节竞合也可能因为发生评价要素上的重合导致定罪要素顺移至量刑阶段进行评价，例如，《操纵证券期货解释》第3条规定的操纵证券、期货市场罪“情节严重”的几种情形，如果某个犯罪同时具备两个或者两个以上，在根据其中一个进行定罪以后，就需要在量刑阶段对其他的情节进行考虑，此时就会导致原来据以定罪的程序性要素与其他量刑情节冲突的问题。但是这个问题起着承前启后的作用：一方面，定罪要素与其他量刑情节的竞合以定罪情节的竞合为前提，它是定罪情节处置结论的附属效果；另一方面，定罪要素转移至量刑阶段就成为量刑情节，对它与其他量刑情节竞合的处断参照量刑情节内部的情节竞合的处断方案即可。所以，程序性要素的情节竞合就是定罪情节的竞合与量刑情节的竞合。

程序性要素定罪情节的竞合主要存在于司法解释确定多种构罪标准的场合。如前所述，操纵证券、期货市场罪的严重情节，不仅包括被相关部门调查，仍继续操纵的，还包括发行人、上市公司及其董监高实施操纵行为的等多种情形，如果是董监高等实施了操纵行为，并且被相关部门调查的，该如何评价其中的情节？被相关部门调查后，如果董监高继续实施操纵行为的，那么在构罪评价方向上是一致的，对行为人进行定罪是不存在疑问的，剩下的只是如何处理过剩情节的问题。但是，如果董监高积极配合调查并且不再实施操纵行为的，此时董监高的特定身份要求对行为人进行入罪评价，行为人的后续行为又要求对行为人进行出罪评价，会造成犯罪评价上的对立困境。实际上，程序性要素定罪情节竞合的对立困境是其功能的附属效果。立法者设置程序性要素的初衷，如前所述，包括服务于打击犯罪的需要、限制处罚的需要以及证立犯罪的需要。司法解释为该罪情节要件——“情节严重”设置程序性要素的目的主要还是在于细化犯罪认定情节，服务于证立犯罪的需求。但是问题在于，程序性要素也给予了行为人回归法秩序的机会，在行为人通过积极的后续行为对先前行为作出弥补之时，处罚的利益后果就应该归属于行为人。在出罪与入罪之间，再出现其他影响入罪的要件，就容易造成

---

[1] 参见王瑞君：《如何规范地识别量刑情节——以实务中量刑情节的泛化和功利化为背景》，载《政治与法律》2014年第9期。

定罪评价上的矛盾局面。当然，也不排除刑法规定的多种行为方式中存在程序性要素定罪情节的竞合问题。例如，信用卡诈骗罪的行为方式包括恶意透支型诈骗、冒用他人信用卡型诈骗等四种，如果行为人冒用他人信用卡，并且在发卡行催收时积极返还透支的款项，那么行为既符合冒用他人信用卡的规定，又不符合恶意透支的规定，对行为人的行为究竟是应该进行入罪评价还是进行出罪评价，可能还需要进行一定的价值判断。当然这种案件在实务中通常难以进入司法程序，因为行为人积极支付透支款项的场合，不存在具体的被害人，通常也就不会引起司法机关的重视。例如在卿某信用卡诈骗案件中，卿某办理信用卡借用的身份证都是自己的亲朋好友的，而实践中借用亲友身份证办理信用卡的情形并不罕见。当然，最重要的是，卿某等人的办理信用卡的行为完全符合信用卡的办理流程等规定，至于事后信用卡交由谁使用，名义持卡人则享有一定的处分权。在此意义上，卿某借用他人身份证办理信用卡并自行使用，完全符合民事法律的规定，实际持卡人透支信用卡也是符合法律规定的。如此一来，如果行为人积极偿付透支的欠款，当事人之间权利义务关系即归于消灭，也就不会存在请求司法机关定罪的问题。① 但是，由于恶意透支的行为可能已经超出了名义持卡人的授权范围和认识范围，为了实现对实际持卡人行为的有效规制，需要在恶意透支和冒用信用卡之间寻找到处罚依据，所以对于不认可实际持卡人“持卡人”身份的观点来说，冒用信用卡型信用卡诈骗罪也存在适用的可能。②

程序性要素量刑情节的竞合则主要存在于法定情节中。量刑情节根据是否由法律明确规定，可以分为法定量刑情节和酌定量刑情节，其中在对“法律”作广义理解时，司法解释所确定的量刑情节也具有法定之属性。程序性要素在笔者的论述场域，仅限于法律明确规定的具有程序性、二次性的要素。它与程序性事实存在区别，程序性事实是案件中存在的启动主体要求行为人实施一定行为的事实，它可能存在与之相对的程序性要素，也可能不存在与之相对的程序性要素，在法律具有明确规定时，它就属于程序性要素，属于

① 参见湖南省永州市中级人民法院刑事裁定书，(2015) 永中法刑二终字第169号。
② 参见张明楷:《论信用卡诈骗罪中的持卡人》，载《政治与法律》2018年第1期。

法定量刑情节；在法律没有明确规定时，它就属于程序性事实，如果体现了行为人的人身危险性，就可以作为酌定的量刑情节予以把握。所以，程序性要素的情节竞合只存在于法定情节中，程序性事实的情节竞合只存在于酌定情节中。但是程序性要素本身并非不可以与酌定量刑情节产生竞合。例如，行为人在公共交通工具上以抢夺方向盘等方式危害公共安全，经他人劝告、阻拦仍然实施的，从重处罚（《修十一》将妨害安全驾驶行为单独规定为妨害安全驾驶罪后，从重处罚规定失效）。但是，如果行为人在被抓捕归案后，积极反省自己的行为，主动消除自己行为的恶劣影响的，可能需要在量刑时酌情考虑行为人的悔罪态度。一方面，行为人不听劝阻，执意实施犯罪行为，具有较强的人身危险性；另一方面，行为人积极悔改自己的行为，反映其具有较弱的再犯可能性。前者由司法解释明确规定，后者由裁判者酌情把握，形成法定情节与酌定情节在评价方向上的竞合。但是法定情节与酌定情节的竞合和法定情节间的竞合，除了酌定情节自身的适用强制性和适用效果（限度）与法定情节存在差异外，[①] 处理原则或者路径是一脉相承的。所以，妥善处理好法定程序性要素量刑情节的竞合关系可以启发其他量刑情节竞合关系的处理。例如，《邪教犯罪解释》第 8 条规定了邪教组织犯罪从重处罚的七种情形，[②] 如果行为人同时具备其中的两种情形，处理两者间关系的路径，与处理法定情节与酌定情节关系的路径大同小异。当然，情节竞合的核心问题还是在于反向加功复数量刑情节的评价问题，即当出现部分情节的效果是对行为人从重处罚或者加重处罚、部分情节的效果是对行为人从轻处罚或者减轻处罚时，如何综合评价这些情节的效果。例如，邪教组织被取缔后，仍然进行邪教活动，但是在案发后，主要责任人主动“坦白”犯罪事实的，就

---

① 参见房清侠：《事后自动恢复行为应纳入法定从宽情节》，载《检察日报》2018 年 10 月 12 日，第 3 版。

② 《邪教犯罪解释》第 8 条规定，“实施本解释第二条至第五条规定的行为，具有下列情形之一的，从重处罚：（一）与境外机构、组织、人员勾结，从事邪教活动的；（二）跨省、自治区、直辖市建立邪教组织机构、发展成员或者组织邪教活动的；（三）在重要公共场所、监管场所或者国家重大节日、重大活动期间聚集滋事，公开进行邪教活动的；（四）邪教组织被取缔后，或者被认定为邪教组织后，仍然聚集滋事，公开进行邪教活动的；（五）国家工作人员从事邪教活动的；（六）向未成年人宣扬邪教的；（七）在学校或者其他教育培训机构宣扬邪教的”。

需要妥善安置程序性要素的从重处罚效果与坦白的从轻处罚（或者减轻处罚）效果。

二、程序性要素情节竞合的解决方案

关于反向加功的复数定罪情节，在目前的法律框架内，是可以根据正向加功的情节对行为人定罪量刑的。首先，立法者（解释者）规定复数定罪情节的初衷是明确犯罪认定标准，便于实务操作。立法或者解释经常使用的规范表述是“有下列情形之一的，处……”或者“有下列情形之一的，即构成×××规定的‘×××’”。所以，只要行为人具备复数定罪情节之一，即便不符合程序性要素的规定，也可以对行为人定罪处刑。其次，根据犯罪判断的三段论逻辑来看，大前提是法律规定，小前提是案件事实，结论是案件定性。其中，案件事实以已经发生的作为或者不作为为核心内容，至于没有发生的事实则不是定罪需要关注的对象。所以在存在一个定罪情节就可以定罪的场合，没有必要因为其他定罪情节的存在而否定行为的犯罪性，否则就违背了立法者（解释者）明确定罪情节的初衷。换句话说，既然是选择的要素，那么对行为人定罪只需要行为满足其中一个要素即可。《操纵证券期货解释》第3条规定了“情节严重”的几种情形，不是要求行为必须同时具备这些情形，而是只要具备其中一个即可构成犯罪。最后，刑法中规定复数定罪情节的罪名也都是只关注已经发生的事实。例如《刑法》第264条规定了盗窃罪的几种情形，只要行为具备“数额较大”“多次盗窃”“入户盗窃”“携带凶器盗窃”“扒窃”其中一种情形即可，没有发生的事实不在司法者的考虑范围之内。司法者不能根据假想的事实对行为人定罪，也不能根据假想的事实对行为人出罪。发生的事实已经符合刑法的规定，在没有出罪事由的情况下，没有理由不对行为人定罪。

当然，在根据正向加功情节对行为人定罪后，程序性要素以及行为人的后续行为仍然需要在量刑阶段予以考虑。如果存在明确规定，按照规定处理即可。如果没有明确规定，行为人按照启动主体的要求积极履行义务的，至少可以说明行为人的悔罪态度好，人身危险性降低，可以在酌定范围内对行为人从轻处罚。如果程序性要素作为酌定量刑情节与其他量刑情节发生冲突，则可以参照程序性要素量刑情节竞合的处理原则处理。

但是，程序性要素与其他定罪情节竞合的问题之所以需要特殊讨论，是因为程序性要素事实上给予了行为人回归法秩序的机会，规范上某些程序性要素的设置也确实包含了限制处罚范围的初衷。能否以程序性要素作为切入点，开辟一条包含程序性要素犯罪的出罪（免罚）路径，是笔者进一步研究该问题的目的。实际上，程序性要素能否发挥出罪（免罚）的作用，取决于对程序性要素的价值判断，即赋予程序性要素定罪机能还是出罪（免罚）机能。从规范表述上看，现行《刑法》中只有逃税罪初犯免责条款属于刑罚阻却事由，其他的具有定罪（量刑）机能。但是笔者认为，可以考虑扩张程序性要素刑罚阻却机能的适用范围，并将其制度化。首先，众所周知，对于造成一定法益侵害结果的行为，司法实务部门存在明显的定罪倾向。[①] 换句话说，现有犯罪论体系定罪功能有余，出罪（免罚）机能不足。为了实现体系机能的平衡，从制度上克服重刑主义思想，有必要畅通犯罪出罪（免罚）机制，为行为人提供充足的回归法秩序的机会。其次，包含程序性要素的犯罪，或者以程序性要素作为定罪情节的犯罪通常都比较轻微，行为人通过积极的修复措施弥补损害的，可以不再动用刑罚。刑法的补充性和经济性要求刑法只能处罚具有严重社会危害性的行为，只能处罚其他法律无法有效调整的行为。如果行为人已经有明显的悔罪倾向，并且修复造成的损害后果，通过其他法律可以实现有效处置的，可以附条件免除处罚或者不予追究刑事责任。实际上，《刑法》第 13 条“但书”的规定也启示了情节显著轻微危害不大的行为可以不当作犯罪处理。建构包含程序性要素的犯罪的出罪（免罚）机制，是对《刑法》第 13 条“但书”规定的细化和落实。最后，刑法的两大机能是法益保护和人权保障。赋予积极履行程序性要素义务事由出罪（免罚）效能，既可以使被侵害的法益得到及时有效的修复，最大限度地实现法益保护机能，也可以最小限度地动用刑罚（恶），最大限度地实现人权保障机能。并且，行为人积极回归法秩序，没有特殊预防的必要，通过自己的行为获得刑罚处罚上的优惠，可以教育感化他人，也没有一般预防的必要。所

---

① 参见齐文远主编：《刑法学》（第 3 版），北京大学出版社 2016 年版，第 32 页。

以，对积极履行义务的行为人出罪（免罚）并不违背刑法的目的和机能。

关于反向加功的复数量刑情节，学界存在综合判断说、抵销说、优势情节说以及分别适用说的争论。综合判断说是过去司法实务中经常采用的判断方法，即综合把握复数量刑情节进而确定宣告刑刑罚，由于具有操作的便宜性而受到追捧，但是也存在恣意性的弊端。抵销说可以进一步分为绝对抵销说和相对抵销说，但是基本原则就是根据各个情节的作用系数进行相互折抵。优势情节说认为简单的系数折抵是不妥当的，应当根据“优先”原则优先适用优势情节。但是这种“优先”是适用顺序上的优先还是适用效果上的排斥，并不明确。[①] 分别适用说则认为，“应考虑不同情节的地位与作用，分别适用各种量刑情节”[②]。笔者原则上赞同分别适用说。综合判断说的恣意性特征容易使其丧失制度的约束。优势情节说实际上是对量刑情节适用效果的提炼，但是这应该是情节适用的过程性内容。换句话说，情节是否具有优势取决于法律的明确规定，但是法律的规定并没有为冲突量刑情节的适用提供指引。抵销说尽管在具体结论上与分别适用说存在相似之处——都需要进行刑罚量的加减，但是在适用过程上存在缺陷。抵销说的一个重要步骤是对量刑情节赋加作用系数，然后根据作用系数进行相互折抵，折抵后的剩余系数作为基础刑加减的依据。可是量刑情节对量刑的影响不是简单的加减问题，从某种程度上更类似于幅度的增减问题。具体来说，量刑情节的从宽或者从严效果都是相对于基础刑而言的，先前的量刑情节在对基础刑发挥作用增加刑罚后，其他量刑情节以增加后的刑罚作为基础刑，虽然都是从严或者从宽，但是基础刑的量是不同的，更不要说不同量刑情节的从严或者从宽的幅度并不相同。举个不是十分精准的例子，如果以 100 为基础，上调 10%，再下调 10%，结果不是没有变化，而是下降 1%。所以，将量刑情节进行作用系数的折算本身没有问题，但是需要始终结合基础刑的量进行计算。而且，在基础刑之外单独计算量刑情节作用系数的关系，不利于实现量刑公正和维护司法权威。因为每个量刑情节对刑罚量的影响不能直观地反映出来，无法对当

① 参见周光权：《量刑情节冲突及其解决的争议问题研究》，载《中外法学》1999 年第 4 期。

② 张明楷：《责任刑与预防刑》，北京大学出版社 2015 年版，第 323 页。

事人以及一般公众形成有说服力的影响，无法获得当事人以及一般公众的认同。

在分别适用说下，优先裁量从严情节还是从宽情节则十分重要。笔者认为，在对刑罚进行责任刑与预防刑的区分，并且以责任刑作为刑罚上限的前提下，影响同类型刑罚的情节应当优先考虑从严情节，再考虑从宽情节。一方面，优先考虑从严情节可以为宣告刑设定上限，防止宣告刑无限上浮。如果后考虑从严情节，从轻情节发挥作用后，从严情节的适用将失去限制。另一方面，考虑从严情节后再考虑从宽情节可以最大限度地体现刑法的宽仁。如上所述，重刑主义的倾向已经导致我国法定刑的设置整体偏重，后考虑从宽情节可以较大幅度地调整偏重的法定刑，实现宣告刑的适正和缓和。有学者认为，在从重和减轻情节竞合时，应当优先适用减轻情节，否则从重处罚就没有发挥作用。[①] 这种观点具有代表性，因为这涉及从宽效果不同的情节间竞合的处理，可能还反映加重处罚与从轻处罚的适用顺序问题。笔者认为，论者的观点要么混淆了责任刑与预防刑的关系，要么体现了重刑主义思想的残留。因为，在限制预防情节加重处罚的情况下，加重或者减轻处罚的情节主要是影响责任刑的情节，这些情节应当在责任刑的阶段予以裁量，而从宽幅度较小的从轻处罚情节通常在预防刑的裁量阶段予以考量。而且即便是因为预防情节对行为人减轻处罚，在优先考虑从重处罚情节后再考虑减轻处罚，从过程上看并非没有考虑从重处罚情节。只是在结论上可能无法满足论者对刑罚“重”的追求。具体到上文提及的邪教组织被取缔后仍然从事邪教活动的情节和坦白的情节，笔者还是认为，应当优先处理具有从重处罚效果的情节，然后再根据坦白情节对行为人进行刑罚调整。实际上，如果先从轻再从重，我们也可以套用论者的逻辑来提出反对意见，即从轻处罚此时也没有发挥作用。所以，从实现刑罚适正和缓和的角度来说，适宜优先考虑从严情节，再考虑从宽情节。

---

① 参见周光权：《量刑情节冲突及其解决的争议问题研究》，载《中外法学》1999年第4期。

第二节　程序性要素下停止形态的司法裁判

程序性要素的复杂构造决定着行为人在不同的阶段都有可能停止自己的行为，如果在程序性要素前后行为人停止自己的行为，应当如何认定行为的停止形态？一方面，我国刑法规范中的程序性要素的类型是多样的，不同的程序性要素对犯罪停止形态认定的影响是不同的——已经有学者在程序性要素的体系定位中就犯罪的既未遂问题展开争论；另一方面，我国刑法学界对犯罪既未遂的判断标准还存在较大的争议，不同的认定标准也会对包含程序性要素的犯罪的停止形态的认定产生影响。鉴于此，本节将就包含程序性要素的犯罪的停止形态，主要是既未遂的认定进行专门研究。

一、程序性要素对犯罪停止形态的影响

学界对包含程序性要素犯罪停止形态的研究依附于程序性要素的体系定位，并且集中表现为犯罪既遂未遂的争论。例如，批判构成要件要素说的学者认为，像拒不支付劳动报酬罪这类犯罪（主要是包含事后的程序性要素的犯罪），行为人不支付数额较大的劳动报酬的行为，就已经造成了法益侵害结果，成立犯罪既遂，如果将程序性要素理解为构成要件要素，会导致犯罪既遂认定的不当延迟。① 又如，主张客观处罚条件说的学者认为，客观处罚条件说是不法与责任要件外的影响刑罚发动的事由，不影响犯罪既遂和未遂的认定。犯罪既遂或未遂的判断应当根据先前行为的状态进行，在具备客观处罚条件的情况下，如果先前行为没有完成，就是犯罪未遂。当然，如果不具备客观处罚条件，因为还缺少发动刑罚的事由，也就没有讨论既未遂的必要。② 反对客观处罚条件说的学者则认为，客观处罚条件说主张的既未遂区分标准的立论根基是不存在的，客观处罚条件说认为先前行为的完成情况与

---

① 参见黄继坤：《论拒不支付劳动报酬罪的几个重要问题——对〈刑法修正案（八）〉的解读》，载《当代法学》2012 年第 3 期。

② 参见周光权：《论内在的客观处罚条件》，载《法学研究》2010 年第 6 期。

程序性要素可以独立判断，但是在先前行为没有完成的情况下，程序性要素不可能存在。换句话说，程序性要素一定是依附于先前行为完成这一事实存在的，例如在拒不支付劳动报酬罪中，经政府有关部门责令支付行为人仍不支付的事实，一定发生在行为人不支付数额较大的劳动报酬（既遂）之后。如此一来，包含程序性要素的犯罪要么成立犯罪（且犯罪既遂），要么不成立犯罪，根本不存在犯罪未遂的余地。[①]

司法实践中，包含程序性要素的犯罪的既未遂认定同样存在疑问。以黄某某拒不支付劳动报酬案[②]为例，2013 年 3 月 18 日，被告人黄某某与陈某某、金某某在东莞市虎门镇大宁社区大板路 66 号三楼合资设立了东莞市虎门蒂雅皮具制品厂（以下简称蒂雅厂），并由黄某某负责经营与管理。然而，由于经营不善资金无法回收，黄某某在未能及时发放工人工资的情况下，于 2013 年 10 月 11 日弃厂潜逃。2013 年 10 月 12 日和 10 月 18 日，东莞市人力资源部门在接到蒂雅厂员工的投诉后，两次向蒂雅厂送达了《劳动监察限期整改指令书》，要求蒂雅厂限期发放员工工资，并在工厂内张贴了公告，但黄某某一直逃避未归。此后，东莞市人力资源和社会保障局虎门分局及虎门镇大宁社区人力资源服务站组织了协调，最终蒂雅厂厂房房东谭某某、陈某甲与该厂员工达成一致，针对拖欠的该厂 108 名员工 8 月、9 月、10 月的工资总额 62.9 万元，由谭某某、陈某甲于 2013 年 10 月 17 日按照总工资的 70% 的标准垫付，合计约 44 万元（其中包括该厂厂长谭某甲 2012 年全年工资 2.16 万元）。随后，蒂雅厂的设备、原材料等剩余资产由陈某甲以 8 万元的价格变卖处理。2015 年 1 月 5 日 15 时许，公安人员在湖南省衡阳东站安检口将黄某某成功抓获。归案后，黄某某声称蒂雅厂仅有 60 余名员工，且其仅拖欠了工人 9 月、10 月的工资共计 26 万元。

黄某某的辩护人称，黄某某拖欠 60 名工人共计 26 万元工资基本属实，并且由于房东已垫付了工人工资，本案应属于犯罪未遂，同时属于刑事立案前已经支付劳动者劳动报酬的情形。人民法院则认为，案发后由房东代为垫

① 参见杜宇：《程序性犯罪构成要素的性质》，载《中国法学》2022 年第 5 期。

② 参见广东省东莞市第二人民法院刑事判决书，(2015) 东二法刑初字第 1227 号。

付工资，不属于法律规定的“已经支付劳动者报酬”的情形，也不存在犯罪未遂问题。辩护人提出本案属于犯罪未遂，系对法律规定的误解。实际上，按照辩护人的观点，根据《拒不支付劳动报酬解释》第6条第1款的规定，黄某某的行为属于“拒不支付劳动者的劳动报酬，尚未造成严重后果，在刑事立案前支付劳动者的劳动报酬，并依法承担相应赔偿责任的，可以认定为情节显著轻微危害不大，不认为是犯罪”。

但是，对于情节相似的案件，行为人的行为是否构成未遂，不同的人可能存在不同的观点。例如在于某某拒不支付劳动报酬、诈骗案①中，被告人于某某系大连保税区二十里堡街道三房身村东汇家园小区第一项目部的实际承包人，该工程由其哥哥于某1帮助联系取得，具体施工时间为2012年8月至2014年12月。被告人于某某作为实际承包人，主要负责工程进度管理、工程质量监督、工程款的管理使用等。在该工程的建设过程中，发包方大连东汇合力房地产开发有限公司按照工程进度，足额向被告人于某某拨付工程款人民币1900余万元。因被告人于某某管理不善，工程资金出现较大缺口，后被告人于某某通过借高利贷的方式维持资金周转，以至于资金链彻底断裂。至2014年12月工程施工完毕后，仍拖欠刘某某（另案处理）等人工资人民币68.46万元，经政府有关部门责令支付后，其拒不支付，且通过更换电话号码和住所等方式逃避支付。2014年12月，因被告人于某某拒不支付劳动报酬，刘某某、周某、张某1等人到大连保税区劳动监察大队上访，要求支付工资。同年12月12日，劳动监察大队联系被告人于某某到该大队与工人一同制作并核对工资明细。

于某某及其辩护人辩解称，于某某拖欠工人工资的行为并非出自于某某的本意，之所以出现拖欠工资的现象，是因为发包方没有足额支付工程款以及在施工的过程中产生了额外费用，于某某客观上无力支付工人工资。而且在发生欠薪事实后，于某某积极协调各方解决工人工资问题，主观上不存在拖欠工人工资的犯罪故意。此外，在于某某被拘留的期间，发包方足额支付了工人工资，“所以被告人的行为不构成拒不支付劳动报酬罪”。于某某及其

① 参见辽宁省大连市大连经济技术开发区人民法院刑事判决书，（2017）辽0291刑初1号。

辩护人的辩护意见实际上是从拒不支付劳动报酬罪的成立要件角度来否定该罪的成立。一方面，于某某无法支付劳动报酬的事实是第三方导致的，自己主观上不存在犯罪故意；另一方面，发包方足额支付了劳动报酬，不符合客观方面要件。所以，在该案中，于某某及其辩护人就认为补发劳动报酬的行为直接否定行为的犯罪性，而不是像前一个案件中否定行为构成犯罪既遂。

综上所述，程序性要素的内容确实影响着犯罪既未遂的认定。此外，笔者认为，此类犯罪既未遂认定存在分歧，还有一个重要的原因就是刑法分则的规定模式究竟是犯罪既遂模式还是犯罪成立模式不明确，如果认为刑法分则采取的是犯罪既遂模式，那么在不具备程序性要素时或者即便具备程序性要素但是没有后续行为时，仍然有讨论犯罪既未遂是否成立的空间，如果认为刑法分则采取的是犯罪成立模式，那么所有的要素都是成立犯罪所必须具备的要素，在缺乏程序性要素或者其他要素的情况下，行为连构成犯罪都存有疑问，更遑论是构成犯罪既遂还是犯罪未遂了。所以，在进行具体分析时，有必要对这些前置性问题先予澄清。

二、犯罪既遂标准的理论澄清

（一）现有犯罪既遂标准的学说梳理

在传统刑法理论的框架内，犯罪既遂的标准主要存在三大核心观点：犯罪目的实现说、犯罪结果发生说以及构成要件齐备说。其中，构成要件齐备说因其强大的解释力和广泛的应用性，占据了通说的地位。然而，随着刑法理论的不断发展和深化，学者开始对传统犯罪既遂标准进行审视与反思。在这一背景下，一系列新的学说应运而生，包括新目的说、新结果说、修正的构成要件齐备说、双重标准说、类型化标准说以及权益侵害说等。① 这些学说从不同的角度出发，对传统标准进行了丰富和拓展，为刑法理论注入了新的活力。

1. 犯罪目的实现说及其修正理论。犯罪目的实现说主张，犯罪既遂的判定应基于行为人的预期目的是否达成。一旦预期的犯罪目的实现，即可认定

① 参见彭文华：《论刑事法治视野中的犯罪既遂标准》，载《法学评论》2009 年第 2 期。

为犯罪既遂。[1] 然而，此观点面临诸多批评，被认为存在任意性、构成性和主观性的缺陷。[2] 具体而言，同一犯罪行为可能因犯罪分子的差异而呈现多样的犯罪目的，甚至同一犯罪分子也可能存在多层次的犯罪目的。因此，确定哪个犯罪分子的目的以及哪一层目的作为犯罪既遂的标准显得尤为困难。此外，犯罪目的作为选择性构成要件（要素），是犯罪分子实施犯罪行为所欲求的危害社会结果的心理态度，[3] 潜藏于人的主观意识之中，对它的认识只能依赖于外化的行为完成或危害结果的产生。

为了克服上述缺陷，学者提出了两种有代表性的修正理论。第一种是直接目的实现说，该理论将目的界定为直接故意的意志因素，并认为只要行为人的故意意志因素达成，即可构成犯罪既遂。[4] 但需要注意的是，主观意志因素是否达成的判断，仍须依赖于客观的危害结果或危险状态的实现情况。[5] 第二种是彰显犯罪目的的状态发生说，该理论通过对比既遂与未遂的公式，得出既遂与未遂的区别在于主观方面的意志因素（犯罪目的）与客观方面的某种状态（未遂延长线上的部分）。该理论认为，只要某种状态彰显了行为人的犯罪目的，无论目的是否实现，都构成既遂。[6] 然而，这两种修正理论在判断犯罪既遂时，仍需借助直接故意意志因素所期待的“危害社会的结果”或预期的最终结果和危险状态。这使修正理论在彻底性和形式性上仍显不足，仍须进一步深入研究和完善。

2. 犯罪结果发生说及其修正理论。犯罪结果发生说主张，犯罪是否既遂的判定依据在于刑法所规定的犯罪行为逻辑上应导致的犯罪结果是否发生。具体而言，若犯罪结果发生，则构成犯罪既遂；反之，则不构成。[7] 然而，该理论面临的主要批评在于，我国刑法分则并未针对各类故意犯罪统一规定

---

① 参见侯国云：《对传统犯罪既遂定义的异议》，载《法律科学》1997 年第 3 期。

② 参见王纪松：《论类型化的犯罪既遂标准》，载《中国刑事法杂志》2006 年第 1 期。

③ 参见高铭暄、马克昌主编：《刑法学》（第 8 版），北京大学出版社、高等教育出版社 2017 年版，第 120 页。

④ 参见李居全：《关于犯罪既遂与未遂的探讨》，载《法商研究》1997 年第 1 期。

⑤ 参见彭文华：《论刑事法治视野中的犯罪既遂标准》，载《法学评论》2009 年第 2 期。

⑥ 参见李永升、张超：《对犯罪既遂标准的反思与重构》，载《昆明理工大学学报（社会科学版）》2012 年第 1 期。

⑦ 参见刘宪权主编：《刑法学》（第 2 版），上海人民出版社 2008 年版，第 197 页。

一个具体的犯罪结果作为既遂标准，所谓犯罪结果的“法定性”更多的是一种理论构想，缺乏实在法律依据。[①] 此外，根据我国刑法理论的普遍观点，犯罪结果仅是结果犯成立时所必需的要件，而对于行为犯、举动犯等，它们的成立并不以犯罪结果的发生为必要条件。更有甚者，部分行为犯和举动犯的行为延长线上，并不存在结果犯所要求的特定危害结果，即有形的物质性危害结果，例如煽动分裂国家罪、侮辱罪等。因此，结果发生说不仅存在构成性上的固有难题，还过分拘泥于危害结果的有形性和物质性，显露出理论局限性。

为应对上述理论缺陷，部分学者对犯罪结果的概念进行了重新阐释，认为它是指犯罪行为对刑法所保护的人或物的存在状态所造成的改变。这一定义不仅涵盖了导致他人死亡等有形物质性结果，也囊括了侵犯妇女性的自主权等无形非物质性结果。[②] 修正后的理论基于犯罪结果与法益即犯罪客体之间的紧密联系，将犯罪结果重新定义为犯罪行为对法益的侵害，这一界定超越了传统刑法理论中将犯罪结果仅视为行为对对象作用后合法状态改变及其改变可能性的狭隘理解。[③]

3. 构成要件齐备说及其修正理论。构成要件齐备说，根植于分则既遂模式论，主张行为若完全满足刑法分则所规定的构成要件，则构成犯罪既遂；反之，则不构成。该说进一步将犯罪既遂划分为四大类型：其一，结果犯，以法定的危害结果发生作为既遂的标志；其二，行为犯，以犯罪行为的实施完成为既遂的标志；其三，危险犯，以法定的危险状态出现为既遂的标志；其四，举动犯，涵盖刑法分则中的预备性质犯罪和教唆性质犯罪，行为人一开始实施犯罪行为即视为完成并达到既遂。[④]

然而，该说也面临诸多批评，被认为存在提供虚假理论前提、混淆犯罪既遂与犯罪成立标准的关系、错误界定犯罪既遂类型等问题。因此，其理论

---

① 参见刘之雄：《关于犯罪故意既遂标准的再思考》，载《法商研究》1998 年第 6 期。

② 参见徐德华：《再论犯罪既遂标准——以对犯罪结果的重新解读为切入点》，载《学术探索》2008 年第 4 期。

③ 参见齐文远主编：《刑法学》（第 3 版），北京大学出版社 2016 年版，第 86 页。

④ 参见高铭暄、马克昌主编：《刑法学》（第 8 版），北京大学出版社、高等教育出版社 2017 年版，第 148～149 页。

和实务价值被质疑，有学者甚至宣称其理论基础已然瓦解。[①] 尽管如此，构成要件齐备说的支持者仍积极对其进行修正和维护，他们基于对“构成要件”与“构成要件要素”的区分性理解，提出犯罪成立是犯罪构成“构成要件”的齐备，而犯罪既遂则是“构成要件要素”的充分实现。[②] 这一辩护颇具洞察力，在很大程度上削弱了批评者的观点。此外，在司法实践中，构成要件齐备说仍然发挥着重要作用，其通说地位依然稳固。因此，断言构成要件齐备说的理论基础已经瓦解尚为时过早。

4. 双重标准说。双重标准说基于《刑法》第13条“但书”的规定，指出构成要件齐备说将“情节显著轻微危害不大”的行为认定为犯罪既遂，与犯罪成立理论所得出的不构成犯罪的结论相矛盾。因此，该说认为，构成要件的齐备仅应作为判断犯罪既遂的形式标准，犯罪既遂的判断还需辅以具备一定程度社会危害性的实质标准。[③]

然而，双重标准说也存在问题，它混淆了犯罪成立与犯罪既遂之间的界限。因为《刑法》第13条“但书”中的“情节显著轻微危害不大的，不认为是犯罪”这一表述，实际上是从犯罪成立的角度出发的。无论是形式犯罪论者还是实质犯罪论者，在认定犯罪时都必须进行违法性的实质判断。双重标准说错误地割裂了犯罪成立与犯罪既遂之间的联系，对构成要件齐备说进行了过于形式化的解读，将违法性的判断错误地纳入了犯罪既遂的判断中。此外，该说未能超越分则既遂模式论和犯罪既遂形态论的框架，实质上只是对构成要件齐备说的另一种表述。

5. 类型化标准说。类型化标准说在批判构成要件齐备说、目的说及结果说的基础上，主张应根据不同犯罪类型设定各异的既遂标准。具体而言，行为犯以特定危害行为的完成为既遂标志，而结果犯则以特定危害结果的出现为既遂标志。[④]

---

① 参见侯国云：《“构成要件说”作为犯罪既遂判定标准的不合理性——兼与王志祥博士商榷》，载《河南师范大学学报（哲学社会科学版）》2006年第2期。

② 参见王志祥：《犯罪既遂新论》，北京师范大学出版社2010年版，第111～112页。

③ 参见于阜民、夏弋舒：《犯罪既遂概念：困惑与重构》，载《中国法学》2005年第2期。

④ 参见王成祥：《犯罪既遂标准探析》，载《经济与社会发展》2003年第3期。

实质上，类型化标准说对构成要件齐备说的形式性进行了修正，具有一定的进步意义。然而，它仍保留了构成要件齐备说的其他缺陷。这是因为类型化标准说认为，分则是立法者根据所保护法益的重大性差异，选择以结果发生或行为完成作为既遂的截断时机来构建的，这仍然基于分则既遂模式论。该说还将犯罪既遂的类型从四种简化为行为犯和结果犯两种。[①] 因此，与双重标准说相似，类型化标准说并未能完全摆脱构成要件齐备说的框架，而只是对其进行了细微的修补。

6. 法益侵害说。法益侵害说，亦称权益侵害说或犯罪客体侵害说，[②] 主张刑法的根本目的在于保护合法权益。该说认为，犯罪既遂与未遂的区分，其意义在于根据合法权益受侵害的程度不同，将各种犯罪情形加以区分，以便正确适用刑罚。因此，权益是否受到侵害被视为判断犯罪是否既遂的唯一标准。[③] 在此基础上，有学者为增强权益侵害说的可操作性，进一步提出可将犯罪既遂的标准具体化为能够客观衡量且表明法益（犯罪客体）受损的犯罪对象的实际侵害。[④]

笔者原则上认同法益侵害说的基本观点，但对该说部分论者的论证过程及最终结论持有疑问。例如，在权益侵害说的框架下，行为犯是否能作为独立的犯罪既遂类型？对象侵害说是否过度强调了犯罪对象与犯罪客体之间的关联？对这些问题的深入探讨，不仅可能对构成要件齐备论的理论体系构成挑战，同时还为权益侵害说的理论基础的巩固提供了契机。

通过上述梳理，我们可以发现，原本侧重于主观层面的犯罪目的实现说，最终不得不转向客观层面，趋向于结果发生说或权益侵害说。结果发生说由于其内在的局限性，实际上往往以结果发生之名，行权益侵害之实。至于双重标准说与类型化标准说，它们并未能真正突破构成要件齐备说的框架，仅

① 参见王纪松：《论类型化的犯罪既遂标准》，载《中国刑事法杂志》2006年第1期。

② 究竟是以客体、权益还是法益描述刑法分则的保护内容，理论上存在争议。本书无意参与此场争论，仅在区分行为客体（行为对象）与保护客体的基础之上，对该三者概念在同等意义上把握。

③ 参见冯亚东、胡东飞：《犯罪既遂标准新论——以刑法目的为视角的剖析》，载《法学》2002年第9期。

④ 参见陆诗忠：《对我国“犯罪既遂标准说”的反思——“犯罪对象侵害说”之提倡》，载《安徽大学学报（哲学社会科学版）》2012年第4期。

仅是对其进行了局部的修补或以不同的方式进行了重述。因此，当前关于犯罪既遂标准的争论主要集中在构成要件齐备说和权益侵害说之间，本书也将主要对这两种学说进行深入的反思和证成。

（二）犯罪构成要件齐备说的再反思

综上所述，学界针对构成要件齐备说的批判，主要聚焦于其分则既遂模式论的理论前提缺乏真实性、混淆了“犯罪成立”与“犯罪既遂”之间的界限、过于形式主义且可操作性不强，以及犯罪既遂类型划分不尽合理等几个方面。然而，这些批判并未使构成要件齐备说陷入绝境，相反，它在面对挑战时展现出更强的生命力，不断进行自我完善。因此，有必要对其存在的缺陷进行更为深入的反思，并对支持者的修正观点给予相应的回应。

1. 分则既遂模式论的理论前提是否真实。构成要件齐备说的主张者普遍持有一个观点，即刑法分则对犯罪的规定是以既遂为模式的。他们给出了以下理由：首先，根据“截断的犯罪构成”理论，立法者有权根据行为所侵害法益的重要性的差异，将行为的不同阶段纳入刑法的处罚范围，并设定相应的既遂形态。这意味着，对于侵害重要法益的行为，即便结果尚未发生，只要存在法益侵害的现实危险，即可将其视为既遂形态并予以处罚。其次，我国《刑法》总则明确规定，对于预备犯、未遂犯和中止犯，应参照既遂犯的处罚标准，从轻、减轻或免除处罚。这表明，如果分则所规定的具体犯罪的法定刑不是以“既遂”为模型，那么对于未完成形态的处罚就缺乏具体的参照标准。

然而，批评者对此持有不同观点。他们认为，我国刑法规定的犯罪并非以既遂为模式。批评者指出，资产阶级的“既遂模式论”，即以处罚既遂为原则、以处罚未完成形态为例外，与我国普遍处罚犯罪既遂、未遂、中止和预备的立法例并不相符。换句话说，由于需要根据同一个法条对同一犯罪的不同形态进行处罚，因此该法条只能是以能够包含各种犯罪形态的“犯罪成立”为模式。如果分则所规定的犯罪以“既遂”为模式，那么对于未完成形态犯罪的法定刑的适用就会缺乏实定法上的依据。[①] 此外，批评者指出，我

① 参见刘明祥：《我国刑法规定的犯罪并非以既遂为模式》，载《中南政法学院学报》1990年第4期。

国刑法分则所规定的众多犯罪并非以既遂为模式，例如《刑法》第 114 条、第 116～118 条的规定就是明证。①

针对批评者的观点，维护者进行了反驳。他们指出，尽管刑法并未明文规定以处罚既遂犯为原则、以处罚未遂犯为例外，但从我国的司法实践来看，事实上也遵循着这一原则。维护者进一步强调，如果认为分则以“犯罪成立”为模式，那么刑法总则关于预备犯、未遂犯和中止犯的规定就显得多余，因为这将无法解释为何需要对这些未完成形态的犯罪进行特别的处罚规定。②

笔者基本赞同分则成立模式论，并拟对支持者的基本观点及反驳意见作出以下几点回应。首先，从“犯罪成立”的角度来看，立法者确实会根据所保护法益的重大性，将尚未造成实际损害的行为纳入刑法的处罚范围。虽然某种行为能否被纳入刑法的处罚范围，是否具有刑事可罚性，离不开立法者的主观选择，但这种选择的结果关乎的是该行为能否“构成”刑法上的犯罪，而非“成立犯罪既遂”。换言之，对行为的法益侵害性（社会危害性）的判断属于立法评估阶段的任务，评估结果直接影响立法者是否将特定行为规定为犯罪（犯罪是否成立）。其次，分则成立模式论并不会导致未完成形态的处罚缺乏具体参照。张明楷教授指出，实务工作者在量刑时，需首先根据犯罪常态确定量刑基准点，而犯罪常态可能因案件性质的不同而表现为未完成形态或完成形态。③ 对于以未完成形态作为常态的犯罪，无须以既遂的刑罚作为参照，只要事实上存在处罚轻重的差异即可。而对于以完成形态作为常态的犯罪，确定未完成形态的刑罚已超出了分则既遂模式论的功能范围。再次，关于我国司法实践是否以处罚既遂犯为原则的问题，笔者认为这值得商榷。在谦抑原则的指导下，司法实践对于不具有严重社会危害性的行为确实采取了比较克制的态度，但这主要是《刑法》第 13 条但书规定的体现。

① 参见许海波：《还犯罪既遂以本来面目——对犯罪既遂标准通说的质疑》，载《东岳论丛》2004 年第 5 期。

② 参见林燕：《犯罪既遂构成要件标准说之重构——构成要件要素充分说之提倡》，载《南都学坛》2007 年第 6 期。

③ 参见张明楷：《责任刑与预防刑》，北京大学出版社 2015 年版，第 313～319 页。

而且，从案件数量的对比关系来看，很多犯罪的未完成形态占比明显高于完成形态，例如危害国家安全类犯罪。最后，总则关于预备犯、未遂犯和中止犯处罚原则的规定是一种宏观的指导，其具体运用还需结合具体犯罪的具体情形，并不必然与既遂模式论捆绑。

2. 是否混淆了“犯罪成立”与“犯罪既遂”之间的关系。构成要件齐备说主张，判断行为是否既遂应以行为是否充分满足刑法分则所规定的具体构成要件为标准，然而这一观点遭受了批评者的强烈质疑。依据刑法理论的通说，犯罪构成是指认定某一行为构成犯罪所需的主客观要件的统一体。任何行为若要构成犯罪，都必须完全契合刑法分则关于构成要件的规定，未完成形态的行为亦不例外。换言之，未完成形态的犯罪同样是充分满足犯罪构成要件的行为。因此，构成要件齐备说被指有混淆“犯罪成立”与“犯罪既遂”之间关系的嫌疑。[①]

对此，维护者反驳称，犯罪成立与犯罪既遂之间并非对立的关系，且不应孤立地看待这两者。在判断行为是否构成犯罪之前，该行为总是以某种具体形态存在。因此，构成犯罪的始终是具体形态的行为。只是完成形态的行为相较于未完成形态的行为，具备了一些额外的要素。具体而言，完成形态的行为充分满足了基本的构成要件，而未完成形态的行为则充分满足了修正的构成要件。两者都符合犯罪成立必须充分满足具体构成要件的要求，只是在具体构成要件要素上，既遂罪与未遂罪存在差异。[②]

维护者对犯罪成立与犯罪既遂之间关系的理解相当精准，然而，即便承认两者间存在事实上的依存关系，也并不能直接推导出应将既遂条件纳入构成要件的必然结论。首先，苏联刑法理论中的经典命题是，犯罪构成是刑事责任的唯一根据，“唯一”一词蕴含两层意义：其一，追究行为人的刑事责任必须且只能依据犯罪构成，不存在其他依据；其二，每个犯罪的构成都是唯一且确定的。[③] 我国传统刑法理论也基本遵循了这一命题。然而，按照维护者的观点，每种犯罪至少包含四种犯罪构成，这不仅动摇了刑事责任唯一

---

① 参见侯国云：《对传统犯罪既遂定义的异议》，载《法律科学》1997 年第 3 期。

② 参见王志祥：《犯罪既遂与相关概念的关系》，载《南都学坛》2009 年第 6 期。

③ 参见米铁男：《特拉伊宁的犯罪论体系》，北京大学出版社 2014 年版，第 191 ~ 194 页。

确定依据的地位，为司法裁量的随意性提供了理论空间，而且违背了刑法的明确性原则。其次，构成要件齐备说可能导致部分犯罪存在多个既遂形态。例如，《刑法》第114条和第115条分别对未造成严重后果和造成严重后果的放火罪作了规定。若按构成要件齐备说的观点，这两条规定的放火罪均被视为既遂形态。那么，此类犯罪的未完成形态该如何界定？是否真的需要将处罚范围延伸至“危险的危险”乃至更遥远的“危险的危险的危险”？再次，行为在构罪评价前的样态不仅包含完成与否的区别，还涉及是否构成共同犯罪的差异，即犯罪成立与共同犯罪之间也存在事实上的依存关系。若将构成要件齐备说的观点贯彻到底，共同犯罪的条件也应纳入构成要件的体系中，但实际情况并非如此。此外，构成要件齐备说在未遂犯与中止犯的区分上也面临困境。在构成要件齐备说看来，未遂犯与中止犯的区别也体现为构成要件的差异。然而，作为区分未遂犯与中止犯的关键条件之一的“自动性”，在构成要件中难以找到恰当的位置。构成要件齐备说忽视了构成要件要素在刑法理论中的特定涵摄范围和分则的具体规定性。[①] 最后，正如维护者自己所指出的，完成形态与未完成形态的差异仅在于是否发生了既遂条件，而构成要件中的许多要件对于判断既遂与否并无实质性作用。因此，将构成要件齐备说作为犯罪既遂的判断标准是不彻底的。这也是部分学者转而寻求构成要件要素充分说作为出路的原因所在。[②]

3. 构成要件齐备说是否缺乏可操作性。批评者指出，构成要件齐备说试图为各类犯罪的既遂判断确立一个统一标准，但其过分强调形式性标准，缺乏实质性的内容，因此难以有效区分犯罪既遂与未遂。[③] 以盗窃罪的既遂标准为例，学界存在接触说、转移说、失控说、控制说等多种争议，这些争议显然超出了“构成要件齐备说”的范畴。换言之，构成要件齐备说在更深层次上仍需为盗窃罪的既遂提供实质性的判断标准。

---

① 参见张明楷：《犯罪构成体系与构成要件要素》，北京大学出版社2010年版，第117页。

② 参见林燕：《犯罪既遂构成要件标准说之重构——构成要件要素充分说之提倡》，载《南都学坛》2007年第6期。

③ 参见米传勇：《犯罪既遂标准新论 修正的构成要件齐备说之提倡》，载《法律适用》2005年第9期。

维护者则认为，犯罪既遂标准的形式性是分则规定性的内在要求，也是人权保障的必然体现。刑法通过构成要件的形式将既遂标准规定于分则之中，这决定了其具有一定的抽象性和形式性。然而，在具体适用时，司法工作者需要结合具体案情进行具体分析。① 此外，构成要件齐备说总是结合具体犯罪形态来论证自己的观点，认为结果犯、行为犯、危险犯都有其特定且明确的既遂标准。实际上，这已经从立法意图的角度为犯罪既遂的判断增添了实质性的内容。②

维护者的观点反而凸显了构成要件齐备说的根本缺陷。既然犯罪既遂的判断最终需依据具体犯罪类型进行分情形考量，那么将其笼统地冠以“构成要件齐备”之名又有何实际意义？相比之下，采用类型化标准或许更为直接明了。此外，维护者在辩护过程中存在偷换概念的嫌疑。批评者所指的“形式性”是针对缺乏实质内容和可操作性而言的，而辩护者却将其置于“形式主义”与“实质主义”的争论框架下进行解读。

更为严重的是，构成要件齐备说还可能导致某些犯罪既遂的认定出现提前或推迟的情况。以醉驾型危险驾驶罪为例，根据构成要件齐备说，即使行为人在夜间毫无人烟的乡村小道上醉酒驾车，也会被视为构成危险驾驶罪且既遂。然而，考虑到特定的时空条件，该行为实际上并不具有危害不特定人或多数人人身安全的危险。将其认定为犯罪既遂会不当限制人的自由，这与刑法的谦抑原则相悖。事实上，2017 年最高人民法院颁布的《关于常见犯罪的量刑指导意见（二）（试行）》中，对于情节显著轻微、危害不大的醉驾行为不予定罪处罚的规定，已经揭示了构成要件齐备说在某些犯罪既遂判断中的局限性。再以强奸罪为例，该罪的既遂标准一直存在接触说、插入说、射精说等多种争议。若将构成要件齐备说贯彻到底，则强奸罪的既遂标准应为强奸行为实施完毕，即通常理解的性交行为至射精结束。然而，从强奸罪所保护的法益——妇女的性的自主权来看，行为人从“接触”开始就已经构成了对妇女性自主权的侵犯，只是为了与猥亵罪相区别而进一步要求“插入”。

---

① 参见王志祥：《犯罪既遂新论》，北京师范大学出版社 2010 年版，第 114～115 页。

② 参见林燕：《犯罪既遂构成要件标准说之重构——构成要件要素充分说之提倡》，载《南都学坛》2007 年第 6 期。

按照射精说的观点，如果行为人在强奸过程中因主客观原因未射精，则被视为未完成，从而可能受到从轻或减轻处罚。这表明，构成要件齐备说可能导致某些犯罪既遂的认定过于迟延，不利于及时且充分地保护被害人的合法权益。

4. 犯罪既遂类型是否合理。构成要件齐备说通常将犯罪既遂划分为结果犯、行为犯、危险犯和举动犯四种类型。然而，这一划分不仅在方法论上存在错误，而且在实体内容上也存在缺陷。

首先，构成要件齐备说并未基于实体考量来确定犯罪既遂的标准，而是预先设定了不同类型犯罪的既遂条件，并为了统一适用性而冠以“构成要件”之名，这犯了循环论证的逻辑错误。① 此外，在犯罪既遂类型的划分上，通说抛弃了实害犯概念，却在并列意义上把握危险犯概念，这存在概念类型适用上的逻辑混乱。结果犯、行为犯、举动犯本是一组对应概念，而危险犯与实害犯则是另一组对应概念。

其次，行为犯与结果犯不宜作为既遂类型。传统观点认为，行为犯只需行为人实施一定行为即构成犯罪，而结果犯则除实施行为外，还需发生一定结果才构成犯罪。然而，张明楷教授指出，法益侵害是现代犯罪的本质，任何行为要构成犯罪必须造成法益侵害或侵害危险。② 笔者赞同此观点。一方面，若坚持现代犯罪的本质是法益侵犯，则犯罪的成立离不开法益侵害结果或危险结果，即便是传统理论中的行为犯也不例外。另一方面，传统刑法理论过于拘泥于危害结果的物质性，否认非物质性危害结果的存在，这可能导致不具有法益侵害性的行为因伦理性的欠缺而成为刑法的规制对象。③ 因此，所有犯罪都是以一定的法益侵害或危险结果作为构成要件要素的结果犯，通说所主张的行为犯概念在现代刑法理论中并无立足之地。同时，由于结果犯内部包含了实害犯和危险犯两类结果内容不同的犯罪，其本身不宜作为犯罪既遂的类型。

再次，举动犯不宜作为犯罪既遂类型。举动犯与德国刑法理论中的企行

---

① 参见李居全：《关于犯罪既遂与未遂的探讨》，载《法商研究》1997 年第 1 期。

② 参见张明楷：《刑法学》（第 5 版），法律出版社 2016 年版，第 168～169 页。

③ 参见陆诗忠：《“犯罪既遂形态”的反思与初构》，载《法治研究》2014 年第 10 期。

犯概念相似，将“某个犯罪的构成要件与他的力图和既遂同等对待”,[①] 即只要行为人着手实施实行行为，犯罪即告成立且既遂。然而，根据我国《刑法》的规定，犯罪是具有严重社会危害性的行为，“严重”一词表明了行为“过程”的持续和危害性“量”上的积累。因此，行为人的参加行为并非一经实施即构成犯罪，而是需要达到影响社会秩序的程度才会被纳入刑法的评价范围。所以，在以法益侵犯为犯罪本质的现代刑法理论中，一着手即既遂的举动犯概念难以成立。

最后，危险犯实际上是实害犯的未完成形态。将危险犯作为犯罪既遂类型不仅会导致一个犯罪存在数个既遂标准、扩大处罚范围等问题，还忽视了其作为实害犯未完成形态的本质。众所周知，未遂犯的处罚根据在于行为对法益侵害的具体危险,[②] 预备犯的处罚根据在于行为对法益侵害的抽象危险。未遂犯和预备犯都是危险犯，是与之相对应的实害犯的未完成形态。因此，在主张法益侵害说的笔者看来，所有以法益侵害危险作为处罚根据的危险犯都是犯罪未完成形态，而以法益侵害作为处罚根据的实害犯才是犯罪既遂的唯一类型。

（三）法益侵害说的理论证成

1. 符合法益保护的立法目的。现代刑法理论普遍认为，犯罪的本质在于法益侵害，而刑法的核心任务则是法益保护。法益作为现代刑法理论的核心概念，不仅是刑法建立刑罚正当化的基础，也是特定行为构成犯罪的实质性标准。[③] 换言之，法益保护是法律创制的根本目的，刑法分则中的禁止性规范旨在保护特定的法益。例如，禁止杀人规范旨在保护生命法益，禁止盗窃规范旨在保护财产法益等。犯罪既遂与未遂等未完成形态的划分亦应服务于法益保护的目的，并着眼于区分不同法益侵犯程度的情形，以确保刑罚的正确适用。

---

① 参见［德］乌尔斯·金德霍伊泽尔：《刑法总论教科书》，蔡桂生译，北京大学出版社2015年版，第69页。

② 参见张明楷：《未遂犯论》，法律出版社、成文堂1997年版，第38页。

③ 参见陈家林：《外国刑法理论的思潮与流变》，中国人民公安大学出版社、群众出版社2017年版，第84~85页。

进一步而言，法益概念具有两大重要机能：立法规制机能和解释规制机能。立法规制机能体现在某种行为是否构成犯罪、刑罚的轻重，取决于所侵犯法益在当前社会中的价值变动。解释规制机能则要求具体犯罪构成要件的解释及其他犯罪基本理论的解释必须以法益为指导。犯罪既遂标准问题作为犯罪基本理论的一部分，其研究也应以法益为指引。事实上，共同犯罪形态和罪数（竞合）形态理论等犯罪形态理论也均以法益为核心要素展开。例如，共同犯罪理论的核心在于能否将法益侵害结果归责于共同犯罪分子，以及能否追究第三人对已发生的法益侵害事实的责任。[①] 而罪数理论的核心则是正确判断不同竞合类型，判断体系包括认识上之罪数、评价上之罪数和科刑上之罪数三个阶段，其中评价上之罪数以法益侵害之个数作为主要标准来决定犯罪个数。[②]

最后，从刑法处罚对象的变动来看，犯罪既遂标准的把握应与法益侵害相关联。人类社会早期，由于生产力落后和对精神世界认识能力的有限，刑法的处罚对象主要是对法益造成实害的犯罪。然而，近代社会以来，社会风险日益多样化，对于侵犯重大法益的犯罪，若等到实害发生后才科处刑罚，可能造成难以挽回的损失。加之科学技术的迅速发展，为精神世界的认知和风险的判断提供了技术保障，使刑法的处罚对象扩大至尚未造成实害结果的危险犯。但对于危险犯，若科处与实害犯相同的刑罚，就违背了刑罚与犯罪相对称的原则，“赏罚上的分配不当就会引起一种越普遍反而越被人忽略的矛盾，即刑罚的对象正是它自己造成的犯罪”[③]。因此，对危险犯应参照实害犯从轻、减轻乃至免除处罚。而犯罪既遂与犯罪未完成形态的区分最终目的也在于合理量刑，使犯罪未完成形态与犯罪既遂之间存在事实上的从轻、减轻、免除处罚的关系。犯罪既遂与犯罪未完成形态的区分和实害犯与危险犯的区分具有内在联系，且犯罪既遂是处于以法益侵害危险作为处罚对象的危险犯的延长线上的一种犯罪形态，以法益侵害作为既遂标准具有理论上的连

① 参见［日］西田典之：《共犯理论的展开》，江溯、李世阳译，中国法制出版社2017年版，第3页。

② 参见甘添贵：《罪数理论之研究》，中国人民大学出版社2008年版，第20页。

③ ［意］切萨雷·贝卡里亚：《论犯罪与刑罚》，黄风译，北京大学出版社2008年版，第19页。

贯性。

2. 符合定罪量刑的视角选择。关于既遂标准的视角选择，有学者进行了深入解读，指出其主要包括两种：一是犯罪发生视角，该视角聚焦于行为实施的整个过程，依据特定目的来确定犯罪既遂的认定标准；二是犯罪评价视角，该视角则关注犯罪发生后用于评价的要素，基于犯罪评价的需求来选择犯罪既遂的条件。犯罪发生视角强调行为人在犯罪实施中的地位及行为目的的指引作用，而犯罪评价视角则凸显构成要件在犯罪评价中的地位及法益的规制作用。① 这两种视角并无对错之分，区别仅在于何者更贴近犯罪既遂的规范意义。

那么，犯罪既遂的规范意义究竟何在？首先，犯罪既遂问题关乎刑法的处罚范围和处罚轻重。《刑法》分则所规定的犯罪，不仅处罚既遂形态，也处罚未完成形态。同时，根据《刑法》总则的规定，既遂的刑事责任是完整的，而未完成形态则是法定的从轻处罚情节。因此，犯罪既遂的规范意义在于为定罪量刑提供指引。然而，由于定罪的根据在于构成要件，犯罪既遂对处罚范围的影响实质上在于法益侵犯程度的区别，这已内化在构成要件的实质判断中。尽管犯罪既遂在量刑中具有一定作用，但其作用相对有限，因为犯罪既遂形态只是确定量刑基准点的一个考量要素。对于以犯罪既遂形态为常态的犯罪，其未完成形态的刑罚需参照量刑基准点从宽处罚；而对于以未完成形态为常态的犯罪，其量刑基准点则是多次司法经验总结的产物，无须以犯罪既遂为参照。尽管如此，犯罪既遂的量刑意义仍是从服务于司法者的犯罪评价角度出发的，因此，犯罪评价的视角更贴近犯罪既遂的规范意义。

在犯罪评价视角内部何种学说更具优越性，取决于犯罪既遂的本质。刑法规定不同的犯罪停止形态，是因为各种停止形态的社会危害性存在显著差异。以故意杀人罪为例，准备工具、着手实施但未导致死亡以及顺利杀害被害人这三种情形的社会危害性明显不同。同一案件不同阶段的社会危害性差异主要取决于行为对法益的侵害程度，如抽象危险、具体危险或实害。因此，

① 参见李洁：《从立法目的看犯罪既遂之“遂”的应有内涵》，载《法制与社会发展》1999 年第 3 期。

无须特别强调构成要件齐备说，只需关注法益侵害说的实质。从量刑根据的角度来看，现代刑法理论认为影响量刑的因素包括客观危害、主观恶性和预防可能性。① 其中，主观恶性和预防可能性主要与行为人的内心或犯罪性格相关，在同一案件的未完成形态和完成形态中差别不大。未完成形态和完成形态的量刑差异主要取决于客观危害，而客观危害的实质就是行为对刑法所保护法益的侵害。因此，法益侵害说更符合犯罪既遂的规范意义，也符合定罪量刑的视角选择。

3. 符合实行行为的本质要求。在探讨犯罪预备、未遂与既遂的关系时，我们可以观察到，犯罪预备是指为犯罪准备工具、创造条件但因意志以外的原因而未着手实施的形态，而犯罪未遂则是已着手实施犯罪但因意志以外的原因未能"得逞"的形态。两者的核心差异在于，犯罪预备中行为人尚未着手实施实行行为，而犯罪未遂中行为人已着手实施。犯罪既遂则是犯罪未遂的延伸形态，指的是已着手实施犯罪并"得逞"的情形。因此，犯罪既遂的成立要件应包含开始实施实行行为，即已着手实施犯罪。

现代刑法理论通常从形式和实质两个层面来把握实行行为。形式层面主要关注构成要件的定型性，如大塚仁教授所言，实行行为是"符合构成要件的狭义行为"，是客观与主观的统一体。② 实质层面则围绕法益侵害的"危险"展开，如大谷实教授所述，实行行为是具有侵害法益危险的行为，若行为未具备构成要件所预定的侵害法益的现实危险，则不视为实行行为。③ 形式层面符合刑法分则的明确性原则和人权保障需求，而实质层面则符合可操作性原则和司法适用要求。换言之，司法适用者通常从法益侵害的实质角度判断行为是否构成实行行为，而分则规定则起到限定实行行为范围的作用。因此，明确实行行为的"法益侵害危险"具体指何种危险显得尤为重要。

关于实行行为的法益侵害危险，学界存在不同观点。西田典之教授认为，

---

① 参见林山田：《刑法通论》（下册）（增订10版），北京大学出版社2012年版，第352~361页。

② 参见［日］大塚仁：《刑法概说》（总论）（第3版），冯军译，中国人民大学出版社2003年版，第152页。

③ 参见［日］大谷实：《刑法讲义总论》（新版第2版），黎宏译，中国人民大学出版社2008版，第125页。

实行行为既可以是与既遂结果发生的具体危险（未遂结果）具有相当因果关系的行为，也可以是与预备结果具有相当因果关系的行为。[①] 因此，他认为实行行为的法益侵害危险没有程度要求。而前田雅英教授则主张，实行行为是具有发生各犯罪类型所规定结果的危险性的行为，对于不具有导致结果程度危险的行为，不应视为实行行为。[②] 因此，他认为实行行为的法益侵害危险应是紧迫的危险。笔者认为，实行行为概念具有特定历史内涵，作为因果关系的逻辑起点，实行行为是法益侵害结果最为直接紧密的诱因，应具有相当程度的作用力。[③] 此外，现代刑法理论更倾向于从实质层面界定“实行着手”，即开始实施具有法益侵害紧迫危险性的行为。因此，认为实行行为的法益侵害危险是现实紧迫的危险是合理的。

鉴于此，将刑法分则所规定的以法益侵害抽象危险作为处罚对象的阴谋犯、预备犯等作为既遂形态的构成要件齐备说，与实行行为法益侵害现实紧迫危险的实质侧面存在固有冲突。而法益侵害说则以作为法益现实紧迫危险发展极限的“实害”作为既遂标准，这既符合实行行为关于法益侵害紧迫危险的要求，也符合马克思主义哲学关于量变与质变关系的界定。既遂的“实害”是未遂危险量变达到一定程度的质变。进一步而言，正是基于实行行为实质侧面的考量，笔者对预备行为实行化、共犯行为正犯化的概念持谨慎态度。实行行为须满足分则规定性的要求，但分则所规定的并非都是实行行为。立法者可能出于提示处罚对象、处罚范围的初衷，在分则中特别规定某些犯罪的预备行为或共犯行为。这主要是因为，尽管刑法总则对预备行为的处罚做了原则性规定，但司法实践基于谦抑主义的考量对众多犯罪预备行为的处罚保持了克制态度。因此，对于某些社会危害性较为严重的犯罪预备行为，为避免司法者在定罪量刑中的不适当评价，立法者会在分则中配置相应的刑罚以提示其可罚性。总之，法益侵害说更符合实行行为实质侧面关于法益侵

① 参见［日］西田典之：《日本刑法总论》，刘明祥、王昭武译，中国人民大学出版社2007年版，第61页。

② 参见［日］前田雅英：《刑法总论讲义》（第6版），曾文科译，北京大学出版社2017年版，第66~67页。

③ 参见［日］西原春夫：《犯罪实行行为论》，戴波、江溯译，北京大学出版社2006年版，第11页。

害现实紧迫危险的要求。[①]

三、法益侵害说下犯罪停止形态的认定

关于犯罪既遂标准，笔者最为重要的两个观点是：（1）刑法分则条文的规定模式是犯罪成立模式；（2）犯罪既遂与未遂的区分标准是行为是否现实地侵害了具体罪名所保护的法益，是否造成实害结果。那么在包含程序性要素的犯罪的既未遂的认定中，有几点就可以明确：第一，消极的程序性要素与标识量刑情节的程序性要素，与犯罪既未遂的区分没有关联。因为，一方面，消极的程序性要素即逃税罪初犯免责条款中的“经税务机关依法下达追缴通知后”，是在行为人的逃税行为已经构成逃税罪（既遂）的基础上，立法机关基于刑事政策的考量规定的刑罚阻却事由，在具体案件中如果逃税行为没有达成既遂，初犯免责条款及其程序性要素就没有存在的必要；另一方面，标识量刑情节的程序性要素，也是在行为构成犯罪（既遂、未遂均可）基础上，在对行为裁量刑罚时才需要考虑和关心的内容，与定罪阶段即需考虑的既未遂的认定没有关联。第二，事前的程序性要素在行为的违法性评价中起到关键作用，属于行为人后续不作为犯罪的作为义务来源。例如，拒不履行信息网络安全管理义务罪中“经监管部门责令采取改正措施”实际上是行为人履行后续管理义务的作为义务来源。当行为人的行为符合刑法分则所规定的犯罪成立条件时，就有必要进一步判断行为人的行为是否现实地侵害了罪名的保护法益。拒不履行信息网络安全管理义务罪的入罪标准是：（1）致使违法信息大量传播的；（2）致使用户信息泄露，造成严重后果的；（3）致使刑事案件证据灭失，情节严重的；（4）有其他严重情节的。前三个标准都通过一定的危害结果征表拒不履行信息网络安全管理义务罪法益的现实侵害，即以这三个危害结果作为入罪标准的情况下拒不履行信息网络安全管理义务罪往往是以既遂的形态出现。而“其他严重情节”，根据最高人民法院、最高人民检察院《关于办理非法利用信息网络、帮助信息网络犯罪活

---

① “犯罪既遂标准的理论澄清”部分内容已经发表于《太原师范学院学报（社会科学版）》。参见简筱昊：《论以法益为导向的犯罪既遂标准》，载《太原师范学院学报（社会科学版）》2020年第1期。

动等刑事案件适用法律若干问题的解释》(法释〔2019〕15号)第6条的规定,包括“(一)对绝大多数用户日志未留存或者未落实真实身份信息认证义务的;(二)二年内经多次责令改正拒不改正的;(三)致使信息网络服务被主要用于违法犯罪的;(四)致使信息网络服务、网络设施被用于实施网络攻击,严重影响生产、生活的;(五)致使信息网络服务被用于实施危害国家安全犯罪、恐怖活动犯罪、黑社会性质组织犯罪、贪污贿赂犯罪或者其他重大犯罪的;(六)致使国家机关或者通信、能源、交通、水利、金融、教育、医疗等领域提供公共服务的信息网络受到破坏,严重影响生产、生活的;(七)其他严重违反信息网络安全管理义务的情形”,其中第2点根据拒不改正的次数入罪,显然此时行为人不履行管理义务的行为不一定现实地侵害本罪的保护法益,所以就有必要讨论行为是构成既遂还是未遂。[①] 但是需要注意,这里的既未遂的评价与程序性要素无关,程序性要素必须自始存在,如果没有程序性要素,拒不履行信息网络安全管理义务罪无法成立。第三,事后的程序性要素不参与违法与有责的评价,主要是基于刑事政策的考量影响刑罚的发动,构成客观处罚条件的组成部分。换句话说,犯罪既未遂的判断应当根据程序性要素之前的事实进行,程序性要素及行为人的后续行为仅是是否启动刑事追诉程序的条件。例如拒不支付劳动报酬罪,行为人不支付数额较大的劳动报酬的行为实际上就已经具备可罚的违法性与有责性,可以构成事实上的“犯罪”并且已经构成“既遂”,只是如果没有“经政府有关部门责令支付仍不支付”的客观处罚条件,就不能进入刑事司法程序对行为进行犯罪(既未遂)评价,毕竟“未经人民法院判决,不得确定任何人有罪”。所以,行为是否构成犯罪,是否既遂,也与程序性要素无关。

所以,在笔者看来,违法要素说与客观处罚条件说关于程序性要素对犯罪既未遂判断的影响,主要建立在分则既遂模式论的基础上,如果将分则的

---

① 该罪的保护法益是作为集体法益的网络安全管理秩序,具有一定的抽象性,这导致在对具体法益侵害状态进行判断时,可能存在一定的主观性,即行为人被多次责令改正而拒不改正能否被认定为现实地侵害了网络安全管理秩序,不同的人可能存在不同的看法。笔者的看法是,此时还不一定现实地侵害了网络安全管理秩序,所以有讨论既未遂的空间。参见杨新绿:《论拒不履行信息网络安全管理义务罪的法益》,载《北方法学》2019年第6期。

规定方式理解为犯罪成立模式，那么作为违法要素的程序性要素是犯罪成立不可或缺的要素，缺了该要素，犯罪就无法成立，就没有讨论既未遂的必要；作为客观处罚条件的程序性要素，是犯罪（既未遂）评价之后才需要关注的要素，不影响犯罪既未遂的判断。如此一来，客观处罚条件说主张者的观点就具有一定的合理性，即在具备客观处罚条件的情况下，如果先前行为没有完成，就是犯罪未遂；但是如果不具备客观处罚条件，就没有讨论既未遂的必要。至于批判客观处罚条件说的学者所提出的先前行为与程序性要素二元独立评价的立论根基不存在的观点，在采取法益侵害说作为判断既遂标准的笔者看来，也就不攻自破了。因为即便行为人完成了先前行为，也并不意味着法益侵害结果的现实发生，法益侵害评价与程序性要素判断当然可以分别进行。

但是，需要说明的是，现有规定模式下包含程序性要素的犯罪未遂的认定实属少见，因为将程序性要素规定为客观处罚条件组成部分的犯罪，行为人的先前行为往往都会造成一定的危害结果。例如，拒不支付劳动报酬罪要求行为人不支付“数额较大”的劳动报酬，侵占罪要求行为人侵占他人“数额较大”的财物，而“数额较大”往往都是通过危害结果展现出来的。当然，随着研究的深入，对于以“数额较大”作为入罪标准的情形，学界也开始慢慢认识到此类犯罪成立未遂的可能。例如行为人意欲盗窃他人“数额较大”的财物，但是出于意志以外的原因未得逞，此时行为人的行为就构成犯罪未遂。但是，从司法实践的做法来看，盗窃未遂的一般不会作为未遂处理，因为在难以判断当时的情况下，行为人盗窃的数额是否达到 2000 元或者 1000 元“数额较大”的标准。该做法在笔者检索中国裁判文书网时被清晰展现，截至 2024 年 6 月 24 日，笔者以“拒不履行信息网络安全管理义务罪”“刑事案件”“刑事一审”“判决书”“未遂”为关键词检索案例，结果为“0”；然后以“拒不支付劳动报酬罪”“刑事案件”“刑事一审”“判决书”“未遂”为关键词检索案例，结果为“14”，但是 13 份是行为人前科犯罪未遂或者其他表述中含有未遂，关乎拒不支付劳动报酬罪未遂的案例仅 1 份，但是剔除“未遂”这个关键词后检索案例，结果为“518”；再以“侵占罪”“刑事案件”“刑事一审”“判决书”“未遂”为关键词检索案例，结果为

“5”，但是4份是行为人前科犯罪未遂或者其他表述中含有未遂，涉及侵占罪未遂的案例仅1份（实际上是职务侵占罪），但是剔除“未遂”这个关键词后检索案例，结果为“727”。由此可以看出，实践中此类犯罪的未遂较为少见。

然而，在既未遂混同的场合，可以窥见未遂成立的可能。在郝某某、李某某等职务侵占案中，2017年春，原山西凌志能源投资集团有限公司（以下简称凌志公司）修筑黄河堤坝工程需占用郝家津村沿黄公路以西的黄河滩地，时任公司副总经理李某某、公共关系处处长张某某（已故）和孟门村民陈某某等人代表凌志公司与薛村镇郝家津村协调占地事宜。时任村委主任的被告人李某某两次召集全体党员、村委干部、村民代表及涉地村民开会研究，达成占地补偿相关意见：一是占地补偿标准为耕地28032元/亩，林地46300元/亩；二是要求占地补偿款一次性付清；三是地面附属物折价纳入补偿款；四是将沿黄河河滩方向村民占用耕地以外的面积也纳入勘查范围。

其间，被告人李某某、郝某某、郝某1、郝某2等4人经预谋商定：此次占地测量时不出示土地权属手续，由涉地村民指划“四界”，村干部现场监督协调，地邻之间无异议作为认定权属关系的标准；在测量本人的土地面积时，将与本人耕地相邻的属于集体的黄河河滩土地也指到自己名下。四被告人共谋好后，在凌志公司测量时，利用担任村干部的职务便利，分别着手实施侵占村集体土地补偿款的行为，侵占集体土地占地补偿款。四被告人采用侵吞手段，共同侵占郝家津村集体土地补偿款281.35209万元。其中，既遂168.95791万元，未遂112.39418万元。[①] 未遂部分数额的认定，主要是四被告人与凌志公司签订补偿协议后，凌志公司未支付给被告人的部分，凌志公司已经支付给被告人的部分系既遂数额。由此可见，在侵占罪的场合，行为人的先前行为完全有构成未遂的可能。

还需要进一步申明的是，虽然职务侵占罪与侵占罪的罪状表述并不相同，但是一般还是认为职务侵占罪是一种特殊的侵占罪，所以职务侵占罪中的一些特殊表现在侵占罪中也有可能存在。在侵占罪的场合，如果行为人通过变卖的方式将自己代为保管的他人财物据为己有，被害人得知相关情况后，及

① 参见山西省柳林县人民法院刑事判决书，（2023）晋1125刑初85号。

时主张自己的权利要求行为人停止侵害行为，及时返还相关财产，但是行为人不予理睬，继续变卖被害人财产，被害人向人民法院提起自诉的，此时如果行为人已经变卖部分财产，还有部分财产没有来得及变卖的，就有可能构成部分既遂、部分未遂。

综上所述，在认定刑法分则系犯罪成立模式、犯罪既遂标准是法益侵害说的基础上，程序性要素对犯罪既未遂认定的影响体现为：消极的程序性要素和标识量刑情节的程序性要素不影响犯罪既未遂的认定；事前的程序性要素影响行为的违法性，因为被规定为犯罪的成立条件，所以必须具备程序性要素才能够构成相关犯罪，程序性要素自身不影响既未遂的认定，但是不排除在构成犯罪的情况下，犯罪未达到现实侵害法益的程度；事后的程序性要素属于客观处罚条件的组成部分，理论上存在先前行为未达成既遂，或者先前行为既未遂混同，具备程序性要素及行为人后续行为，进而认定存在犯罪未遂的情况，但是实践中此类犯罪未遂较为少见。

第三节　程序性要素下共犯身份的司法认定

程序性要素启动主体的外部性决定了该要素的满足不取决于行为人的主观意愿，作为启动主体的单位或者自然人受道德等因素的影响会出现不作为或者乱作为的情形，并导致同一犯罪中的行为人受程序性要素拘束的状态并不相同。程序性要素下共犯身份的认定不仅取决于程序性要素自身的体系定位，还取决于共犯本质的立场选择。因为程序性要素的体系定位可以分为标识要素、违法（构成要件）要素、客观处罚条件和处罚事由四类，共犯身份的本质需要采用一种立场，所以程序性要素下的共犯身份的认定也需要分情形具体认定。

一、问题意识：程序性要素对共犯认定的影响

共同犯罪人可以分为正犯和狭义的共犯，程序性要素对共犯身份认定的影响在于正犯或者狭义的共犯一方缺乏程序性要素时，如何认定共犯的身份。

概括来说就是两种情形：一种是在正犯具备程序性要素但是共犯不具备程序性要素的情形下，如何认定共犯的身份。例如，甲教唆乙不支付数额较大的劳动报酬，乙被政府有关部门责令支付但是甲没有被责令，甲是否构成拒不支付劳动报酬罪的教唆犯。另一种是在正犯不具备程序性要素但是共犯具备程序性要素的情形下，如何认定正犯的身份。例如，甲拖欠乙钱款导致乙出现资金周转问题，甲遂教唆乙不支付数额较大的劳动报酬，政府有关部门了解情况后，没有直接责令乙，而是责令甲代为支付乙拖欠的劳动报酬，甲乙是否成立共同犯罪。实际上，如果将程序性要素对共犯身份认定的影响进行细分，还至少包括以下几种情形：第一，正犯具备程序性要素后，共犯帮助正犯实施后续行为，如何认定共犯的身份。例如，乙不支付数额较大的劳动报酬，经政府有关部门责令支付后，甲帮助乙通过转移财产等方式拒不履行政府部门的责令通知，如何认定甲行为的性质。第二，同种犯罪中具备程序性要素的共犯教唆正犯实施犯罪但是正犯不具备程序性要素，如何认定共犯的身份。例如，甲因不支付数额较大的劳动报酬经政府有关部门责令支付后，教唆乙也不支付数额较大的劳动报酬，但是政府有关部门尚未向乙发出责令支付的通知，如何认定甲的行为的性质。此种情形与前述另一种情形并不相同，前者共犯承继先行为人的先前行为，存在承继的共犯的认定问题，而后者是在共同实施先前行为后启动主体对共犯发动程序性要素，进而导致两者的认定存在差异。换句话说，前者是在判断共犯的教唆行为能否评价为后续行为，后者是普通的正犯缺乏程序性要素共犯能否成立的问题。第三，共犯因各自事由分别具备程序性要素后，达成合意共同实施后续行为，如何认定两者的共犯关系。例如，甲乙没有意思联络分别不支付数额较大的劳动报酬，政府有关部门分别向他们送达支付劳动报酬的责令通知书后，甲乙达成协议通过伪造交易关系的方式隐匿财产，拒不执行有关部门的命令，此时甲乙是否成立共犯关系。当然，在使用正犯和共犯的概念之前，首先需要解决的问题是多个主体是否成立共同犯罪。如果不成立共同犯罪，也就没有使用共犯概念的必要。但是为了表述的方便，笔者在进行论述时径直采用了正犯与共犯的称谓。

程序性要素对共犯身份认定的影响，在司法实践中也存在具体案例的印证。2013 年 7 月，被告人刘某雷在征得哥哥刘某某的同意后，准备以刘某某的身份申领一张信用卡。于是刘某雷就带着刘某某一同来到中国银行洛阳某支行办理信用卡，将事先准备好的证明材料交由刘某某使用和誊抄。信用卡办理成功后，一直由刘某雷保管并使用，但是刘某雷并没有还款能力，信用卡从 2014 年 6 月开始逐渐产生逾期。2014 年 8 月开始，发卡行陆续电话催告刘某某归还欠款，并且分别于同年的 9 月、10 月、11 月向刘某某发放信用卡催收函，但是刘某某和刘某雷一直没有归还欠款。截至案发，刘某雷所用信用卡共拖欠本息约 37.5 万元。一审法院认为，刘某雷犯信用卡诈骗罪，其兄刘某某无罪。一审法院判决后，区检察院提起抗诉，认为刘某某在明知刘某雷不符合信用卡申办条件的情况下，提供虚假的材料帮助其办理信用卡，并且在刘某雷出现信用卡透支现象、发卡行多次催收后，仍然无动于衷，对刘某雷非法占有银行资金的行为具有明显的间接故意，成立信用卡诈骗罪的共同犯罪。二审法院采纳了抗诉机关的意见，认为刘某某对刘某雷的恶意透支行为具有间接故意，成立共同犯罪，但是是从犯。刘某某的辩护人认为，刘某某办理信用卡使用的是自己真实的身份证，填写的信息虽然有变更，但是刘某某对此并不知情。而且刘某雷透支银行卡的行为也在刘某某的认识范围之外，所以刘某某的行为不构成犯罪。① 本案中的控辩审三方对刘某某行为定性的争议主要集中于刘某某主观上对刘某雷的犯罪行为是否具有故意，但是仅根据主观状态来认定刘某某的行为性质还存在不足。一方面，尽管学界对犯罪构成体系的立场选择还存在争议，但是遵循从客观到主观、从违法到有责的犯罪判断思路已经为绝大多数学者所赞同。所以排除犯罪性的，就应当首先在违法性层面做好判断。② 刘某某行为性质的认定除了受主观认识因素影响外，还受其持卡人身份的认定的影响，也就是前文提及的持卡人身份不一致时如何处理的问题。但是这不是本部分研究的重点。另一方面，两审法院都认定刘某雷构成信用卡诈骗罪，但是刘某雷是如何构成该罪的？他不是名义持卡人，也没有收到发卡行的催收通知书，何以认定刘某雷构成信用

① 参见刘某雷等信用卡诈骗案，河南省洛阳市中级人民法院（2015）洛刑一终字第 195 号刑事判决书。

② 参见周光权：《犯罪构成要件理论的论争及其长远影响》，载《政治与法律》2017 年第 3 期。

卡诈骗罪？或许只能从共犯理论寻求解释路径。如此一来，刘某某的行为性质也不是简单的主观认识问题可以解释清楚的。

二、价值立场：共犯本质的理论选择

共犯的问题素有“刑法绝望之章”的称谓，它的理论内涵十分丰富，大致包括共犯的体系、共犯的本质、共犯的处罚根据、正犯与共犯的区分、共犯的范围等。[①] 这些理论点之间都是密切关联的，并且立场的选择互相影响。例如，对共犯的处罚根据采取的立场可能反过来制约共犯的本质的选择。但是本书探讨共犯的问题主要服务于共犯和正犯一方缺乏程序性要素时两者犯罪身份的认定，所以只将共犯的本质即什么共同时可以成立共同犯罪作为本书的研究重点。当然，对共犯本质的理论选择实际上也可以看出作者在其他问题上的立场。

共犯的本质问题可以分为两个部分论述：一是共犯是“犯罪”的共同还是“行为”的共同；二是狭义的共犯的成立是否从属于正犯以及从属至何种程度。关于前一个问题，学界主要存在犯罪共同说与行为共同说的争议。犯罪共同说认为共犯是行为人实施了共同的犯罪，成立共犯要求行为人实施的“犯罪”相同。但是是要求犯罪完全相同还是要求犯罪部分相同即可，犯罪共同说内部也存在分歧。严格的完全犯罪共同说认为行为人只有基于共同的犯意实施同一个犯罪才成立共同犯罪。例如，甲和乙只有基于共同的杀人故意并且都成立故意杀人罪才成立共同犯罪，否则，即便乙是以伤害致死的故意与甲一同实施行为也不成立共同犯罪。完全犯罪共同说认为，行为人实施数个具有重合关系的犯罪的，也可以在重罪范围内成立共同犯罪。完全犯罪共同说不要求行为人实施的罪名必须同一，但是在意思联络后实施的犯罪之间必须存在重合关系。例如，前述乙以伤害故意与甲以杀人故意在意思联络后共同实施犯罪行为的，可以成立故意杀人罪的共同犯罪。部分犯罪共同说也认为行为人实施的数个具有重合关系的犯罪可以成立共同犯罪，不过成立的是轻罪的共同犯罪。例如，乙以伤害故意与甲以杀人故意在意思联络后共

① 参见贾济东：《外国刑法学原理（大陆法系）》，科学出版社2013年版，第349~419页。

同实施犯罪行为的，成立故意伤害罪的共同犯罪。[①] 行为共同说则认为共犯是行为人实施了共同的行为，成立共犯只要求行为人实施的“行为”共同。但是刑法中的“行为”类型也错综复杂，这里的“行为”究竟是什么行为？早期的行为共同说受主观主义的影响认为只要前构成要件行为相同即可，现代的行为共同说在客观主义的指导下要求违法的构成要件该当行为相同。例如，甲以抢劫的故意、乙以强奸的故意在意思联络后共同对被害人实施加害行为的，两者的构成要件行为存在重合之处，所以在各自所犯之罪名内与他人成立共同犯罪。[②]

严格的完全犯罪共同说对共犯成立的主客观要件以及罪名要件都作了过于严苛的要求，导致共犯的成立范围被极大地压缩，使司法实务中很多犯罪得不到公正的处理。例如，如果甲和乙分别以伤害的故意和杀人的故意对被害人实施犯罪行为，并导致被害人死亡，但是不知道死亡结果究竟是甲还是乙造成的，此时，如果坚持严格的完全犯罪共同说，甲和乙就不成立共同犯罪，而是各自范围内的同时犯，由于无法准确查明死亡结果的归属问题，甲和乙只在伤害未遂和杀人未遂的限度内承担责任，明显有轻纵罪犯的嫌疑。该说在理论界已经成为历史遗产，失去了它的支持者。[③] 完全犯罪共同说虽然承认具有重合关系的犯罪之间可以成立共同犯罪，但是认为行为人成立的是重罪的共同犯罪，并对事实上实施轻罪的行为人科处重罪的刑罚，“意味着罪与罚的分离，违背了现代刑法的基本原则”[④]。所以，可以认为，“完全犯罪共同说已经被部分犯罪共同说取代”[⑤]，现在学者所赞同的犯罪共同说主要是部分犯罪共同说。但是部分犯罪共同说也存在问题。在甲和乙分别以伤害故意和杀人故意致被害人死亡的场合，部分犯罪共同说认为甲乙在故意伤害致人死亡的范围内成立共同犯罪，但是，一方面，部分持部分犯罪共同说

① 参见陈家林：《共同正犯研究》，武汉大学出版社2004年版，第63～73页。

② 参见张明楷：《外国刑法纲要》（第2版），清华大学出版社2007年版，第307页。

③ 参见陈家林：《外国刑法理论的思潮与流变》，中国人民公安大学出版社、群众出版社2017年版，第517页。

④ 陈家林：《外国刑法理论的思潮与流变》，中国人民公安大学出版社、群众出版社2017年版，第518页。

⑤ 张明楷：《共犯的本质——“共同”的含义》，载《政治与法律》2017年第4期。

的学者认为共同犯罪仅限于故意犯罪，那么案例中的死亡结果在无法查清因果关系的情况下何以归责于只有伤害故意的甲？如果不能回答这个问题，可能也只能在未遂的限度内分别追究甲乙的责任。另一方面，即便认为结果加重犯可以成立共同犯罪，在承认甲乙构成故意伤害（致死）罪的共犯后，何以根据故意杀人罪追究乙的刑事责任？主流观点认为乙构成伤害罪与杀人罪的想象竞合，但是想象竞合属于真实竞合，以侵犯复数的法益作为前提，认为乙构成伤害罪与杀人罪的想象竞合并不存在理论上的依据。[①] 行为共同说修正共同“犯罪”概念，认为成立共同犯罪只需要违法层面的犯罪的共同，而不要求违法与有责层面的犯罪的共同。该说不要求行为人在某一犯罪之内成立共同犯罪，可以在各自的犯罪内成立犯罪的共同。例如，在上述甲乙分别以伤害故意和杀人故意导致被害人死亡的场合，行为共同说认为甲乙在违法层面成立共同犯罪，死亡结果可以归属于甲乙的行为，因而甲成立故意伤害（致死）罪，乙成立故意杀人（既遂）罪。行为共同说可以妥善解决不同故意的共犯问题、无责任能力者的共犯问题以及不同主观心态支配下的共犯问题等，具有理论上的优越性。当然，既然存在理论对立，那么一定存在批判意见。但是，对行为共同说的批判主要集中于是否契合我国的刑法总则规定、是否具有实践土壤，而不是行为共同说本身的逻辑自洽性。[②] 不可否认，行为共同说与我国现行刑法的规定存在部分抵牾之处，但是行为共同说在解决具体问题上存在优势，即便司法实务部门尚不能径行采用行为共同说得出具体结论，行为共同说的观点也可以成为理论研究的立场选择和立法修改的努力方向。

关于后一问题，学界主要存在共犯从属性说与共犯独立性说的争议。共犯从属性说认为，狭义的共犯的成立要从属于正犯。但是关于需要从属至何种程度，学界至少存在最小从属性说、限制从属性说、极端从属性说以及夸张从属性说的争论。最小从属性说认为，共犯的成立只需要正犯实施符合构成要件的行为即可，不管正犯的行为是否具备违法性，都不影响共犯的成立。

---

① 参见王俊：《完全犯罪共同说的本土化证成》，载《环球法律评论》2020 年第 5 期。

② 参见刘明祥：《不能用行为共同说解释我国刑法中的共同犯罪》，载《法律科学（西北政法大学学报）》2017 年第 1 期。

限制从属性说认为，共犯的成立需要正犯实施该当构成要件的违法行为，仅实施构成要件行为是不够的。但是正犯的责任要素不是共犯成立的必要条件，因为它具有浓厚的一身专属之属性。极端从属性说认为，共犯的成立需要正犯实施该当构成要件的违法且有责的行为。换句话说，只有正犯被认定为成立“犯罪”，共犯才有成立的可能，但凡正犯存在定罪上的瑕疵，共犯都无法成立。最极端从属性说认为，共犯的成立不仅需要正犯构成犯罪，还需要正犯具备一定的处罚条件。[①] 例如日本刑法中规定的事前受贿罪的共犯的成立，如果采取该说，需要等到正犯具备“成为公务员”的客观处罚条件。[②] 共犯独立性说则认为，共犯的成立不需要从属于正犯，共犯的教唆、帮助行为本身就是实行的着手，并且已经反映了行为人的反社会人格，可以根据自身的成立要件判断共犯成立与否。

在从属性说与独立性说之间，笔者倾向于从属性说。从属性说立足于区分制的犯罪参与体系，将正犯作为共犯认定的核心，以此来限定共犯的成立范围。从属性说与独立性说相比，更加符合客观主义的基本立场。[③] 独立性说认为狭义的共犯行为本身就征表了行为人的反社会性人格，因而具有可罚性，它不注重（正犯）客观上的犯罪行为是否存在。由此导致的后果是，即便正犯没有实施危害社会的行为，共犯也可能因为思想或者言语而获罪，具有明显的主观主义倾向。从属性说则强调共犯的成立必须以客观实在的危害行为的发生为前提，如果没有发生现实的法益侵害（危险），就没有认定共犯的必要。因为“所谓共犯，不过是为了实现自己的犯罪而通过利用他人，从而扩张自己的行为的因果影响力”[④]。从坚持客观主义的基本立场，保证犯罪认定的客观公正，坚持人权保障的价值选择的角度来说，从属性说具有相对优越性，是值得推崇的理论选择。在最小从属性说、限制从属性说、极端从属性说以及最极端从属性说之间，笔者赞同限制从属性说。最小从属性说形式地把握刑法分则规定的构成要件行为，导致不具有违法性的行为可能因

---

① 参见张明楷编著：《外国刑法纲要》，清华大学出版社 2007 年版，第 308~310 页。

② 《日本刑法典》，陈子平等译，台北，元照出版有限公司 2018 年版，第 135 页。

③ 参见陈可倩：《德、意、中共同犯罪人认定标准比较研究》，载《法商研究》2015 年第 1 期。

④ ［日］西田典之：《共犯理论的展开》，江溯、李世阳译，中国法制出版社 2017 年版，第 11 页。

为符合刑法分则的规定，而追究狭义共犯的刑事责任，但是因为促成、帮助或者实施不具有违法性的行为而被追究刑事责任是难以被接受的。例如，在他人遭受不法侵害的时候，鼓励被害人正当防卫，造成不法侵害人损害结果的，按照最小从属性说，因为正当防卫的行为符合定性的构成要件，所以需要追究鼓励被害人实施正当防卫的人的刑事责任，这显然是不能被接受的。极端从属性说要求正犯必须构成违法且有责的犯罪才可以追究共犯的刑事责任，但是这过于限制共犯的成立范围。例如，帮助无责任能力者实施犯罪行为的，如果要求责任的从属，那么帮助者就不构成共犯。但是就两人共同促成法益侵害结果而言，应当将损害结果归属于两人的行为，至于各自能否被追究责任，则因其责任能力而区别认定。最极端从属性说由于在极端从属性说之外还增加了其他的共犯成立条件，更加限缩了共犯的成立范围，不是值得采纳的观点。限制从属性说贯彻了“违法是连带的，责任是个别的”信条，将共犯的成立范围框定在合理范围内，可以有效地处理不同责任能力主体间的共犯关系认定问题。又如，教唆不满 14 周岁的人盗窃的场合，限制从属性说既可以对行为的违法性作出整体上的判断，也可以对行为人的责任进行具体的认定，“更符合犯罪实态或社会通常观念的认识”①。

三、解决路径：共犯身份的区别认定

坚持行为共同说和限制从属性说的基本立场，对于具备不同要素的行为人的共犯关系的认定，可以得出以下结论：狭义的共犯缺少要素但是正犯具备的，不影响狭义的共犯的认定。狭义的共犯具备要素但是正犯缺少的，如果行为人缺少的是构成要件要素或者违法要素，就不能认定共犯关系的成立，如果行为人缺少的是责任要素，则不影响共犯关系的认定。当然不管是何种类型的共犯，都必须满足共犯关系成立的意思联络等其他要件。所以，在一方主体具备程序性要素但是另一方主体不具备程序性要素的场合，判断行为人能否成立共犯关系，需要根据程序性要素在具体犯罪中的体系定位区别

① 张开骏：《共犯限制从属性说之提倡——以共犯处罚根据和共犯本质为切入点》，载《法律科学》2015 年第 5 期。

认定。

首先，在实行者具备程序性要素但是教唆者或者帮助者不具备程序性要素的场合，如果程序性要素是标识要素，那么由于共犯的成立只需要违法层面的共同，并且正犯实施该当构成要件的违法行为，所以教唆者或者帮助者可以成立相应犯罪的共犯。例如，《修十一》生效以前，教唆他人在公共交通工具上以抢夺方向盘的方式危害公共安全，实行者被他人劝告、阻拦后仍然实施的场合，由于此处的程序性要素只是标识量刑情节的要素，它本身不为违法性提供根据，所以即便教唆者没有被他人劝告、阻拦，也不影响教唆者共犯身份的认定。如果程序性要素是违法（构成要件）要素，那么由于正犯已经具备该当构成要件的违法行为，可以认定共犯关系已经成立。因为违法是连带的，并不要求共犯都实施刑法分则所规定的实行行为。例如，教唆他人扰乱国家机关工作秩序，实行者被行政处罚后仍然继续实施扰乱行为，造成严重后果的，可以追究教唆者的刑事责任。如果程序性要素是客观处罚条件，实行者具备程序性要素的场合更加可以促成狭义共犯刑事责任的实现，毕竟共犯的成立只要求在违法层面共同且具有从属关系即可，而客观处罚条件已经是违法与有责阶层外的独立的处罚条件。如果程序性要素是处罚事由，由于处罚事由也具有极强的专属特性，即便实行者因为具备处罚阻却事由而不被追究刑事责任，也不妨碍对狭义共犯的刑事责任的追究。

其次，在实行者不具备程序性要素但是教唆者或者帮助者具备程序性要素的场合，如果程序性要素是标识要素，那么教唆者或者帮助者的共犯身份仍然可以认定。毕竟行为共同说和限制从属性说只要求行为人之间存在构成要件行为的共同和实行者的行为违法即可，标识要素和量刑情节不影响共犯身份的认定。还是以教唆他人以抢夺方向盘的方式危害公共安全的行为为例，即便行为者没有被他人劝告、阻拦，也不影响教唆者共犯身份的认定。如果程序性要素是不法要素，那么在实行者不具备程序性要素的场合，就不能认定教唆者或者帮助者成立共犯。缺乏不法要素，意味着实行者的行为还不能被评价为具备刑法层面的“违法性”，共犯也就缺乏从属的对象。例如，教唆他人多次扰乱国家机关工作秩序，但是实行者没有被行政处罚的，由于此处的程序性要素以及后续行为、后果为行为的违法性提供根据，如果没有被行政处罚，实行者的行为就还不具备违法性，教唆者也不能被追究刑事责任。如果程序性要素是客观处罚条件，那么客观处罚条件的缺失并不影响违法层面的共犯的成立，在教唆者或者帮助者具备责任要件和处罚条件时，也可以追究他们的共犯责任。例如，教唆他人不支付数额较大的劳动报酬的场合，即便政府有关部门没有责令实行者支付劳动报酬，也不影响教唆者在违法层面与实行者成立共犯关系。如果程序性要素是处罚事由，实行者缺乏处罚阻却事由，意味着需要追究正犯的刑事责任，那么更不影响狭义共犯的刑事责任的追究。

再次，正犯具备程序性要素后，共犯帮助正犯实施后续行为的场合，因为涉及承继的共犯的认定问题，所以此种情形与前述第一种情形存在差异。但是就基本结论来说，如果承认承继的共犯概念，那么共犯的认定可以参照第一种情形的结论，如果不承认承继的共犯概念，基本上可以否定共犯关系的成立。当然，即便承认承继的共犯概念，肯定后续参与者的共犯身份，其也只能在自己促成的结果范围内被追究刑事责任。① 例如，实行者不履行信息网络安全管理义务，造成了一定的损害后果，政府有关部门责令实行者履行义务时，帮助者以自己的行动强化了实行者不履行义务的决心的场合，此时即便可以承认帮助者与实行者构成拒不履行信息网络安全管理义务罪的共犯，但是帮助者只能对其有贡献的后续损害结果承担责任。具体来说，如果承认承继的共犯概念，不管程序性要素是标识要素、违法（构成要件）要素、客观处罚条件还是处罚阻却事由，实行者在具备程序性要素时，其行为都已经是该当构成要件的违法行为，帮助者承继实行者的先前行为，已经符合共犯的成立要件。如果不承认承继的共犯概念，程序性要素之前的实行者的该当构成要件的行为就与后续参与者没有关联，后续参与者只能与实行者的后续行为成立共犯关系，但是由于后续行为通常不是该当构成要件的行为，也难以符合共犯从属性的要求，无法成立共犯关系。当然，否定共犯关系的成立并不意味着行为人一定可以逃避法律的制裁，因为后续参与者的行为也可能成立掩饰、隐瞒犯罪所得、犯罪所得收益罪等单独犯罪。

---

① 参见刘宪权、张娅娅：《承继共犯的刑事责任探讨》，载《政治与法律》2010 年第 2 期。

复次，在同种犯罪具备程序性要素的共犯教唆正犯实施犯罪但是正犯不具备程序性要素的场合，问题的关键在于能否将行为人的教唆行为评价为先前同种犯罪的后续行为。例如，在因为不支付数额较大的劳动报酬经政府有关部门责令支付后，教唆他人也不支付数额较大的劳动报酬，但是政府有关部门尚未向他人发出责令支付的通知的，能否将教唆者的后续行为评价为对程序性要素前的先前行为的反应？笔者认为，这实际上是同种数罪的问题，显然不能将行为人的教唆行为认定为前一犯罪的后续行为，毕竟前后行为的性质存在本质上的差异。通常情况下还是应该先分别对两个犯罪进行评价，再根据罪数理论定罪量刑。当然，如果行为人是指示他人参与自己先前已经实施的犯罪的，就可以将后行为人的行为认定为自己犯罪的后续行为。又如，如果前述行为人是指示他人帮助转移自己的财产以逃避支付劳动报酬的，那么后续行为就仍然处于前一拒不支付劳动报酬罪的评价范围。如此一来，问题的本质实际上发生了转变，即变成后续参与者参与已经具备程序性要素的先前行为的承继共犯的确认问题。

最后，共犯因各自事由分别具备程序性要素后，达成合意共同实施后续行为的场合，关键的问题还是在于是否承认承继的共犯。如果承认承继的共犯，那么合意实施的后续行为，可以分别归属于行为人，行为人不仅需要就自己实施的先前行为承担相应的刑事责任，还要对他人实施的先前行为承担责任。例如，甲乙分别不支付劳动报酬被政府有关部门责令支付后，达成合意“仍不支付”的，此时甲乙互相承继对方的先前行为，互为彼此的承继共犯。如果不承认承继的共犯，那么行为人只需要对达成合意后的后续行为即后果承担责任。但是共犯的成立以正犯实施该当构成要件的违法行为为前提，此时能否将后续行为共同归属于所有的参与者？这实际上又涉及正犯所实施的违法行为的程度问题，也就是说，共犯对正犯的限制从属内容是否需要达到可罚的违法程度。[①] 如果对此持肯定态度，那么参与者之间就不成立共犯关系，后续行为的后果也不能归属于所有的行为人。如果对此持否定态度，那么参与者之间可以就后续行为成立共犯关系，并就后续行为及其后果在各

① 参见张开骏：《共犯从属性理论的体系建构》，载《清华法学》2013 年第 6 期。

自的罪名内承担刑事责任。又如，分别多次扰乱国家机关工作秩序的甲和乙在被行政处罚后，达成合意共同扰乱国家机关工作秩序，造成严重后果的，如果承认承继的共犯，甲乙都需要承担完整的扰乱国家机关工作秩序罪的刑事责任，并且可能需要互相对对方的先前行为承担责任。如果不承认承继的共犯，那么仅有后续扰乱行为及后果的共同，还不能完全认为具备构成要件符合性和违法性，如果不承认部分的共同，那么甲乙只能分别对自己有贡献的后续行为及后果承担责任；如果承认部分的共同，那么甲乙就可以在各自所犯的扰乱国家机关工作秩序罪内对后续行为及后果承担责任。

第七章

程序性要素规范设置的立法因应

程序性要素功能偏离的一个重要原因是其规范设置不科学。在尊重现行规范的基础上，本书尽可能通过解释的方法解决程序性要素的功能偏离问题。但是，解释的归解释的，立法的归立法的，试图通过解释方法解决所有的立法问题，也是不现实的。尽管笔者一直以来坚持自由主义的立场，主张尽可能优先发挥其他社会治理手段的作用、限缩刑法的干预范围和程度，但是不可否认的是，刑事立法活性化时代已经到来，积极刑法观已经成为社会的主流选择，通过立法设置罪名或者修改法律来解决社会问题已经成为一种常态。[①] 对程序性要素的规范设置的完善也不能“故步自封”，需要及时通过立法调整规范设置中不合理的内容。然而，属于立法范畴的程序性要素的规范设置，也不可以恣意而为。既然现有的程序性要素的规范设置容易导致与罪刑法定主义、谦抑主义、法益保护机能冲突的风险，那么对程序性要素规范设置的完善应当避免上述风险，并与刑法的基本原则和机能相契合。

第一节　程序性要素规范设置的指导原理

为了避免因程序性要素规范设置不科学而导致的功能偏离，在对程序性要素规范设置进行完善时应当始终坚持一定的指导原理，而且，这些指导原理应当是对程序性要素功能偏离的回应。所以，对程序性要素规范设置的完善需要坚守罪刑法定原则、节用刑法谦抑主义和发挥刑法法益保护机能。

---

① 参见孙国祥：《新时代刑法发展的基本立场》，载《法学家》2019 年第 6 期。

一、坚守罪刑法定原则

尽管近年来具有影响力的司法个案对实质正义的追求，实质上与罪刑法定原则不太兼容，但是罪刑法定仍然应当是刑法现在和未来的价值追求。一方面，罪刑法定原则的民主主义和人权主义的价值基础，蕴含着人权保障的终极追求。另一方面，罪刑法定原则是法治国刑法的基本原则，是实现全面依法治国战略的“试金石”。

无论刑法理论如何概括罪刑法定原则的主要内容，其自由主义和人权主义的价值基础，已经获得学界的一致认可。而且，罪刑法定已经不仅是一项单纯的刑法原则，更是与人权保障密切关联的宪法原则。实际上，从罪刑法定原则的发展历程来看，其最早就是作为一项宪法原则被各国所接受的。所以，罪刑法定原则的终极价值追求就是人权保障。罪刑法定原则对人权价值的追求不仅体现在它的具体内容中处处包含对人权的保护，还体现在它通过多个方面保障人权价值的实现。一方面，无论是罪刑法定原则的形式侧面，还是罪刑法定原则的实质侧面，都通过限制刑法的干预范围，明确民众的行动范围，从而保障民众可以在法不禁止的领域内自由生活。另一方面，它不仅限制对犯罪分子的“过剩剥夺”，也限制对普通民众的不正当干预，从而将刑罚的“恶”限制在必要最小范围，保障犯罪分子和普通民众的尊严生活。而人权保障不管在什么时代都应当是人类社会的永恒追求。尽管刑法需要同时发挥人权保障与秩序维护的功能，但是人权保障仍然应当是刑法的首要价值追求，秩序的维护也只能服务于人权保障价值的实现。脱离人权保障的秩序维护，可能导致人被作为工具而不是目的对待，可能导致以维护秩序之名行侵犯人权之实的不利后果。换句话说，人权保障是刑法的功能底线，秩序维护必须是人权保障下的秩序维护。[①] 1997 年《刑法》规定罪刑法定原则，废除刑事类推制度，在人权保障方面具有里程碑式的意义。尽管现代社会的发展已经不再满足于形式的罪刑法定原则，但是罪刑法定原则也在不断发展自身，并以实质侧面丰富自己的内容，以便更好地实现人权保障的目的。

---

① 参见马荣春：《罪刑法定原则与刑法基本原则体系的结构性》，载《时代法学》2019 年第 2 期。

所以罪刑法定原则本身也是一项与时俱进的原则，值得我们坚守。

2014 年党的十八届四中全会确立了全面推进依法治国的基本方略，实现全面依法治国成为现阶段社会治理的重要阶段性目标。关于依法治国，党中央的决定中至少包括两个方面的内容，即规则之治和良法之治。首先，依法治国要根据法律的规定进行，做到“有法可依”“有法必依”。“有法可依”要求我国首先建立完备的法律体系，使社会治理能够在法律（治）的框架下进行。“有法必依”要求在全社会形成崇尚法律、尊重法律、遵守法律的氛围，尤其是行使权力的行为应当被关进“制度的笼子”。其次，依法治国要根据“良法”的规定进行，让人民群众感受到公平正义。规则之治只能对社会的治理形成形式的制约，无法为社会治理提供实质合理性。也就是说，在法律框架下实施的行为并不必然具有正当性，法律也可能基于各种原因而带有“恶”的属性，如果行为遵守的是恶法，就不能让人民群众感受到公平正义。[①] 罪刑法定原则从仅有形式意义发展为同时具有形式意蕴和实质价值，正好契合了依法治国战略的需求。一方面，罪刑法定原则的形式层面要求对犯罪的规定和刑罚的配置只能由法律进行，司法机关只能根据法律的规定对行为人定罪量刑，不得在法律规定之外恣意增减罪名和裁量刑罚，符合依法治国规则之治对在法律框架下行使权力（利）的追求。另一方面，罪刑法定原则的实质层面要求犯罪的规定和刑罚的配置应当具体明确，具有实质合理性，立法机关也不得随意设置罪名和配置刑罚，有关犯罪和刑罚的规定应当符合民主主义基础和保障人权的需求，符合依法治国良法之治对个案公平正义的追求。所以从实现依法治国战略的角度来说，罪刑法定原则应当被坚守。

在程序性要素的规范设置中坚守罪刑法定原则，也可以从形式层面和实质层面两个方面着手。从形式层面来说，应当注意只能由“法律”规定影响犯罪成立和刑罚发动的程序性要素，对于司法解释和其他规范性文件设置的程序性要素应当持审慎态度。“司法解释是对刑法的解释，并非对刑法的修改。但是实践中变相把司法解释理解为对刑法的修改，这是违背罪刑法定的。”[②] 如前

---

① 参见梁根林：《罪刑法定原则：挑战、重申与重述——刑事影响力案件引发的思考与检讨》，载《清华法学》2019 年第 6 期。

② 刘艳红：《罪刑法定原则的中国困境》，载《中国检察官》2019 年第 13 期。

所述，司法解释在我国具有一定的立法性质，通过司法解释创设程序性要素在我国的实践中并不罕见，为了避免与罪刑法定原则的抵牾，应当尽可能限制乃至禁止通过司法解释创设程序性要素。从实质层面来说，立法机关设置程序性要素应当符合实质正义的要求。但是罪刑法定原则对实质层面的要求主要在于对行为人处罚的实质合理性，即处罚的规定和内容本身应当适当，它不解决是否处罚的问题，换句话说，实质层面仍然是在限制处罚、保障人权的角度上实现处罚的适正，不追求法益保护层面上的处罚适正。所以，一方面，对程序性要素及其指引规范的规定应当尽可能具体明确，以便保障公民的预测可能性；另一方面，可以规定程序性要素的犯罪应当尽可能规定，以便限缩刑法的处罚范围、最大限度地实现行动自由。

二、节用刑法谦抑主义

刑法谦抑主义作为一项立法原则，既强调了刑法的保障法地位，也协调了刑法与其他法律的调整范围。由于刑法以作为恶害的刑罚为处罚手段，容易对他人的生命、健康造成不可恢复的损害，所以刑法的调整范围只能限制在具有严重社会危害性的行为。根据帕克的观点，将某种行为予以犯罪化必须同时具备以下条件：（1）行为的危害显著，社会大众不能容忍；（2）科处刑罚符合刑罚目的；（3）科处刑罚不会禁止有利行为；（4）能够公平、无差别处理；（5）不会造成诉讼上的负担；（6）不存在刑罚替代措施。[①] 行为的危害性不够、不符合经济性和必要性原则以及无法实现刑罚目的等都可能导致行为不被纳入刑法的调整范围。由此可以推导出两个命题：一是治安违法行为犯罪化必须坚持必要性原则；二是避免将单纯违反伦理道德和纪律要求的行为规定为犯罪。[②] 谦抑主义与保障自由和人权存在关联，但是一味地强调谦抑主义也会导致刑法法益保护机能的缺失，所以应当把握好谦抑主义与其他原则、机能之间的关系。目前程序性要素的规范设置中已经显现出滥用刑法谦抑主义的风险。一方面，谦抑主义是一项立法原则，通过司法解释设

① 参见张明楷：《刑法学》（第5版），法律出版社2016年版，第66页。

② 参见钱叶六：《刑法处罚范围适度扩张的合理性及其限制》，载《警学研究》2020年第5期。

置程序性要素限制刑法的处罚范围是对谦抑主义的误读；另一方面，谦抑主义的经济性以有效性为前提，在某些犯罪中设置程序性要素虽然可以减少介入成本，但是介入效果却非常差，滥用了谦抑主义。

从宏观上看，节用刑法谦抑主义是社会法治环境发展的必然要求。刑法学界对我国社会法治环境的发展状况还缺乏系统的研究，以致谦抑主义在刑法理论界一直具有正确性。谦抑主义是自由主义刑法战胜封建专制刑法的胜利果实，是与自由法治国相契合的一项基本原则。我国的法治环境建设从来不是单一的，而是呈现三重混合的形态。与此同时，受全球化的影响，系统性的风险在我国开始出现，民众对国家治理社会风险提出了更高的要求。[①]一方面，自由法治国尚未完全建立；另一方面，建设社会福利国的要求已经被提出。自由法治国仍然要求刑法保持克制的态度，防止刑法扩张导致专制刑法卷土重来，社会福利国则要求刑法承担起社会服务的功能，为社会风险的防控、人民福祉的实现贡献自己的力量。就现阶段的法治环境而言，大多数学者关注到了自由法治国建设的良好态势和政治专制思想的残余，因而主张进一步巩固自由主义刑法的胜利果实，但是忽视了社会发展对社会福利国提出的要求。笔者认为，三重混合形态的法治环境不仅要求我们根据谦抑主义清除政治专制的余毒，也要求我们善于节用谦抑主义回应福利法治国建设的需求。

节用谦抑主义最大的担忧就是犯罪圈扩大和人权被侵犯，但是一味地将人权的保障求诸刑法的谦抑并不现实。刑法在承担限制国家公权力和保障人权功能的同时，担负着防卫社会、保护法益的职能，刑法一直在人权保障与法益保护之间寻找平衡。一旦进行犯罪化或者降低处罚门槛，就指摘刑法有侵犯人权的风险，刑法的法益保护机能将无法发挥，所以在某些情形下应当慎用谦抑主义作为批判立法的武器。实际上，就目前我国犯罪圈的扩张情况来看，除却极个别情绪性、象征性立法外，大部分的立法秉持着必要最小限度原则。我国“定性 + 定量”的立法模式，使我国的犯罪圈相较于采用高“立法定性 + 司法定量”立法模式的德日等国小很多，根据社会发展形势进

① 参见陈璐：《论刑法谦抑主义的消减》，载《法学杂志》2018 年第 9 期。

行必要立法，并不会对公民的人权造成不当的侵犯。而且，谦抑主义与人权保障之间也并不存在必然关联。① 人权的保障应当取决于宪法是否赋予民众广泛的权利及其实施情况，谦抑主义作为一项部门法原则，虽然在贯彻宪法规定时会对人权保障产生一定的影响，但是对人权保障的影响毕竟是间接的，这种间接体现在节用谦抑主义中就是是否侵犯了宪法所赋予民众的权利。所以，保障人权的关键是宪法是否划定了公民私权与政府公权之间的界限，如果两者之间存在明确的界限，私权保障范围内的谦抑主义节用就不会侵犯人权。当然，尽管我国宪法并没有明确划定私权与公权的范围，但是我国学者根据宪法提炼出来的犯罪化指导原则已经为谦抑主义的节用加上了人权保障的制约。

在程序性要素的规范设置中节用谦抑主义，可以从设置形式和设置内容两个方面把握。一方面，避免通过司法解释设置程序性要素导致的谦抑主义的滥用。谦抑主义作为一项立法原则，不应当在司法中进行错误贯彻。某种行为能否被认定为犯罪，应当根据行为是否符合刑法所规定的构成要件进行判断，而不是优先进行其他前置法的判断和处置，除非这种前置判断或者处置是由法律明确规定的。另一方面，避免犯罪成立条件或者刑罚发动条件中程序性要素的滥设导致的谦抑主义的滥用。在犯罪成立条件或者刑罚发动条件中增加程序性要素的要求，固然有助于发挥刑法的人权保障机能、巩固刑法的谦抑主义原则，但是并不是所有的犯罪都适合增加程序性要素的要求，尤其在某些犯罪中增加程序性要素的要求会造成犯罪认定体系上的不协调。需要强调的是，因为通过司法解释设置程序性要素本身不仅滥用了刑法谦抑主义，也违反了罪刑法定原则，所以笔者在不同部分均对该现象有所论及。这也说明了，通过司法解释设置程序性要素与刑法的多项原则存在冲突，需要对此持慎重态度。

三、发挥法益保护机能

在法益保护机能与人权保障机能之间，强调人权保障机能似乎具有某种

① 参见陈璐：《论刑法谦抑主义的消减》，载《法学杂志》2018 年第 9 期。

政治正确性，强调法益保护机能则可能因为导致公权扩张而与人权保障相对立，所以目前学界对法益保护机能（法益概念）的研究主要集中于其立法批判功能和解释规制功能。立法批判功能是指法益概念具有检验立法正当性的作用，尤其是批判不具有法益保护功能的情绪性立法和象征性立法。解释规制功能是指法益概念具有检验解释正当性的作用，即以法益作为指导检验构成要件的解释是否符合法益保护目的。[①] 它们的作用往往是以否定式命题的方式发挥，即当某个立法或者解释不符合法益保护要求（目的）时，否定该立法或者解释的效果，所以它们仍然是在限制处罚范围、保护行动自由，限制公权力、扩张私权利的意义上使用法益概念。程序性要素不管是从其滥觞的社会背景还是从其存在的理论根基来看，都与限制处罚范围存在密切关联，与法益保护目的关联较弱。唯一与法益保护相关的服务于打击犯罪需要的设立初衷——因为能够体现行为人的再犯可能性而对行为人从重处罚，在所有的程序性要素中占据相当小的比重。法益保护机能与人权保障机能处于一种此消彼长的关系，过度强调刑法的人权保障机能，容易导致刑法法益保护目的的落空。程序性要素与人权保障的过度关联已经阻碍了刑法法益保护机能的有效发挥。

法益保护机能与人权保障机能的关系类似于天平的两端，任何社会都需要同时具备两者而不可偏废其中一方，仅强调某一方只会导致天平的失衡。不同的社会发展阶段虽然强调的重点有所不同，但是仍要保持两者的均衡。[②] 例如，封建专断刑法过分强调对社会秩序的维护而忽视人权的保障，启蒙学者在与罪刑擅断的封建刑法作抗争并提出罪刑法定原则的同时，仍然强调根据法律的规定对犯罪人定罪量刑，以发挥刑法的法益保护机能。至于需要强调刑法的何种机能则与社会发展阶段存在密切关联，如果一个社会秩序井然，但是人民群众的行动自由受到极大限制，则有强调人权保障机能之必要；如果一个社会的犯罪率较高，人民群众的生命财产安全受到极大威胁，则有强

① 参见陈家林：《外国刑法理论的思潮与流变》，中国人民公安大学出版社、群众出版社 2017 年版，第 84～85 页。

② 参见马聪：《刑法机能模式及当代中国之选择》，载赵秉志主编：《刑法论丛》2009 年第 2 卷（总第 18 卷），法律出版社 2009 年版，第 84 页。

调法益保护机能之必要。刑事古典学派时期，罪刑擅断的封建刑法的残余犹在，需要强调刑法的人权保障机能。刑事实证学派时期，社会犯罪率显著提升，古典自由主义的理论无法有效应对，需要强调刑法的法益保护机能。我国现阶段的社会治安形势整体良好，并且呈现出向好发展的趋势。但是我国同时处于社会转型的重要时期，各方面的矛盾开始不断暴露，需要国家投入更多的力量解决新的矛盾，反映到刑法当中，法益保护机能应当被适当突出。

现代社会的发展对国家治理能力和治理水平提出更高的要求，对刑法的保护范围和保护程度也有更高的期待。社会环境愈加复杂，人们的安全感普遍缺失，需要国家普遍调控以提升人民安全感；恐怖主义犯罪形势仍然严峻，人民的生命财产安全仍然遭受不确定的危险的威胁，需要国家打击恐怖犯罪以保护人民生命财产安全；科技的发展使人类社会的联系日益紧密，系统性的风险随时可能通过科技手段传递到地球村的各个地方，需要国家提高治理能力及时阻断风险的蔓延；经济社会的发展使贫富差距不断增大，财富分配不均衡导致的社会割裂现象日益明显，经济弱者对实质的公平的需求更加紧迫，需要国家介入财富的再次分配以保障人民福利的公正实现。① 这种社会防卫需求的增加，导致国家在社会控制方面不断投入力量，国家治理机能不断膨胀。在与刑法干预相关联的意义上，一方面，科技犯罪、青少年犯罪、生物犯罪等问题层出不穷，对现行刑法的治理能力提出挑战；另一方面，社会的发展使得民众对生活质量提出更高要求，刑法不仅需要保护人身法益、财产法益等传统法益，还要保护名誉法益、环境法益等新型法益，对现行刑法的干预范围提出要求。“在新类型的法益侵害明显增加的情况下，就需要增设新的犯罪”，② 刑法观也应当由消极转向积极，适当强调刑法的法益保护机能。

《刑法》第 1 条和第 2 条以目的和任务的形式明确了刑法的法益保护机能，并将其置于第 3 条罪刑法定原则之前，说明刑法所代表的强制力量首先就是保护法益，以便人民更好地享有人权。这契合了洛克《政府论》中关于

---

① 参见雷东生：《刑法法益保护机能扩张的特点》，载《人民司法》2015 年第 23 期。

② 参见张明楷：《增设新罪的观念——对积极刑法观的支持》，载《现代法学》2020 年第 5 期。

国家权力起源的论述，即自由平等的人们让渡出一部分权力给政府，由政府防卫个人难以防卫的危险，以便人们更好地享有自由。[①] 所以，保护法益是保障人权的前提条件，保障人权是保护法益的最终目标。在程序性要素的规范设置中强调刑法的法益保护机能，主要就是避免在不应该设置程序性要素的犯罪中设置程序性要素。程序性要素所带来的人权保障效果，也应当是以有效保护法益为前提的。这种有效保护体现在刑罚惩处能够有效制止不法侵害行为，并且刑罚惩处秉持着必要最小限度原则，没有造成刑罚过剩。但是，如前所述，程序性要素在部分犯罪中的设置已经阻碍了刑法法益保护机能的有效发挥，导致刑法不能为法益提供全面及时的保护。在程序性要素的规范设置中发挥刑法的法益保护机能与节用谦抑主义，在扩张刑法的处罚范围和介入程度方面，具有异曲同工之处。只是，节用谦抑主义更加强调刑法的工具价值，发挥法益保护目的更加强调刑法的目的价值。目的价值为工具价值的发挥提供正当性基础，工具价值服务于目的价值的实现，两者共同服务于证立部分犯罪程序性要素的规范修正。

第二节 程序性要素立法因应的初步展开

程序性要素规范设置不科学的问题实际上可以分为设置形式和设置内容两个方面，其中设置形式的问题主要就是通过司法解释等非法律规范性文件设置程序性要素存在违反罪刑法定原则、滥用谦抑主义、落空法益保护目的的嫌疑，设置内容的问题则包括缺乏被害人程序性要素启动主体地位、自然犯中滥设程序性要素、法定犯中缺乏程序性要素等。前者的解决路径概括起来较为简单，就是避免在司法解释等规范性文件中设置程序性要素，避免以司法之名行立法之实。但是司法解释在我国拥有生存土壤，法的有限性与生活的无限性之间的矛盾，要求灵活的司法解释缓和法的安定性与灵活性之间的冲突。克制司法解释创设程序性要素或许只是说起来容易，做起来却相当

① 参见［英］洛克：《政府论》（下），瞿菊农、叶启芳译，商务印书馆1982年版，第77~80页。

困难。未来司法解释在我国立法、司法当中究竟应当扮演何种角色可能还需要学界投入更多的精力来研究，但是这已经超出了本书的研究范围和笔者的研究能力。后者的解决路径则是对程序性要素设置内容问题的反向推论，即赋予被害人程序性要素启动主体地位、取消部分自然犯的程序性要素和增加部分法定犯的程序性要素，这是本书所关注的重点。

一、赋予被害人程序性要素启动主体地位

如前所述，程序性要素可以分为平等主体间的程序性要素和非平等主体间的程序性要素。平等主体间的程序性要素的启动往往由作为被害人的权利人及其代理人进行，非平等主体间的程序性要素的启动则由与被害人没有直接关联的政府机构进行。但是根据笔者的梳理，我国刑法规范中的29个程序性要素中，只有《刑法》第196条第2款规定的“经发卡银行催收”、《刑法》第270条第1款和第2款规定的“要求退还”和“要求交出”2个程序性要素的启动主体是被害人，其他程序性要素的启动中均缺乏被害人的参与。当然，严谨地说，被害人在程序性要素的启动中也存在一定的作用，他们往往扮演着向政府有关部门投诉相关违法事实的投诉者的角色。例如在拒不支付劳动报酬的案件中，通常是由作为被害人的被欠薪者在讨薪无果向有关部门投诉相关单位拖欠工资的违法事实后，有关部门才开始向用人单位或者用人者发出支付劳动报酬的责令状，被欠薪者在这一过程中也发挥了促成程序性要素启动的作用。然而，被害人在这一过程中终究缺乏启动程序性要素的决定性地位，程序性要素的启动仍然取决于政府有关部门的作为。很多情况下被害人可能因为投诉单位不适格或者相关单位乱作为等，并不能对程序性要素启动起到促进作用。

赋予被害人程序性要素启动主体地位是被害人教义学发展的必然结论。传统的刑法理论是以行为人为单一视角的，但是被害人教义学强调行为人与被害人的互动模式，强调刑法对被害人规范需求的回应。① 以前犯罪事实发

---

① 参见车浩：《被害人教义学的发展：刑事责任的分配与被害人自我保护》，载《政治与法律》2017年第10期。

生以后，行为人就成为国家追诉的对象，犯罪追诉活动在国家机关和行为人之间进行，被害人的需求往往处于被忽略的状态。但是被害人教义学提出应当重视被害人行为在犯罪评价和刑罚科处中的作用，重视被害人需求在刑事追诉活动中的满足。一方面，犯罪实施过程中的被害人的行为可能影响犯罪的评价和刑罚的裁量；另一方面，被害人的事后需求也决定着刑罚的裁量。当然，被害人教义学的起源和重心还是在于被害人的行为状态对行为人刑事责任的影响。但是被害人教义学发展到今天，已经不再局限于根据被害人的过错、承诺、自陷风险等因素减免行为人的刑事责任，关注被害人的损害赔偿、被害人的国家赔偿等问题也成为被害人教义学的应有之义。① 程序性要素的启动中缺乏被害人的参与仍然是以行为人为中心的单视角模式的当然后果，但是这种只重视对违法犯罪行为惩处的单视角模式，已经不能满足修复被害法益、回应被害人规范需求的要求。如前所述，有些犯罪中设置程序性要素就是希望给予行为人回归法秩序的机会，尽快修复被侵犯的社会关系，及时满足被害人的利益需求。例如在拒不支付劳动报酬案件中，立法机关设置责令支付的程序性要素就是尽可能地阻断不支付劳动报酬的行为进入刑事审判领域的可能，通过行政处置尽快让劳动者获取被拖欠的劳动报酬。但是没有赋予被害人启动程序性要素的主体地位，也阻碍了该要素恢复法益功能的发挥。关注被害人利益救济的被害人教义学则会特别强调在程序性要素的规范设置中赋予被害人启动主体地位。

在恢复被害法益这一点上，承认被害人的程序性要素启动主体地位应当不存在观念上的障碍，但是对于如何进行制度设计可能还存在疑问。因为我国刑法中的大部分犯罪仍然是由代表公权力的国家机关进行追诉的，允许被害人启动程序性要素，是否意味着在追诉程序上作出特别安排？可以肯定的是，程序性要素的实质内容是具体的法律行为，但是由于刑法的明确规定，它又与单纯的诉讼程序等存在差别并带有一定的实体属性。程序性要素规范设置的立法回应归根结底还是刑法层面的设计变更，即刑法规范的变更。笔

① 参见刘军、王艺：《被害人教义学及其应用》，载陈金钊、谢晖主编：《法律方法》第24卷，中国法制出版社2018年版，第390~391页。

者认为，在尊重现行法律框架和纠纷解决机制的基础上，赋予被害人程序性要素启动主体地位宜在提起诉讼阶段进行。因为关涉具体被害人的违法行为首先一定是民法上或者劳动法上的纠纷，可以由被害人向人民法院提起诉讼。此时可以由被害人在法院的主持下向行为人作出回复利益的要求，如果行为人怠于回复利益，可以由人民法院将案件移送公安机关立案侦查。一方面，作为被害人的个人不得单纯主张自己要求行为人回复利益、行为人拒绝回复就启动程序性要素，并径行要求法院对行为人定罪量刑，对行为人刑事责任的追究仍然需要公安机关、检察院的参与。另一方面，法院在被害人启动程序性要素中处于被动引导地位，法院主持调解工作或者启动工作是保证程序性要素的启动能够规范进行，并且在法院的主持下进行启动工作可以起到督促行为人尽快履行义务、回复法益的效果。实际上，概括来说，就是赋予被害人提起诉讼的行为启动程序性要素的法律效果，并且这种效果的赋予应当在刑事立法上有所体现。例如，如果赋予劳动者拒不支付劳动报酬罪程序性要素的启动主体地位，可能的修改是"经政府有关部门责令支付或者劳动者向人民法院提起诉讼，仍不支付的"。当然，对于不存在具体的被害人的犯罪，程序性要素的启动自然不需要特别强调被害人的参与。例如消防责任事故罪的启动主体是消防机构，由于消防隐患在现实化之前无法确定具体的被害人，也就没有办法赋予被害人程序性要素启动主体地位。但是，这也不意味着发现违法事实的人没有作为可能性，我们仍然可以通过向有关部门举报违法事实促成程序性要素的启动。

二、取消部分自然犯的程序性要素

如前所述，自然犯与法定犯的区分是相对而言的，法定犯具有违法性认识复杂、法益性欠缺、我国语境下的罪刑设置不科学等特征，自然犯则恰好不存在这些问题。第一，自然犯是因为违反人类正直、怜悯感情而具有道义上可谴责性的犯罪，对于触犯这些犯罪的行为人来说，他们通常具有明确的违法性认识，或者即便不具有明确的违法性认识，只需稍加注意也可以认识到行为的违法性。换句话说，自然犯的违法性认识并不复杂。第二，自然犯所侵犯的法益往往是个体法益或者可还原为个体法益的集体法益，侵犯这些法益的行为的客观危害和行为人的主观恶性的边界都相对较为明确，通常不会存在处罚上的障碍。因为存在具体明确的法益的指导，定罪和量刑就存在实质上的根据，进而不会与人们朴素的正义观产生冲突。第三，虽然古代刑法受重刑主义思想的影响存在众多缺陷，但是必须承认的是，古代刑法对以自然犯为核心的犯罪的规定是较为细致和成熟的。例如《唐律》根据行为人主观恶性的不同，将杀人犯罪细化为谋杀、故杀、劫杀、斗杀、戏杀、误杀、过失杀等七种类型，概称为“七杀”。[①] 现代刑法继受古代刑法的有益内涵，剔除其不科学的内容，使自然犯的罪刑设置更加符合现代刑法的自由、人权等基本价值。所以自然犯的惩处并不会如法定犯那般容易引起学界的警惕和群众的质疑，程序性要素的限制处罚范围等的作用在自然犯中就显得有些多余。

或许正是因为程序性要素限制相关犯罪惩处作用的发挥，立法机关已经取消了部分自然犯的程序性要素。例如，笔者前文提到的1997年《刑法》第288条规定的扰乱无线电通讯管理秩序罪中规定的程序性要素“经责令停止使用”，在《修九》中被取消了。立法者这种立场的转变是有原因的，一方面，司法实践中存在一些严重危及公共安全的扰乱无线电管理秩序的行为，但是由于存在“经责令停止使用”的程序性要素，这些行为无法得到恰当的处分；另一方面，“责令停止使用”的启动主体、启动程序并不明确，导致程序性要素的启动在司法实践中成为问题，进而扰乱无线电管理秩序罪也有被搁置的嫌疑。再如，1997年《刑法》第201条规定的偷税罪中规定的程序性要素“经税务机关通知申报”，在《修七》中被取消了。之所以取消偷税罪的程序性要素，立法者的考虑大致相同，就是要在市场经济日益发展的今天，加大对逃税行为的打击力度，消除违法犯罪分子逃避刑罚处罚的侥幸心理。[②] 但是，此类程序性要素的取消之所以不会造成司法适用上的困惑，笔者认为主要原因还是在于这些犯罪是自然犯，取消程序性要素、扩大处罚范围不会与人们的普遍正义感产生冲突。扰乱无线电管理秩序行为因为可能导

① 参见吕琳：《唐律杀人罪的结构与特征——读〈唐律“七杀”研究〉》，载《法律史评论》2020年第2期。

② 参见卢勤忠：《程序性构成要件要素概念的提倡》，载《法律科学》2016年第6期。

致飞机坠毁等危害后果，直接侵犯具体个人的生命健康安全，即便不存在程序性要素，处罚该行为也不会让民众感到不安。逃税罪虽然原本属于国家维护税收秩序之法定犯，但是由于法定犯与自然犯之间具有流动性，随着国民日益认可纳税属于个人应尽之必要道义义务，违反该义务不再是单纯的行政违反，而是具有道义违反性。

如果单纯从自然犯与法定犯的特征对比看，取消所有自然犯的程序性要素是当然结论。但是考虑到自然犯中某些从重处罚情节、证明要素等内容，一概取消自然犯中的程序性要素也未必适宜，所以笔者暂且仅就存在较大争议的自然犯的程序性要素的取消展开细致论述。

拒不支付劳动报酬罪的程序性要素的设立初衷是限制刑法的处罚范围，一方面以刑罚手段强制用人者支付劳动报酬，另一方面避免刑罚过分干预市场经济行为，避免随意出入罪导致市场主体地位的任意消减。不可否认，该罪程序性要素的设置充分体现了刑法的谦抑性。但是，从刑法教义学的角度来看，对数额较大的逃避支付劳动报酬的行为提高入罪门槛缺乏实质理由。首先，如果承认财产犯罪的行为对象包括财产性利益，那么拒不支付劳动报酬行为就可以认为是用人单位违背劳动者的意志转移债权的行为，可能构成盗窃罪，但是盗窃罪的成立并不要求程序性要素的存在。重罪的成立尚且不要求程序性要素，轻罪的成立更没有要求程序性要素的实质理由。其次，如果认为用人者非法占有的对象是本该劳动者占有的财物，那么该行为也可能成立侵占罪。但是侵占罪的入罪门槛明显低于拒不支付劳动报酬罪，并且侵占罪程序性要素的启动主体是作为权利人的被害人。如果将这两者的关系贯彻到底，程序性要素的存在只会导致拒不支付劳动报酬罪被虚置。再次，客观处罚条件设置的政策和利益理由不足以正当化该罪程序性要素的存在。因为解决劳资纠纷属于刑法外的目的，而且恢复利益的行为并不能为已经存在的犯罪事实提供正当化根据，就如盗窃罪的犯罪分子并不能因为事后的悔罪和赔偿损失而免除惩罚一般。最后，程序性要素的存在确实缓解了行为人的刑罚负担，但是增加了被害人维权的成本。当违法事实发生后，被害人需要在用人单位与劳动监察部门、公安部门、法院等之间不断徘徊，有些不堪重负的甚至走向自我毁灭的道路。所以，该罪程序性要素的设置除了为用人者架起了回归法秩序的桥梁之外，也为劳动者提供了一条维权的途径，使司法机关的追诉成本转移为劳动者的维权成本，增加了他们的维权负担。[①] 所以，笔者认为应当取消拒不支付劳动报酬罪的程序性要素。笔者的基本立场无疑加大了该罪的惩处范围，与刘艳红教授的取消拒不支付劳动报酬罪、限制处罚范围的主张相悖。[②] 但是，要求拒不支付劳动报酬罪有效缓解甚至解决劳资纠纷是对刑法的苛刻要求，正是因为不支付劳动报酬的行为在行政法等前置法上无法得到有效解决，才产生该罪设置的必要性。该罪所能调整的范围也仅限于构成犯罪的拒不支付劳动报酬的行为。因而，取消程序性要素也不会造成处罚范围的过分扩张，它调整的对象仍然是能够构成犯罪的不支付劳动报酬的行为。

出于有效打击违法犯罪行为的目的，卢勤忠教授还认为应当取消妨害传染病防治罪的程序性要素，从严厉打击妨害传染病防治罪的角度看，这种犯罪具有严重的社会危害性，危害到公众的人身健康，就应该取消“疾病预防控制机构提出卫生要求”的程序性要素。[③] 就其所侵犯的具体法益来看，笔者对卢勤忠教授的观点持肯定态度。一方面，该罪不仅保护卫生防疫秩序，还保护公共卫生安全，而公共卫生安全是可以还原为个体生命健康安全的集体法益，因而妨害传染病防治罪的处罚范围是明确的。另一方面，该罪程序性要素的设置是为了给予相关单位和人员回归法秩序的机会，但是相关单位和人员的卫生知识可能超越具体行政机构，在行政机构作出具体责令行为之前，拥有相关认识的单位和人员应当实施积极的防疫行为并对此承担责任。如果相关单位和人员怠于行使职责，及至疾病预防控制机构提出卫生要求，可能造成难以挽救的损失。所以取消该罪的程序性要素，根据相关单位和人员的不作为行为及其引起的危险结果，追究行为人的刑事责任，既符合结果非价值和责任主义的基本要求，也满足促进行为人积极履行卫生防疫职责的规范目的。

---

① 参见李梁：《拒不支付劳动报酬罪的行政附属性规定研究》，载《政法论坛》2017 年第 5 期。

② 参见刘艳红：《当下中国刑事立法应当如何谦抑？——以恶意欠薪行为入罪为例之批判性分析》，载《环球法律评论》2012 年第 2 期。

③ 参见卢勤忠：《程序性构成要件要素概念的提倡》，载《法律科学》2016 年第 6 期。

此外，恶意透支型信用卡诈骗罪的程序性要素的存在价值也值得商榷。不少学者都对该罪程序性要素进行过研究，并且倾向于认为它类似于德日刑法中的客观处罚条件。也就是说，行为人先前的恶意透支行为实际上已经具有严重的社会危害性，只是因为一定的政策理由和利益理由还要求具备客观处罚条件才能够处罚行为人。但是笔者认为，这种理由的实质是与司法实践中常见的单纯的逾期还款的行为作出区分，也就是说，银行开设信用卡业务已经预见到了一定的违约情形，并以收取违约金的形式作为营利来源。然而，这实际上属于证明上的问题，在立法中“一刀切”地要求程序性要素可能并不利于打击恶意透支型信用卡诈骗行为，尤其是在行为人诈骗意图明显的情况下，如果还要求发卡行履行必要的催收手续才能够追究行为人的刑事责任，无疑是将司法机关的证明责任转移给了发卡行。换句话说，发卡银行的催收行为可以作为证明行为人非法占有目的的程序性事实，但是没有必要“一刀切”地要求所有的恶意透支型信用卡诈骗行为都必须具备“经发卡行催收”的程序性要素，在行为人诈骗意图明显的情况下，可以直接追究行为人的刑事责任。实际上，联系信用卡诈骗罪与诈骗罪的关系就可以发现，两者都需要证明非法占有目的的存在，但是后者不会单独要求“经被害人要求返还”这样的程序性要素，因为非法占有目的存在与否属于证明问题，“经被害人要求返还”属于证明的一种方式，而不是必要方式，没有单独设置类似程序性要素的实质理由。

三、增设部分法定犯的程序性要素

法定犯的违法性认识复杂、法益性欠缺、我国语境下的罪刑设置不科学等特征，使其在我国的适用一直被学界所警惕，而其中争议最大的是法定犯的违法性的认识问题。具体来说，因为法定犯是违反行政管理规定而被科处刑罚的犯罪，它的道义违反性并不明显，所以如何判断行为人具有违法性认识就十分困难。很多时候，行为人对于自己是否违反行政管理法规乃至刑事法律都缺乏明确的认识，此种情况下追究行为人的刑事责任是否与责任主义的基本要求相违背，存在较大的争议。为了解决法定犯的违法性认识问题，学者们作出了不少努力，但是基本方向都是限制法定犯的处罚范围，以免因为刑罚过剩而与民众朴素的正义感产生冲突。新近的研究成果倾向于将违法性认识作为故意的内容，如果行为人缺乏违法性认识，说明行为人不具有刑法上的犯罪故意，不能根据故意犯罪追究行为人的刑事责任，行为人的行为只能被认定为过失犯罪或者不构成犯罪。① 这种观点与传统的将违法性认识及其可能性作为责任要素的观点形成鲜明的对比，它认为责任要素的定位，割裂了违法性认识与社会危害性认识之间的联系，并且对违法性认识加上“可能性”的后缀，导致违法性认识要素出罪机能被虚置的后果。所以，在法定犯时代的宏观背景之下，将违法性认识界定为故意的认识内容，将极大地强调它的出罪机能，以便限缩法定犯的处罚范围。笔者认为，对违法性认识的重新定位，目的就在于激活它的出罪机能。从这一点上来看，法定犯中程序性要素的设置与其具有异曲同工之功效，也能起到限制法定犯处罚范围的效果。并且相较于重新定位违法性认识，设置程序性要素既可以避免对传统刑法理论构成挑战，也可以通过前置程序的处置明确行为人的违法性认识。所以，仅就明确行为人的违法性认识和限制刑法处罚范围的目的而言，在法定犯中设置程序性要素有其必要性。

现行刑法中存在程序性要素的典型法定犯是扰乱国家机关工作秩序罪和非法集会、游行、示威罪，这两个罪因为存在程序性要素的要求，对相关犯罪的处罚都较为明确。就前者而言，一方面，行为人扰乱国家机关工作秩序时往往伴随着个人利益诉求的表达，在当前“按闹分配”畸形认识的影响下，他们通常很难认识到行为的（刑事）违法性；另一方面，通过“经行政处罚”的程序性要素，可以让行为人先认识到自己的行为的行政违法性，如果行为人继续实施相关的扰乱行为，再追究行为人的刑事责任，就不会超出行为人的认识范围，也不会与一般民众的正义观念产生冲突。就后者来说，集会、游行、示威是宪法赋予公民的政治权利，国家应当以必要的手段保障公民政治权利的实现。所以当公民开始实施非法集会、游行、示威行为时，执法机关应当先行引导、并通过命令解散的方式让行为人认识到行为的违法性。如果行为人仍然拒绝解散、继续实施违法行为的，就可以追究行为人的

① 参见王俊：《法定犯时代下违法性认识的立场转换》，载《现代法学》2020年第6期。

刑事责任。实际上，该罪在我国的违法性认识还相对较为简单，因为从维护社会稳定的大局出发，我国对集会、游行、示威一直保持较为保守的态度，并且特别强调非法集会、游行、示威的危害性，行为人一般比较容易认识到行为的危害性。但是在对游行、示威等持较为开放态度的日本，行为人实施非法集会、游行、示威时一般难以认识到行为的违法性，这就要求通过“受有权之公务员三次以上解散命令”来补齐行为人的违法性认识，以便对行为人的惩处不会超出他的认识可能性，如此更加符合责任主义的要求。

实际上，如果能够对自然犯与法定犯的界限作出明确区分，从明确行为人的违法性认识和限制处罚范围的初衷出发，对所有的法定犯均增加程序性要素的要求，是符合笔者的基本立场的。但是就目前的情况来看，为了充分调动司法能动性，相关行为是否构成犯罪的判断还是取决于司法者的自由裁量权。也就是说，通过立法“一刀切”地对所有的法定犯规定程序性要素可能也不符合发挥法律实用性的考虑，因为在某些特殊情况下即便不存在程序性要素，行为人对自己的违反行政管理法规进而触犯刑法的行为的违法性也存在明确的认识，如果此时还要求具备程序性要素才能够追究行为人的刑事责任，可能并不合适。更何况，目前的情况是，自然犯与法定犯的边界是流动的，法定犯随着国民伦理、道德感情的变迁也可能成为自然犯。例如醉驾型危险驾驶罪设立初期一直以法定犯的身份饱受学界的质疑，但是随着该罪的实施和取得的良好适用效果，该罪已经在伦理道德上逐渐获得国民的认可，并且从法定犯演变为具有极强伦理道德色彩的自然犯。所以，“一刀切”地对所有的法定犯规定程序性要素也可能与自然犯取消程序性要素的基本立场相矛盾。然而，笔者认为，在法定犯中增加程序性要素的要求仍然是值得努力的方向，只是就当下情况来看，可以就一些违法性认识存在较大争议的法定犯先行增加程序性要素的要求。

卢勤忠教授认为我国刑法中亟须增加程序性要素的法定犯是非法吸收公众存款罪。他认为，根据《刑法》第176条的规定，行为人构成犯罪并不存在量变特征的缓冲地带，行为人一经实施非法吸收公众存款的经济违法行为就有构成犯罪的可能，“直接从合法到犯罪，缺乏相应的过渡”。而合法的借贷行为与非法吸收公众存款行为区分的关键性因素在于，行为人是否向不特定的对象借贷。根据最高人民法院的司法解释，如果行为人仅向亲友或者单位内部特定对象借贷，就不是非法集资。反之，如果公开宣传，向不特定对象募集资金的，就是非法吸收公众存款。[①] 但是集资主体不管是为了融资也好，还是为了非法占有也好，都希望募集资金对象的范围越广越好，所以对象范围是否特定这一点并不足以为非法吸收公众存款罪的适用提供有效的限制。为了能够在经济违法与刑事犯罪之间提供必要的过渡，设置"经银行业监管机构责令退还"的程序性要素是妥当的。[②] 笔者认为，卢勤忠教授的观点是妥当的。一方面，非法吸收公众存款罪是以纯粹的金融管理秩序作为保护法益的犯罪，所以是典型的法定犯。那么它也就存在着法定犯的基本特征，并容易与违法性认识等责任主义的基本理论产生冲突，设置程序性要素则可以有效地缓解这种冲突；另一方面，为了避免行为人的募集资金的行为被"断崖式"地认定为犯罪，通过监管部门的责令行为给予行为人改正的机会，既可以避免破坏金融管理秩序的危害后果，又可以避免融资主体因为错误的融资方式而遭受刑罚制裁，保持其市场主体地位。

除了具体个罪的程序性要素设置以外，笔者认为，目前最需要增加程序性要素要求的犯罪是法定犯型口袋罪。众所周知，口袋罪一直是困扰我国理论界和实务界的重要难题。一方面，它的涵盖内容特别宽泛，需要追究刑事责任的违法行为都可以装入其中；另一方面，它也存在着违反罪刑法定原则，超出公民预测可能性的风险。以非法经营罪为例，目前相关的司法解释将很多没有获得许可的营利行为都认定为非法经营罪，但是根据同类解释规则，《刑法》第225条只惩处违反专营、专卖规定的非法经营行为，将其他经营行为纳入刑法的调整范围确实已经引起了学界的广泛担忧。而且，对于很多行为的惩处，行为人可能根本无法预见到自己行为的违法性，尤其是当经营行为存在广泛的市场需求，并且为市场所普遍接受的时候，行为人更加难以认识自己行为的违法性。如果在这些犯罪中设置程序性要素，那么不仅可以通过事前的处置程序强化行为人的违法性认识，避免与责任主义产生冲突，

① 《非法集资解释》第1条第2款规定，"未向社会公开宣传，在亲友或者单位内部针对特定对象吸收资金的，不属于非法吸收或者变相吸收公众存款"。

② 参见卢勤忠：《程序性构成要件要素概念的提倡》，载《法律科学》2016年第6期。

而且在被追究刑事责任之前，给予行为人自我改正的机会，更加符合法定犯维护行政管理秩序而非对行为人进行道义谴责的设立初衷。换句话说，法定犯型口袋罪本身具有较弱的伦理可非难性，通过增加程序性要素的要求，可以将行政处置作为此类犯罪被追责的制度屏障，保障具有市场需求的非法经营行为不会因为突然的定罪而超出国民的可接受程度。实际上，口袋罪在我国也存在不断扩张的趋势，例如随着网络犯罪时代的到来，非法获取计算机信息系统数据罪也在逐渐成为新的口袋罪。[①] 尽管学界已经对口袋罪的限制适用作出多种尝试，比如通过对兜底条款进行同类解释、采取比例原则、强化具体法益的指导等，但是它们的成效并不显著，司法实践出于打击犯罪的需要仍然会有意或者无意地扩张口袋罪的适用。然而，如果在这些犯罪中增加程序性要素的要求，至少在处置程序上可以减少对不值得科处刑罚的行为的惩处，减少口袋罪的适用频次，缩小口袋罪的适用范围，并且可以从刑事司法制度上倒逼行政执法的具体落实，更好地发挥行政执法处置违法行为的作用。

第三节　程序性要素规范设置的效用评估

在程序性要素设置的三个指导原则中，坚守罪刑法定原则与节用谦抑主义和发挥法益保护机能的价值取向是不同的，前者强调人权保障，继而主张限制刑法的处罚范围，在刑法的设置中可以考虑增加程序性要素，后两者则强调法益保护，主张刑法要尽可能参与社会治理，所以应当减少程序性要素的设置。这样一来，对于同一罪名是否设置程序性要素就不可能同时贯彻这三个原则。但是正如第二节所建议的程序性要素的区分设置，这些指导原则实际上也是针对不同类型的犯罪分别要求的。换句话说，这些原则在自然犯与法定犯中的要求和作用是不同的。如此一来，程序性要素规范设置的前提——自然犯与法定犯的区分就有必要予以澄清。此外，考虑到现行法律

---

① 参见郭旨龙：《非法获取计算机信息系统数据罪的规范结构与罪名功能——基于案例与比较法的反思》，载《政治与法律》2021 年第 1 期。

体系下并不是所有的自然犯的程序性要素都应当“一刀切”地删除，也并不是所有的法定犯都应当增加程序性要素，应当对哪些犯罪增删程序性要素，也应当予以明确。这实际上涉及的是具体法条规范设置的效果评估问题。

一、自然犯与法定犯的区分

自然犯与法定犯之间的界限划分，并非一个直观明了的议题。尽管在学术界，两者的基本概念已获得普遍认同，但关于其区分标准的界定，学界却存在多样化的理论争鸣。这些争鸣包括但不限于量的区别说、质的区别说、综合考量下的质量区别说，甚至还有学者主张两者区分并无必要性的区分不必要说。[①] 作为本书研究的逻辑起点，我们首要且迫切的任务是深入剖析并明确自然犯与法定犯区分的意义，以及探讨这种区分在理论与实践层面上的可能性与合理性。

鉴于各国文化背景与立法框架存在显著差异，德国与日本在界定自然犯与法定犯时，分别采取了独特的立法论与解释论路径，赋予了它们不同的法律意义与重要性。德国普遍采纳质量区别说，其核心在于通过深刻且实质性的内容评判标准，清晰界分重罪与轻罪，并将那些不触及核心法益、仅轻微扰乱社会秩序的行为排除在刑事立法范畴之外。在德国法体系中，行政违反行为被视为单纯的不服从国家为增进公共利益而制定的行政性规范，并不直接等同于违法行为，而是被归类为行政上的不遵从。[②] 具体而言，德国构建了以公共秩序、集体秩序等高度抽象且富含精神价值的法益为基础的理论框架，有效区分了自然犯、法定犯与违警罪（行政犯），将那些未实质侵害法益、仅表现为行政领域内非遵从行为的行为界定为违警罪，从而将其排除在刑事制裁范围之外。相比之下，日本法律体系基于普通刑法与行政刑法或附属刑法的分散立法模式，广泛采用区别肯定说。这一学说不仅关注自然犯与法定犯之间的本质差异，还深入剖析了它们之间的区别，进而在解释论层面

① 参见黄明儒：《我国有关行政犯性质的学说及其评析》，载《国家检察官学院学报》2004 年第 6 期。

② 参见陈金林：《法定犯与行政犯的源流、体系地位与行刑界分》，载《中国刑事法杂志》2018 年第 5 期。

上，形式化地排除了普通刑法总则的普遍性规定对法定犯的适用。[①] 换言之，日本采取了一种形式化的区分方法，将自然犯视为普通刑法的规制对象，而法定犯则由行政刑法或附属刑法特定地加以规定。在这一框架下，普通刑法的总则条款被严格限制在自然犯的适用领域，不扩展至法定犯，这体现了法律适用上的精准性与严谨性。

德日两国关于自然犯与法定犯区分意义的论述，蕴含着合理因素，但我们也必须清醒地认识到，这种探讨必须置于各国法律体系差异的宏观背景下，必须进行细致甄别。一方面，从概念涵摄的广度与深度来看，直接移植德日经验可能面临严重的“水土不服”问题。具体而言，德国刑法体系中的“刑事不法”虽与我国语境下的“自然犯”存在某种程度的对应性，但其“行政不法”的范畴却更为宽泛，它不仅囊括了可受刑罚处罚的法定犯，还涵盖了仅需行政处罚的违法行为。[②] 此外，德国对这两者的区分根植于重罪、轻罪及违警罪的精细分类体系之中，这与我国几乎不采用类似分类方法形成了鲜明对比，进一步增加了直接借鉴的难度。另一方面，日本在区分自然犯与法定犯时，其理论基础根植于独特的分散立法模式。这一模式下，自然犯与法定犯被明确划分至不同的法律渊源之中，前者主要集中于刑法典及少量单行刑法，后者则广泛分布于各类附属刑法之中。由此，日本学者在讨论此问题时，尤为关注行政犯是否应排除适用普通刑法总则的规定。[③] 然而，我国采用的却是单一刑法典立法模式，即所有犯罪行为均被纳入统一的刑法典之中，并统一适用刑法典的总则规定，这一根本性差异使我们在审视日本经验时，必须保持高度的审慎与批判性。

然而，德国与日本关于自然犯与法定犯区分意义的论述思路，对我们而言具有借鉴价值。实际上，我国已有学者对两者的区分意义进行了总结，核心观点在于法定犯时代的到来对传统以自然犯为基础的刑法理论构成了挑战。

---

① 参见金泽刚、黄明儒：《日本有关行政犯性质的学说及其评析》，载《政治与法律》2004年第6期。

② 参见胡业勋、郑浩文：《自然犯与法定犯的区别：法定犯的超常性》，载《中国刑事法杂志》2013年第12期。

③ 参见黄明儒：《我国有关行政犯性质的学说及其评析》，载《国家检察官学院学报》2004年第6期。

这一挑战具体体现在确立严格责任、转变二元罪过形式、确立法人责任以及改变刑事立法的基础与模式等多个方面。[①] 储槐植教授亦强调，为应对法定犯时代的到来，需改变刑事立法模式与立法基础，并修正具体构成要件。另有学者指出，鉴于我国采用单一法典模式，自然犯与法定犯的区分意义难以从解释论角度展开，而需从立法论角度入手，即为伦理色彩差异显著的自然犯与法定犯构建不同的入罪理论。[②] 笔者认为，结合我国的立法、司法及理论现状，自然犯与法定犯的区分意义可从立法论与解释论两个层面进行分别探讨。在立法论层面，单一法典化的立法模式切断了法定犯与行政违法行为之间的体系联系，这一点已长期受到学界的批评。[③] 立法机关可借此机会，采用分散立法模式，将法定犯纳入相应的行政法律法规中，以实现行政违法与行政犯罪的常态关联。至于严格责任、法人责任以及罪过形式等具体立法技术问题，也可在法定犯的框架下作出适当调整。在解释论层面，区分自然犯与法定犯的重要意义在于，对两者的构成要件、违法性认识（可能性）等进行不同的解读和要求，主要是对法定犯的基本特性进行恰当解读，以妥善平衡刑法的法益保护机能与人权保障机能之间的关系。

自然犯与法定犯的区分一直是困扰理论界的难题，且至今尚无统一结论。根据学者的归纳，至少存在包括是侵害还是威胁法益、是侵犯法益还是单纯不服从、是侵害个人利益进而危害集体利益还是绕过个人利益直接侵害集体利益、是否同时违反法规范和文化规范、是否同时违反法律规定和伦理秩序、是侵犯基本秩序还是派生秩序等在内的八种自然犯与法定犯的区分理论。[④] 当然主流观点受加罗法洛关于自然犯与人类正直和怜悯感情关系的论断的影响，[⑤] 依旧以是否同时违反法律规定和伦理秩序作为界分两者的标准。[⑥] 例如

---

① 参见王唯宁：《风险社会的刑法控制——基于法定犯的思考》，载《法律适用》2011年第5期。

② 参见胡业勋、郑浩文：《自然犯与法定犯的区别：法定犯的超常性》，载《中国刑事法杂志》2013年第12期。

③ 参见刘之雄：《单一法典化的刑法立法模式反思》，载《中南民族大学学报（人文社会科学版）》2009年第1期。

④ 参见张明楷编著：《外国刑法纲要》，清华大学出版社2007年版，第59页。

⑤ 自然犯是侵犯人类正直与怜悯感情的犯罪，法定犯是纯粹违反法律规定的犯罪。参见［意］加罗法洛：《犯罪学》，耿伟、王新译，中国大百科全书出版社1996年版，第44页。

⑥ 参见［意］加罗法洛：《犯罪学》，耿伟、王新译，中国大百科全书出版社1996年版，第44页。

前田雅英教授认为，自然犯是行为的反社会性、反道义性能为一般民众所认知的犯罪，法定犯是因为违反法规才产生反社会性的犯罪。① 我国台湾地区陈子平教授也持类似观点。② 但是，由于国民规范意识和道义意识是不断流变的，犯罪的反伦理性变得难以判断，赌博、堕胎等传统犯罪的反道义性变得薄弱，酒后驾车等现代型犯罪在道德上却逐渐受到否定评价。③ 正直、怜悯情感只能在社会生活的核心领域发挥作用，如“杀戮禁忌”“不得蓄意伤害他人或者剥夺他人自由”等核心犯罪事实构成所表述的规则，“在社会共同生活的其他领域则不太确定，且比较孱弱，因而也不足以作为引导性模式”④。

不可否认，上述提及的多种区分标准均在不同程度上展现了其合理性，且各自服务于特定的学术讨论范畴。深入剖析这些标准，不难发现它们均以违法性的本质属性作为分析的出发点。因此，在讨论自然犯与法定犯的界分时，“法益”这一概念便成为无法回避的核心议题。进一步而言，法定犯向自然犯转化的过程，实质上反映了秩序法益与集体法益逐渐向个体法益渗透与转化的趋势。起初，纯粹法定犯的设立初衷在于利用更为强硬的司法措施来弥补行政执法力量的不足，以有效维护社会秩序并达成行政管理的目标。然而，随着社会民主化步伐的加快以及价值观念与伦理观念的不断演进，行政管理的重心逐渐从单纯追求集体利益（社会整体福利）的最大化，转向更加关注个体作为社会主体的具体需求与权益。国家在积极推进法定犯立法的同时，更为强调对行政不法而导致的集体受害的关心。⑤ 换言之，法定犯能够逐步获得自然犯属性的关键，在于将原本孤立的违反行政管理秩序的行为，与个体法益的直接受损建立起明确的联系。以我国刑法中的醉驾型危险驾驶罪为例，其自然犯化的过程正是这一转化趋势的生动体现。一方面，该罪名

---

① 参见［日］前田雅英：《刑法总论讲义》（第6版），曾文科译，北京大学出版社2017年版，第6页。

② 自然犯是“无须法律规定，而原本就以受社会伦理非难之行为为内容之犯罪”，法定犯是指“原本不具反社会伦理性质……通常是由于行政取缔之目的，而被视为犯罪”。参见陈子平：《刑法总论》，中国人民大学出版社2009年版，第73页。

③ 参见［日］大谷实：《刑法总论讲义》（新版第2版），黎宏译，中国人民大学出版社2008年版，第6页。

④ ［德］托马斯·莱塞尔：《法社会学基本问题》，王亚飞译，法律出版社2014年版，第12页。

⑤ 参见孙万怀：《法定犯拓展与刑法理论取代》，载《政治与法律》2008年第12期。

的设立旨在将醉驾行为纳入可能危及公共安全、进而侵害个体法益的犯罪范畴；另一方面，通过与交通肇事罪（该罪以特定伤亡结果作为构成要件）建立特殊关联，强化了醉驾行为与生命、健康等核心法益之间的直接联系。这样的举措不仅增强了公众对于该罪名在伦理道德层面的认同感，也有效减少了普通民众对此类行为的抵触情绪，从而促使醉驾型危险驾驶罪逐渐获得了自然犯的特性。基于上述分析，笔者拟从侵犯法益性质的角度出发，构建一个既具有理论深度又具备实践操作性的自然犯与法定犯区分框架。这一框架旨在更加精准地把握两类犯罪的本质特征，为刑事立法与司法实践提供有力的理论支撑。

原则上，自然犯指的是那些侵犯个体法益或可直接归结为个体利益的集体法益的犯罪行为；而法定犯则是指侵犯那些无法直接归结为个体利益的集体法益的犯罪行为。这里，“侵犯”一词涵盖了对具体法益的实际损害，也涵盖了对特定法益构成的威胁（此威胁既包括需在特定情境下具体评估的具体危险，也包括无须具体评估而由法律推定的抽象危险）。因此，危害公共安全罪中的非法持有枪支罪、非法买卖爆炸物罪及违规制造、销售枪支罪等，不应单纯视为维护枪支管理秩序的法定犯，而应结合其“保护不特定或多数人人身权利”的规范目的，将其界定为自然犯。① 进一步地，对于侵犯复合法益的犯罪，需依据所侵犯法益是否具有可选择性进行区分判断。若侵犯的是并列的复合法益，只要其中包含个体法益，即应视为自然犯。例如，诬告陷害罪同时侵犯了人身权利和司法活动这两种并列的复合法益；② 同样，污染环境导致人身伤亡严重后果的情形，必然同时侵犯了环境法益和人身法益。③

---

① 张明楷教授认为，非法买卖爆炸物罪是自然犯与法定犯的一体化。但是依法生产爆炸物的企业违规出售给合法使用爆炸物的单位或者个人，并不具有值得科处刑罚的社会危害性，需要通过实质解释对其除罪化。笔者原则上赞同张明楷教授的除罪化结论，可是对非法买卖爆炸物的法定犯性质持保留态度。因为，既然法定犯性质造成了诸多不合理处罚现象，就该结合非法买卖爆炸物的规范保护目的将其法定犯侧面排除出去。就如张明楷教授关于诬告陷害罪的法益是人身权利而非司法秩序的论证一般。参见张明楷：《自然犯与法定犯一体化立法体例下的实质解释》，载《法商研究》2013 年第 4 期。

② 参见高铭暄、马克昌主编：《刑法学》（第 8 版），北京大学出版社、高等教育出版社 2017 年版，第 476 页。

③ 最高人民法院、最高人民检察院《关于办理环境污染刑事案件适用法律若干问题的解释》第 2 条规定，“实施刑法第三百三十八条规定的行为，具有下列情形之一的，应当认定为‘严重污染环境’：……（十五）致使三十人以上中毒的；（十六）致使三人以上轻伤、轻度残疾或者器官组织损伤导致一般功能障碍的；（十七）致使一人以上重伤、中度残疾或者器官组织损伤导致严重功能障碍的……”

由于这类犯罪与个体法益相关联，其侵犯集体法益的法定犯性质因同时侵犯个体法益的自然犯性质而被削弱。若侵犯的是可选择的法益，则侵犯个体法益时构成自然犯，而侵犯无法归结为个体利益的集体法益时，则构成法定犯。例如，最高人民法院、最高人民检察院《关于办理危害药品安全刑事案件适用法律若干问题的解释》中的第 2 条和第 3 条，便是对生产、销售、提供假药行为，依据其侵犯的可选择的人身权利或经济秩序，分别规定了自然犯与法定犯的法定刑升格条件。[①] 具体判断可见表 7－1。[②]

表 7－1　自然犯与法定犯的具体判断

法益数量	法益关系	法益性质	犯罪性质	罪名示例
单一法益		超个体法益	法定犯	妨害信用卡管理罪
		个体法益	自然犯	放火罪
复合法益	并列	超个体法益	法定犯	传播淫秽物品牟利罪
		个体法益	自然犯	抢劫罪
		超个体法益/个体法益	自然犯	诬告陷害罪
	可选择	超个体法益	法定犯	
		个体法益	自然犯	
		超个体法益/个体法益	法定犯/自然犯	生产、销售、提供假药罪

注：（1）此处的超个体法益仅限于无法还原为个体利益的集体法益。

（2）根据笔者的梳理，我国刑法分则尚不存在侵犯可选择的超个体法益和侵犯可选择的个体法益的犯罪，但是在刑事立法活性化的今天，并不排除未来可能出现此类犯罪，所以，从理论上也将此二类犯罪的性质列于表中。

① 最高人民法院、最高人民检察院《关于办理危害药品安全刑事案件适用法律若干问题的解释》第 2 条规定，“生产、销售、提供假药，具有下列情形之一的，应当认定为刑法第一百四十一条规定的‘对人体健康造成严重危害’：（一）造成轻伤或者重伤的……（四）其他对人体健康造成严重危害的情形”。第 3 条规定，“生产、销售、提供假药，具有下列情形之一的，应当认定为刑法第一百四十一条规定的‘其他严重情节’：（一）引发较大突发公共卫生事件的……（四）根据生产、销售、提供的时间、数量、假药种类、对人体健康危害程度等，应当认定为情节严重的”。

② “自然犯与法定犯的区分”部分内容已经发表于《华北电力大学学报（社会科学版）》。参见简筱昊：《论法定犯中扩张解释的限制适用》，载《华北电力大学学报（社会科学版）》2021 年第 1 期。

二、程序性要素规范设置的评估方案

如何判断哪些犯罪中已经设置的程序性要素存在问题，哪些犯罪中有必要设置程序性要素，实际上涉及的是程序性要素的立法评估问题。从现有研究成果来看，立法评估是一项十分复杂的课题，不仅研究立法法的学者未能建构一套具有普适性的立法评估标准，刑法学界也尚未建立具有自我适应性的评价体系，导致“刑法立法后评估标准的建立面临重重阻隔……刑法立法后评估工作举步不前”①。

但是，众所周知，刑事立法评估工作在完善刑事立法、实现实质正义方面具有重要的意义。由于社会现实认知程度的差异以及立法技术水平的限制，立法中总是会存在这样或者那样的缺陷。而且，即便是一项再完善的立法，随着社会现实的不断朝前发展，也会被动地出现与现实相悖的地方，所以需要通过适当的评估技术和评估方案筛选出不合时宜的立法。当然，刑事立法评估的意义不仅限于此。立法评估的目的是筛选出即便具有合法性甚至是看似具有合理性，但是缺乏实质合理性的内容，从而推动法治国家从形式法治迈向实质法治。实质法治国家不会再满足于依赖“法”的治理，而是更加强调依托“善良之法”的治理，主张恶法非法。此外，历次“不公正”“不合理”的司法案例的发生，都会将公众的目光转移到立法的合理性上。从黑龙江王力军收购玉米案到天津赵春华非法持枪案再到《我不是药神》原型陆勇销售假药案，除了部分对机械司法、司法不公的担忧外，更多的或者是深层次地反映出的是对立法质量的反思。加之近些年妨害安全驾驶行为、高空抛物行为、袭警行为频发，低龄未成年人犯罪常现报端，公众更加期待刑事立法尽早介入社会生活的方方面面。② 及时对刑事立法的合理性进行评估，也是回应公众立法期待的必然要求。

---

① 陈伟、石莹：《刑法立法后科学评估的标准体系构建》，载赵秉志主编：《刑法论丛》2019 年第 1 卷（总第 57 卷），法律出版社 2019 年版，第 156 页。

② 《刑法修正案（十一）》已经对社会公众的部分关切作出积极回应，增设了妨害安全驾驶罪、高空抛物罪和袭警罪，调整了刑事责任年龄的下限，使 12 ~ 14 周岁的低龄未成年人对特别严重的故意杀人、故意伤害行为承担刑事责任。

当然，刑事立法评估的必要性和可行性到底还是两码事。立法评估工作及其研究进展迟缓的一个重要原因是学界对立法评估的可行性存在疑问，尤其是某些看似可行的立法评估或许会造成更多、更大的负面效应成为学界普遍的担忧。立法的科学性至少还存在严格的制度设计予以保障，评估的科学性何以保障？不合理的评估将从权力根基方面动摇立法的权威性和民众的服从性，最终可能导致更大范围的对法的不信任。[①] 而且，与自然科学实验的试错和评估不同——自然科学的评估是可以量化开展的，作为社会科学的法学的评估是经验的。而“经验”根据每个人认识的不同，必然会产生差异，最终导致不同的人对法的评估产生不同的结论。尽管公众对于一些热点事件在舆论倾向上展示着一致性，但是这种舆论还只是一种“倾向”，尚不构成确定统一的定论。因为，一方面，沉默的大多数在网络舆论中并没有表达自己的观点，表达了自己观点的人群中的相当部分，在勒庞看来，也可能是对已经存在的声音的盲从，尤其是当已经存在的声音看起来占据着某种道德制高点的时候，其与事件本身的内在关联已经被漠视；[②] 另一方面，舆论中总是存在着部分非理性的因素，始终保持头脑清醒的学者不会容忍非理性因素对法律的裹挟，所以他们总是能够冷静地发出不一样的声音，只是有时候公众可能不会发现的是，不同的学者也会存在不同的声音，有时候学者可能也不会发现的是，部分声音实际上是立法机关“有选择性”地释放的信息促动的“非理性”的表达。[③]

尽管如此，笔者仍然认为刑事立法评估具有可行性。首先，作为社会科学的立法评估当然会与自然科学评估存在区别，以社会科学的评估方法与自然科学的评估方法存在区别为理由否定刑法立法评估的可行性，这种论证逻辑本身就是无法成立的。换句话说，为什么可以量化评价的，我们会欣然接受其评估可行性，而不可以量化评价的，就直接否定呢？这或许还是源自近

① 参见郭道晖主编：《当代中国立法》（下），中国民主法制出版社 1998 年版，第 1412 页。

② 参见［法］古斯塔夫·勒庞：《乌合之众——大众心理研究》，冯克利译，中央编译出版社 2017 年版，第 26 页。

③ 参见何跃军：《风险社会立法机制研究》，中国社会科学出版社 2013 年版，第 161 页。

代科学发展所形成的话语地位的差异导致的认知上的偏差。其次，作为社会科学的刑法的立法评估的经验性会导致评估结论的不确定性，但这恰恰说明评估的可行性。一方面，评估结论具有多样性，是以存在结论为前提的。换句话说，尽管评估结论的多样性会造成评估的困难，但是评估困难和是否可以评估是两回事。而且，在指摘评估结论的多样性所带来的负面影响时，实际上暗含着肯定评估可行的内容。另一方面，科学方法、规范方法和经验方法实际上都是科学所认可的方法，立法评估的经验性实际上也是立法评估的魅力所在。法律是随着人类社会发展慢慢产生的，与社会生产力水平相适应。不同的国家，不同的发展阶段都可能会导致立法供给需求的差异。但是由于不存在全知全能的上帝，一个社会究竟发展到什么阶段，不同人的评价和认知必然存在差异。所以刑事立法评估由一定的主体凭借着自己对社会发展阶段和水平的认知进行，得出不同的结论有其必然性和合理性。如此一来，只要是依据一定的标准和步骤所进行的评估，即便其中存在认知因素的影响，得出的结论都是具有可取性的，只是决策者最终可能支持也可能不支持该评估结论。最后，刑事立法可以被评估符合可知论的世界观要求。关于世界是否可以被认识，哲学界存在可知论和不可知论的争论。在马克思主义指导下的国内学界在世界可以被认识这点上基本达成共识。那么反映到刑事立法评估中，刑事立法可以被评估是可知论的当然结论。认为刑事立法不可以被评估的，可能无形中受到了不可知论的影响。实际上，所有立法工作的开展，都建立在对客观现实的评估之上，所有立法的修订也都与对法实施现状的评估密不可分。所以，在立法工作中，评估是无时无刻不在发生的。既然如此，刑事立法评估不仅是可行的，而且是现实正在进行的。

归根结底，真正让学界担忧的还是目前尚不存在一套有效的刑事立法评估标准。[①] 对立法评估问题的研究主要是在立法法学界或者宪法学界展开，刑法学界整体上还缺乏深入研究。但是已经有学者进行了较为细致的论述，

① 参见熊永明、刘洁杰：《系统论视域下刑事立法的失调及其修正》，载《云南社会科学》2019 年第 3 期。

例如西南政法大学的陈伟教授和石莹博士曾尝试构建我国的刑事立法评估标准和体系。陈伟教授和石莹博士认为，我国的刑事立法评估标准应当分为一般性标准和特色性标准。一般性标准分为规范力标准和绩效力标准，特色性标准包括犯罪圈设计评估标准、刑罚量配置评估标准、刑法立法之安定性评估标准、刑法立法之弥合性评估标准和刑法立法之时效性评估标准。具体来说，规范力标准要求从合法性、合理性和合目的性三个层面递进评估刑事立法，合法性是最低层面的要求，刑事立法不得与母法宪法相抵触，立法的主体、权限、依据、内容以及程序都要符合法律的规定。合理性是在合法性的基础上追求实质理性，要求刑事立法能够符合大多数人的利益，并为大多数人所信服。合目的性则是看刑事立法在实施的过程中是否有利于实现立法者在立法时所设立的目的。绩效力标准包括效率标准和执行力标准两个方面的内容，效率标准关注立法投入的时间、精力、人力、物力等资源和刑事立法实施后所取得的社会收益之间的“帕累托最优”关系，执行力标准则关注司法机关工作人员是否能够恰当地执行法律以及公众是否能够在守法的前提下规避法律的漏洞。犯罪圈设计评估标准要求刑事立法既不能将不当罚的行为纳入处罚范围，也不能将当罚的行为排除在犯罪圈以外。刑罚量配置评估标准实际上就是要求做到重罪重罚、轻罪轻罚、罚当其罪，既不能一味地推崇重刑主义，也不能不着边际地实行刑罚轻缓化，要始终坚持罪刑相适应。安定性评估标准则强调立法不能随意变更，否则会让民众无所适从，而且频繁的修法似乎也意味着对前法修订效果的质疑。弥合性评估标准从被害人的角度关注刑事立法是否满足被害人的期待，能否弥补被害人的心理、生理创伤，能否给予被害人心理和生理上的抚慰。时效性评估标准则要求注意协调新法与旧法、新法与旧案件、新法立法与司法之间的关系，避免出现矛盾和被虚置的情况。①

应当认为，陈伟教授和石莹博士提出的刑事立法评估标准有其合理性。

① 参见陈伟、石莹：《刑法立法后科学评估的标准体系构建》，载赵秉志主编：《刑法论丛》2019年第1卷（总第57卷），法律出版社2019年版，第161～172页。

但是需要注意的是，该评估标准主要是在立法后进行评估所适用的内容，立法前评估所要考虑的标准可能会有所不同。具体来说，立法后评估可能更加关注既有立法是否取得了立法时所设定的预期目标，而立法前评估则更加关注行为是否有必要通过刑罚手段进行规制。那么，在立法前学界进行评估时会关注哪些方面呢？众所周知，刑法学界对于某项行为是否应当被规定为犯罪，曾经提出过各种不同的标准，如伤害原则、社会危害性原则、法益（侵害）原则、比例原则等。[①] 其中，被广泛接受的是行为造成了严重的社会危害性，所以应当被规定为犯罪并施以最严重的惩处手段——刑罚。但是这种简单粗糙的论证越来越多地为学界所质疑，相反法益原则和比例原则近来深受学界青睐。在法益原则和比例原则下，刑法的任务是保护法益，但是并不是所有的侵害法益的行为都需要由刑法来规制，要想将某项行为规定为犯罪，在满足法益原则要求的情况下，还需要满足比例原则的适当性、必要性和均衡性三个子原则的要求。[②] 具体来说，适当性原则要求采取刑罚手段要确实有利于防治某项侵害法益的行为，如果对某项侵害法益的行为施以刑罚惩罚，并不具有防治该侵害行为的效用，那么以刑罚惩罚该行为就是没有意义的。最为典型的是，对完全丧失辨认和控制行为能力的精神病人的法益侵害行为施以刑罚，并不能起到防治精神病人侵害行为的作用，所以就没有必要对其科以刑罚，而是应当通过其他手段来避免精神病人侵害他人的合法权益。必要性原则要求在还存在其他手段可以有效治理侵害法益的行为时，就不得动用刑罚手段。换句话说，只有在其他手段面对该法益侵害行为都失效时，才可以由作为后置法或者保障法的刑法来惩处该法益侵害行为。这实际上是由我国行政罚和刑罚的二元治理结构以及刑法的谦抑主义所决定的。轻微的侵害法益的行为应当由行政法进行规制，只有行政法不足以规制的部分，才需要由刑法进行调整。而且，作为近代反对封建刑法干涉性的成果，谦抑主义不主张刑法时刻“冲锋”在社会治理的第一线。均衡性原则则认为通过刑法

---

① 参见［日］仲道祐树：《法益论、危害原理、宪法判断——刑事立法分析框架的比较法考察》，蔡桑译，载《苏州大学学报（法学版）》2021 年第 3 期。

② 参见熊亚文：《比例原则的刑法意义与表达》，载《中国政法大学学报》2021 年第 6 期。

手段所保护的利益与立法、司法等投入的成本以及给行为人造成的损害应当能达成均衡，而且从长远来看，肯定是要利大于弊的。如果某项行为的刑事规制给社会造成巨大的负担，那么这项行为是否有必要规定为犯罪就值得反思。整体上来说，这种事前立法评估方案具有相当程度的合理性，与刑法的基本原则及其法体系定位相契合，可以为我们所借鉴。

具体到程序性要素规范设置的立法评估，笔者认为，也可以分为立法后评估和立法前评估。立法后评估在两个方面服务于程序性要素的规范设置：一是可以筛选出哪些已经设置了程序性要素的罪名，未能实现程序性要素设置时的立法初衷，继而为决定是否删除该罪名的程序性要素提供参考；二是对于被学界诟病已久的部分罪名，如非法经营罪的兜底性条款使该罪日渐沦为“口袋罪”，立法后评估可以为该罪提供一种新的修正路径。① 对于前者，除了需要注意前文所提到的一般性标准和特色性标准以外，还需要特别关注程序性要素是否阻碍了刑法法益保护机能的发挥。具体来说，程序性要素本身多赋予行为人一次改过自新的机会，实际上增加了行为入罪的难度，此时需要特别关注被害人的诉求是否得到满足，如果在特定罪名的适用过程中，被害人经常存在较为激烈的反应，此时可能需要慎重考虑该罪名的程序性要素设置是否合理。对于后者，尽管从理论上讲，所有的不合理罪名都可以通过程序性要素进行修正，但是对于自然犯而言，为其增加程序性要素内容的正当性较少，比较站得住脚的理由可能就是多给予行为人一次回归法秩序的机会，但是这种正当性完全可以通过其他方式予以实现，如通过司法程序的谦抑或者不起诉条款的扩张适用得到实现。而且当自然犯被诟病时，往往也并不是通过程序性要素的设置就可以解决的，例如，1979 年《刑法》中被学界一致批评的流氓罪，即便是放到现在也不可能仅通过设置程序性要素就可以解决其弊端。相反，对于不少法定犯来说，设置程序性要素既能契合谦抑主义、责任主义等的要求，又能体现国家对违反行政管理行为的宽缓化政策，

① 随着法定犯时代的到来，轻罪治理命题的提出，学界开始注意到程序性要素在贯彻刑法谦抑主义、责任主义，缓解轻罪附随后果等方面的积极意义。参见王良顺、王杰：《刑法谦抑与轻罪立法：观念调整与立法检视》，载《广西大学学报（哲学社会科学版）》2023 年第 4 期。

更加利于获取民众对政府的信赖。当然，法定犯的程序性要素也不可以盲目设置，否则可能会遮蔽部分法定犯的严重缺失，继而导致这些法定犯丧失被彻底修正的机会。所以，在进行这部分立法评估时，既需要妥当甄别相关罪名保护的法益，从而准确作出自然犯与法定犯的判断，也需要明确相关罪名的具体缺陷，从而确定进行程序性要素设置修正的可能。立法前评估主要在立法机关回应社会公众需求，决定是否要增设新的罪名时服务于程序性要素的设置。当前我国已经进入轻罪时代，[①] 新近的刑法修正案增设的罪名均以轻罪为主，如《修十一》增设的新罪中，有 3 个罪名的法定最高刑都没有超过一年有期徒刑，我国犯罪结构发生明显扭转。[②] 对于这些增设的罪名完全可以考虑在其中设置部分程序性要素，以回应公众对立法的需求。当然，程序性要素的设置对象还是应当以法定犯为主，以自然犯为辅。不过好在增设的罪名中还是以法定犯为主，"出现大量的轻微犯罪（主要为法定犯、行政犯或秩序犯），犯罪的质的规定性渐趋软化（几乎与行政违法混同）"[③]。对于这些罪名设置的评估，除了需要考虑法益原则和比例原则以外，还需要特别关注与责任主义的契合以及在犯罪化与非罪化之间寻求平衡。

当然，在程序性要素规范设置的立法评估中，立法前评估与立法后评估标准或者方案的区分不是绝对的。立法前评估的标准有时候也可以运用到立法后评估中，如对于已经设置了程序性要素的罪名，如果要评估该罪程序性要素的设置是否合理，当然可以借助法益原则和比例原则，看看该罪的程序性要素是否符合保护法益的要求，保护的利益与投入的成本是否达成均衡，而且法益原则对于及时发现并排除没有保护法益的罪名具有重要意义。因为法益概念本身不仅具有立法证成功能，而且具有立法批判机能。[④] 学界对诸多罪名的批判都离不开对其保护法益的溯源。此外，立法前评估标准与立法

---

① 参见樊崇义：《中国式刑事司法现代化下轻罪治理的理论与实践》，载《中国法律评论》2023 年第 4 期。

② 参见蔡道通、冯明昱：《轻罪治理图景下前科消灭制度的本土建构》，载《贵州师范大学学报（社会科学版）》2024 年第 3 期。

③ 卢建平：《为什么说我国已经进入轻罪时代》，载《中国应用法学》2022 年第 3 期。

④ 参见陈家林：《法益理论的问题与出路》，载《法学》2019 年第 11 期。

后评估标准之间存在交叉关系或者部分包容关系，如立法后评估标准中的犯罪圈设计评估和刑罚配置评估，与法益原则和比例原则之间存在关联，保护法益的范围影响犯罪圈的大小，比例原则的认识也影响法定刑配置的轻重。同样，立法后评估标准在立法前评估中也可以发挥作用。所以，在进行程序性要素规范设置的立法评估时，要灵活运用立法前评估标准和立法后评估标准。

结　论

所谓程序性要素，是指相对于实体性要素而言的，不同于刑事追诉程序的，影响犯罪成立或者刑罚裁量的，具有程序性、后置性和法定性特征的要素。目前学界对程序性要素的相关问题缺乏系统性的研究，尤其是程序性要素在刑法规范中被特别规定以后的犯罪论体系上的地位并不明确，这直接导致了程序性要素在司法适用中的一系列问题。当然，作为研究起点的程序性要素究竟指称什么内容，理论界并非已经取得统一的认识。至少从现有的文献资料可以看出，以启动主体要求相对人实施特定行为为核心内容的程序性要素和以启动主体要求相对人实施“特定行为＋相对人拒绝实施特定行为”为核心内容的程序性要素混见于学者的笔下，并且以后者居多。但是，如果发现程序性要素区别于传统的以行为人为中心的实体性要素，就会承认程序性要素的独立地位。本书正是因为尊重两者的区分，遂选择以独立的程序性要素作为研究对象。

程序性要素从诞生以来就被赋予了重要的使命，如服务于打击犯罪的需要、服务于限制处罚的需要、服务于证立犯罪的需要，并且在理论体系中找到了自己的根基，如限缩风险刑法、控制网络犯罪、回应法定犯时代以及限制义务犯扩张。然而，程序性要素尽管在多个方面坚守着刑法的自由主义价值，但是也存在偏离功能价值的倾向，即具有违反罪刑法定原则的嫌疑、滥用刑法谦抑主义的表征和落空法益保护目的的可能，因为程序性要素至少存在体系定位不清晰、效力认定不规范、司法适用不统一以及规范设置不科学等问题。

关于程序性要素的体系定位，学界至少形成了证明要素说、量刑情节说、客观处罚条件说、犯罪构成要件要素说、违法要素说、责任要素说以及标识功能说等学说的争议。尽管不能全盘否定这些观点，但是它们都或多或少地存在研究方法定位不清、研究对象界定错位、研究范围限定过窄的缺陷。程序性要素的体系定位应当坚持解释论、客观主义的方法论立场，以独立的程序性要素作为研究对象，以《刑法》、司法解释以及其他规范性文件所规定之程序性要素作为研究范围，类型地界定程序性要素的体系定位。在与体系定位相关联的意义上，程序性要素可以分为积极的程序性要素与消极的程序性要素，积极的程序性要素可以进一步分为影响量刑的程序性要素和影响定罪的程序性要素，影响定罪的程序性要素可以再分为事前的程序性要素与事后的程序性要素。影响量刑的程序性要素虽然因为程序性要素（启动主体的相关行为）本身并不影响刑罚的裁量，但是行为人的后续行为至少可以反映其人身危险性的高低，继而可以影响刑罚的轻重，所以程序性要素起着“标识”量刑情节的作用，可以借鉴标识功能说。事前的程序性要素为尚不具备可罚的违法性的行为提供违法性根据，为行为人实施特定行为提供义务根据，所以可以将其界定为不作为犯的作为义务来源（违法要素）。事后的程序性要素是程序性要素前的行为已经具备可罚的违法性，只是因为政策或者利益理由而在先前行为后增设的刑罚发动要件，可以将其界定为客观处罚条件的组成内容。消极的程序性要素因为目前在我国刑法规范中仅存在《刑法》第201条第4款规定的逃税罪初犯免责条款，所以只需要将其界定为刑罚阻却事由的组成内容即可。

关于程序性要素的生效要件，可以区分平等主体间的程序性要素与非平等主体间的程序性要素，分别把握它们的程序要件和实质要件。程序要件的内容包括通知的形式、次数和时间等方面，实质要件的内容包括通知的主体和内容等方面。其中，平等主体间的程序性要素的通知形式没有严格要求，只需要能够准确传达所要通知的意思即可。但是由于通知的内容可能导致相对人承担刑罚的不利后果，所以通知以了解主义为原则，以到达主义为例外。通知的次数除了法律具有明确规定的，以一次通知为限。通知的时间应当遵循民事诉讼法关于诉讼时效的规定，如果权利人怠于启动程序性要素，则程序性要素不再启动。通知的主体除了直接利害关系人（当事人）中的权利人外，还包括其法定代理人或者委托代理人。通知的内容除了要求具有法律上的依据外，还要求具体明确，但是不要求通知拒绝履行义务的后果。非平等主体间的程序性要素的通知形式以书面形式为限，并且通知同样以了解主义为原则，以到达主义为例外。但是由于非平等主体间的程序性要素的启动主体是公权力机关，应当对其履行通知职责提出相对于民事主体更高的要求，即在穷尽各种通知方式仍无法直接通知的场合才可以间接通知。通知的次数同样以一次为限，通知的时间应当遵循行政法规关于追究时效的规定。通知的主体仅限于行政主管部门，但是所有拥有职权的部门都可以作为启动程序性要素的适格主体。通知的内容除了要求具有法律依据、具体明确外，还要求载明拒绝履行义务的不利后果。当然，由于启动主体和相对人都可能消极作为，所以程序性要素的效力经常存在瑕疵或者被削弱。

关于程序性要素的司法适用，首先面临着如何协调与责任主义原则、“双重违法性”理论以及“一事不再罚”原则的关系。程序性要素与责任主义原则的冲突在于某些情况下行为人对程序性要素并不具有现实的认识，此时肯定程序性要素的效力并追究行为人的刑事责任就有可能违反责任主义原则的要求。考虑到责任主义原则的最低限度要求是行为人对违法事实具有认识的可能，行为人并不现实知晓程序性要素的情况下，区分行为人是否因正当理由未能知晓程序性要素来分别认定程序性要素的效力，不具有正当理由的，程序性要素生效，具有正当理由的，程序性要素不生效，可以有效协调程序性要素与责任主义原则的关系。积极的程序性要素与“双重违法性”的冲突在于刑民、刑行违法性判断不一致时，该如何认定行为的性质。以统一的法秩序作为基本立场，以缓和的违法一元论作为理论基础，如果行为在民法或者行政法上合法，那么行为一定不具有刑法上的违法性；如果行为具有民法或者行政法上的违法性，那么行为不一定具有刑法上的违法性；如果行为具有刑法上的违法性，那么行为一定具有民法和行政法上的违法性。如果将“双重违法性”仅理解为刑法违法性与民法违法性、行政法违法性的关联，那么不仅可以保持理论的连贯，而且可以有效处理刑民、刑行的冲突问题。惩罚型程序性要素与“一事不再罚”原则的冲突在于是否有对行为重复评价、重复处罚的嫌疑。以“有限的一事不再罚”原则为立场选择，对具有相同属性的处罚措施（行政处罚和刑事处罚）进行折抵，对具有不同属性的处罚措施合并使用，可以避免惩罚型程序性要素与一事不再罚原则的冲突。

关于程序性要素的司法适用，还需要妥善处理情节竞合、程序性要素下停止形态和共犯身份认定的问题。情节竞合的问题在于加功方向不同的复数定罪情节与量刑情节的关系处理问题，在定罪情节竞合中，现有理论认为可以根据已经存在的积极情节认定行为的犯罪性质，但是程序性要素毕竟给予了行为人回归法秩序的机会，考虑到重刑主义思想的影响以及出罪（免罚）机制的不畅，可以考虑以程序性要素作为切入点，开辟一条包含程序性要素犯罪的出罪（免罚）路径，即如果行为人积极履行了义务，可以附条件免除处罚或者进行出罪。在量刑情节竞合中，以分别适用说为理论选择，但是出于实现宣告刑的适正和缓和的目的，应当优先考虑从严情节，再考虑从宽情节。停止形态的认定问题在于当具体犯罪中程序性要素已经生效，犯罪是否还有未遂的可能？如果认为刑法分则的规定模式是犯罪既遂模式，犯罪既遂的标准是构成要件齐备说，那么前述情况就有可能全案认定为犯罪未遂。但是如果认为刑法分则的规定模式是犯罪成立模式，犯罪既遂的标准是法益侵害说，那么只有罪名所涉程序性要素是事后的程序性要素的场合，全案才有可能认定为犯罪未遂。考虑到构成要件齐备说存在分则既遂模式论的理论前提不真实、混淆“犯罪成立”与“犯罪既遂”关系、缺乏可操作性、既遂类型划分不合理的缺陷，后一种方案更具合理性。共犯身份的认定问题在于正犯具备程序性要素但是共犯不具备程序性要素以及共犯具备程序性要素但是正犯不具备程序性要素时的共犯关系认定，以行为共同说和限制从属性说作为共犯本质的立场选择，在前一种情形下，无论程序性要素属于何种定位，正犯都已经具备违法性，不影响共犯关系和共犯身份的认定；在后一种情形下，如果程序性要素是违法要素，那么正犯不具备违法性，也就不存在共犯关系和共犯身份的认定问题，如果程序性要素不是违法要素，那么程序性要素的缺乏不影响正犯违法性的认定，可以肯定共犯关系和共犯身份的成立。

关于程序性要素的规范设置，它的功能价值偏离倾向为立法完善指明了所应坚持的指导原理，即坚守罪刑法定原则、节用刑法谦抑主义和发挥法益保护机能。首先，针对程序性要素启动中缺乏被害人参与的问题，应当在制度上赋予被害人启动程序性要素的主体地位。具体来说，在尊重现行法律框架和纠纷解决机制的基础上，可以由被害人以向人民法院提起诉讼的方式启动程序性要素。如果被害人向人民法院提起诉讼，被告人在法院调解下或者法院判决后仍然怠于履行自己的义务的，应当由人民法院将案件移送公安机关立案侦查。为了从制度上确立被害人的启动主体地位，此种权利应当在程序性要素中明确规定。其次，自然犯在具体法益的指导下，行为的道义违反性较为明显，行为人一般较为容易认识到行为的违法性，设置程序性要素不利于相关罪名法益保护机能的发挥。但是考虑到自然犯中某些从重处罚情节、证明要素等内容，取消所有自然犯的程序性要素也不现实。所以，目前看来，可以先行取消争议较大的拒不支付劳动报酬罪、妨害传染病防治罪以及恶意透支型信用卡诈骗罪的程序性要素。法定犯的违法性认识复杂、法益性欠缺、我国语境下的罪刑设置不科学等特征，使程序性要素在法定犯中的设置具有天然的正当性。但是考虑到以及法定犯与自然犯边界的流动性，“一刀切”地要求所有的法定犯都设置程序性要素也不可行，所以可以优先在法定犯型口袋罪中设置程序性要素，既可以解决口袋罪的扩张适用问题，又可以从刑事司法制度上倒逼行政执法作用的发挥。最后，为了确保程序性要素的规范设置能够实现立法初衷，一方面，需要明确自然犯与法定犯的区分标准；另一方面，需要妥善建立程序性要素规范设置的立法评估标准。关于前者，自然犯与法定犯的区分应当以所侵犯的法益为标准。原则上，侵犯个体法益和可直接还原为个体利益的集体法益的犯罪为自然犯，侵犯无法直接还原为个体利益的集体法益的犯罪为法定犯。关于后者，应当区别立法前评估和立法后评估分别建立标准，立法前评估重点关注刑法的规范力、绩效力、犯罪圈设计、刑罚量配置、刑法立法之安定性、刑法立法之弥合性、刑法立法之时效性，立法后评估重点关注比例原则的实现。

参考文献

一、中文文献

（一）中文著作

[1] 陈洪兵：《中国式的刑法竞合问题研究》，中国政法大学出版社 2016 年版。

[2] 陈家林：《共同正犯研究》，武汉大学出版社 2004 年版。

[3] 陈家林：《外国刑法：基础理论与研究动向》，华中科技大学出版社 2013 年版。

[4] 陈家林：《外国刑法理论的思潮与流变》，中国人民公安大学出版社 2017 年版。

[5] 陈甦主编：《民法总则评注》，法律出版社 2017 年版。

[6] 陈兴良：《规范刑法学》（第 2 版），中国政法大学出版社 2008 年版。

[7] 陈兴良：《判例刑法学》（第 2 版），中国人民大学出版社 2017 年版。

[8] 陈兴良：《刑法的价值构造》（第 2 版），中国人民大学出版社 2006 年版。

[9] 陈兴良：《刑法哲学》（第 6 版），中国人民大学出版社 2017 年版。

[10] 陈兴良：《刑法知识论》，中国人民大学出版社 2007 年版。

[11] 陈子平：《刑法总论》（2008 年增修版），中国人民大学出版社 2009 年版。

[12] 冯军：《刑法问题的规范理解》，北京大学出版社 2009 年版。

[13] 付立庆：《犯罪构成理论：比较研究与路径选择》，法律出版社 2010 年版。

[14] 甘雨沛：《比较刑法学大全》（下册），北京大学出版社 1997 年版。

[15] 高铭暄、陈璐：《〈中华人民共和国刑法修正案（八）〉解读与思考》，中国人民大学出版社 2011 年版。

[16] 高铭暄、马克昌主编：《刑法学》（第 8 版），北京大学出版社 2017 年版。

[17] 高铭暄、赵秉志编：《新中国刑法立法文献资料总览》（第 2 版），中国人民公安大学出版社 2015 年版。

[18] 高铭暄：《中华人民共和国刑法的孕育诞生和发展完善》，北京大学出版社 2012 年版。

[19] 何庆仁：《义务犯研究》，中国人民大学出版社 2010 年版。

[20] 黄荣坚：《基础刑法学》（第 3 版），中国人民大学出版社 2009 年版。

[21] 贾济东：《外国刑法学原理（大陆法系）》，科学出版社 2013 年版。

[22] 姜敏：《刑法修正案犯罪化及限制》，中国法制出版社 2015 年版。

[23] 李海东：《刑法原理入门（犯罪论基础）》，法律出版社 1998 年版。

[24] 林山田：《刑法通论》（上册）（增订 10 版），北京大学出版社 2012 年版。

[25] 林山田：《刑法通论》（下册）（增订 10 版），北京大学出版社 2012 年版。

[26] 刘树德：《政治视域的刑法思考》，北京大学出版社 2007 年版。

[27] 刘夏：《犯罪的行政从属性研究》，中国法制出版社 2016 年版。

[28] 刘艳红、周佑勇：《行政刑法的一般理论》，北京大学出版社 2008 年版。

[29] 罗竹风：《汉语成语大词典》，汉语大词典出版社 1996 年版。

[30] 马克昌主编：《近代西方刑法学说史》，中国人民公安大学出版社 2008 年版。

[31] 马克昌:《宽严相济刑事政策研究》,清华大学出版社 2012 年版。

[32] 齐文远主编:《刑法学》(第 3 版),北京大学出版社 2016 年版。

[33] 苏俊雄:《刑法总论 Ⅰ》(修订 2 版),台北,元照出版有限公司 1998 年版。

[34] 苏力:《送法下乡:中国基层司法制度研究》(修订版),北京大学出版社 2011 年版。

[35] 王钢:《德国判例刑法(分则)》,北京大学出版社 2016 年版。

[36] 王钰:《德国刑法教义学上的客观处罚条件》,法律出版社 2016 年版。

[37] 王泽鉴:《民法总则》,北京大学出版社 2009 年版。

[38] 王振东:《现代西方法学流派》,中国人民大学出版社 2006 年版。

[39] 吴庚:《行政法之理论与实用》,中国人民大学出版社 2005 年版。

[40] 熊永明、胡祥福:《刑法谦抑性研究》,群众出版社 2007 年版。

[41] 许玉秀:《当代刑法思潮》,中国民主法制出版社 2005 年版。

[42] 叶必丰:《行政行为原理》,商务印书馆 2014 年版。

[43] 张军主编:《〈刑法修正案(八)〉条文及配套司法解释理解与适用》,人民法院出版社 2011 年版。

[44] 张明楷:《法律格言的展开》(第 3 版),北京大学出版社 2013 年版。

[45] 张明楷:《法益初论》(2003 年修订版),中国政法大学出版社 2003 年版。

[46] 张明楷:《犯罪构成体系与构成要件要素》,北京大学出版社 2010 年版。

[47] 张明楷编著:《外国刑法纲要》(第 2 版),清华大学出版社 2007 年版。

[48] 张明楷:《刑法的基础观念》,中国检察出版社 1995 年版。

[49] 张明楷:《刑法分则的解释原理》(第 2 版),中国人民大学出版社 2011 年版。

[50] 张明楷:《刑法学》(第 5 版),法律出版社 2016 年版。

［51］张明楷：《行为无价值论与结果无价值论》，北京大学出版社 2012 年版。

［52］张明楷：《行政刑法概论》，中国政法大学出版社 1990 年版。

［53］张明楷：《责任刑与预防刑》，北京大学出版社 2015 年版。

［54］张明楷：《罪刑法定与刑法解释》，北京大学出版社 2009 年版。

［55］张文、刘艳红、甘怡群：《人格刑法导论》，法律出版社 2005 年版。

［56］朱庆育：《民法总论》，北京大学出版社 2013 年版。

（二）中文译著

［57］［德］埃里克·希尔根多夫：《德国刑法学：从传统到现代》，江溯、黄笑岩等译，北京大学出版社 2015 年版。

［58］［德］本德·吕特斯、［德］阿斯特丽德·施塔德勒：《德国民法总论》（第 18 版），于馨淼、张姝译，法律出版社 2017 年版。

［59］［德］迪特尔·梅迪库斯：《德国民法总论》，邵建东译，法律出版社 2000 年版。

［60］［德］冯·李斯特：《论犯罪、刑罚与刑事政策》，徐久生译，北京大学出版社 2016 年版。

［61］［德］冈特·施特拉滕韦特、［德］洛塔尔·库伦：《刑法总论Ⅰ——犯罪论》（2004 年第 5 版），杨萌译，法律出版社 2006 年版。

［62］［德］哈里·韦斯特曼：《德国民法基本概念》，张定军、葛平亮、唐晓琳译，中国人民大学出版社 2013 年版。

［63］［德］汉斯·海因里希·耶塞克、［德］托马斯·魏根特：《德国刑法教科书上》，徐久生译，中国法制出版社 2017 年版。

［64］［德］卡尔·恩吉施：《法律思维导论》（修订版），郑永流译，法律出版社 2014 年版。

［65］［德］卡尔·拉伦茨：《法学方法论》，陈爱娥译，商务印书馆 2003 年版。

［66］［德］马克斯·韦伯：《经济与社会》，林荣远译，商务印书馆

1997 年版。

［67］［德］维尔纳·弗卢梅：《法律行为论》，迟颖译，法律出版社 2013 年版。

［68］［德］乌尔斯·金德霍伊泽尔：《刑法总论教科书》（第 6 版），蔡桂生译，北京大学出版社 2015 年版。

［69］［德］乌尔里希·贝克：《风险社会》，何博闻译，译林出版社 2004 年版。

［70］［德］亚图·考夫曼：《类推与“事物本质”——兼论类型理论》，吴从周译，台北，新学林出版股份有限公司 1999 年版。

［71］《德国刑法典》，徐久生译，北京大学出版社 2019 年版。

［72］《德国刑法典》，王士帆译，台北，元照出版有限公司 2017 年版。

［73］［日］大谷实：《刑法讲义总论》（新版第 2 版），黎宏译，中国人民大学出版社 2008 年版。

［74］［日］大塚仁：《刑法概说（总论）》（第 3 版），冯军译，中国人民大学出版社 2003 年版。

［75］［日］大塚仁：《犯罪论的基本问题》，冯军译，中国政法大学出版社 1993 年版。

［76］［日］平野龙一：《刑法的基础》，黎宏译，中国政法大学出版社 2016 年版。

［77］［日］前田雅英：《刑法总论讲义》（第 6 版），曾文科译，北京大学出版社 2017 年版。

［78］［日］市桥克哉、［日］榊原秀训等：《日本现行行政法》，田林、钱蓓蓓、李龙贤译，法律出版社 2017 年版。

［79］［日］山口厚：《刑法总论》（第 3 版），付立庆译，中国人民大学出版社 2018 年版。

［80］［日］山口厚：《从新判例看刑法》（第 3 版），付立庆、刘隽、陈少青译，中国人民大学出版社 2019 年版。

［81］［日］我妻荣：《我妻荣民法讲义 – Ⅰ – 新订民法总则》，于敏译，中国法制出版社 2008 年版。

［82］［日］西田典之：《共犯理论的展开》，江溯、李世阳译，中国法制出版社 2017 年版。

［83］［日］西田典之：《日本刑法总论》，王昭武、刘明祥译，中国人民大学出版社 2007 年版。

［84］［日］西田典之：《日本刑法各论》（第 6 版），王昭武、刘明祥译，法律出版社 2013 年版。

［85］［日］西原春夫：《犯罪实行行为论》，戴波、江溯译，北京大学出版社 2006 年版。

［86］［日］伊东研祐：《法益概念史研究》，秦一禾译，中国人民大学出版社 2014 年版。

［87］［日］曾根威彦：《刑法学基础》，黎宏译，法律出版社 2005 年版。

［88］［日］宗冈嗣郎：《犯罪论与法哲学》，陈劲阳、吴丽君译，华中科技大学出版社 2012 年版。

［89］［日］佐伯仁志：《刑法总论的思之道·乐之道》，于佳佳译，中国政法大学出版社 2017 年版。

［90］陈子平编译：《日本刑法典》（第 2 版），陈子平、谢煜伟、黄士轩译，台北，元照出版有限公司 2018 年版。

［91］《日本刑法典》，张明楷译，法律出版社 1998 年版。

［92］［美］保罗·H. 罗宾逊：《归咎的刑事责任》，王志远、陈琦译，知识产权出版社 2016 年版。

［93］［美］博登海默：《法理学—法哲学及其方法》，邓正来、姬敬武译，华夏出版社 1987 年版。

［94］［美］帕特里克·A. 高根：《兼并、收购和公司重组》（第 4 版），顾苏秦、李朝晖译，中国人民大学出版社 2010 年版。

［95］［美］约翰·罗尔斯：《正义论》，何怀宏、何包钢、廖申白译，中国社会科学出版社 1988 年版。

［96］［英］罗素：《西方哲学史》（下卷），马元德译，商务印书馆 2015 年版。

［97］［英］洛克：《政府论》（下篇），瞿菊农、叶启芳译，商务印书馆

1986 年版。

[98] [英] 威廉姆·威尔逊：《刑法理论的核心问题》，谢望原、罗灿、王波译，中国人民大学出版社 2015 年版。

[99] [法] 古斯塔夫·勒庞：《乌合之众——大众心理研究》，冯克利译，中央编译出版社 2017 年版。

[100] [法] E. 迪尔凯姆：《社会学方法的准则》，狄玉明译，商务印书馆 1995 年版。

[101] [意] 杜里奥·帕多瓦尼：《意大利刑法学原理》，陈忠林译，法律出版社 1998 年版。

(三) 中文期刊论文

[102] 蔡青荣、苏雅民：《关于缩减刑法分则“法定犯”罪名的思考》，载《河北学刊》2008 年第 4 期。

[103] 曹实：《行政命令与行政处罚的性质界分》，载《学术交流》2016 年第 2 期。

[104] 常鹏翱：《等同论否定说：法律行为的可撤销与相对无效的关系辨析——以〈民法通则〉到〈民法典〉的规范发展为基点》，载《法学家》2020 年第 5 期。

[105] 车浩：《法定犯时代的违法性认识错误》，载《清华法学》2015 年第 4 期。

[106]《被害人教义学的发展：刑事责任的分配与被害人自我保护》，载《政治与法律》2017 年第 10 期。

[107] 陈洪兵：《继续犯范围厘定及适用研究》，载《兰州学刊》2019 年第 11 期。

[108] 陈洪兵：《应从法益视角规范性考量行为个数》，载《天府新论》2012 年第 2 期。

[109] 陈家林：《法益理论的问题与出路》，载《法学》2019 年第 11 期。

[110] 陈金林：《法定犯与行政犯的源流、体系地位与行刑界分》，载

《中国刑事法杂志》2018 年第 5 期。

［111］陈荣文：《〈民法典〉“私法自治”的理念衍义与制度构建》，载《福建论坛（人文社会科学版）》2020 年第 9 期。

［112］陈凯歌、程岩惠：《放弃继承与债权人撤销权》，载《合肥工业大学学报（社会科学版）》2020 年第 2 期。

［113］陈侃：《疫情时期的罪刑法定》，载《检察风云》2020 年第 6 期。

［114］陈可倩：《德、意、中共同犯罪人认定标准比较研究》，载《法商研究》2015 年第 1 期。

［115］陈璐：《论刑法谦抑主义的消减》，载《法学杂志》2018 年第 9 期。

［116］陈莉：《民事诉讼中受送达的义务属性及其制度建构》，载《法律适用》2017 年第 21 期。

［117］陈荣飞、肖敏：《恶意欠薪之犯罪化理据探寻——以刑法修正案（八）为背景的考察》，载《社会科学家》2011 年第 3 期。

［118］陈少青：《法秩序的统一性与违法判断的相对性》，载《法学家》2016 年第 3 期。

［119］陈松然：《拒不支付劳动报酬罪宜删除“责令支付”要件》，载《中国检察官》2015 年第 12 期。

［120］陈伟、赵赤：《多次犯中的行政处罚与刑罚交叉适用问题研究》，载《西南政法大学学报》2017 年第 4 期。

［121］陈伟：《妨害传染病防治罪的主观罪过及其适用》，载《安徽师范大学学报（人文社会科学版）》2020 年第 3 期。

［122］陈伟：《人身危险性评估的理性反思》，载《中国刑事法杂志》2010 年第 6 期。

［123］陈伟：《新冠疫情背景下妨害传染病防治罪的解释扩张及其回归》，载《政治与法律》2020 年第 5 期。

［124］陈兴良：《〈刑法修正案（九）〉的解读与评论》，载《贵州民族大学学报（哲学社会科学版）》2016 年第 1 期。

［125］陈兴良：《立法论的思考与司法论的思考——刑法方法论之一》，

载《人民检察》2009 年第 21 期。

［126］陈兴良：《网络犯罪的刑法应对》，载《中国法律评论》2020 年第 1 期。

［127］陈兴良：《违法性的中国语境》，载《清华法学》2015 年第 4 期。

［128］陈兴良：《违法性理论：一个反思性检讨》，载《中国法学》2007 年第 3 期。

［129］陈兴良：《刑法的明确性问题：以〈刑法〉第 225 条第 4 项为例的分析》，载《中国法学》2011 年第 4 期。

［130］陈兴良：《罪刑法定的当代命运》，载《法学研究》1996 年第 2 期。

［131］陈兴良：《作为犯罪构成要件的罪量要素——立足于中国刑法的探讨》，载《环球法律评论》2003 年第 3 期。

［132］陈璇：《修正的犯罪构成理论之否定》，载《法商研究》2007 年第 4 期。

［133］陈英：《遗产继承与遗产债务清偿法律关系之考察》，载《政法论丛》2015 年第 6 期。

［134］程红、简筱昊：《非法采砂行为扩张适用非法采矿罪的反思》，载《广西大学学报（哲学社会科学版）》2020 年第 5 期。

［135］程红、王永浩：《刑法视野中的生态补偿：现实图景与困境突围》，载《江西社会科学》2020 年第 4 期。

［136］程红、吴荣富：《刑事立法活性化与刑法理念的转变》，载《云南大学学报（法学版）》2016 年第 4 期。

［137］程红：《象征性刑法及其规避》，载《法商研究》2017 年第 6 期。

［138］程宏：《第三人单方自愿履行的法律后果——从个案角度分析第三人代为清偿与相关制度的区别》，载《广西大学学报（哲学社会科学版）》2007 年第 4 期。

［139］丛淑萍：《论禁止重复评价与一事不再罚》，载《东岳论丛》2009 年第 6 期。

［140］邓毅丞：《“曾因盗窃受过刑事处罚”的认定与评价》，载《法

学》2014 年第 6 期。

［141］邓志东、黄威：《通知的可诉性认定》，载《人民司法》2012 年第 12 期。

［142］董丽君：《拒不支付劳动报酬罪适用中宽严相济刑事政策之贯彻》，载《中国人民公安大学学报（社会科学版）》2018 年第 6 期。

［143］董璞玉、陈琦：《网络犯罪中“责令改正”规定之合理性探析》，载《南开法律评论》编辑部编：《南开法律评论》第 13 辑，中国检察出版社 2019 年版。

［144］董璞玉：《我国网络犯罪刑事立法扩张之反思》，载赵秉志主编：《刑法论丛》第 58 卷，法律出版社 2019 年版。

［145］杜秉昌：《行政行为的表达方式研究》，载《党政研究》2016 年第 2 期。

［146］杜宇：《类型思维的兴起与刑法上之展开路径》，载谢进杰主编：《中山大学法律评论》第 12 卷，广西师范大学出版社 2014 年版。

［147］杜宇：《程序性犯罪构成要素的性质》，载《中国法学》2022 年第 5 期。

［148］杜国强：《第三人代履行：制度适用与主体确定》，载《河北法学》2018 年第 4 期。

［149］杜邈、商浩文：《拒不支付劳动报酬罪的司法认定》，载《法学杂志》2011 年第 10 期。

［150］杜宇：《“类型”作为刑法上之独立思维形式——兼及概念思维的反思与定位》，载陈兴良主编：《刑事法评论》第 26 卷，北京大学出版社 2010 年版。

［151］杜宇：《再论刑法上之“类型化”思维——一种基于“方法论”的扩展性思考》，载《法制与社会发展》2005 年第 6 期。

［152］段威、林毓敏：《贿赂物的解构及重塑——从概念思维到类型思维的嬗变》，载《天津法学》2018 年第 4 期。

［153］段阳伟：《“受过行政处罚入罪”规定之证成》，载《河北法学》2021 年第 1 期。

［154］樊辅东：《恶意透支型信用卡诈骗罪中“催收”问题研究》，载《河北法学》2012 年第 3 期。

［155］高磊：《论犯罪成立的行政程序性条件》，载《东方法学》2020 年第 3 期。

［156］高丽丽：《刑事强制医疗制度的刑法检视与反思》，载《甘肃社会科学》2020 年第 2 期。

［157］高铭暄：《刑法基本原则的司法实践与完善》，载《国家检察官学院学报》2019 年第 5 期。

［158］高永明：《刑法中的行政规范：表达、功能及规制》，载《行政法学研究》2017 年第 4 期。

［159］耿林：《论意思表示的到达效力》，载《东南大学学报（哲学社会科学版）》2016 年第 5 期。

［160］宫小汀、吴仕春：《部分共同的犯罪行为定性问题探析》，载《人民司法》2011 年第 19 期。

［161］古瑞华：《不作为正犯和帮助犯的区分标准——兼论义务犯理论的时代意义》，载《江西社会科学》2019 年第 8 期。

［162］郭研：《部门法交叉视域下刑事违法性独立判断之提倡——兼论整体法秩序统一之否定》，载《南京大学学报（哲学·人文科学·社会科学）》2020 年第 5 期。

［163］郭旨龙：《非法获取计算机信息系统数据罪的规范结构与罪名功能——基于案例与比较法的反思》，载《政治与法律》2021 年第 1 期。

［164］韩粮远：《罪刑法定视野下对空白罪状的再追问——以赵春华案及 23 个同类案件为分析样本》，载《犯罪研究》2017 年第 6 期。

［165］韩喜平、张霜：《共产主义的理想之光与现实之路》，载《延边大学学报（社会科学版）》2020 年第 4 期。

［166］何庆仁：《德国刑法学中的义务犯理论》，载陈兴良主编：《刑事法评论》第 24 卷，北京大学出版社 2009 年版。

［167］何荣功：《我国轻罪立法的体系思考》，载《中外法学》2018 年第 5 期。

［168］贺江波：《消防责任事故罪与相邻事故犯罪之区别与界定》，载《武警学院学报》2011 年第 4 期。

［169］黑静洁：《客观处罚条件之理论辨析——兼论客观处罚条件理论在中国刑法中的定位》，载《政治与法律》2011 年第 7 期。

［170］侯作前：《论非法人组织的税法地位》，载《当代法学》2005 年第 6 期。

［171］胡东海：《〈合同法〉第 402 条（隐名代理）评注》，载《法学家》2019 年第 6 期。

［172］胡剑锋：《“行政处罚后又实施”入罪的反思及限缩》，载《政治与法律》2014 年第 8 期。

［173］黄洪波：《论行政刑法双重属性之否定》，载《法学杂志》2004 年第 6 期。

［174］黄继坤：《论拒不支付劳动报酬罪的几个重要问题——对〈刑法修正案（八）〉的解读》，载《当代法学》2012 年第 3 期。

［175］黄馨悦：《论客观主义和主观主义在澳门刑法中的体现——兼论其连续犯制度的完善》，载赵秉志主编：《刑法论丛》第 59 卷，法律出版社 2020 年版。

［176］黄星：《刑法抽象司法解释的时代定位与纠偏》，载《法学评论》2017 年第 1 期。

［177］冀洋：《刑法主观主义：方法论与价值观的双重清理》，载《法制与社会发展》2016 年第 3 期。

［178］简爱：《从刑民实体判断看交叉案件的诉讼处理机制》，载《法学家》2020 年第 1 期。

［179］简筱昊：《环境违法犯罪罚款与罚金的具体衔接》，载《广西政法管理干部学院学报》2018 年第 3 期。

［180］简筱昊：《论法定犯中扩张解释的限制适用》，载《华北电力大学学报（社会科学版）》2021 年第 1 期。

［181］简筱昊：《论实行行为的规范限缩》，载《中南大学学报（社会科学版）》2019 年第 1 期。

［182］简筱昊：《论以法益为导向的犯罪既遂标准》，载《太原师范学院学报（社会科学版）》2020 年第 1 期。

［183］江必新：《法律行为效力：公法与私法之异同》，载《法律适用》2019 年第 3 期。

［184］蒋兰香：《非法储存、持有、私藏枪支、弹药罪辨析——兼评最高人民法院司法解释》，载《湖南省政法管理干部学院学报》2002 年第 6 期。

［185］焦旭鹏：《回顾与展望：新中国刑法立法 70 年》，载《江西社会科学》2019 年第 12 期。

［186］晋涛：《侵占罪：一个被误解已久的立法范例》，载《政治与法律》2020 年第 1 期。

［187］赖早兴：《论拒不履行信息网络安全管理义务罪中的“经监管部门责令改正”》，载《法学杂志》2017 年第 10 期。

［188］劳东燕：《刑法中客观主义与主观主义之争的初步考察》，载《南京师大学报（社会科学版）》2013 年第 1 期。

［189］雷东生：《刑法法益保护机能扩张的特点》，载《人民司法》2015 年第 23 期。

［190］黎宏：《关于“刑事责任”的另一种理解》，载《清华法学》2009 年第 2 期。

［191］黎宏：《刑法的机能和我国刑法的任务》，载《现代法学》2003 年第 4 期。

［192］李本灿：《拒不履行信息网络安全管理义务罪的两面性解读》，载《法学论坛》2017 年第 3 期。

［193］李波：《社科法学与法教义学共生论——兼论刑事政策与刑法教义学之关系》，载陈兴良主编：《刑事法评论：不法评价的二元论》第 36 卷，北京大学出版社 2015 年版。

［194］李洁、孔祥参：《刑法的扩张对谦抑性的悖离》，载《社会科学辑刊》2020 年第 2 期。

［195］李世阳：《拒不履行网络安全管理义务罪的适用困境与解释出路》，载《当代法学》2018 年第 5 期。

［196］李文吉：《论人工智能时代的预防性刑法立法》，载《大连理工大学学报（社会科学版）》2020 年第 5 期。

［197］李文杰：《于欢案办理回顾》，载《中国检察官》2018 年第 18 期。

［198］李梁：《拒不支付劳动报酬罪的行政附属性规定研究》，载《政法论坛》2017 年第 5 期。

［199］李翔：《重大疫情防治中刑法罪名适用研究》，载《上海政法学院学报（法治论丛）》2020 年第 2 期。

［200］李晓明：《再论我国刑法的“三元立法模式”》，载《政法论丛》2020 年第 3 期。

［201］李依林：《论刑事司法实践中的类型化思维》，载《江西社会科学》2014 年第 2 期。

［202］利子平：《我国毒品犯罪刑事立法的反思——以类型化思维为视角》，载《南昌大学学报（人文社会科学版）》2014 年第 5 期。

［203］练育强：《行刑衔接视野下的一事不再罚原则反思》，载《政治与法律》2017 年第 3 期。

［204］梁根林：《罪刑法定原则：挑战、重申与重述——刑事影响力案件引发的思考与检讨》，载《清华法学》2019 年第 6 期。

［205］梁君瑜：《论行政程序瑕疵的法律后果》，载《华东政法大学学报》2019 年第 2 期。

［206］刘恒、吴堉琳：《行政不作为的行动逻辑及其治理》，载《南京社会科学》2017 年第 9 期。

［207］刘军、王艺：《被害人教义学及其应用》，载陈金钊、谢晖主编：《法律方法》第 24 卷，中国法制出版社 2018 年版。

［208］刘明祥：《不能用行为共同说解释我国刑法中的共同犯罪》，载《法律科学》2017 年第 1 期。

［209］刘全财：《论海事行政许可中的审查义务》，载《中国海事》2017 年第 10 期。

［210］刘守芬：《关于“97 刑法”与“79 刑法”若干问题的比较》，载

《中外法学》1997 年第 3 期。

[211] 刘树德：《空白罪状之“梳”议》，载《国家检察官学院学报》2002 年第 4 期。

[212] 刘树德：《罪刑法定原则中空白罪状的追问》，载《法学研究》2001 年第 2 期。

[213] 刘苏、徐梦秋：《理由、规则与行动——论拉兹的理由理论》，载《厦门大学学报（哲学社会科学版）》2017 年第 3 期。

[214] 刘宪权、张娅娅：《承继共犯的刑事责任探讨》，载《政治与法律》2010 年第 2 期。

[215] 刘宪权、庄绪龙：《“恶意透支”型信用卡诈骗罪若干问题研究——兼评“两高”〈关于办理妨害信用卡管理刑事案件问题的解释〉之有关内容》，载《当代法学》2011 年第 1 期。

[216] 刘艳红：《罪刑法定原则的中国困境》，载《中国检察官》2019 年第 13 期。

[217] 刘艳红：《“法益性的欠缺”与法定犯的出罪——以行政要素的双重限缩解释为路径》，载《比较法研究》2019 年第 1 期。

[218] 刘艳红：《当下中国刑事立法应当如何谦抑？——以恶意欠薪行为入罪为例之批判性分析》，载《环球法律评论》2012 年第 2 期。

[219] 刘艳红：《法定犯与罪刑法定原则的坚守》，载《中国刑事法杂志》2018 年第 6 期。

[220] 刘艳红：《象征性立法对刑法功能的损害——二十年来中国刑事立法总评》，载《政治与法律》2017 年第 3 期。

[221] 卢勤忠：《程序性构成要件要素概念的提倡》，载《法律科学》2016 年第 6 期。

[222] 卢勤忠：《程序性附加条件与客观处罚条件之比较》，载《法学评论》2021 年第 1 期。

[223] 罗军：《论行政前置对拒不支付劳动报酬罪犯罪构成的影响》，载《中国劳动关系学院学报》2018 年第 4 期。

[224] 吕琳：《唐律杀人罪的结构与特征——读〈唐律“七杀”研

究〉》，载《法律史评论》2020 年第 2 期。

［225］马聪：《刑法机能模式及当代中国之选择》，载赵秉志主编：《刑法论丛》第 18 卷，法律出版社 2009 年版。

［226］马乐：《为刑法主观主义辩》，载《环球法律评论》2014 年第 2 期。

［227］马荣春：《罪刑法定原则与刑法基本原则体系的结构性》，载《时代法学》2019 年第 2 期。

［228］马荣春：《警醒刑法学中的过度类型化思维》，载《法律科学》2012 年第 2 期。

［229］马荣春：《刑法类型化思维：一种“基本的”刑法方法论》，载《法治研究》2013 年第 12 期。

［230］马荣春：《刑法类型化思维的概念与边界》，载《政治与法律》2014 年第 1 期。

［231］马永强：《盗窃罪中财产性利益占有的规范化解释进路》，载《政治与法律》2020 年第 3 期。

［232］聂慧苹：《禁止重复评价之刑法展开与贯彻》，载《中国刑事法杂志》2015 年第 3 期。

［233］聂友伦：《论司法解释的立法性质》，载《华东政法大学学报》2020 年第 3 期。

［234］皮纯协、吴德星：《行政行为分类的研究》，载《政治与法律》1991 年第 6 期。

［235］皮勇：《论网络服务提供者的管理义务及刑事责任》，载《法商研究》2017 年第 5 期。

［236］平一：《信用卡催收外包业务纠纷案分析》，载《中国城市金融》2009 年第 8 期。

［237］齐文远、苏彩霞：《刑法中的类型思维之提倡》，载《法律科学》2010 年第 1 期。

［238］齐文远、杨柳：《网络平台提供者的刑法规制》，载《法律科学》2017 年第 3 期。

［239］齐文远：《修订刑法应避免过度犯罪化倾向》，载《法商研究》2016 年第 3 期。

［240］钱叶六：《刑法处罚范围适度扩张的合理性及其限制》，载《警学研究》2020 年第 5 期。

［241］邱陵：《拒不履行信息网络安全管理义务罪探析》，载《法学杂志》2020 年第 4 期。

［242］沈海平：《犯罪定量模式检讨》，载《法学家》2015 年第 1 期。

［243］沈伟：《涉嫌诈骗合同效力的司法认定及其处理路径——基于法解释学的解构》，载《法学评论》2017 年第 4 期。

［244］沈玮玮、赵晓耕：《政治术语的法制化实践：论 1951 年前后的反革命罪》，载《中国人民公安大学学报（社会科学版）》2010 年第 6 期。

［245］沈奕含：《类型化思维的刑法适用：模型建构与流程展开》，载《时代法学》2018 年第 5 期。

［246］施建辉：《第三人代为清偿研究——兼论预备债务抵销抗辩》，载《法学评论》2007 年第 6 期。

［247］施新洲：《司法权的属性及其社会治理功能》，载《法律适用》2014 年第 1 期。

［248］时明涛：《论债务不履行的基本构造》，载《学习与实践》2019 年第 2 期。

［249］舒平锋：《拒不支付劳动报酬罪研究——以 40 例拒不支付劳动报酬案件为分析样本》，载《中国刑事法杂志》2013 年第 2 期。

［250］苏惠渔、孙万怀：《我国若干刑事政策的回顾与展望》，载《中国刑事法杂志》1999 年第 6 期。

［251］孙本雄：《多次犯立法中行政法与刑法交叉问题研究》，载《江西社会科学》2019 年第 3 期。

［252］孙道萃：《网络刑法知识转型与立法回应》，载《现代法学》2017 年第 1 期。

［253］孙国祥：《新时代刑法发展的基本立场》，载《法学家》2019 年第 6 期。

[254] 孙国祥：《行政犯违法性判断的从属性和独立性研究》，载《法学家》2017 年第 1 期。

[255] 孙靖珈：《侵犯公民个人信息罪的犯罪属性及对刑罚边界的影响》，载《海南大学学报（人文社会科学版）》2019 年第 6 期。

[256] 孙蓉：《浅析消防责任事故罪的构成与认定》，载《西南民族学院学报（哲学社会科学版）》2003 年第 5 期。

[257] 孙万怀：《法定犯拓展与刑法理论取代》，载《政治与法律》2008 年第 12 期。

[258] 塔娜、贺毓：《论追诉时效的程序法作用》，载《内蒙古社会科学（汉文版）》2014 年第 1 期。

[259] 陶弈成、汪义平、龙圣锦：《法益可恢复性犯罪的体系化解读》，载《南京航空航天大学学报（社会科学版）》2018 年第 2 期。

[260] 田宏杰：《行刑诉讼交叉案件的裁处机制——以行政权与刑罚权的双重法律关系为视角》，载《法学评论》2020 年第 1 期。

[261] 童德华、赵阳：《类型化思维在刑事司法中的适用》，载《法律适用（司法案例）》2018 年第 10 期。

[262] 童德华：《刑法再法典化的知识路径及其现实展开》，载《财经法学》2019 年第 1 期。

[263] 汪洋：《遗产债务的类型与清偿顺序》，载《法学》2018 年第 12 期。

[264] 王蓓、刘淼：《法律大数据视角下的拒不支付劳动报酬罪研究》，载《中国刑事法杂志》2017 年第 2 期。

[265] 王兵兵：《“共犯正犯化”立法质疑——以帮助信息网络犯罪活动罪的增设为视角》，载《苏州大学学报（法学版）》2017 年第 1 期。

[266] 王充：《犯罪构成理论与犯罪事实认定关系考察》，载《法律科学》2020 年第 1 期。

[267] 王复春：《论非法侵入住宅罪客观构成要件符合性的判断》，载《河南财经政法大学学报》2016 年第 2 期。

[268] 王冠玺：《法律行为、民事行为、民事法律行为概念辨析——及

对民法总则制定的启示》，载《求是学刊》2015 年第 5 期。

［269］王贵松：《论行政处罚的责任主义》，载《政治与法律》2020 年第 6 期。

［270］王海军：《关于界定巨额财产来源不明罪实行行为的新思考》，载《湖北社会科学》2009 年第 9 期。

［271］王海军：《拒不支付劳动报酬罪的规范性解读——基于“双重法益”的新立场》，载《法学评论》2013 年第 5 期。

［272］王俊：《法定犯时代下违法性认识的立场转换》，载《现代法学》2020 年第 6 期。

［273］王俊：《完全犯罪共同说的本土化证成》，载《环球法律评论》2020 年第 5 期。

［274］王骏：《财产罪中违法一元论与违法多元论对立之展开》，载《中国石油大学学报（社会科学版）》2013 年第 4 期。

［275］王骏：《拒不支付劳动报酬罪立法正当性之再审视》，载《法治研究》2017 年第 5 期。

［276］王锴：《具体行政行为的成立与生效之区分》，载《政治与法律》2012 年第 10 期。

［277］王良顺、王杰：《刑法谦抑与轻罪立法：观念调整与立法检视》，载《广西大学学报（哲学社会科学版）》2023 年第 4 期。

［278］王强：《罪量因素：构成要素抑或处罚条件?》，载《法学家》2012 年第 5 期。

［279］王容溥：《法秩序一致与可罚的违法性》，载《东吴法律学报》2008 年第 2 期。

［280］王瑞君：《如何规范地识别量刑情节——以实务中量刑情节的泛化和功利化为背景》，载《政治与法律》2014 年第 9 期。

［281］王世杰：《论行政行为对刑事审判的拘束》，载《政治与法律》2018 年第 6 期。

［282］王婷婷、陈思同：《刑事司法类型化思维的适用——以携带凶器进行抢夺中的“凶器”为例》，载《人民司法》2020 年第 4 期。

[283] 王文华：《拒不履行信息网络安全管理义务罪适用分析》，载《人民检察》2016 年第 6 期。

[284] 王文娟：《浅谈扰乱无线电通讯管理秩序罪的立法缺陷与完善》，载《数字通信世界》2015 年第 11 期。

[285] 王献忠：《消防安全责任制建设中开天辟地的大事》，载《中国消防》2017 年第 24 期。

[286] 王雅琴：《再论行政行为的公定力》，载《国家行政学院学报》2015 年第 5 期。

[287] 王妍：《我国企业登记形式审查制的社会福利损失》，载《当代法学》2020 年第 1 期。

[288] 王永茜：《论现代刑法扩张的新手段——法益保护的提前化和刑事处罚的前置化》，载《法学杂志》2013 年第 6 期。

[289] 王钰：《德国刑法教义学上客观处罚条件的起源——立法、司法和学说的全面回顾》，载陈兴良主编：《刑事法评论》第 30 卷，北京大学出版社 2012 年版。

[290] 王昭武：《法秩序统一性视野下违法判断的相对性》，载《中外法学》2015 年第 1 期。

[291] 王志祥、王奕琛：《宽严相济刑事政策在逃税罪初犯免责条款中的贯彻——以范某某巨额逃税案为切入点》，载《铁道警察学院学报》2019 年第 2 期。

[292] 闻志强：《论“两法衔接”中行政处罚与刑事处罚的实体衔接——以规制非法集资行为为分析样本》，载《政法学刊》2016 年第 1 期。

[293] 沃耘：《私力救济的法价值实现路径——兼论我国未来〈民法典〉私力救济的制度对策》，载《晋阳学刊》2014 年第 2 期。

[294] 吴永辉：《不明确的刑法明确性原则》，载赵秉志主编：《刑法论丛》2018 年第 3 卷（第 55 卷），法律出版社 2018 年版。

[295] 夏勇：《犯罪本质特征新论》，载《法学研究》2001 年第 6 期。

[296] 夏雨：《责令改正之行为性质研究》，载《行政法学研究》2013 年第 3 期。

［297］项励、邹绍莉：《论行政行为送达的司法审查标准——以 216 份行政判决书为分析样本》，载《山东审判》2017 年第 2 期。

［298］肖晚祥：《恶意透支型信用卡诈骗罪认定中的新问题》，载《法学》2011 年第 6 期。

［299］谢财能：《登记持卡人与实际用卡人不一致时信用卡诈骗犯罪主体如何认定》，载《人民检察》2011 年第 13 期。

［300］谢望原：《论拒不履行信息网络安全管理义务罪》，载《中国法学》2017 年第 2 期。

［301］熊波：《网络服务提供者刑事责任“行政程序前置化”的消极性及其克服》，载《政治与法律》2019 年第 5 期。

［302］熊亚文：《逃税罪初犯免责：价值、困境与出路》，载《税务与经济》2019 年第 2 期。

［303］熊樟林：《行政处罚责任主义立场证立》，载《比较法研究》2020 年第 3 期。

［304］徐岱：《论结果加重犯的因果关系——基于刑法理论与司法实践关系的反省》，载《法律科学》2018 年第 2 期。

［305］徐剑锋：《互联网时代刑法参与观的基本思考》，载《法律科学》2017 年第 3 期。

［306］薛培、叶小舟：《拒不支付劳动报酬罪的规范适用》，载《中国检察官》2015 年第 16 期。

［307］薛艳华：《环境行政命令与环境行政处罚的错位与匡正——界分基准与功能定位的视角》，载《大连理工大学学报（社会科学版）》2019 年第 6 期。

［308］杨登峰：《行政决定效力的本质与体系》，载《行政法学研究》2013 年第 4 期。

［309］杨俊：《论恶意欠薪行为的刑法规制——对拒不支付劳动报酬罪犯罪构成的思考》，载《江苏社会科学》2016 年第 4 期。

［310］杨柳：《“诽谤信息转发 500 次入刑”的法教义学分析——对“网络诽谤”司法解释质疑者的回应》，载《法学》2016 年第 7 期。

［311］杨柳：《前构成要件行为概念之提倡——兼评可罚违法性理论和我国〈刑法〉第13条但书规定》，载《法学论坛》2012年第3期。

［312］杨晓培：《财产犯罪中非法占有目的之必要》，载《江西社会科学》2015年第12期。

［313］杨秀清：《论司法解释权与审判权》，载《社会科学论坛》2006年第4期。

［314］杨秀清：《以克服"送达难"优化民事诉讼审前准备程序》，载《山东社会科学》2018年第12期。

［315］杨玉生：《德国警察管理和规制集会游行的法律依据》，载《现代世界警察》2019年第8期。

［316］杨智博：《虚假结离婚骗取拆迁款行为的刑民规制》，载《北方法学》2020年第3期。

［317］姚贝、王拓：《法益保护前置化问题研究》，载《中国刑事法杂志》2012年第1期。

［318］姚万勤：《拒不支付劳动报酬罪立法之反思》，载《长白学刊》2017年第3期。

［319］叶良芳：《风险社会理论引入刑事立法的反思性审视》，载《贵州省党校学报》2018年第6期。

［320］叶青锐：《消防责任事故罪立法缺陷探讨》，载《河南社会科学》2009年第5期。

［321］叶晓川：《"责令改正"的规范性研究》，载《河北法学》2017年第8期。

［322］喻海松：《〈关于审理拒不支付劳动报酬刑事案件适用法律若干问题的解释〉的理解与适用》，载《人民司法》2013年第7期。

［323］张斌峰、陈西茜：《试论类型化思维及其法律适用价值》，载《政法论丛》2017年第3期。

［324］张锋学：《拒不支付劳动报酬罪的司法检视与完善路径》，载《河北法学》2015年第11期。

［325］张弘：《论要式行政行为的"要式"》，载《西部法学评论》2008

年第 3 期。

［326］张建军：《刑法明确性的判断标准》，载《华东政法大学学报》2011 年第 1 期。

［327］张开骏：《共犯从属性理论的体系建构》，载《清华法学》2013 年第 6 期。

［328］张开骏：《共犯限制从属性说之提倡——以共犯处罚根据和共犯本质为切入点》，载《法律科学》2015 年第 5 期。

［329］张明楷：《“客观的超过要素”概念之提倡》，载《法学研究》1999 年第 3 期。

［330］张明楷：《恶意透支型信用卡诈骗罪的客观处罚条件——〈刑法〉第 196 条第 2 款的理解与适用》，载《现代法学》2019 年第 2 期。

［331］张明楷：《共犯的本质——“共同”的含义》，载《政治与法律》2017 年第 4 期。

［332］张明楷：《论盗窃财产性利益》，载《中外法学》2016 年第 6 期。

［333］张明楷：《论信用卡诈骗罪中的持卡人》，载《政治与法律》2018 年第 1 期。

［334］张明楷：《论以危险方法危害公共安全罪——扩大适用的成因与限制适用的规则》，载《国家检察官学院学报》2012 年第 4 期。

［335］张明楷：《逃税罪的处罚阻却事由》，载《法律适用》2011 年第 8 期。

［336］张明楷：《增设新罪的观念——对积极刑法观的支持》，载《现代法学》2020 年第 5 期。

［337］张明楷：《正当防卫的原理及其运用——对二元论的批判性考察》，载《环球法律评论》2018 年第 2 期。

［338］张明楷：《自然犯与法定犯一体化立法体例下的实质解释》，载《法商研究》2013 年第 4 期。

［339］张伟新、于书峰：《恶意透支型信用卡诈骗罪“两次催收”及相关问题研究——以宋某某信用卡诈骗案件为研究对象》，载《河北法学》2013 年第 11 期。

［340］张勇、龚慧平：《中国刑法方法论研究的 10 年回顾》，载陈金钊、谢晖主编：《法律方法》第 21 卷，山东人民出版社 2017 年版。

［341］张振山：《狭义客观处罚条件论》，载陈兴良主编：《刑事法评论》第 29 卷，北京大学出版社 2011 年版。

［342］赵秉志、詹奇玮：《论拒不履行信息网络安全管理义务罪的罪过形式》，载《贵州社会科学》2019 年第 12 期。

［343］赵秉志、张伟珂：《拒不支付劳动报酬罪立法研究》，载《南开学报（哲学社会科学版）》2012 年第 2 期。

［344］赵楠、熊臻：《企业改制重组契税新政解读》，载《注册税务师》2019 年第 4 期。

［345］赵跃、廖天虎：《拒不支付劳动报酬罪的司法认定难点》，载《人民论坛》2016 年第 5 期。

［346］赵运锋：《风险社会与刑法解释观研究》，载《河南大学学报（社会科学版）》2019 年第 1 期。

［347］赵运锋：《论刑法条文中的“程序性要素”》，载《法学》2021 年第 7 期。

［348］郑春玉：《论民法法益的存在及其价值》，载《内蒙古大学学报（人文社会科学版）》2005 年第 6 期。

［349］郑旭江：《自然犯与法定犯的重读与重构》，载《青少年犯罪问题》2017 年第 1 期。

［350］周光权：《犯罪构成要件理论的论争及其长远影响》，载《政治与法律》2017 年第 3 期。

［351］周光权：《拒不履行信息网络安全管理义务罪的司法适用》，载《人民检察》2018 年第 9 期。

［352］周光权：《量刑情节冲突及其解决的争议问题研究》，载《中外法学》1999 年第 4 期。

［353］周光权：《论内在的客观处罚条件》，载《法学研究》2010 年第 6 期。

［354］周光权：《论身份犯的竞合》，载《政法论坛》2012 年第 5 期。

[355] 周啸天：《广义抑或狭义：身份犯中身份概念的再界定——以身份的本质为中心》，载《人大法律评论》编辑委员会组编：《人大法律评论》2017 年卷第 3 辑 · 第 25 辑，法律出版社 2018 年版。

[356] 周啸天：《义务犯理论的反思与批判》，载《法学家》2016 年第 1 期。

[357] 周佑勇、刘艳红：《论行政处罚与刑罚处罚的适用衔接》，载《法律科学》1997 年第 2 期。

[358] 周佑勇、刘艳红：《行政刑法性质的科学定位（上）——从行政法与刑法的双重视野考察》，载《法学评论》2002 年第 2 期。

[359] 朱新力：《论一事不再罚原则》，载《法学》2001 年第 11 期。

[360] 庄绪龙：《“法益可恢复性犯罪”概念之提倡》，载《中外法学》2017 年第 4 期。

[361] 庄绪龙：《归纳与探索：“法益可恢复性犯罪”的刑法评价思考》，载《法律适用》2014 年第 1 期。

[362] 庄绪龙：《论经济犯罪的“条件性出罪机制”——以犯罪的重新分类为视角》，载《政治与法律》2011 年第 1 期。

[363] 资琳：《概念思维与类型思维：刑法立法形式的抉择》，载《暨南学报（哲学社会科学版）》2017 年第 1 期。

[364] 左亚文、刘争明：《论逻辑矛盾与辩证矛盾及其辩证关系——矛盾辩证法再探之一》，载《马克思主义理论学科研究》2019 年第 5 期。

（四）中文其他文献

[365] 晁星：《解决维权问题不能“按闹分配”》，载《北京日报》2019 年 4 月 26 日，第 7 版。

[366] 储槐植、闫雨：《“赎罪”——既遂后不出罪存在例外》，载《检察日报》2014 年 8 月 12 日，第 3 版。

[367] 房清侠：《事后自动恢复行为应纳入法定从宽情节》，载《检察日报》2018 年 10 月 12 日，第 3 版。

[368] 付其运、王其生：《拒不支付劳动报酬罪的理解和适用》，载《人

民法院报》2011 年 8 月 17 日，第 6 版。

［369］李运平：《储槐植：要正视法定犯时代的到来》，载《检察日报》2007 年 6 月 1 日，第 3 版。

［370］桑海波：《信用卡欠款遭催收公司软暴力》，载《民主与法制时报》2012 年 11 月 19 日，第 B04 版。

［371］田宏杰：《“直接入刑”：如何彰显刑法保障性与谦抑性》，载《检察日报》2019 年 11 月 18 日，第 3 版。

［372］张志钢：《新中国刑法学 70 年的变化与展望》，载《人民法院报》2019 年 12 月 5 日，第 6 版。

［373］赵秉志、杜邈：《刑法修正案（九）：法益保护前置织密反恐法网》，载《检察日报》2015 年 9 月 28 日，第 3 版。

［374］陈钢、段博、刘彤：《“排污达标”为何“血铅超标”：凤翔儿童铅中毒事件追踪》，载搜狐网，http：//news. sohu. com/20090818/n266050094. shtml。

［375］邝羽、李志金、李浩：《拖欠 39 名工人工资女老板拒不支付劳动报酬获刑》，载中国法院网 2012 年 7 月 18 日，https：//www. chinacourt. org/article/detail/2012/07/id/535961. shtml。

二、外文文献

［376］Andrej Savin, *EU Internet Law*, Eldward Elgar Publishing, 2013.

［377］Andrew von Hirsch & Andrew Ashworth, *Proportionate Sentencing*, Oxford University Press, 2005.

［378］George P. Fletcher, *Rethinking Criminal Law*, Little, Brown & Co. , 1978.

［379］Mark F. Grady & Francisco Parisi, *The Law and Economics of Cybersecurity*, Cambridge University Press, 2005.

［380］Nico van Eijk, *Duties of Care on the Internet: the Secure Information Society*, Springer, 2013.

［381］Robert A. Gorman & Jane C. , *Ginsburg*, *Cases and Materials*,

Foundation Press, 2006.

[382] Alexandra Giannopoulou, *Copyright Enforcement Measures: the Role of the ISPs and the Respect of the Principle of Proportionality*, European Journal of Law and Technology, Vol. 3:1(2012).

[383] Anne Cheung & Rudolf H. Weber, *Internet Governance and The Responsibility of Internet Service Provider*, Wisconsin Inter-national Law Journal, Vol. 26:2(2008).

[384] Christopher Soghoian, *Caught in the Cloud: Privacy, Encryption, and Government Back Doors in the Web2. 0 Era*, Tele – com. & High Tech, 7 (2009).

[385] Hamilton C., *Organised Criminals as "Agents of Obligation": The Case of Ireland*, European Journal on Criminal Policy and Research, Vol. 17:4 (2011).

[386] Hielmy I. & Yunus N. R., *The Rebellion Indication Towards Sovereign Government In Acts of Terrorism in Indonesia In Transcendental Dimension*, Jurnal Cita Hukum, Vol. 6:2(2018).

[387] Hong Q., *The Crime Nature of the Obligation Criminal*, Journal of Programming Languages, Vol. 3:2(2010).

[388] Jason Parkin, *Due Process Disaggregation*, Notre Dame Law Review, Vol. 90:1(2014).

[389] Mccusker R., *Transnational Organised Cyber Crime: Distinguishing Threat from Reality*, Crime Law and Social Change, Vol. 46:4(2007).

[390] Meijer S., *Rehabilitation as a Positive Obligation*, European Journal of Crime, Criminal Law and Criminal Justice, Vol. 25:2(2017).

[391] Niki Kuckes, *Civil Due Process, Criminal Due Process*, Yale Law and Policy Review, Vol. 25:34(2006).

[392] Philip P. Ehrlich, *A Balancing E-quation for Social Media Publication Notice*, University of Chicago Law Review, Vol. 83:1(2016).

[393] Sandra G. Mayson, *The Concept of Criminal Law*, Criminal Law,

Philosophy, 14(2020).

[394] Thomas J. Holt&Strumsky D. et al. , *Examining the Social Networks of Malware Writers and Hackers*, International Journal of Cyber Criminology, Vol. 6:1(2012).

[395] William N. Eskridge&John A. Garver, *Relationships Between Formalism and Functionalism in Separation of Powers Cases*, Harvard Journal of Law & Public Policy, Vol. 22:1(1988).

[396] Claus Roxin, Strafrecht Allgemeiner Teil: Band Ⅱ, Verlag C. H. Beck, 2003.

[397] Ernst Beling, Die Lehre vom Verbrechen, J. C. B. Mohr, 1906.

[398] Günther Jakobs, Strafrecht Allgemeiner Teil, 2Aufl. , Walter de Gruyter, 1991.

[399] Jescheck, Weigend, Lehrbuch des Strafrechts Allgemeiner Teil, 5Aufl. , Duncker & Humblot, 1996.

[400] Karl Binding, Die Normen und ihre Übertretung: Band Ⅱ, 2Aufl. , [s. n.]1914.

[401] Urs Kindhäuser, Strafrecht Allgemeiner Teil, 8Aufl. , Nomos Verlagsgesellschaft, 2017.

[402] Wessels, Beulke, Strafrecht Allgemeiner Teil, 32Aufl. , C. F. Müller Verlag, 2002.

[403] Hegler August, Die Merkmale des Verbrechens, ZStW 36(1915).

[404] Klaus Hansmann, Verwaltungshandeln und Strafverfolgung – konkurrierende Instrumente des Umweltrechts?, NVwZ 10(1989).

[405] 大塚仁『刑法概说各論』(有斐閣，2005 年)。

[406] 大谷實『刑法讲义総論』(成文堂，2013 年)。

[407] 渡邊卓也『判例特別刑法第 3 集』(日本評論社，2018 年)。

[408] 高橋则夫『刑法総論』(成文堂，2018 年)。

[409] 井田良『讲义刑法学総論』(有斐閣，2018 年)。

[410] 堀内捷三『刑法判例百選 I』(有斐閣，2008 年)。

[411] 西田典之『刑法総論』(弘文堂，2010 年)。

[412] 佐伯千仞『刑法讲义総論』(有斐閣，1984 年)。

[413] 奥田菜津「作為と不作為の区別作為義務の根拠論との関係」同志社法学 69 巻 5 号 (2017)。

[414] 蔡芸琦「不作為犯における作為義務論の問題点」信州大学経法論集 3 巻 1 号 (2018)。

[415] 蔡芸琦「保障人的地位の実質的発生根拠について:「排他的支配」と「他者による介入可能性」概念を中心に」早稲田大学大学院法研論集 142 巻 (2012)。

[416] 蔡芸琦「挙動による欺罔行為について一いわゆる「作為と不作為の区別」論からの検討一」信州大学経法論集 7 号 (2019)。

[417] 丸山雅夫「〈判例研究〉倒産法 374 条 1 号に規定する行為は倒産宣告確定前になさることを要するか:いわゆる客観的処罰条件の意義」上智法学論集 22 巻 1 号 (1978)。

后　　记

从2021年6月博士毕业至今，我就一直在憧憬学位论文何时能以何种机缘正式出版。为此，我也曾两次申请过国家社科基金优秀博士学位论文出版资助项目，但最终都以“落榜”而告终，学位论文出版始终是心头牵挂之事。2023年6月开始入职“新生”的无锡学院，学校为新入职的老师提供了一笔科研启动资金，本想着借着这笔经费将学位论文出版即可，不想再做其他“折腾”。不过，因为学校的“督促”还是在2024年上半年依托学位论文申报了教育部人文社会科学研究一般项目（青年项目），并且侥幸成功立项，这为我完善学位论文提供了新的契机和动力。

我的学位论文的题目是《刑法规范中的程序性要素研究》，该论文以目前尚未获得学术界普遍关注的程序性要素为研究对象，对程序性要素的概念内涵、功能价值、体系定位、生效要件、司法适用等基础理论展开较为细致的研究。全文共分为六章，前两章是对程序性要素一般理论的介绍，包括对我国刑法规范中以及德日刑法规范中的程序性要素的现象梳理，和程序性要素的理论根基与功能风险。后四章是对程序性要素的体系定位、生效要件、司法适用以及规范设置的具体展开。

在教育部项目的支持下，我对该选题进行深入研究，并对学位论文进行了实质性修改：第一，结合最新立法动态和研究成果，对学位论文全文进行梳理完善，深化对研究对象的澄清，明确程序性要素的指称对象及其与关联概念的区分；第二，结合最新研究成果，深化对程序性要素体系定位的研究，尤其是对新观点进行了梳理和批驳；第三，对原论文结构进行了重要的调整，并增加了重要内容，将原论文第五章拆分为两章，并分别增加一节内容（共两节），在原文第六章增加一节内容。增删、修改内容篇幅达到原论文字数30%以上。以字符数计，原论文字符数（包含注释）约为29万字，增删、修改的字符数（包含注释）约为9万字；以字数计，原论文字数约（不包含注释）为24.3万字，增删、修改字数（不包含注释）约为7.5万字，均超过原论文字数的30%。

下面我想对生命中的贵人表示感谢：

首先，我想对在项目申报过程中提供帮助的各位领导、师长、同事和兄弟姐妹表达诚挚的谢意！无锡学院和人文法政学院的各位领导为青年教师申报项目提供了各种便利和帮助，张运书教授多次结合自己项目申报经验甚至联系邀请校外专家学者指导我们撰写项目申报书，为青年教师的项目申报“呕心沥血”。我本人也多次就申报书的撰写请教张运书教授，张运书教授均毫不保留地予以指导。安徽财经大学的高海教授对我们申报书的初稿进行细致评议，并提出许多宝贵修改意见，使申报书更加符合规范。山西财经大学的王永浩师兄，从论文写作到前期项目申报，都给予过我耐心细致的指导，感激之情无以言表。江西财经大学的杨新绿师姐于去年成功立项教育部人文社会科学研究一般项目，并毫不吝啬地将申报书予我学习借鉴。中国矿业大学的蔡士林师兄多次立项教育部项目和国社科项目，我在项目申报前后也多次请教叨扰。对大家再次表示感谢！

我还想对在论文写作的过程中提供帮助的各位师长、同门表示衷心的感谢！感谢母校中南财经政法大学刑事司法学院刑法学导师组的齐文远教授、夏勇教授、康均心教授、童德华教授、王良顺教授、周详教授在我学位论文开题、预答辩、答辩过程中给予的悉心指导和帮助；感谢学院刑法学科全体老师在我硕博阶段的授业和关怀；感谢外审专家和答辩委员对我学位论文完善提出的宝贵意见；感谢同门在我学位论文写作过程中提供的资料收集、文献翻译、稿件校对等帮助（为避免挂一漏万，不再一一点名致谢）。此处，要特别感谢目前就职于汕头大学的方向楠博士，为我德文参考文献的校对提供极大的帮助。愿此可以弥补我学位论文致谢部分的疏漏。

当然，我最想感谢和有些愧对的还是我的导师程红教授。感谢老师严谨的治学态度，从论文的选题到框架再到具体观点，都给予细致的指导；感谢老师豁达的生活态度，始终待学生如己出，给予无微不至的关心和照顾。我从2016年进入老师门下，之后不管是在学业上还是在生活上都受到了老师的特别关照，对此我始终铭记于心并时常感恩。只是毕业以后我所走过的路似乎总是出乎老师的意料，这又让我感到有些愧疚。2021年中止两省省级市级机关的选调，考上江苏某基层机关公务员，2022年从体制辞职进入江苏某律所任职，2023年离开律所入职高校。2024年7月底去武汉看望老师，老师还对我工作的现状和安排表达了特别的关心，这又让我充满了能量和希望。我唯有通过自己的努力来回应老师的期待。愿不负师恩！

生活总是充满曲折，也总是面临选择。感谢父母生我养我，给予我选择人生道路的自由。每次进行生活、学业、工作相关的重大选择时，父母似乎总是在表达着某种“反对”，不过最后还是给予了最大限度的尊重，使我能够始终“任性”。感谢段甜甜师妹在我人生困顿处提供的指引，甜甜师妹在为人处事、待人接物方面时刻保持着理性、体现着智慧。

还要感谢在书稿出版过程中付出辛勤劳作的法律出版社的各位老师和责任编辑余群化老师！

谨以此书献给你们！

简筱昊

二零二四年于无锡